KB209814

교육 공정성

김규태 · 이석열 · 서재복 · 정성수 · 김훈호 · 박수정 · 최경민 · 백선희 · 안영은 · 한은정
박대권 · 최상훈 · 이인서 · 차성현 · 임명희 · 김 용 · 안병훈 · 이호준 · 정설미 · 이쌍철
공저

학지사

추천사 1

『교육 공정성』을 추천하면서

양성관(건국대학교, 한국교육정치학회장)

공정성 또는 정의와 관련된 논의는 최근의 일이 아니다. '정의 사회 구현.' 아이러니하게도 전두환 정권이 내걸었던 국정목표 중 하나였다. 2010년에는 하버드대학교 마이클 샌델 교수의 저서『정의란 무엇인가』가 12주 연속으로 교보문고 베스트셀러 1위를 차지할 정도로 우리 사회는 정의를 갈구했다. 2018년 봄,『시사IN』의 천관율 기자는 '문재인 정부를 흔든 공정의 역습'이라는 글에서 우리 사회 전체가 '공정성'에 대해 매우 민감하게 반응하고 있으며, 많은 사람이 생각하는 공정성 인식의 특정 경향이 오히려 공정성을 강조한 문재인 정부를 흔들 수 있다고 예견하기도 했다.

지금까지 교육계에서는 '정의' 또는 '공정성'과 관련된 논의를 평등성의 개념을 토대로 한 교육 양극화 문제 해결에 결부시켰다. 이 책은 그 문제를 '교육 공정성' 논의로 다시 접근하고 있다. 우선 정의(justice), 공정(fairness), 형평(equity), 평등(equality) 등의 개념들이 서로 중첩되어 불명확하게 사용되고 있다(김규태,『학교 교육 공정성 개념과 유형』)는 문제의식에서 출발했다. 그래서 공정성의 개념과 관점 그리고 유형을 명확하게 제시하고 있다. 특히 분배 공정성, 절차 공정성, 상호작용 공정성에 대한 조작적 정의는 이 책의 다른 장에서 일관되게 적용되고 있다. 유·초·중등 교육, 고등 교육, 평생 교육 및 각종 교육정책에 공정성 개념을 적용하기에 앞서 '교육 공정성'을 진단하는 도구를 개발하고(이석열, 『초·중등 교육 공정성 척도』), 이를 활용할 수 있는 연구 방법론(박수정, 「교육 공정성을 위한 연구 방법」)을 제시함으로써 공정성 논의를 실증주의적 접근을 통한 분석의 범위까지 확장하는 계기도 마련했다.

교육 공정성 이론과 연구는 초·중등 교육 현장에서 학생과 교사가 직접 경험하는 공정성 문제를 확인하고, 이를 해결하는 방안을 탐색하는 데 적극적으로 활용되고 있다는 점에 주목할 필요가 있다. 이러한 연구는 학생과 교사, 교사와 학교 행정가 간의 상호 관계에서 공정한 대우를 받는 환경에서 이루어지는 교육 활동을 분석한다. 또한, 학생과 교사 관련 규칙을 정하는 과정과 의사결정의 다양한 상호작용, 성적 평가나 교원인사제도에서의 평가 기준 및 절차와 내용에 관한 분석, 공정성 인식이 주는 효과 분석, 공정성 쟁점에 대한 질적 사례 분석(정성수, 최경민, 백선희, 김훈호, 안영은, 한은정) 등을 통해 공정성 논의를 추상적인 담론 수준이 아닌 구체적이고 검증 가능한 수준으로 이끌어 내고 있다. 이러한 연구들은 후속 연구를 풍부하게 진행할 수 있는 견고한 토대를 마련하고 있다고 할 수 있다.

고등 교육 분야의 공정성 담론은 대입 제도뿐만 아니라 대학 교육 성과와 각종 재정 지원 사업 분석에도 활용하여 그 범위를 확장했다. 대입 제도에서 공정성 이슈는 문재인 정부에서 발화되어 지금까지 이어지고 있다. 대입전형과 방식, 그 결과에 따른 논의를 공정성 담론으로 분석한 데(박대권, 최상훈) 이어서, 대학 교육과정상의 선택권, 평가, 장학금 지급 등과 관련된 대학 교육의 성과 차원에서 공정성 개념을 분석한 연구(이인서), 그리고 대학재정지원사업의 선정 과정, 배분 방식 및 결과를 공정성 잣대로 분석한 연구(차성현) 모두 현재 고등 교육 현장에 중요한 시사점을 제공할 것으로 기대된다. 평생 교육(임명희)과 다문화(서재복) 공정성 논의에서는 공정성 담론이 추구하는 개인의 지속적 성장 지원, 사회적 평등 실현, 다원주의 정의관, 공동체 보호와 같은 목적 추구는 다른 교육 분야의 공정성 논의와 유사하지만, 정보 부족, 접근성의 차이 등과 같은 한계점을 지적하였다. 교육 공정성 개념의 확장이 요청되는 부분이다.

교육정책 공정성은 교육발전 특구 정책분석(김용), 학교 규모의 지역 간 격차와 국지적 양극화를 다룬 연구(안병훈), 교육재정의 충분성(adequacy) 논의(이호준), 학교 업무 갈등과 교원성과상여금과 같은 특정 정책 분석(이쌍철)과 같은 개별적인 정책 사안들을 분배 · 절차 · 상호작용 공정성 개념뿐만 아니라 왈처와 센의 공정성, 충분성 등과 같은 다양한 잣대를 적용하여 교육 공정성 연구와 이론의 범위를 넓혔다.

공정, '공평하고 올바르다.'라는 상식적인 개념으로 다시 돌아왔다. '어느 한쪽으로 치우침이 없으면서도 올바르다.'라는 의미는 아리스토텔레스의 '정의(justice)' 개념과 맞닿아 있다. 그는 "사람들이 옳은 일을 하고, 옳은 태도로 행동하며, 옳은 것을 원하게 만드는 성품"으로 정의를 설명했다(『니코마코스 윤리학』). 아리스토텔레스에게 옳음이란 법을 준수하는 것과 공정함을 포함하며, 불공정은 부정과 탐욕을 의미한다. 또한 입법으로 정해진 모든 일은 합법적이기에, 국가나 정치 공동체를 위해 행복 또는 행복의 조건을 산출하고 보전하는 행위를 옳은 행위로 보았다. 이런 맥락에서 정의는 윤리적이면서도 정치적 개념이고, 공정성도 마찬가지이다.

이 책에서 다루는 교육 공정성은 기존에 모든 문제를 획일적인 공정성 이슈로 다뤄 피로감을 느끼거나, 서로 다른 공정성 인식을 바탕으로 혼란을 겪는 사람들에게 보다 명확한 분석 틀을 제공할 것으로 기대된다.

또한 '가치'를 다루는 교육 현장에서 공정성 개념에 내포된 '올바른 것'의 기준이 되는 '가치'가 무엇이어야 하는지에 대한 통찰을 이 책을 통해 얻을 수 있기를 기대한다.

추천사 2

'교육 공정성' 논의의 새로운 지평을 열다

황준성(한국교원교육학회 회장, 한국교육개발원 부원장)

언제나 어디서나 그리고 그 누구에게나 변화는 항상 존재해 왔다. 그러나 오늘날과 같이 변화의 파고가 이처럼 높았던 시기는 찾아보기 힘들 것이다. '5·31 개혁안'이 발표되던 1995년 당시에도 세계화·정보화를 통한 문명사적 대전환을 이야기했지만, 이 또한 오늘날 우리가 목도하고 있는 변화의 서막에 불과하였던 것이 아닌가 싶다. 디지털화와 인공지능의 발전, 기후를 포함한 자연환경의 변화, 인구구조의 변화 그리고 개인과 사회의 가치관 변화 등등. 그 속도와 변화가 가져오는 영향의 정도가 다소 무섭기도 한 것이 사실이다.

이러한 변화에도 불구하고 변하지 않는 것이 있다면 그중 하나는 우리 인간이 갖고 있는 '공정(公正)'이라는 단어에 대한 기대일 것이다. 사실 공정이라는 단어가 정확하게 어떤 의미로 이해되고 사용되는가는 그 자체가 중요한 연구 과제이기도 하다. 어떠한 것이 공정한 것인가에 대한 답은 우리가 계속 풀어 가야 할 숙제일 수밖에 없다. 고대 그리스의 유명한 철학자 중 공정과 관련된 이야기를 하지 않은 예를 찾기 쉽지 않고, 애덤스의 공정성 이론 그리고 롤스의 정의론 등등 수많은 글과 이야기들이 주목받고 회자되었지만, 그 어느 것도 온전히 우리 사회에 수용되어 비판에서 자유롭지 못했다. 공평, 평등, 형평성 그리고 정의 등 그 개념과 활용에 비슷한 용어들도 적지 않다.

　우리 인간들은 사회를 이루어 살아가기 시작하면서부터 사회를 유지하는 가장 중요한 기제로 '공정'이라는 단어를 만들었으며, 스스로를 사회의 구성원으로서 살아가도록 하는 희망이며 고문으로서 '공정'을 기대하고 추구하고 있다. 특히 교육(教育)은 개별적 인간뿐만 아니라 인간 무리가 스스로 바람직한 모습으로 성장할 수 있도록 가르쳐서 기르는 일 그리고 이와 관련된 다양한 제도 속에서 사회적 가치 배분의 기준이 되기도 하기 때문에 교육에서의 공정에 대한 이야기는 언제나 더 중요하며 민감할 수밖에 없다. 더욱이 우리 사회는 교육 속에서의 공정이라는 단어를 바라보고 이야기하는 모습에 따라 개개인의 성향을 섣불리 판단하기도 한다. 그래서 교육에서의 공정성, 즉 '교육 공정성'을 논의함은 또 다른 용기가 필요하다.

　이 책은 우리 교육학계에서 열심히 활동하는 분 중 특히 용기 있는 분들에 의해 탄생한 등대와 같은 작품이다. 엄청난 변화의 파고(波高) 속에서 교육을 포함한 변화가 어떤 가치를 지니고, 어떤 방향으로 나아가야 하는지를 제시하는 중요한 잣대가 될 것이다. 물론 이 책과 그 안에 담긴 내용이 모든 이들에게 동일한 수준의 공감을 얻기는 쉽지 않겠지만, 이 책을 통해 우리는 '교육의 공정성'에 대해 더 쉽게 이해하고 접근하며 논의할 수 있을 것이다.

　벌써 다음이 기다려진다. 이 책을 통해 많은 논의와 토론이 이루어질 것이다. 그리고 또 다른 '교육 공정성'에 관한 글과 책들이 등장할 것이다. 꼭 그래야만 한다. 그것이 용기 있게 이 책의 집필에 참여해 주신 분들의 노고에 보답하는 길이기도 할 것이다. 다시 한번 '교육 공정성'이라는 거대 담론을 이끌고 이처럼 훌륭한 작품으로까지 완성해 주신 분들 모두에게 감사를 표하며 추천사를 대신하고자 한다.

추천사 3

교육 공정성

주현준(한국지방교육경영학회 회장)

오늘날 전 세계적으로 인종, 빈부, 젠더, 이념 등 다양한 영역에서 공정성은 매우 중요한 가치로 인식되고 있다. 한국 사회도 예외는 아니어서 사회 전반에 걸쳐 공정성에 대한 요구와 논쟁이 뜨겁다. 특히 교육열이 높은 우리나라에서 교육 공정성은 피할 수 없는 난제다. 지난 한 세기 넘게 한국 사회는 학교 교육을 통해 경제적 부와 사회 · 문화 · 정치적 권력이 획득된다는 신념에 사로잡혀 교육열이 식지 않고 오히려 더 가열되었다. 이러한 교육열은 사회경제적 불평등 문제를 야기하고 공정성 논란으로 이어지고 있다. 한국의 교육열 또는 교육에 대한 높은 관심은 국제사회로부터 호의적인 평가를 받기도 하지만, 정작 우리는 이를 힘들어하고 있다.

지금까지 학교 교육의 공정성은 주로 평등과 사회정의 차원에서 논의되어 왔다. 즉, 교육에서의 기회균등, 인종, 다문화, 젠더 등에서 발생하는 불공정 이슈와 교육 격차 문제에 초점을 맞춰 왔다. 그러나 이 책에서는 평등과 사회정의를 넘어 학교 교육 공정성의 개념을 더욱 깊이 검토하고, 진단 도구 개발과 연구 방법을 구체화했다. 이 책에서 주목해야 할 몇 가지 주요 지점은 다음과 같다.

첫째, 학교 교육 공정성을 판단할 명확한 기준을 제시했다. 학교 교육을 둘러싼 이해당사자들은 다양하고, 그들의 이해관계는 복잡하게 얽혀 있기 때문에 공정성 판단 기준이 주관적일 수밖에 없다. 이 책에서는 기존 공정성 관련 개념을 면밀히 비교·분석하고 연구자의 관점에서 재해석해 학교 교육에서의 공정성을 더욱 객관적으로 살펴볼 수 있는 토대를 제공했다. 즉, 학교 교육의 공정성을 분배 공정성, 절차 공정성, 상호작용 공정성으로 명확히 구분하고 정의해 주관적 판단의 한계를 극복할 수 있도록 했다.

둘째, 교육 공정성을 측정할 진단 도구를 개발하고 연구 방법을 정교하게 발전시켰다. 앞서 언급한 학교 교육 공정성의 정의를 토대로 구성요소를 도출하고, 척도 개발 절차에 따라 타당한 진단 도구를 마련했다. 또한, 교육 공정성을 연구하는 방법론을 제시하여 향후 관련 연구에 널리 활용될 수 있도록 하였고, 더 활발한 연구가 이루어질 것으로 기대된다.

셋째, 학교 교육 공정성에 대한 학생과 교사의 관점을 함께 살펴보았다. 학생들의 인식뿐 아니라 교사들의 생각을 깊이 있게 이해함으로써 균형 잡힌 시각을 유지하고 있다. 이를 계기로 학교 교육에 관련된 다양한 이해당사자들의 인식 차이를 확인하는 후속 연구로 이어질 것으로 보인다.

넷째, 초등 교육, 중등 교육, 고등 교육을 포함하여 평생교육과 교육정책까지 공정성에 대한 논의의 범위를 확장했다. 대학 입시에서의 공정성뿐 아니라 평생교육과 다문화 교육 등 방대한 영역의 공정성을 다루었으며, 최근 이슈가 되고 있는 교육정책의 공정성에 대해서도 깊이 있게 논의했다. 이는 기존 문헌에서는 쉽게 찾아볼 수 없는 주제이며, 시사하는 바가 크다.

교육 공정성이라는 난제에 도전한 연구진의 노고에 경의를 표하며, 이 책의 출간을 계기로 더욱 공정한 교육이 실현되기를 기대해 본다.

서문

　교육에서의 공정성은 오늘날 한국 사회에서 가장 중요한 주제 중 하나로 자리 잡았다. 공정성은 정의, 평등, 형평성과 같은 사회적 가치들과 함께 논의되며, 그 실현 방식에 따라 다양한 사회적 논쟁을 불러일으킨다. 특히 교육에서의 공정성 문제는 학생들의 교육 기회와 성취에 직간접적으로 영향을 미치며, 불공정한 교육 환경은 사회적 불평등을 심화시키는 주요 요인이 된다. 대도시와 지방 간 교육 자원의 불균형, 사교육 의존도의 차이, 대학입시 과정에서의 불공정성 논쟁 등은 한국 교육에서 공정성이 중요한 이슈로 부상하게 된 배경을 설명해 주는 대표적인 사례들이다.

　그럼에도 불구하고 한국에서 교육 공정성에 대한 연구는 상대적으로 미진한 상황이다. 그동안 교육정책과 연구는 주로 평등성과 형평성의 관점에서 접근되어 왔으며, 공정성이라는 개념은 상대적으로 덜 주목받아 왔다. 이러한 상황에서 이 책은 한국 교육의 다양한 영역에서 공정성 문제를 진단하고, 이를 해결하기 위한 실질적이고 체계적인 접근을 시도하고자 한다.

　이 책은 2022년부터 2024년까지 한국연구재단의 일반 공동연구지원 사업인 '학교 교육의 공정성 실현을 위한 진단 도구 개발과 적용'(과제번호 2022S1A5A2A03048924)의 연구 결과를 바탕으로 기획되었다. 또한 초·중·고등교육, 평생교육, 다문화교육, 지방교육, 교원 정책, 교육재정 등 여러 수준에서 공정성 문제가 어떻게 다르게 나타나는지를 규명하고, 이를 통해 한국 교육 공정성 연구의 새로운 방향을 제시하고자 했다.

제1부는 교육 공정성의 이론적 기초와 연구 방법을 다룬다. 제1장에서는 정의, 평등, 형평성과 같은 개념이 교육에서 어떻게 적용되는지 분석하고, 공정성의 개념과 특성을 논의한다. 제2장에서는 교육 공정성을 측정할 수 있는 진단 도구의 개발과 그 타당성 검토를 중심으로 공정성 실현을 위한 도구적 접근을 논의한다. 제3장은 공정성을 실증적으로 연구할 수 있는 방법론을 제시한다.

제2부에서는 초등 교육의 공정성 문제를 다룬다. 제4장은 초등학생들이 인식하는 학교의 공정성이 그들의 마인드셋과 학교생활 만족도에 미치는 영향을 연구하고, 이를 바탕으로 초등 교육정책의 개선 방향을 제안한다. 제5장과 제6장은 학생과 교사의 관점에서 공정성 문제를 다루며, 그들의 인식과 행동이 교육 성과에 어떻게 영향을 미치는지 실증적 사례를 통해 분석한다.

제3부는 중등 교육에서의 공정성을 다룬다. 제7장은 중등 교육에서 공정성 관련 변수를 분석하며, 학생과 교사 간의 상호작용과 교육과정에서 공정성 실현 여부를 탐구한다. 제8장과 제9장은 중등학생과 교사의 인식 차이를 중심으로, 교육 기회의 공정성과 학업 성취에 미치는 영향을 분석하고 구체적인 개선 방안을 제시한다.

제4부는 고등 교육에서의 공정성 문제를 논의한다. 제10장은 대학입시에서 발생하는 공정성 문제를 중심으로 입시제도와 절차에서 발생하는 불공정성 문제를 다룬다. 제11장과 제12장은 대학 내 평가, 재정지원과 같은 제도가 학생들에게 어떻게 공정하게 적용되고 있는지를 실증적으로 분석한다.

　제5부는 평생 교육과 다문화 교육에서의 공정성 문제를 다룬다. 제13장은 평생 교육에서 정보 접근성과 교육 기회 불균형이 어떻게 공정성에 영향을 미치는지 분석하며, 제14장은 다문화 학생들이 경험하는 교육적 불공정성을 실질적인 사례를 통해 제시한다.

　제6부에서는 지방 교육, 교원 정책, 교육재정에서의 공정성 문제를 논의한다. 제15장에서는 지방 간 교육 자원의 불균형 문제를 다루며, 제16장과 제17장은 학교 규모와 재정지원의 공정성을 중심으로 불균형 해소 방안을 제시한다. 제18장은 교원성과상여금 등을 포함한 정책이 교사들에게 어떻게 적용되는지를 분석하여, 교원 정책에서의 공정성 실현 방안을 탐구한다.

　이 책은 교육 현장에서 실질적으로 공정성을 실현하기 위한 학문적 기반을 제공하며, 한국 교육의 다양한 영역에서 공정성 문제를 다각도로 분석하고 해결 방안을 모색하는 데 중점을 두고 있다. 이를 통해 한국 교육 공정성 연구의 활성화와 후속연구 촉진을 위한 중요한 출발점이 될 것을 기대한다. 끝으로 이 책을 위해 귀한 시간과 정열을 아끼지 않은 추천글을 작성하신 학회장님들과 각 영역에서 다루어질 공정성에 대해 집필해 주신 저자들에게 감사드린다.

대표저자 김규태

차례

제1부
교육 공정성
이론과
연구

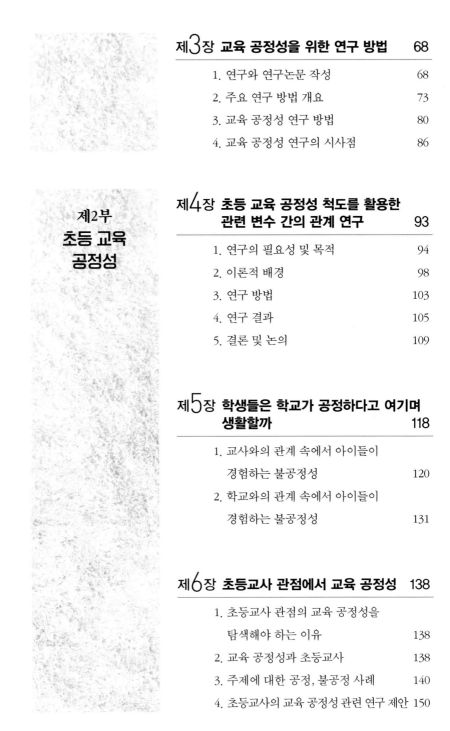

제3부
**중등 교육
공정성**

**제5부
평생 교육/
다문화 교육
공정성**

**제6부
교육정책
공정성**

제1부

교육 공정성 이론과 연구

제**1**장

교육 공정성 개념과 유형

김규태 교수(계명대학교)

1. 들어가며

사회의 체계에서 추구해야 할 중요한 가치 중 하나로 간주되는 공정성(Rawls, 1971)에 대한 논의는 오랜 시간 동안 이어져 왔으며(Solomon & Murphy, 1999), 사회과학 분야에서 중요한 주제 중 하나였다. 공정성에 대한 논의는 고대 그리스의 학자 Aristoteles부터 Rawls, Nozick, Sen, Dworkin, Walzer까지 다양한 학자들에 의해 연구되었으며(김범수, 2022), 공정성은 학자나 학파에 따라 다양한 정의와 논의 방식이 적용되고 있다(Rasooli, Zandi, & DeLuca, 2021). 이러한 논의는 평등한 보상 결과의 공정, 보상 결정 과정에서의 공정, 집단 간 상호작용의 관계와 정보 제공의 공정 등과 관련된 다차원적 기준을 다루고 있다. 오늘날 한국에서도 공정성에 대한 요구는 거시적인 사회 제도뿐만 아니라 미시적인 상호작용 영역에서도 증가하고 있다. 하지만 국내의 공정성에 관한 학문적 연구는 이론적 차원과 경험적 차원 간의 연계가 많이 이루어지지 못했으며(박효민, 김석호, 2015: 221), 교육학 분야 또한 마찬가지다.

한국 교육의 주요 관심은 공정성보다는 주로 평등(equality)에 있었다. 교육에서 평등은 주로 교육의 기회, 교육의 조건, 교육의 과정, 교육의 결과 차원에서 접근되었다(김신일, 2015). 평등의 의미는 동일 집단, 계급 등에서 차별 없는 대우를 받는 것이고, 불평등은 지역적 여건, 경제적 이유와 신체적 불리함 등에 따라 차별을 받는 것이다. 한국 사회에서는 여전히 가정의 사회경제적 배경, 지역별 불균형에 따라 학교 경험과 결과에 대한 격차가 심화되고 있고, 교육의 결과 평등 실현과는 차이가 있다(김경애 등, 2020; 이희연, 유경훈, 2021). 실제 우리 교육은 개인이나 가정의 사회경제적 지위, 지역, 성, 문화 자본 및 사회적 자본 등에 따라 교육 격차가 심화되고 있다는 논의가 지속되고 있다(김용환, 2021; 박주호, 백종면, 2019). 최필선과 민인식(2015)은 고소득층 자녀의 수능에서 상위등급 비율이 저소득층 자녀의 5배로 제시했다. 주병기(2021)는 가구의 사회경제적 배경에 따른 기회 불평등으로 최상위 대학 진학 실패 확률이 70%에 달할 것이며, 수시가 정시보다 불평등하다고 하였다. 이하늬(경향신문, 2021)는 서울대학교 정시모집 합격자의 78.4%, 수시모집 합격자 중 55.8%가 수도권 출신으로 경제, 사회적 지위 및 교육적 인프라의 영향으로 보았다. 또한, 박지원과 이정한(세계일보, 2021)의 연구에서는 SKY 대학에 입학한 신입생 중 고소득층 자녀가 50%, 의대는 74%, 로스쿨은 58%가 소득구간 9~10 구간인 고소득층이며, 강남 3구 출신의 합격자가 서울지역 일반고 졸업생 518명 중 225명(42.4%)이라고 밝혔다.

우리 사회는 개인의 능력과 노력의 결과에 의한 보상에서 차별적 대우나 지위 배분은 공정하고, 능력과 노력의 보상에 따른 불평등은 정의롭다고 생각한다. 즉 불평등도 능력에 따른 불평등에 대해서는 공정하다고 본다. 하지만 학자들은 학교 교육이나 사회에서 강조하는 능력주의가 공정성을 실현하는 수단이기도 하지만, 능력은 대물림되어 세대 간 이동을 막는 수단(박권일 외, 2020)으로 작용하며, 불평등한 출발점을 재생산하는 기제(McNamee & Miller, 2015)로 작동한다고 본다. 그래서 학교 교육에 의한 노력은 불공정한 출발점에서 노력의 배신(조한혜정, 엄기호 외, 2016)과 실력의 배신(박남기, 2018)을 체득하게 만드는 교육 디스토피아(dystopia)의 장(場)이 되고 있다. 능력주의는 모든 사람에게 공정한 기회를 제공하는 것 같지만 실제로는 돈과 인맥이 있으면 좋은 대학에 유리한 각종 시험 점수, 자격증, 스펙도 재구성할 수 있도록 상품화 또는 자본화하여 경쟁에서 우월한 위치를 확보할 수 있다. 이 점에서 능력주의는 교육의 불공정을 양산하는 이념적 허구며 신화일 수 있다(이진우, 2021).

이제는 우리 교육도 평등을 넘어서 공정에 대한 논의가 활발해질 필요가 있다. 그러나 대부분의 관련 선행연구는 교육의 기회와 과정에서의 불공정성보다는 교육의 불평등과 교육 격차에 초점이 있다. 예를 들면, 학교나 가정의 사회경제적 배경에 따른 교육 격차(김문길, 우선희, 여유진, 정해진, 곽윤경, 홍성운, 2020; 김승연, 최광은, 박민진, 2020; 남궁지영 외, 2021; 임연기, 2021), 고교 유형별 학업 성취도와 대학 진학의 격차(박수억, 2020; 이기혜, 2021), 사교육비 격차(이인영, 유성상, 2019; 최필선, 민인식, 2015), 코로나19로 인한 교육 격차 등을 들 수 있다. 아울러 교육에서의 공정성 해결을 위한 대책보다는 교육 격차나 불평등 해소를 위한 교육복지정책 논의가 일반적이었다(김경애 외, 2020; 김민희, 2017; 이종재 외, 2020; 이희연 외, 2019; 이희연, 유경훈, 2021).

　문재인 정부가 표방했던 '기회는 평등하게, 과정은 공정하게, 결과는 정의롭게'라는 교육정책의 기조 또한 우리 교육의 공정성에 대한 논의를 불러일으키고 있다. 교육에 있어서 평등한 상태와 공정한 상태는 어떻게 다른가? 가정의 사회경제적 지위에 따른 교육 격차는 교육의 불평등인가 불공정인가? 지역별 격차에 따라 교육비를 차등 지급하는 것은 교육의 평등인가, 공정인가? 부모 찬스에 따라 수시모집 또는 채용에 필요한 유리한 스펙을 만들어 대학에 합격했다면 교육의 불평등인가, 불공정인가? SKY 대학, 수도권 대학, 지방 대학에 따라 고용이나 취업의 유불리는 교육의 불평등인가, 불공정인가? 소득분위를 고려하여 국가장학금을 차등 지급하는 것은 평등한 것인가, 공정한 것인가?

　이러한 질문들은 무엇보다도 학교 교육에서의 공정성에 대한 개념과 유형들이 아직 모호하게 정립되어 있지 못한 것에 기인한 것으로 판단된다. 이 글에서는 학교 교육에서의 공정성은 무엇인지, 또한 그 공정성의 유형들은 어떠한지를 밝혀 보고자 한다.

2. 교육 공정성의 개념

　우리 사회에서 공정은 출발선의 평등, 경쟁의 기회와 조건의 동일선을 말하며, 이는 경쟁의 입구를 관리하는 기준으로 고려된다(이승은, 2013). Sandel(2020)은 미국에서 유명 연예인이나 고소득 직업을 지닌 자들이 성적과 스펙을 조작하거나 뇌물 또는 기부 등을 통해 유명 대학에 입학시킨 범죄 행위를 제시하면서 자본화된 능력이나 왜곡된 경쟁을 공정한 것으로 미화하고 있다고 지적하였다. 한국에서도 부와 인맥이 많은 특권

층이 자녀들의 능력과 노력을 스펙으로 자본화할 수 있는 수시모집을 줄이고 정시모집을 확대하는 방안이 쟁점화되고 있다. 그러나 전형 방법과 상관없이 부유층, 고소득 직업의 가정일수록 자녀들에게 능력 개발 및 노력에 대한 투자로 가난한 가정의 자녀들에 비해 좋은 학교와 직업으로 진입하는 데 유리하다. 즉, 출발선이 같지 않고 기울어진 운동장으로 인해 결국 교육이 불공정을 양산한다(김승연, 최광은, 박민진, 2020; 김문길, 우선희, 여유진, 정해진, 곽윤경, 홍성운, 2020).

  우리 교육계에서는 여전히 평등, 공정, 형평, 공평 등의 용어가 불명확하게 혼용하여 사용되고 있다. 이는 한국 교육에서 이들 용어에 대한 명확한 개념 규정이 불분명하기 때문이다. 국어사전에는 평등(平等), 형평(衡平), 공정(公正), 공평(公平) 등이 구별되어 사용되는 용어로 제시되고 있다. Merriam-Webster 사전에서 equality는 사회의 각자를 동일하게 대우하거나 같은 권리와 사회적 지위를 가지는 상태를 의미하며, equity는 사람을 대우하는 방식에서 공평하거나 정의로운 상태를, justice는 자연법 또는 천부적 권리에 따르는 것, 특히 편견이나 선호(편애)가 없는 상태를, fairness는 다른 한편에 대해 편애하지 않고 공명정대하게 대우하는 것을 말한다. 이 글에서는 공정을 '공평하고 올바름'으로, 공정성은 어느 한쪽으로 편향되지 않는 것을 의미한다. 예를 들면, 스포츠 경기에서도 심판의 주요 가치 중 하나가 '공정'이다. 심판이 경기 동안 어떤 태도를 보이며, 어떤 경우에도 편파적인 판단을 하지 않는 것이 중요하다. 심판은 경기를 공정하게 진행하기 위해 필요한 경우 경기를 중단하고 비디오 판독을 진행하기도 한다.

형평성, 공정성, 공평성의 차이

● 형평은 상황에 맞도록 규칙을 유연하게 적용할 것을 요청한다는 의미로 해석된다.

● 공평과 공정은 약간의 차이점이 존재한다. 공정은 출발선의 평등을 의미하며 또한 경쟁의 기회와 조건이 동일함을 강조하는 의미이며, 이것은 경쟁의 입구를 관리하는 기준으로 고려된다.

● 공정은 과정을 평가할 때 사용되는 개념이며 공평(fairness)은 주로 결과의 형평성을 언급할 때 사용되는 개념으로 파악할 수 있다.

출처: 이승은(2013)

학술적으로 공정성은 공평함(fairness)과 다르게 사용되기도 하지만 (Rawls, 1971), 대부분 사회심리학으로 공정성과 공평함은 같은 뜻으로 간주된다. 또한, 공정성과 유사한 개념으로는 형평성(equity)을 들 수 있다. 일상생활에서 형평성은 공정성과 유사한 의미로 사용된다. 특히 초기 공정성 연구에서는 형평성은 곧 공정성과 같은 개념으로 사용되기도 하였다. 그러나 이후 공정성 논의에서 형평성의 개념은 기여에 대한 보상을 판단할 때 주로 사용되는 기준으로 쓰이고 있으며, 보상의 공정성을 필요(need)나 평등(equality) 등 다른 기준으로 평가할 때는 형평성이라는 개념을 쓰지 않는다(Deutsch, 1985). 이 때문에 공정성 이론에서 '형평'은 기여에 대비한 보상의 측면을 강조하는 경우에 제한적으로 사용되고 있다(박효민, 김석호, 2015: 223).

초기 공정성 이론(기여에 대한 보상의 측면에 국한하며, 과정을 제외한 결과에 집중)은 개인이 공정성을 인식할 때 다른 준거 대상과의 비교 과정이 필수적임을 주장하였다. 이러한 배경에서 나타난 애덤스와 호만스의 공정성 이론은 형평 이론(equity theory)으로 불렸는데, 이들의 이론이 투입에 따른 보상의 형평성 원칙에 초점을 맞추었기 때문이다(박효민, 김석호, 2015: 224). 이후 공정성 연구들은 보상의 공정성을 평가하는 데 있어 보상의 결과뿐만 아니라 보상이 결정되는 과정, 또는 집단의 과업을 수행하는 과정에서의 대인 관계 역시 중요한 역할을 한다는 점을 발견하였으며, 공정한 분배를 판단하는 기준이 다차원적[집단에 대한 기여도뿐만 아니라 집단 구성원 간 보상의 균등한 분배(equality), 수혜자의 상황에 따른 보상의 필요성(need) 등]이라는 점을 주장하였다.

　초기 공정성 이론(형평 이론, 분배 공정성) 이후 공정성 연구는 크게 두 방향으로 이루어졌다. 하나는 객관적인 보상의 수준 이외에 공정성 인식의 다양한 선행요인(지위 특성, 감정, 가치, 권력과 정당성, 기준점과 준거집단, 사회적 맥락 등)을 밝히는 연구이고, 다른 하나는 공정성 인식을 결정하는 다양한 원칙(형평뿐만 아니라 평등성, 필요성 등)에 관한 연구들(박효민, 김석호, 2015: 231)이다. 이러한 공정성 이론의 연구 흐름을 볼 때 공정성은 평등이나 형평의 개념을 포괄하는 광범위한 개념이다. 이러한 개념을 Stowell(2004)과 Levitan(2015)의 자료를 토대로 교육적 상황에 적용하면 〈표 1–1〉과 같다.

〈표 1–1〉 교육에서의 평등성, 형평성, 공정성의 적용

개념	정의
평등성	모든 사람에게 교육의 접근 기회를 동등하게 부여하는 것. 모든 학생에 똑같은(same) 교육을 제공하는 것. (예: 만 6세 초등학교 입학, 무상 의무교육 등)
형평성	모든 사람을 형평에 맞게, 상황에 따라 적절하게 대우하는 것. 모든 학생은 특정한 결과(대학입학)에 대우를 받는 것. [예: 적극적 차별 조치(선택적 복지, 농어촌/사회배려자 특별전형)]
공정성	모든 사람이 자신의 능력이나 상황에 맞는 기회, 과정과 결과를 보장받는 것. 각 학생들이 행위 주체성을 가지고 자신의 가치에 따라 자신의 기능과 능력을 찾고 발휘하도록 기회와 과정을 제공하는 것. (예: 학생/선택 중심 교육과정)

출처: Stowell(2004), Levitan(2015)

3. 공정성에 대한 다양한 관점

교육 공정성은 관련 현상을 바라보는 이론들, 관점들, 접근들에 따라 달라진다(이돈희, 1999). Schumaker(2008)는 정치철학 이념에 따라 정당한 것, 공정한 것이 어떻게 차이를 보이는지를 〈표 1-2〉와 같이 분석했다. 예를 들면, 고전적 자유주의자들은 평등한 존엄이지만 불평등한 보상으로, 현대 자유주의자들은 부당한 불이익에 대한 보상, 급진적 우파는 공정한 절차와 공동선 추구로 보았다. 급진적 좌파는 보다 평등한 사회 추구 등으로 정의하였다. 경제학에서도 공정성에 대한 접근은 차이가 있다. 진보는 케인즈 학파의 이론을 지향하면서 큰 정부를 지향하면서 적자재정을 통해 불리한 계층에게 이전소득을 보다 확대하여 분배와 평등을 위한 분수 효과를 지향한다. 반면에 보수는 시카고학파 이론과 작은 정부를 지향하면서 기업에 대한 감세 정책을 통한 성장과 효율을 통한 낙수효과를 강조한다(Mankiw, 2021). 사회학적 측면에서도 보수는 공평한 기회 제공을 통한 사회적 경쟁과 지위 배분을, 진보는 경제적, 문화적으로 소외되거나 불이익을 받는 사람들에 대한 복지 제공을 통한 평등사회 구현을 강조한다(함인희, 2018).

4. 교육 공정성 개념

교육은 다양한 배경을 가진 학생들에게 교육적 열망과 목표를 달성할 수 있는 공평한 기회를 제공하고, 불이익을 받는 학생들에게 이러한 불리한 배경이나 기회에 대한 관심과 지원을 제공하는 공공서비스로 볼 수 있다(Rasooli, Zandi, & DeLuca, 2021). 이를 실현하기 위해서 교육은 학생

〈표 1-2〉 공정성에 대한 관점 비교

정치이념	특징	인간관	사회관	공정에 대한 관점
고전적 자유주의	· 개인 자유와 책임 · 자유시장주의 · 과학적 진보 · 최소한의 국가 개입	· 평등하고 이성적으로 행복을 추구하는 인간	· 사회계약을 통해 사람들 사이의 상호 이익을 모색하는 사회	· 인간은 존엄과 평등을 부여받았지만, 시장 기제에 따른 사회적 재화의 보상은 정당
고전적 보수주의	· 전통과 공동체 존중 · 상식, 문화와 법 강조 · 현상 유지와 점진 개선 · 노블레스 오블리주	· 사회 속의 위치와 역할과 기능이 다른 인간	· 유기체적 사회(서열, 연렬, 기 등등 구별)가 개인보다 우선되는 사회	· 귀속적 지위에 따른, 개인 노력과 능력에 따른 차별과 불평등은 정당
현대적 자유주의	· 적극적/큰 정부 · 위대한 사회와 복지 · 차별 철폐와 평등 · 시스템과 구조 조정	· 다양한 인생 계획의 자율적 선택, 도구적 이성과 도덕적 발전을 추구하는 인간	· 다양한 이해관계를 가진 수많은 집단으로 구성된 다원화된 사회	· 사회적으로 불리한 집단들이 유리한 집단들과 비슷한 출발선을 갖게 하는 공평한 기회균등(예: 적극적 차별 시정 조치; 동아줄 특별전형 등)은 정당
현대적 보수주의	· 소극적/작은 정부 · 시장 자유와 복지 축소 · 효율, 선택, 탈규제·개인/능력주의 조정	· 자율성과 이성을 가지고 있지만 불안정적인 인간	· 삶의 여러 영역에서 제자리가 다른 속도로 운영하는 메커니즘이 구축된 사회	· 법적으로 평등한 대우를 받으면서 공정한 경우 장애로 인한 특권과 보상(예: 수능시험에 따른 SKY 대학 진학)은 정당
급진적 좌파	· 평등주의적 자유주의 (평등적 재분배, 평등한 자유와 차등의 원칙, 물질) · 시민적 공동체주의 (공동체 가치 강조)	· 인류의 공동적 특성을 지니지만, 개인 간의 차이를 갖는 인간 · 평등하고 협동적인 공동체에서 잠재력을 더 발휘하는 인간	· 연대와 평등에 기초한 사회주의적 운리를 통해 더욱 공동체적이고 평등한 사회	· 모든 사람에게 폭넓은 평등한 자유를 허용하되, 사회적으로 불리한 계층에게 상대적으로 더 유리하게 분배하는 것(예: 소득 분위별 차등 지원)은 정당
급진적 우파	· 경제적 자유와 세계화 · 문화보수주의 · 공공지출/복지 축소 · 생산적 복지 · 능력주의/물질 등 옹호	· 자신이 속한 공동체 속에서 정체성과 역할을 확립하고 수행하는 자율적 인간	· 모든 사람이 나름의 문화적 가치를 지니고 있고, 다양한 지역 문화의 불평등에 따른 사회 역 문화를 존중하는 사회	· 불리한 자들에게 최소한의 사회적 안전망 제공하되서 절차적 정의와 시장 정의를 통한 다른 보상과 분배에 따른 불평등(예: 시험에 따른 스쿨, 이전의 진학)은 정당

출처: 슈메이커(2010), 이돈희(1999)를 토대로 요약, 재구성함

들이 미래의 삶에서 개인적인 성장과 사회적인 기여를 경험할 수 있는 능력을 배양하고, 동시에 경쟁력 있는 개인적 자본을 형성할 수 있도록 평등하면서도 공평하게 제공해야 한다(Mills et al., 2019; Resh & Sabbagh, 2014). 또한, 학생들이 교육 활동에서 공평한 보상을 받거나 불이익을 겪은 경험에 대한 관심과 지원이 필요하다(Chory-Assad, Horan, Carton, & Houser, 2014; Chory-Assad, 2002, 2007; Chory-Assad & Paulsel, 2004a,b; Horan, Chory-Assad, & Goodboy, 2010; Paulsel, Chory-Assad, & Dunleavy, 2005).

교육 공정성에 대한 논의는 콜맨 보고서 이후 교육 불평등과 교육적 결과(outcomes)에 대한 사회학적 비판 연구가 주류를 이루고 있다 (Coleman et al., 1966; North, 2006). 하지만 최근에는 학교에서 학생들이 경험할 수 있는 교육 공정성에 대한 실증적 연구가 활발하게 진행되고 있다(Deutsch, 1975; Resh & Sabbagh, 2016; Sabbagh & Resh, 2016).

교육 상황과 맥락에서 교육 공정성에 대한 접근은 개인 및 집단이 그들이 어떻게 대우받았는지와 그들이 대우받기를 기대했던 방식을 비교하여 측정된다(Rasooli, Zandi, & DeLuca, 2021). 교육 공정성과 관련된 선행연구에서는 '교실 내에서 체험되는 공정성'을 측정하며, 이는 '교실 내에서 학생들이 경험하는 교육적 결과나 과정에 대한 공정성에 대한 지각'으로 정의되고 있다(Chory-Assad, 2002, 2007; Chory-Assad et al., 2014); Chory-Assad & Paulsel, 2004b; Horan et al., 2010; Paulsel, Chory-Assad, Dunleavy, 2005). 그러나 이 정의는 교실이라는 공간을 넘어 학교 교육의 전반적인 영역에서 작용하는 상황과 맥락으로 확장될 필요가 있으며, 교실에서 진행되는 과정(절차)이나 결과뿐만 아니라 학생들이 경험하거나 제공되는 교육의 배경, 기회, 과정(절차), 결과까지 아우르는 확장이 필요하다. 또한, 외국의 학교 교육과는 다른, 대한민국의 학교 교육정책 및 교육 맥락을 반영하는 특별한 정의의 특수성을 확보해야 한다. 이러한 측면에서 이 글에서는 교육 공정성을 '학생들이 학교 교육의 기회, 과정, 결과에 있어서 자신의 관심, 능력, 상황과 배경에 따라 적절한 교육을 받을 수 있다고 인식하는 정도'로 정의하고자 한다.

5. 교육 공정성 유형

초기 공정성 이론은 공정성의 구성을 형평 이론과 분배 공정성에서 출발하였다. 이후 공정성 연구는 크게 두 가지 방향으로 진행되었다. 하나는 객관적인 보상 수준뿐만 아니라 공정성 인식의 다양한 선행요인(지위 특성, 감정, 가치, 권력과 정당성, 기준점과 준거집단, 사회적 맥락 등)을 탐구하는 방향이며, 다른 하나는 공정성 인식을 결정하는 다양한 원칙(형평 이론 외에도 평등성, 필요성 등)에 관한 연구이다(박효민, 김석호, 2015: 231). 교육 공정성의 구성요인은 바로 공정성 인식을 결정하는 다양한 원칙에서 찾아볼 수 있다.

초기 공정성 연구에서는 주로 형평의 원칙을 기준으로 분배 공정성의 관점에서 다루어졌다(박효민, 김석호, 2015: 240). 분배 공정성은 주로 집단으로부터의 보상이나 책임의 분배 결과에 따라 공정성 인식이 형성된다는 관점을 가졌다. 따라서 개인들의 공정성 인식은 어떤 사회적으로 합의된 규칙에 따라 개인에게 주어진 보상이 그 원칙에 부합하는지 여부를 확인하게 되었다. 분배 공정성은 개인의 노력 또는 투자한 결과와 관련하여 얻을 수 있는 보상의 비율이 다른 개인들과 비교하여 얼마나 일치하는지 그리고 성과와 보상의 분배에 중점을 두었다(Deutsch, 1985).

연구자들은 분배 공정성 이론의 제한성에 대해 비판하면서, 보상의 수혜 당사자들에게 분배 과정의 공정성에 대한 중요성을 강조했다. 이에 따라 분배 공정성과 구분되는 절차 공정성(procedural justice) 개념이 개발되었다. 절차 공정성은 성과물을 생성하는 데 필요한 결정 프로세스의 공정성을 의미하며, 얼마나 공정하게 이러한 결정이 이루어지는지와 관련이 있다(Deutsch, 1975).

최근 연구에 따르면 분배 공정성과 절차 공정성 외에도 상호작용 공정성이 중요하다는 주장이 나타났다. 이에 따르면 의사소통의 공정성이 상호작용에서 핵심적인 역할을 수행하고 있음이 강조된다. 상호작용 공정성은 구성원 상호 간에 존중받고 인정받는 것이 중요하며, 자신과 사회적 관계에서 중요한 가치를 부여하게 된다(Greenberg, 1993). 결과적으로 공정성의 구성요인은 초기에 분배 공정성 연구에서 시작되었지만, 이제는 절차 공정성과 상호작용 공정성에 대한 논의가 중요시되고 있다.

선행연구에서는 교육 공정성을 구성하는 속성과 요인은 학자마다 다르지만, 분배 공정성, 절차 공정성, 상호작용 공정성 등으로 구성하는 경향을 보이고 있다(Rasooli, Zandi, & DeLuca, 2021). 분배 공정성은 개인이 학교 교육에 투자한 노력과 결과와 관련하여 얻은 보상에 대한 형평, 평등, 필요의 원칙 충족을 강조한다(Deutsch, 1985). 절차 공정성은 보상과 결과와 관련된 의사결정에서 일관성, 정확성, 편견 억제, 수정 가능성, 목소리의 대표성, 윤리성 등의 원리가 반영된 공정성을 말한다(김정희원, 2022). 상호작용 공정성은 학교 교육에서 개별 학생이 존중받고 인정받으며, 적절한 정보를 차별 없이 제공받고 있다는 인식을 말한다(Greenberg, 1993).

1) 분배 공정성

　분배 공정성은 특정 규범(norms)이나 원칙에 기초한 자원의 분배(예: 등급, 성적 매기기)를 의미한다. 이 분배는 형평성(equity), 평등(equality), 필요(need)를 포함한 다양한 분배 원칙을 따를 수 있다(Adams, 1965; Deutsch, 1975). 형평성은 자신의 '노력 대비 결과' 수준을 비교 대상인 준거집단(동급 학생 등)의 수준과 비교했을 때 그 결과값이 어느 정도 비슷해야 한다는 원칙이다. 평등은 모두에게 동일한 보상 또는 혜택을 제공해야 한다는 원리를 의미한다. 필요는 다른 사람보다 필요 수준이 더욱 절실한 사람에게 우선적으로 분배해야 한다는 원칙이다(김정희원, 2022).

⚖ 분배의 3원칙

① 형평(equity): 분배를 계획할 때 가장 널리 사용되는 원리이다. 나의 '노력 대비 결과'의 수준과 비교 대상은 준거집단(예를 들어, 비슷한 직급과 경력을 가진 회사 동료, 나의 동급 학생 등)의 수준을 비교했을 때 그 결과값이 어느 정도 비슷해야 한디는 원칙이다.

② 평등(equality): 모두에게 동일한 보상 또는 혜택을 제공해야 한다는 원리를 뜻한다. 예를 들어, 직원이라면 누구나 구내식당을 동일한 조건으로 이용할 수 있어야 한다. 만약 성과에 비례해서 구내식당 입장 일수가 제한되거나 음식 메뉴가 달라진다면 어떨까? 이것이 논리적으로 타당하다고 가정하더라도 사람들은 당연히 부당하다고 느낄 것이다. 구성원 모두에게 반드시 동등하게 분배해야 할 자원도 있는 법이다. (성적이 좋은 학생에게 특정한 좌석이나 도서실 좌석이 배정되는 것도 그 예)

③ 필요(need): 다른 사람보다 필요 수준이 더욱 절실한 사람에게 우선적으로 분배해야 한다는 원리이다. 예를 들어, 모든 구성원들이 재택근무를 원하지만 회사 사정으로 그것이 불가능할 때 누구에게 이 기회를 먼저 분배해야 할까? 어떤 직원에

게 여섯 살짜리 딸이 있는데 코로나19로 유치원이 문을 닫아서 아이를 맡길 곳이 없다면, 해당 직원이 당분간 재택근무하면서 육아를 병행하도록 지원할 수 있을 것이다. 다른 경우에 비해 재택의 필요성과 긴급성이 높기 때문이다.

출처: 김정희원(2022). 『공정 이후의 세계』. 창비. 64-65쪽

2) 절차 공정성

절차 공정성은 결과로 이어지는 의사결정 과정에서 경험하는 공정성을 의미한다. 절차 공정성은 일관성(즉, 시간과 장소에 따른 일관된 처리), 정확성(즉, 절차의 정확한 적용), 편견 억제(중립성 의사결정 과정), 수정 가능성(즉, 잘못된 결정을 수정), 목소리의 대표성(즉, 목소리 제공) 및 윤리성(건전한 도덕 표준에 기반한 의사결정) 등의 원리가 반영된 공정성 인식을 말한다(김정희원, 2022).

⚖ 절차 공정성 6원칙

1) 대표성: 해당 절차에 영향을 받는 모든 구성원들의 이해관계가 반영되어 있는가?

2) 일관성: 해당 절차는 모두에게, 그리고 언제나 동등하게 적용되었는가?

3) 편견 억제성: 해당 절차는 의사결정권자의 개인적 이해관계나 선입견으로부터 얼마나 자유로운가?

4) 정확성: 의사결정 과정에서 주어진 모든 정보가 가능한 한 정확하게 활용되었는가?

5) 수정 가능성: 의사결정이 잘못된 경우 구성원들이 이의를 제기하고 절차를 수정할 수 있는가?

6) 윤리성: 해당 절차는 구성원들이 합의한 규범에 부합하는가?

출처: 김정희원(2022). 『공정 이후의 세계』. 창비. 193쪽

3) 상호작용 공정성

상호작용 공정성은 대인관계에서의 대우와 정보제공에 대한 개인의 인식을 의미하며(Greenberg, 1993), 이는 대인적 공정성과 정보적 공정성 두 가지 측면으로 구성된다. 대인적 공정성은 개인 간 상호작용의 공정성을 평가하기 위해 예절, 존중, 공손함 및 존엄성의 원칙을 포함한다. 이는 개인 간 상호작용에서 예절과 상호존중을 중시하며, 상호 간의 관계에서 상대방을 존중하고 공손하게 대우함을 강조한다. 정보적 공정성은 정보가 공정하게 전달되었는지 여부를 평가하기 위해 적절성, 진실성 및 정직성을 고려한다. 이 측면에서 정보가 정확하고 정직하게 전달되어야 하며, 정보 전달 과정이 적절하게 이루어져야 한다.

여기에서는 학교 교육 공정성 유형도 앞의 논의와 맥을 같이하여 분배 공정성, 절차 공정성, 상호작용 공정성으로 구분하며, 교육 공정성의 유형들을 〈표 1-3〉과 같이 정의하고자 한다.

〈표 1-3〉 교육 공정성 유형

유형	정의
분배 공정성	학생들이 자신이 얻은 학교 교육의 결과나 성과에 있어 자신들의 기여나 노력에 따라 응분의 대가나 보상을 받았다고 인식하는 정도
절차 공정성	학생들이 자신이 얻은 학교 교육의 결과나 성과가 정해진 기준과 절차에 따라 이루어졌다고 인식하는 정도
상호작용 공정성	학생들이 학교 교육의 결과나 성과를 얻을 때 학교나 교사에게서 적절한 대인관계와 정보제공을 받았다고 인식하는 정도

6. 나아가며

교육은 다양한 배경을 가진 중등학생 개인의 교육적 요구와 성장을 도모하고 민주시민으로서의 기초능력을 함양하는 데 필요한 교육 기회와 과정을 공정하게 제공하는 공공서비스라 할 수 있다(Mills et al., 2019; Resh & Sabbagh, 2014). 교육에서 인식되는 공정성은 교육 맥락과 구성원이 갖는 관점에 따라 그 이해와 해석은 다르다. 아울러 공정성 개념과 유사한 평등성, 형평성, 정의 등의 개념과 속성들이 교육 공정성과 유사하여 개념적으로 모호하다. 이러한 측면에서 교육평등, 교육형평, 교육공정의 정의를 분석함으로서 공정성에 대한 용어를 재개념화하고, 개념들 간의 논리적 관계와 구조를 밝히는 후속 연구들이 촉진되어 교육 현장에서 발현하는 여러 교육 공정성 현상을 설명할 수 있는 지적 기반을 구축하는 노력이 요구된다.

국외 학자들은 교육 맥락에서 학생들이 경험하는 교육적 결과나 과정에 대한 공정성 실현이 되고 있는지를 탐색해 오고 있다. 예를 들면, 학생의 동기와 학습과 공격성을 예측하는 변인으로서의 공정성에 관한 연구(Chory-Assad, 2002), 학생의 공격성의 예측 요인으로서의 교수자 영향과 상호작용 공정성 관계를 분석한 연구(Chory-Assad & Paulsel, 2004b), 학생들이 불공성을 인식하는 반응으로서의 공격성과 저항을 분석한 연구(Chory-Assad & Paulsel, 2004a), 교사의 권력과 교실 내 공정성에 대한 학생들의 인식 분석(Paulsel, Chory-Assad, & Dunleavy, 2005), 교사 신뢰와 교실 공정성 관계를 분석한 연구(Chory-Assad, 2007), 교실 내 학생들이 공정성을 인식하는 경험과 반응들을 분석한 연구(Horan, Chory-Assad, & Goodboy, 2010), 교실 내 발생하는 불공정에 대한 학생들의 정서적 반응을 분석한 연구(Chory-Assad, Horan, Carton, & Houser, 2014) 등이 있다. 또한, 교육 공정성 관련 선행연구에서는 교실 내에서 학생들이 경험하는 공정성 인식에 대한 기준과 척도를 개발하여 학생들의 공정성 인식 및 관련 변수를 시스템적으로 측정하고 이러한 결과를 학교 교육 및 운영에 적용하는 연구들이 수행되고 있다(Rasooli, Zandi, & DeLuca, 2021).

하지만 외국 선행연구에서는 학교급별 특성과 맥락에 따른 학생들이 경험하는 교육 공정성에 대한 인식을 측정하지 못할 뿐만 아니라 학교 교육의 체제적 접근보다는 교실 내로 국한하여 교육 공정성을 진단하고 있으며, 또한 초·중등, 대학, 평생 교육 등 여러 장면에서 제공되는 교육 상황과 맥락 차이에 국한한 진단도구를 개발하고 있지 못하다(김규태, 이석열, 서재복, 정성수, 김훈호, 2023, 2024). 이러한 측면에서 최근 김규태, 이석열, 서재복, 정성수, 김훈호(2023, 2024)가 개발한 초등학교 및 중등학교 교육 공정성 진단도구를 개발하고 타당화한 시도는 높이 평가될 수 있다. 하지만 우리 학교 교육을 넘어서 고등 교육, 평생 교육 교직과 교원, 교육정책 등 여러 분야에서의 공정성 연구에 있어 후속적으로 연구될 것들이 많다.

우선, 학교급, 학교 유형, 학생 개인 특성(성별, 학년 등), 거주지역의 여건과 상황에 따른 교육 공정성 인식 수준 차이를 규명하는 연구가 필요하다. 둘째, 학생들이 인식하는 교육 공정성이 독립, 종속, 조절, 매개 변수일 때 어떠한 인과관계를 갖는지를 규명하는 연구가 필요하다. 셋째, 학교의 교육 환경 및 문화와 맥락에 따라 학생들이 인식하는 교육 공정성에 대한 인식과 원인 및 대책 등을 밝혀 보는 연구도 필요하다. 달리 말하면, 교육 공정성과 관련된 다양한 개인, 구조 및 조직 문화와 관련된 차이를 명확히 하고, 교육 공정성에 영향을 미치는 다양한 원인과 대책에 대한 질적, 양적연구가 수행될 필요가 있다. 넷째, 초·중등 교육을 위한 척도 개발을 넘어서 고등 교육, 평생 교육은 물론 교육정책 영역에서 교육 공정성 현황 분석과 개선책을 마련하기 위해 필요한 진단 척도나 지표가 개발될 필요가 있다. 끝으로 우리 사회와 교육에 있어 공정성 정도를 파악하기 위해 학부모, 교사들, 일반 국민을 대상으로 조사하는 연구도 수행될 필요가 있다.

참고 문헌

김경애, 류방란, 이성희, 이승호 등(2020). 교육분야 양극화 추이 분석 연구(Ⅰ): 기초연구. 한국교육개발원.

김규태, 이석열, 서재복, 정성수, 김훈호(2023). 초등학교 교육 공정성 진단도구 개발 및 타당화. 교육행정학연구, 41(5), 1–26.

김규태, 이석열, 서재복, 정성수, 김훈호(2024). 중등학교 교육 공정성 진단도구 개발 및 타당화. 교육종합연구, 22(1), 237–258.

김문길, 우선희, 여유진, 정해진, 곽윤경, 홍성운(2020). 사회통합 실태진단 및 대응방안 연구(Ⅶ): 사회통합과 사회이동(2). 한국보건사회연구원.

김민희(2017). 교육격차 개선방안: 연구동향 분석을 중심으로. 예술인문사회융합 멀티미디어논문지, 7(11), 377–385.

김범수(2022). 한국 사회에서 공정이란 무엇인가. 아카넷.

김승연, 최광은, 박민진(2020). 장벽사회. 청년 불평등의 특성과 과제. 서울연구원.

김신일(2015). 교육사회학. 교육과학사.

김용환(2021). 한국 사회의 불평등 관련 연구 동향 분석안. 한국문헌정보학회지, 55(2), 263–287.

김정원(2021). 교육의 다양성과 공정성 간 갈등 : 역사사회적 토대 이해와 해결을 위한 프레임 전환. 교육사회학연구, 31(3), 1–34.

김정희원(2022). 공정 이후의 세계. 창비.

남궁지영, 김경애, 김나영, 박경호 등(2021). 교육분야 양극화 추이 분석 연구 (Ⅱ): 학교 및 지역 수준에 대한 기초연구. 한국교육개발원.

박권일, 홍세화, 채효정, 정용주 등(2020). 능력주의와 불평등. 교육공동체벗.

박남기(2018). 실력의 배신. 쌤앤파커스.

박수억(2020). 학교 유형과 학업성취도 변화: 특목고와 자사고의 환상 효과. 교육사회학연구, 30(1), 83–110.

박주호, 백종면(2019). 교육격차 실증연구의 체계적 분석. 한국교육문제연구, 37(1), 213–238.

박효민, 김석호(2015). 공정성 이론의 다차원성. 사회와 이론, 27, 219–260.

이기혜(2021). 대학입학전형 영향요인 분석: 2013년도와 2019년도의 비교를 중심으로. 한국교육학연구, 27(4), 129–158.

이돈희(1999). 교육정의론. 교육과학사.

이승은(2013). 공정성과 평등론의 쟁점. 퍼플.

이인영, 유성상(2019). 가정의 사교육비 지출 영향요인 탐색 및 지출 분위별 차별적 효과 분석. The SNU Journal of Education Research, 28(1), 1–26.

이종재, 김성기, 김왕준, 정제영, 박주형, 김영식(2020). 사회적 약자를 위한 교육정책론. 학지사.

이진우(2021). 불공정사회. 휴머니스트출판사.

이희연, 유경훈(2021). 미래교육체제 수립을 위한 유형별 주요 의제 분석: 11. 모든 학생의 행복한 성장을 위한 교육복지 실현. 한국교육개발원.

이희연, 황준성, 유경훈, 정동철, 이주하, 김성기, 오상아(2019). 교육복지정책 평가 및 개선과제. 한국교육개발원.

임연기(2021). 딜레마와 교육정책: 한국 농촌학교의 딜레마 상황과 정책 대응. 학지사.

조한혜정, 엄기호, 강정석, 나일등 등(2016). 노오력의 배신. 창비.

주병기(2021). 대학입학 성과에 나타난 교육 기회불평등과 대입 전형에 관한 연구. 조세재정브리프(118호). 한국조세재정연구원.

최필선, 민인식(2015). 부모의 교육과 소득수준이 세대 간 이동성과 기회불균등에 미치는 영향. 사회과학연구, 22(3), 31–56.

함인희(2018). 인간행위와 사회구조. 이화여자대학교출판문화원.

경향신문(2021. 10. 17.). 서울대 정시 합격자 78% 수도권 출신.

세계일보(2021. 5. 18.). 강남구 '107' vs 도봉구 '2' … 부자동네 서울대 싹쓸이.

Chory–Assad, R. M. (2002). Classroom justice: Perceptions of fairness as a predictor of student motivation, learning, and aggression. *Communication*

Quarterly, 50(1), 58–77.

Chory-Assad, R. M. (2007). Enhancing student perceptions of fairness: The relationship between instructor credibility and classroom justice. *Communication Education, 56*(1), 89–105.

Chory–Assad, R. M., & Paulsel, M. (2004b). Antisocial classroom communication: Instructor influence and interactional justice as predictors of student aggression. *Communication Quarterly, 52*(2), 98–114.

Chory–Assad, R. M., & Paulsel, M. L. (2004a). Classroom justice: Student aggression and resistance as reactions to perceived unfairness. *Communication Education, 53*(3), 253–273.

Chory–Assad, R. M., Horan, S. M., Carton, S. T., & Houser, M. L. (2014). Toward a further understanding of students' emotional responses to classroom injustice. *Communication Education, 63*(1), 41–62.

Coleman, J.S., Campbell, E. Q., Hobson, C.J., McPartland, F., Mood, A.M., Weinfeld, G.D., & York. R. L. (1966). *Equality of educational opportunity.* U.S. Government Printing Office.

Deutsch, M. (1975). Equity, equality, and need: What determines which value will be used as the basis of distributive justice? *Journal of Social Issues, 31*(3), 137–149.

Greenberg, J. (1993). The social side of fairness: Interpersonal and informational classes of organizational justice. In R. Cropanzano (Ed.), *Justice in the workplace:* Approaching fairness in human resource management (pp. 79–103). Erlbaum.

Horan, S. M., Chory, R. M., & Goodboy, A. K. (2010). Understanding students' classroom justice experiences and responses. *Communication Education, 59(*4), 453–474.

Levitan, J. (2015). The difference between educational equality, equity, and justice··· and why It matters. American Journal of Education Forum.

http://www.ajeforum.com/the−difference−betweeneducational−equality−
equity−and−justice−and−why−it−matters−by−joseph−levitan/

Mankiw, G. N. (2021). 맨큐의 경제학(9판). 김경환, 김종석 역. 한티에듀. (원본
출판 1997년)

McNamee, S. J., & Miller, R. K. (2015). 능력주의는 허구다. 김현정 역. 사이. (원
본 출판 2004년)

Mills, C., Gale, T., Parker, S., Smith, C., & Cross, R. (2019). Activist
dispositions for social justice in advantaged and disadvantaged contexts of
schooling. *British Journal of Sociology of Education, 40*(5), 614−630.

North, C. E. (2006). More than words? Delving into the substantive meaning(s)
of "social justice" in education. *Review of Educational Research, 76*(4),
507−535.

Paulsel, M. L., Chory−Assad, R. M., & Dunleavy, K. N. (2005). The
relationship between student perceptions of instructor power and
classroom justice. *Communication Research Reports, 22*(3), 207−215.

Rasooli, A., Zandi, H., & DeLuca, C. (2021). Measuring Fairness and Justice
in the Classroom: A Systematic Review of Instruments' Validity Evidence.
School Psychology Review, 1−26.

Rawls, J. (1971). A theory of justice. Cambridge, Harvard University Press.

Resh, N., & Sabbagh, C. (2014). Sense of justice in school and civic attitudes.
Social Psychology of Education, 17(1), 51−72.

Sabbagh, C., & Resh, N. (2016). Unfolding justice research in the realm of
education. *Social Justice Research, 29*(1), 1−13.

Sandel, M. J. (2020). 공정하다는 착각. 함규진 역. 와이즈베리. (원본 출판 2020
년)

Schumaker, P. (2010). 진보와 보수의 12가지 이념. 조효제 역. 휴마니타스. (원본
출판 2008년)

Solomon, R. C., & Murphy, M. C. (1999). What is justice?: Classic and contemporary readings. London: Oxford University Press.

Stowell, M. (2004). Equity, justice and standards: Assessment decision making in higher education. *Assessment & Evaluation in Higher Education, 29*(4), 495–510.

제**2**장

초 · 중등 교육 공정성 척도[1]

이석열 교수(남서울대학교)

1. 들어가기

현대 사회에서 교육은 개인의 삶의 질을 향상시키고 사회적 평등을 증진하는 핵심적인 역할을 담당하고 있다. 그동안 교육에서 공정성에 대한 논의는 교육 기회의 불평등을 심각한 문제로 보고, 사회의 체계에서 추구해야 할 중요한 가치 중 하나로 강조되어 왔다. 교육 공정성은 모든 학생들이 동등한 학습 기회가 있는지를 보장하는 데 중요한 요소이다. 하지만 학생들 간의 경제적, 사회적, 문화적 차이로 인해 교육에서의 공정성이 보장되지 않는 경우가 있다. 특히 경제적으로 취약한 학생들이나 문화적 실조 등 특수한 상황에 있는 학생들은 교육 시스템 내에서 불이익을 받을 가능성이 높다.

교육 공정성은 교육 시스템 내부 및 외부 요인으로 인해 학생들 간의

---

1 이 글은 두 편의 선행연구의 내용을 중심으로 재정리하여 작성된 원고임. 김규태 외 (2023). 「중등학교 교육 공정성 진단도구 개발 및 타당화」(2023)와 김규태 외(2024). 「초등학교 교육 공정성 진단도구 개발 및 타당화」임.

개인의 능력과 잠재력을 최대한 발휘할 수 있는 기회가 제공되지 못하는 차별이 발생하지 않도록 하는 데 중요한 의미가 있다. 교육 공정성은 교육의 기회, 조건, 과정 그리고 결과에 대한 차별 없는 동등한 대우를 강조하는 평등을 의미하며, 불평등은 지역적 환경, 경제적 이유, 신체적 제약 등에 따른 차별을 의미한다(김신일, 2015). 따라서 교육의 공정성을 평가하고 증진하기 위한 척도는 매우 중요하다.

교육 공정성 척도는 이러한 문제를 해결하고 교육 시스템을 보다 공정하고 효율적으로 만들기 위한 필수적인 과제로 부각되고 있다. 교육 공정성 척도는 교육의 다양한 측면을 종합적으로 평가하고, 학생들의 다양한 배경과 상황을 고려하여 개별적으로 대응할 수 있는 정책과 프로그램을 설계하는 데 활용할 수 있다. 또한 교육 공정성 척도는 교육 시스템의 문제점을 파악하고 개선할 수 있는 정책적 방향을 제시할 수 있다. 결국 교육 공정성 척도는 교육 현장에 진단 도구를 효과적으로 적용함으로써 교육 시스템의 공정성을 증진하는 데에 기여할 것이다.

교육 공정성 척도 개발이 필요한 이유는 '교육 공정성을 조성하고 확립하기 위해서는 실증적 수준을 정확히 진단할 수 있어야 한다'는 데 있다. 교육 공정성 관련 선행연구에서는 교실 내에서 학생들이 경험하는 공정성 인식에 대한 기준과 척도를 개발하여 학생들의 공정성 인식 및 관련 변수를 시스템적으로 측정하고, 이러한 결과를 학교 교육 및 운영에 적용하고 있다. 아울러 다양한 배경을 가진 학생들이 교육 활동에서 공평한 보상을 받거나 불이익을 겪은 학생들에게 관심과 지원을 제공하는 것에 초점을 두고 있다(Chory-Assad et al., 2014; Chory-Assad, 2002, 2007; Chory-Assad & Paulsel, 2004a, b; Horan, Chory, & Goodboy, 2010; Paulsel, Chory-Assad, & Dunleavy, 2005). 하지만 선행연구에서는 학생들이 경험하는 교육 공정성에 대한 인식을 측정하지 못할 뿐만 아니라 학교 교육의 체제적 접근보다는 교실 내로 국한하여, 교육 공정성 진단에 한계를 지니고 있다(김규태, 이석열, 서재복, 정성수, 김훈호, 2023). 이러한 측면에서 교육 공정성 척도는 초등학교와 중등학교 등 학교 특성과 맥락을 고려한 교육 공정성 척도를 통한 인식 수준을 확인할 필요가 있다.

따라서 이 장에서는 교육 공정성에 관한 공동 합의된 개념과 구성 요소를 추출하고, 교육 공정성을 객관적이며 체계적으로 평가할 수 있는 초등학교와 중등학교의 교육 공정성 척도를 개발하고 그 타당성을 제시하고자 한다. 구체적으로 교육 공정성의 개념과 측정 변인을 바탕으로 초등학교와 중등학교 교육 공정성 수준을 진단하기 위한 척도를 개발한다. 이 과정에서 개발된 교육 공정성 진단도구의 신뢰성과 타당성을 확인하고, 이 진단도구가 교육 공정성을 실질적으로 판단하는 데 활용 가능한지 밝히고자 한다.

2. 교육 공정성의 구성요인

교육 공정성 척도를 개발하기 위해서는 교육 공정성에 대한 정의와 교육 공정성의 구성요인이 무엇인지를 밝히는 것이 선행되어야 한다. 이와 관련해서는 이미 앞 장에서 다루었다. 교육 공정성에 대한 정의는 '학생들이 학교 교육의 과정 및 결과에 있어서 학생들의 관심과 능력과 배경에 따라 적절한 교육을 받고 있다고 인식하는 정도'이다. 또한 교육 공정성의 구성요인은 주로 세 가지 차원인 분배 공정성, 절차 공정성 그리고 상호작용 공정성으로 나눌 수 있다.

분배 공정성(Distributive Justice)은 개인이 학교 교육에 투자한 노력과 결과와 관련하여 얻은 보상에 대한 형평, 평등, 필요의 원칙 충족을 강조한다(Deutsch, 1975). 모든 학생이 교육적 노력과 결과에 대한 보상을 공평하게 받을 수 있어야 하며, 사회경제적 배경이나 기타 개인적 특성에 따라 차별받지 않아야 한다.

절차 공정성(Procedural Justice)은 보상과 결과와 관련된 의사결정에서 일관성, 정확성, 편견 억제, 수정 가능성, 목소리의 대표성, 윤리성 등의 원리가 반영된 공정성을 말한다(김정희원, 2022). 교육과정과 의사결정 과정이 공정하고 투명하게 이루어져야 하며, 모든 이해 관계자가 의사결정 과정에 참여할 수 있는 기회를 가져야 한다. 절차 공정성은 규칙과 절차가 일관되게 적용되고, 교육적 평가와 피드백이 공정하게 이루어지는 것을 포함한다.

상호작용 공정성(Interactional Justice)은 학교 교육에서 개별 학생이 존중받고 인정받으며, 적절한 정보를 차별 없이 제공받고 있다는 인식을 말한다(Greenberg, 1993). 교육 환경에서 교사와 학생 간, 학생들 간의 존중과 배려, 공정한 대우 등을 포함한다. 모든 학생이 존중받고, 교사와의 상호작용에서 차별이나 편견 없이 공정하게 대우받아야 한다.

교육 공정성 척도는 Chory-Assad(2007), Chory-Assad(2002), Chory-Assad & Paulsel(2004a, 2004b), Dalbertd와 Stoeber(2006) 등의 조사 도구 등이 있다. 이들 도구들도 교실 맥락에서의 공정성 이론을 적용하여 분배 공정성, 절차 공정성, 상호작용 공정성으로 나누어 구성하고 있다. 이들 도구의 문항들은 교육 공정성의 측면을 대표하며, 구체적으로는 교육의 분배 공정성, 의사결정 과정의 절차 공정성, 대인관계에서의 상호작용 공정성 등을 다루고 있다.

선행연구에서 개발된 교육 공정성 척도는 외국 학자들이 개발한 척도로 한국의 교육 실정에 맞는 한국형 학교 교육 공정성 척도 개발이 필요하다. 교육에 대한 공정성 인식이 외국의 문화, 가치, 교육적 상황과 다르기 때문에 외국 도구를 직접 적용할 경우, 공정성 인식의 특정한 측면이나 항목이 누락되거나 부적절하게 반영될 우려가 있다. 따라서 한국의 교육 실정에 맞게 교과, 비교과, 수업, 평가, 생활지도, 규칙과 규정 등 교육의 다양한 과정 요인을 적절히 반영하고, 한국의 교육 환경을 고려하여 설계된 척도가 필요하다. 결국 한국 학생들의 실제 교육 경험에 더 부합하는 정확한 교육 공정성에 대한 인식을 평가할 수 있는 교육 공정성 척도 개발이 필요하다.

3. 교육 공정성의 척도 개발 절차

교육 공정성 척도 개발 및 타당화 과정을 위해서 [그림 2-1]과 같은 절차가 수행되었다.

1) 델파이 조사

델파이 조사는 교육 공정성에 관한 선행연구를 분석·종합하고, 그 개념과 구성요인을 탐색·정리하여 그 개념과 요인 및 진단 영역과 문항을 작성하기 위해서 2단계에 걸쳐 진행되었다. 1단계는 현장 교사 및 교육전문직 중심으로 실시되었고, 2단계는 1단계 참여 전문가와 함께 대학교수, 연구기관 박사들이 추가로 진행되었다. 구체적으로 1단계 델파이는 교육 공정성 개념, 영역과 구성요인들을 추출하기 위해 현장교사(초등

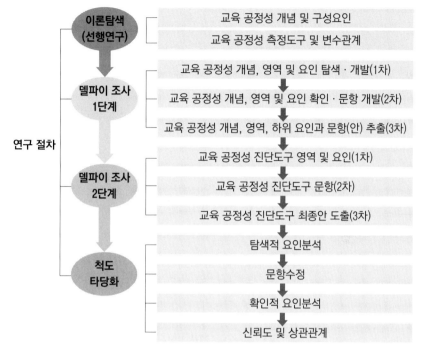

[그림 2-1] 교육 공정성 진단도구 개발 절차

4명, 중등 5명과 교육전문직 2명)로 구성된 11명의 패널을 대상으로 이루어
졌다. 2단계 델파이는 1단계에서 추출된 교육 공정성 개념, 영역, 구성요
인과 문항을 확인하기 위해 1차에 참여한 패널을 포함한 현장교사 11명,
교육전문직 2명, 연구기관 박사 3명, 대학교수 11명 등 총 27명의 패널로
이루어졌다.

2) 타당화

교육 공정성 척도의 타당화를 위하여 예비조사와 본조사를 실시하였
다. 예비조사를 통하여 문항 양호도, 구인타당도를 검토하고, 본조사를
통해서 문항 양호도, 확인타당도 및 준거타당도를 검토하였다. 예비조사

〈표 2-1〉 문항풀 구성을 위한 델파이 참여자

가명	구분	학교급	교직/ 연구경력	1단계 델파이 조사	2단계 델파이 조사	참여 방식
1	교장	중등	20년 이상	○	○	E-mail
2	교장	초등	20년 이상		○	〃
3	교장	중등	20년 이상		○	〃
4	교육장	초등	20년 이상	○	○	〃
5	교육연구관	교육청 정책연구소	20년 이상	○	○	〃
6	교사	초등	10년 이상	○	○	〃
7	교사	초등	10년 이상	○		〃
8	교사	중등	10년 이상	○	○	〃
9	교사	중등	10년 이상	○	○	〃
10	교사	초등	10년 이상	○	○	〃
11	교사	초등	10년 이상	○	○	〃
12	교사	중등	20년 이상	○	○	〃
13	교사	중등	20년 이상	○	○	〃
14	연구위원	교육행정, 연구기관	10년 이상		○	〃
15	연구위원	교육행정, 연구기관	10년 이상		○	〃
16	연구위원	평생 교육, 연구기관	10년 이상		○	〃
17	대학교수	공업교육, 사범대학	20년 이상		○	〃
18	대학교수	교육행정, 교육대학	20년 이상		○	〃
19	대학교수	교육행정, 사범대학	20년 이상		○	〃
20	대학교수	교육행정, 교육대학	10년 이상		○	〃
21	대학교수	평생 교육, 사범대학	10년 이상		○	〃
22	대학교수	교육행정, 교육대학	20년 이상		○	〃
23	대학교수	교육사회, 교육대학	20년 이상		○	〃
24	대학교수	교육행정, 교육대학	10년 이상		○	〃
25	대학교수	교육행정, 교육대학	10년 이상		○	〃
26	대학교수	교육행정, 교육대학	10년 이상		○	〃
27	대학교수	교육공학, 사범대학	10년 이상		○	〃

〈표 2-2〉 척도 타당화를 위한 예비조사와 본조사 내역

구분	예비조사			본조사		
	배부수	회수 부수	회수율(%)	배부수	회수 부수	회수율(%)
초등학교	200	173	86.5	1,400	1,217	86.9
중등학교	200	159	79.5	840	747	88.9

와 본조사를 실시한 내용은 〈표 2-2〉와 같다.

4. 초등학교 교육 공정성 척도 개발

1) 교육 공정성 문항 도출

초등학교 교육 공정성 문항 도출을 위해 2단계의 델파이 조사를 실시하였다. 1단계에서는 초등학교 교육 공정성 진단 영역을 구성하는 차원(요인)들은 ① 교육과정(교과활동, 창의적 체험활동, 진로교육, 영재교육, 학교행사, 기초학력, 방과후학교 등), ② 수업(발표, 모둠, 수업내용, 수업방법 등), ③ 평가(성적, 포상, 학생 선발, 수행평가 등), ④ 생활지도(상담, 지도 훈계, 징계, 소통 등), ⑤ 규정·규칙(규정, 규칙 수립 및 적용, 선거, 참여 기회 등), ⑥ 대인관계(교사–학생관계, 친구관계, 학부모 관계 등), ⑦ 교육지원(장학금, 급식, 돌봄교실, 다문화, 특수교육, 저소득층 지원 등), ⑧ 교육 여건(개인배경, 성별 등), 학교(급) 규모, 사교육, 선행학습, 물리적 환경, 시설, 등교 거리, 학교문화, 디지털 기기, 가정 배경, 지역사회 등 초등학교에서 이루어지는 교육 활동 전반을 포괄하는 차원으로 의견으로 수렴되었다.

초등학교 교육 공정성 진단 차원과 요인들은 1단계 델파이 조사에서는 8가지로 제시되었지만, 2단계 델파이 조사에서는 교육 여건(개인 배

경: 성별 등), 학교(급) 규모, 사교육, 선행학습, 물리적 환경, 시설, 등교거리, 학교문화, 디지털 기기, 가정 배경, 지역사회를 제외한 교육과정, 수업, 평가, 생활지도, 규정 · 규칙, 대인관계, 교육지원 등 7가지로 설정하였다. 그 이유는 초등학교 교육 상황과 맥락에서 이루어지는 교육 및 지원 차원과 요인에 해당되지 않고 가정, 지역 등과 관련된 배경이라는 점에서 배제된 것이다. 초등학교 교육 공정성 척도 문항들은 분배 공정성 14문항, 절차 공정성 17문항, 상호작용 공정성 16문항 등 총 47문항으로 구성되었다.

2) 타당성 및 신뢰도 검증

우선 초등학교 교육 공정성 진단 문항들의 양호도를 검토하기 위하여 개별 문항의 평균, 표준편차, 왜도, 첨도를 살펴보았다. 왜도는 −1.970 ~ −.034점, 첨도는 −1.187~4.448로 왜도는 3 이하, 첨도는 10 이하 기준을 충족하여 정상분포를 보였다(Kline, 2005).

다음으로 탐색적 요인분석을 위해 사용한 방법은 고유값이 1.00 이상의 값을 갖는 요인들을 기준으로 30개 전체 문항을 가지고 주성분 분석(principal components analysis) 방법에 의하여 요인을 추출하였다. 그런 다음에 베리맥스 회전(varimax rotation) 기법을 적용하여 요인을 직각 회전시켰다.

탐색적 요인분석 결과, 3개 요인으로 요인Ⅰ은 '상호작용 공정성' 9문항, 요인Ⅱ는 '절차 공정성' 9문항, 요인Ⅲ은 '분배 공정성' 7문항으로 3개 요인과 25개 문항으로 구성되었다.

탐색적 요인분석을 거쳐 최종적인 진단 척도의 신뢰도를 구하기 위하기 위해 Cronbach's α 계수를 산출한 결과는 분배 공정성 .844, 절차

〈표 2-3〉 확인적 요인분석 모형의 적합도 계수

적합도 지수	x^2	df	TLI	CFI	GFI	RMSEA (90% 신뢰구간)	SRMR
값	338.155	50	.953	.964	.956	.069 (.062~.076)	.037

〈표 2-4〉 측정 모형의 개념타당성 검증 결과(최종문항)

잠재 변수	관측변수	Estimate	Chronbach's α
분배 공정성	우리 학교 선생님이 생활지도를 하는 규칙은 올바르다.	.740***	.800
	나는 학교와 선생님으로부터 공평한 대우를 받고 있다.	.787***	
	우리 학교의 규정이나 규칙은 모든 학생에게 공평하다.	.746***	
절차 공정성	우리 학교는 교육 프로그램에 누구나 참여할 수 있다.	.767***	.763
	우리 학교는 창의적 체험활동에 누구나 참여할 수 있다.	.825***	
	우리 학교 학생이나 학부모는 학교 규칙에 대한 자신의 의견을 이야기할 수 있다.	.675***	
상호 작용 공정성	우리 학교 선생님은 모든 학생을 차별 없이 대한다.	.764***	.896
	우리 학교 선생님은 학생들의 생각을 이해하고 존중한다.	.862***	
	우리 학교 선생님은 학생들의 학교생활에 관심을 가시고 잘 들어준다.	.781***	
	우리 학교에서는 학생들이 지켜야 할 규칙을 잘 설명해 주었다.	.700***	
	우리 학교 선생님은 수업 시간에 학생들의 발표 내용을 존중한다.	.768***	
	우리 학교 선생님은 수업 시간 질문에 대해 잘 설명해 준다.	.748***	
전체			.923

*** p 〈.001

공정성 .863, 상호작용 공정성 .892로 나타났고, 척도 전체의 신뢰도는 .940으로 나타났다. 따라서 본 척도의 신뢰도는 높다고 판단된다.

 탐색적 요인분석을 통해 확보한 문항을 가지고 본 조사를 실시하고, 확인적 요인분석을 실시하였다. 본 연구는 모형 적합도의 평가를 위해 일반적으로 TLI과 CFI 지수는 .90 이상, GFI는 .90 이상, RMSEA과 SRMR 는 .05~.08 사이면 적합하다고 본다(허준, 2016; 우종필, 2012; Kline, 2005). 〈표 2-3〉과 같이, 본 연구에서 개발된 척도는 〈표 2-4〉에서 모형의 적 합도 계수가 TLI .953, CFI .964, GFI .956, RMSEA .069, SRMR .037로 나타나, 지수들의 양호도를 고려할 때 적합한 모형으로 판단하였다. 또 한 척도의 개념타당성 검증을 위해 표준화 계수가 .5 이하, SMC(Squared Multiple Correlations)가 0.4 이하인 문항들을 삭제하였다. 최종 확인된 문 항은 분배 공정성 3문항, 절차 공정성 3문항, 상호작용 공정성 6문항 등 총 12문항이었다. 신뢰도도 모두 .7 이상을 보여 유의한 것으로 나타났다.

3) 수렴타당성과 판별타당성

 초등 교육 공정성 척도를 구성하는 잠재변수들의 신뢰성과 타당성 을 파악하기 위해 개념신뢰도(construct reliability)와 평균분산추출지수 (average variance extracted index: AVE)를 검증하였다. 개념신뢰도는 잠재 변수를 구성하는 관측변수들의 내적 일치도를 측정하는 것으로 0.7 이상 이면 유의하고, 분산추출지수는 잠재변수에 대해 관측변수들이 설명하 는 분산의 크기로서 0.5 이상이면 유의한 것으로 평가한다(허준, 2016). 개념신뢰도는 분배 공정성은 0.83, 절차 공정성은 0.85, 상호작용 공정 성은 0.92이었다. AVE는 분배 공정성은 0.62, 절차 공정성은 0.65, 상호 작용 공정성은 0.65로 개념신뢰도와 AVE 모두 0.7과 0.5 이상으로 타당 하였다.

 판별타당성은 각 잠재변수 간의 상관계수(〈표 2-5〉 참조)의 제곱승보

<표 2-5> 측정도구 잠재변수 간 상관관계

변수	분배 공정성	절차 공정성	상호작용 공정성
분배 공정성	1		
절차 공정성	.625**	1	
상호작용 공정성	.758**	.623**	1

** P 〈.01

<표 2-6> 측정도구의 판별타당성 검증

구분	분배 공정성	절차 공정성	상호작용 공정성
분배 공정성	.62*		
절차 공정성	.39	.65*	
상호작용 공정성	.57	.39	.65*

* AVE, c = φ2(잠재변수 간 상관계수의 제곱)

다 AVE가 클 때 판별타당성이 확보되었다고 평가한다(허준, 2016). 본 연구에서는 모든 AVE 값이 잠재변수 간 상관계수의 제곱승보다 크므로 판별타당성이 확보되었다고 볼 수 있다.

4) 준거타당도 검증을 위한 상관분석

개발된 척도의 준거타당도 검토를 위하여 초등학교 교육 공정성과 연관이 있는 다른 척도에 대한 조사를 함께 실시하였다. 준거타당도는 개발된 척도와 이론적 연관성이 있는 다른 행동 준거와의 관련성을 살펴봄으로써 검증할 수 있다(탁진국, 2007). 교육 공정성 척도는 <표 2-7>과 같은 교육 만족도, 그릿, 성장 마인드셋 등의 척도를 사용하여 준거타당도를 검증하였다. 분석결과 분배 공정성, 절차 공정성, 상호작용 공정성 모두 교육 만족도, 그릿, 성장 마인드셋과 정적 관계를 갖는 것으로 확인되었다.

〈표 2-7〉 준거타당도 검증을 위한 관련 척도

연구자	구분	문항수	문항 예시	Cronbach's
김주연 (2008)	교육 만족도	25	나는 우리 학교에 다니는 것을 만족 스럽게 생각한다.	.949
Duckworth (2019)	그릿	10	나는 실패해도 실망하지 않고 쉽게 포기하지 않는다.	.785
Dweck (2016)	성장 마인드셋	4	나는 언제나 지적수준을 근본적으로 바꿀 수 있다.	.694

* AVE, c = φ2(잠재변수 간 상관계수의 제곱)

〈표 2-8〉 교육 공정성 관련 변수 간의 상관관계 〈(N=1217)

변수	교육 만족도	그릿	성장 마인드셋
분배 공정성	.649**	.176**	.224**
절차 공정성	.582**	.222**	.277**
상호작용 공정성	.716**	.206**	.262**

** p〈.01, * p〈.05

5. 중등학교 교육 공정성 척도 개발

1) 교육 공정성 문항 도출

중등학교 교육 공정성 문항 도출도 초등학교와 마찬가지로 2단계에 걸쳐 이루어졌다. 중등학교 교육 공정성 진단 영역을 구성하는 차원(요인)들은 초등학교 공정성 진단 요인과 동일하게 ① 교육과정, ② 수업, ③ 평가, ④ 생활지도, ⑤ 규정 · 규칙, ⑥ 대인관계, ⑦ 교육지원, ⑧ 교육 여건 등 교육 활동 전반을 포괄하는 차원으로 의견으로 수렴되었다.

중등학교 교육 공정성 진단 차원과 요인들은 초등학교와 마찬가지로 1단계 델파이 조사에서는 8가지로 제시되었지만, 2단계 델파이 조사에 서는 7가지로 설정하였다. 중등학교 교육 공정성 척도 문항들은 분배 공

정성 14문항, 절차 공정성 17문항, 상호작용 공정성 16문항 등 총 47문항
으로 구성되었다.

2) 타당성 및 신뢰도 검증

우선, 중등학교 교육 공정성 진단 문항들의 양호도를 검토하기 위하여
개별 문항의 평균, 표준편차, 왜도, 첨도를 살펴보았다. 왜도는 −.895 ~
−.364점, 첨도는 −.648~1.152로 왜도는 3 이하, 첨도는 10 이하 기준을
충족하여 정상분포를 보였다(Kline, 2005). 탐색적 요인분석은 초등학교
교육 공정성 진단과 같은 방식으로 실시하였다. 탐색적 요인분석 결과,
3개 요인으로 요인 I 은 '절차 공정성' 10문항, 요인 II 는 '분배 공정성' 10문
항, 요인 III은 '상호작용 공정성' 10문항으로 3개 요인과 30개 문항으로
구성되었다.

탐색적 요인분석을 거쳐 최종적인 진단 척도의 신뢰도를 구하기 위
해 Cronbach's α 계수를 산출한 결과는 분배 공정성 .951, 절차 공정성
.950, 상호작용 공정성 .952로 나타났고, 척도 전체의 신뢰도는 .976으로
나타났다. 따라서 본 척도의 신뢰도는 높다고 판단된다.

탐색적 요인분석을 통해 확보한 문항을 가지고 본 조사를 실시하고,
확인적 요인분석을 실시하였다. 본 연구는 모형의 적합도 계수가 IFI
.912, TLI .902, CFI .911, RMSEA .071, SRMR .046으로 나타나, 지수들의
양호도를 고려할 때 적합한 모형으로 판단하였다. 또한 척도의 개념 타
당성 검증을 위해 표준화 계수가 0.5 이하인 문항들은 없었다. 최종 확인
된 문항은 분배 공정성 10문항, 절차 공정성 10문항, 상호작용 공정성 10문
항 등 총 30문항이었다. 신뢰도도 모두 .9이상을 보여 유의한 것으로 나
타났다.

〈표 2-9〉 확인적 요인분석 모형의 적합도 계수

적합도 지수	χ^2	df	TLI	CFI	GFI	RMSEA (90% 신뢰구간)	SRMR
값	1874.159	126	.912	.902	.911	.071	.046

〈표 2-10〉 측정 모형의 개념타당성 검증 결과(최종문항)

잠재 변수	관측변수	Estimate	Chronbach's α
분배 공정성	나는 우리 학교의 교육을 통해 내가 노력한 만큼 학업 성적이 향상되었다.	0.680	.894
	우리 학교는 다양한 학생들의 요구와 능력에 맞는 교육 과정과 프로그램을 계획하여 세우고 있다.	0.687	
	우리 학교는 학생들의 수준과 능력에 맞는 수업과 교육 활동을 제공하고 있다.	0.633	
	우리 학교 학생들은 자신의 노력과 능력에 따른 학습 성과를 얻고 있다.	0.632	
	나는 수업이나 교육 활동에서 노력한 정도에 따라 적절한 보상을 받고 있다.	0.730	
	우리 학교의 학생 선발(장학생, 포상, 대표) 규정과 기준은 적절하다.	0.713	
	나는 학교와 선생님으로부터 공평한 대우를 받고 있다.	0.688	
	나는 학교 규칙에 따라 상과 벌을 공평하게 받고 있다.	0.717	
	우리 학교의 규정이나 규칙은 모든 학생에게 공평하다.	0.636	
	우리 학교는 학생들의 행동에 맞는 상·벌점 기준을 설정하였다.	0.725	
절차 공정성	우리 학교는 희망하는 학생은 누구나 교육 프로그램에 참여할 수 있다.	0.771	.934
	우리 학교는 창의적 체험활동에 누구나 참여할 수 있는 기회가 보장된다.	0.789	
	우리 학교 선생님들은 수업 중 토론이나 질문의 기회를 균등하게 제공한다.	0.743	
	우리 학교는 사전에 정해진 기준과 방법에 따라 평가(중간고사, 기말고사)가 이루어진다.	0.805	

잠재 변수	관측변수	Estimate	Chronbach's α
	우리 학교의 수행평가는 정해진 절차와 기준에 따라 실시되고 있다.	0.772	
	우리 학교의 학생자치회 선거는 출마 및 참여가 규정에 따라 보장된다.	0.775	
	우리 학급의 규칙은 모든 학생에게 똑같이 적용되고 있다.	0.743	
	우리 반 학급규칙은 반 친구들의 의견과 요구를 충분히 반영하여 설정된다.	0.717	
	우리 학교에서는 선생님과 상담할 수 있는 기회가 충분히 보장되고 있다.	0.789	
	우리 학교는 학생들이 차별 없이 학교 공간(도서관, 학습공간 등)을 사용할 수 있다.	0.805	
상호 작용 공정성	우리 학교는 창의적 체험활동이나 방과 후 프로그램에 대한 정보를 적절하게 제공하고 있다.	0.825	
	우리 학교 선생님은 수업 시간에 학생들의 질문에 대해 충분한 설명을 한다.	0.808	
	나는 수업에 대한 정보(목표, 진도 등)를 적절히 제공받고 있다.	0.819	
	우리 학교(선생님)는 모든 학생에게 평가에 관한 정보를 적절히 제공한다.	0.778	
	우리 학교는 학생 생활지도 규정에 대해 충분히 설명한다.	0.805	.945
	우리 학교 선생님은 학생들의 학교생활에 적극적으로 관심을 가지고 진지하게 경청한다.	0.729	
	우리 학교 선생님은 학생들의 진로 탐색 활동에 대해 함께 고민한다.	0.795	
	우리 학교 선생님은 학생의 생각과 관점을 이해하고 존중한다.	0.782	
	우리 학교 선생님은 개인적 편견을 갖지 않고 모든 학생을 대한다.	0.774	
전체			.968

*** p 〈.001

3) 수렴타당성과 판별타당성

중등학교 교육 공정성 척도의 개념신뢰도는 분배 공정성은 0.902, 절차 공정성은 0.950, 상호작용 공정성은 0.956이었다. AVE는 분배 공정성은 0.482, 절차 공정성은 0.655, 상호작용 공정성은 0.687이었다. 각 변수의 개념신뢰도는 0.7 이상으로 충족하였으나, AVE는 분배 공정성 0.482로 0.5 기준치에 약간 부족하였지만 전반적인 정도에 비추어 볼 때, 수렴타당성을 충족하는 것으로 해석하였다.

판별타당성은 각 잠재변수 간의 상관계수(〈표 2-11〉 참조)의 제곱승보다 AVE가 클 때 판별타당성이 확보되었다고 평가한다(허준, 2016). 본 연구에서는 〈표 2-12〉나 같이 AVE 값이 잠재변수 간 상관계수의 제곱승보다 크므로 판별타당성이 확보되었다고 볼 수 있다.

〈표 2-11〉 측정도구 잠재변수 간 상관관계

변수	분배 공정성	절차 공정성	상호작용 공정성
분배 공정성	1		
절차 공정성	.668**	1	
상호작용 공정성	.690**	.799**	1

** p 〈 .001

〈표 2-12〉 측정도구의 판별타당성 검증

구분	분배 공정성	절차 공정성	상호작용 공정성
분배 공정성	.482*		
절차 공정성	.446c	.655*	
상호작용 공정성	.476c	.638c	.687*

* AVE, c = φ2(잠재변수 간 상관계수의 제곱)

4) 준거타당도 검증을 위한 상관분석

개발된 척도의 준거타당도 검토를 위하여 중등학교 교육 공정성과 연관이 있는 다른 척도에 대한 조사를 함께 실시하였다. 준거타당도는 초등학교 교육 공정성에서 적용했던 교육 만족도, 그릿, 성장 마인드셋 등의 척도를 사용하여 준거타당도를 검증하였다. 〈표 2-13〉을 보면, 분석 결과 분배 공정성, 절차 공정성, 상호작용 공정성 모두는 교육 만족도, 그릿, 성장 마인드셋과 정적 관계를 보였다.

〈표 2-13〉 교육 공정성 관련 변수 간의 상관관계 (N=747)

변수	교육 만족도	그릿	성장 마인드셋
분배 공정성	.631***	.358***	.294***
절차 공정성	.600***	.304***	.228***
상호작용 공정성	.698***	.330***	.294***

*** $p < .001$

6. 나가기

교육은 사회적으로 중요한 가치 중 하나로 간주되며, 교육 공정성은 모든 학생에게 동등한 학습 기회를 보장하는 데 중요한 요소이다. 하지만 학생들 간의 경제적, 사회적, 문화적 차이로 인해 교육에서의 공정성이 보장되지 않을 수 있다. 이에 따라, 교육 공정성 진단 도구의 개발은 이러한 문제를 해결하고 교육 시스템을 보다 공정하고 효율적으로 만들기 위한 필수적인 과제로 부각되고 있다. 교육 공정성 진단 도구는 교육의 다양한 측면을 종합적으로 평가하고, 학생들의 다양한 배경과 상황을 고려하여 개별적으로 대응할 수 있는 정책과 프로그램을 설계하는 데 이용될 수 있다. 또한, 이러한 도구를 통해 교육 시스템의 문제점을 파악하고 개선할 수 있는 정책적 방향을 제시할 수 있다. 이러한 취지에서 초·중등 교육 공정성 척도에 대한 내용을 정리하면 다음과 같다.

　첫째, 초등학교 교육 공정성 척도의 경우, 1단계 델파이 조사를 통해 분배 공정성 25문항, 절차 공정성 30문항, 상호작용 공정성 25문항 등이 도출되었다. 2단계 델파이 조사에서는 분배 공정성 14문항, 절차 공정성 17문항, 상호작용 공정성 16문항 등 총 47문항으로 구성되었다. 델파이 조사에서 나온 척도를 가지고 173명을 대상으로 설문을 실시하여 탐색적 요인분석한 결과, 분배 공정성 7문항, 절차 공정성 9문항, 상호작용 공정성 9문항으로 총 25개 문항으로 구성되었고, 3개 요인에 대한 누적 분산 비율은 53.126%이다. 탐색적 요인분석을 통해 확보한 문항을 가지고 1,217명의 참여자를 대상으로 설문을 실시했으며, 확인적 요인분석과 함께 측정도구의 수렴타당도와 판별타당도를 확인하여 이를 진단도구로 사용 가능함을 확인하였다. 최종 확인된 문항은 분배 공정성 3문항, 절차 공정성 3문항, 상호작용 공정성 6문항으로 총 12문항으로 결정되었다. 진단 척도의 신뢰도를 확인하기 위해 Cronbach's α 계수를 산출한 결과, 분배 공정성은 .800, 절차 공정성은 .763, 상호작용 공정성은 .896으로 확인되었으며, 전체 척도의 신뢰도는 .923으로 양호한 수준이었다.

　둘째, 중등학교 교육 공정성 척도의 경우, 1단계 델파이 조사를 통해 분배 공정성 25문항, 절차 공정성 30문항, 상호작용 공정성 25문항 등 80문항을 도출했고, 2단계 델파이 조사에서는 47문항으로 구성된 최종 진단 도구를 도출했다. 델파이 조사에서 나온 척도를 가지고 159명을 대상으로 설문을 실시하여 탐색적으로 요인분석한 결과, 분배 공정성 10문항, 절차 공정성 10문항, 상호작용 공정성 10문항으로 총 30개 문항으로 구성되었고, 3개 요인에 대한 누적 분산 비율은 71.325%이다. 탐색적 요인분석을 통해 얻은 문항을 기반으로 747명을 대상으로 설문을 실시하고, 확인적 요인분석과 측정 도구의 수렴타당도와 판별타당도를 검토하여 중등학교 교육 공정성 진단도구를 개발했다. 최종 문항은 분배 공정성 10문항, 절차 공정성 10문항, 상호작용 공정성 10문항으로 전체 30문항으로 결정했다. 진단 척도의 신뢰도를 확인하기 위해 Cronbach's α 계수를 산출한 결과, 분배 공정성은 .951, 절차 공정성은 .950, 상호작용 공정성은 .952로 확인되었으며, 전체 척도의 신뢰도는 .976으로 양호하였다.

셋째, 교육 공정성 척도의 준거타당도를 검토하기 위하여 교육 공정성과 연관이 있는 다른 척도에 대한 조사를 실시한 결과, 교육 만족도, 그릿, 성장 마인드셋과 정적 상관을 보이는 것으로 나타났다. 여기서는 교육 공정성 진단 도구를 사용하여 관련 변수와의 상관관계에 한정된 결과를 제시했지만, 후속 연구에서는 교육 공정성과 관련된 다양한 개인, 구조 및 조직 문화와 관련된 차이를 명확히 하고, 교육 공정성에 영향을 미치는 다양한 요인 간의 구조적 관계를 탐구하는 양적연구가 수행되어 교육 공정성을 유지하기 위한 기초 자료 및 정책 수립 연구가 필요하다.

또한 교육 공정성 측정 도구는 학생을 대상으로 설계되었으나, 교사를 대상으로 교육 공정성을 조사하는 연구가 필요하다. 교사의 개인적 가치, 직업적 가치, 그리고 전문직 정체성은 교육 공정성과 밀접한 관련이 있으며, 교사들이 인식하는 교육 공정성에 대한 더 많은 연구가 필요하다. 특히 교육 환경의 변화로 인해 교사의 역할이 강조될 수 있으므로, 교사의 관점에서의 교육 공정성 연구가 더 중요해질 수 있다.

참고 문헌

김규태, 이석열, 서재복, 정성수, 김훈호(2023). 중등학교 교육 공정성 진단도구 개발 및 타당화. 교육행정학연구.

김규태, 이석열, 서재복, 정성수, 김훈호(2024). 초등학교 교육 공정성 진단도구 개발 및 타당화. 교육행정학연구. 교육종합연구.

김신일(2015). 교육사회학. 교육과학사.

김정희원(2022). '공정' 담론과 차별: 비판과 과제, KDF 민주주의 리포트, 77호.

우종필(2012). 구조방정식 모델 개념과 이해. 한나래출판사.

허준(2016). Amos 구조방정식 모형(기초편). 한나래출판사.

탁진국(2007). 심리검사: 개발과 평가방법의 이해(2판). 학지사.

Chory, R. M. (2007). Enhancing student perceptions of fairness: The relationship between instructor credibility and classroom justice. *Communication Education, 56*(1), 89–105.

Chory, R. M., Horan, S. M., Carton, S. T., & Houser, M. L. (2014). Toward a further understanding of students' emotional responses to classroom injustice. *Communication Education, 63*(1), 41–62.

Chory-Assad, R. M. (2002). Classroom jus444444441tice: Perceptions of fairness as a predictor of student motivation, learning, and aggression. *Communication Quarterly, 50*(1), 58–77.

Chory-Assad, R. M., & Paulsel, M. L. (2004a). Classroom justice: Student aggression and resistance as reactions to perceived unfairness. *Communication Education, 53*(3), 253–273.

Chory-Assad, R. M., & Paulsel, M. (2004b). Antisocial classroom communication: Instructor influence and interactional justice as predictors of student aggression. *Communication Quarterly, 52*(2), 98–114.

Dalbert, C., & Stoeber, J. (2006). The personal belief in a just world and domain–specific beliefs about justice at school and in the family: A longitudinal study with adolescents. *International Journal of Behavioral Development, 30*, 200–207.

Deutsch, M. (1975). Equity, equality, and need: What determines which value will be used as the basis of distributive justice? *Journal of Social Issues, 31*(3), 137–149.

Greenberg, J. (1993). The social side of fairness: Interpersonal and informational classes of organizational justice. In R. Cropanzano (Ed.), *Justice in the workplace: Approaching fairness in human resource management*. Erlbaum, 79–103.

Horan, S. M., Chory, R. M., & Goodboy, A. K. (2010). Understanding students' classroom justice experiences and responses. *Communication Education, 59*(4), 453–474.

Kline, R. B. (2005). *Principles and practice of structural equation modeling*(2nd ed.). New York: Guilford Press.

Paulsel, M. L., Chory–Assad, R. M., & Dunleavy, K. N. (2005). The relationship between student perceptions of instructor power and classroom justice. *Communication Research Reports, 22*(3), 207–215.

Rasooli, A., Zandi, H., & DeLuca, C. (2021). Measuring Fairness and Justice in the Classroom: A Systematic Review of Instruments' Validity Evidence. *School Psychology Review*, 1–26.

제**3**장

교육 공정성 연구 방법[1]

박수정 교수(충남대학교)

　교육 공정성에 관한 연구는 주로 교육학과 사회학 분야에서 이루어지고 있다. 교육 공정성에 관한 연구 방법을 소개하기 위하여, 먼저 사회과학의 일반적인 연구와 연구논문의 개요를 살펴본다. 다음으로 교육학을 포함한 사회과학의 주요 연구 방법을 개괄적으로 살펴본다. 마지막으로 최근 발표된 교육 공정성 관련 주요 연구에서 사용한 연구 방법의 특징을 정리하고 종합적으로 시사점을 제시하도록 한다.

1. 연구와 연구논문 작성

　연구는 사전적으로 '어떤 일이나 사물에 대하여 깊이 있게 조사하고 생각하여 진리를 따져 보는 일'로 설명하고 있다. 한자로 '硏究'는 '갈다, 문

1　저자가 집필한 『교육연구논문작성법』(2024, 박영스토리)의 내용 일부를 포함하였음.

지르다' 그리고 '파고들어 깊게 구하다'는 뜻을 가진다. 학술적으로 연구의 의미는 '특정한 주제를 깊게 조사하고 탐구하는 것'이다. 학술적인 조사와 탐구를 하고 그 결과를 체계적으로 작성한 글이 논문이다.

연구논문은 크게 '학위논문(thesis, dissertation)'과 '학술논문(research paper, article)'으로 대별된다. 학위논문은 고등 교육기관의 정규 과정을 이수하고 졸업하는 요건으로 만드는 결과물이고, 학술논문은 학술적으로 작성된 연구논문으로 학술지 혹은 학술대회에서 발표된 것이다. 비평, 서평, 논평, 에세이와 같이 자유로운 형식의 논문도 있지만, 대부분 학술적 체제를 갖춘 연구논문이다. 이 밖에 연구기관 또는 연구가 필요한 기관이나 단체의 위탁으로 이루어지는 연구는 '연구 보고서'로 분류된다.

연구논문은 일반적인 형식을 갖추어야 한다. 사회과학에서 주로 사용하는 연구논문 체제는 다음과 같다. 단, 연구 분야와 주제에 따라 다르고, 전문적인 판단에 따라 적절한 변형도 가능하다.

첫째, 서론은 연구의 배경과 문제의식, 연구의 목적과 연구 문제를 설명하는 부분이다. 서론 대신 '연구의 필요성 및 목적'으로 쓰기도 하는데, 가장 중요한 것이 연구가 왜 필요한지, 무엇을 연구하겠다는 것인지 밝히는 것임을 알 수 있다. 서론을 가장 먼저 작성하게 되지만, 연구를 마치고 난 후 다시 작성할 것을 권한다. 서론에서는 이 연구가 왜 필요한지 설득하고, 무엇을 어떻게 연구할 것인지 설명한다. 연구의 학술적 필요성, 실제적 필요성을 제시하고, 선행연구를 통한 연구의 근거와 차별성을 논리적으로 소개한다. '이 주제와 관련 있는 선행연구가 부족해서'라는 접근도 있으나, 단순히 연구가 부족하다고 해서 연구가 필요한 것은 아니다. 또한 선행연구가 어떤 점에서 부족하다는 것보다는 선행연구에서 밝힌 것은 무엇이고, 더 밝혀야 할 것은 무엇인지 살펴보고 '연구 공백(research gap)'을 확인하는 것이 중요하다. 서론에는 관련되는 선행연구를 거론하면서 필요한 논지를 전개할 수 있다. 주의할 것은 이론적 배경을 정리하는 부분은 별도로 있으니, 여기에서는 가장 핵심적인 연구를 선별하여 제시하도록 한다. 또한 주요 통계와 법령 등을 근거로 연구의 필요성을 설득력 있게 제시할 수 있다. '연구의 제한점'을 제시하는 경우도 있으나, '연구의 범위', 즉 연구의 시간적, 공간적, 내용적 범위를 설명하는 것을 추천한다. '용어의 정의'를 조작적으로 제시하기도 한다. 학술논문은 대체로 소절을 나누지 않고 통합적으로 쓰고, 학위논문이라면 ① 연구의 필요성, ② 연구목적 및 연구문제, ③ 연구의 범위(또는 용어의 정의) 등으로 절을 구분하여 작성한다.

둘째, 이론적 배경은 주제에 대한 이론, 주요 개념, 선행연구 등을 정리하는 부분이다. 이론적 배경은 통상 3개 이상의 절로 구성하고, 연구의 주요 개념과 이론에 대한 선행연구를 정리하며 자신이 하고자 하는 연구에 대한 시사점을 제시한다. 양적연구의 경우 중요한 변인, 변인 간 관계, 연구 가설과 모형 등을 서술한다. 이론적 배경은 선행연구들을 조사하여 정리하는 부분이기 때문에 '표절'에 주의해야 한다. 원문을 충실히 확인하고, 인용하는 부분을 자신의 언어로 바꿔 쓰고 연구에 필요한 스토리라인으로 구성하는 것이 필요하다. 주제에 따라 이론적 배경을 '선행연구 검토' 정도로 살펴본다면, 하위 절을 구분하지 않고 하나의 장으로 구성할 수도 있다. 이론적 배경은 본질적으로 선행연구에 대한 '리뷰'(literature review), 즉 연구자의 '검토 의견'을 제시하는 것이다. 선행연구를 검토한 견해와 관점을 논리적으로 제시함으로써 연구의 방향이 정립되고 연구 결과와 결론에서도 활용될 수 있다.

셋째, 연구 방법은 연구목적을 달성하기 위한 연구 설계와 구체적인 연구 방법을 체계적으로 설명하는 부분이다. 사용하는 연구 방법에 따라 체제와 기술 방식은 다르다. 통계적 분석을 하는 양적연구의 경우는 연구 모형, 연구 대상, 조사도구, 분석방법을, 질적연구의 경우는 연구 참여자, 자료수집, 자료분석을 주로 설명한다. 사용하는 연구 방법에 따라 포함할 내용과 하위 절 구성이 달라지며, 드물지만 하위 절을 구분하지 않고 하나의 장으로 구성할 수도 있다. 연구 방법이 체계적이고 명확하게 기술되어야 과학적 연구로서 인정될 수 있다. 연구 방법의 정확성과 엄밀성은 기본적으로 요구된다.

넷째, 연구 결과는 연구의 목적과 문제에 대해 규명한 구체적인 결과를 체계적으로 제시하는 부분이다. 연구 문제에 대응하여 정리하는 것이 일반적이며, 개별 연구 문제에 대한 답이 어디에 있는지 확인할 수 있어야 한다. 연구 결과는 연구 문제에 따라 그리고 논리적으로 절을 나누어 구성한다. 연구 결과는 대부분 하위 절을 나누어 제시하며, 연구 결과가 서로 다른 두 가지 이상이라면 장을 구분할 수도 있다. 연구의 핵심이며, 통상 논문에서 가장 많은 분량을 차지한다. 연구 목적에 적합한 연구 설계와 제대로 된 연구 수행이 연구 결과 작성을 가능케 한다.

다섯째, 결론은 연구의 종합적인 결과와 의의를 정리하는 부분이다. 주요 내용 요약, 논의, 연구의 시사점, 후속 연구 제안 등으로 이루어진다. 결론에서의 논의는 연구 결과에서의 논의와는 구별하며, 선행연구와의 종합적인 비교 논의, 심층적인 분석적 해석과 추론 등이 필요하다. 연구의 시사점은 연구의 필요성과 마찬가지로 학술적, 실제적 측면에서 모두 도출 가능하며, 의의도 마찬가지다. 정책적으로 필요한 사항에 대해 제언할 수도 있으나, 연구 결과를 토대로 제시하여야 한다. 연구의 제한점은 연구 대상, 연구 방법 등과 관련하여 연구가 가진 기본적인 한계와 아쉬움을 솔직하게 밝히고, 필요한 후속연구를 제시한다.

여섯째, 참고 문헌은 논문 작성에 인용한 문헌을 정리하는 부분이다. 논문에 인용한 문헌은 빠짐없이 포함하고, 인용하지 않은 문헌은 수록하지 않는다. 대체로 한국 문헌, 영어 문헌 순으로 제시하며, 저자를 기준으로 가나다, 알파벳 순으로 정렬한다. 이 밖에 요약(초록)을 국문과 영문으로 작성하는 경우가 많고, 설문지, 연구참여동의서 양식 등을 부록으로 제시할 수 있다. 사회과학 분야에서 인용과 참고 문헌은 미국심리학회(American Psychological Association), 즉 'APA 양식'을 준용하는 것이 일반적이다. 참고 문헌 양식은 학교와 학술지에 따라 샘플을 제시하는 경우가 많으므로 이를 참고하고, 한편의 논문 안에서 통일성 있게 정리하는 것이 중요하다.

이러한 연구의 체제는 일반적인 것이고, 연구의 성격과 학문에 따라 차이가 있다. 즉, 이론적 배경–연구 방법–연구 결과의 틀이 반드시 고정된 것이 아니다. 예컨대 교육학에서도 인문학적 접근의 연구논문의 경우는 연구 내용 중심으로 목차를 구성할 수 있다. 이 경우 연구 자료와 방법에 대한 설명을 서론에서 함께 하고, 2장부터 각 장을 내용 중심으로 접근한 후 최종적으로 결론을 제시한다. 문헌연구의 경우 이론적 배경을 따로 두지 않을 수 있다. 특정 분야에서 반복적으로 연구되는 변인을 다루는 학술논문은 이론적 배경을 생략하고 서론에서 관련되는 이론을 함께 제시하는 경우도 있다.

논문은 연구의 결과물이므로 연구의 진행 과정을 따라가면서 탄생한다. 대체로 ① 연구주제 선정, ② 선행연구 분석, ③ 연구 방법 설계, ④ 연구계획서 작성, ⑤ 연구 수행, ⑥ 논문 작성, ⑦ 논문 심사, ⑧ 논문 발표의 순으로 정리해 볼 수 있다. 연구가 모두 이루어진 후 논문을 작성하는 경우도 있지만, 대체로 연구와 논문 작성은 동시에 진행되며, 연구가 완료된 후에도 논문을 작성하는 과정에서 필요하다면 다시 연구를 하게 될 수도 있다. 즉, 순차성과 비순차성이 동시에 작용하는데, 예컨대 연구를 수행하면서 연구계획서가 수정될 수 있고, 연구 결과를 확인한 후 연구목적을 재설정할 수도 있다.

2. 주요 연구 방법 개요

연구 방법은 연구 문제의 답을 찾을 수 있도록 만드는 수단이며, 연구를 성립하게 만드는 중요한 요소다. 교육 공정성 연구에 사용된 연구 방법을 확인하기 위해, 주요 연구 방법을 개괄적으로 소개하도록 한다.

구체적인 연구 방법에 앞서 연구의 성격을 살펴볼 필요가 있다. 연구는 일반적으로 기초연구(basic research)와 응용연구(applied research)로 나눌 수 있다. 학문에 따라 기초 학문과 응용 학문으로 구분할 수 있지만, 교육연구도 기초와 토대를 구축하는 연구와 현실에서의 실천과 적용에 초점이 있는 연구로 구분할 수 있다. 인문학으로 분류되는 교육철학, 교육사학의 연구는 기본적으로 기초 연구의 성격을 가지고, 사회과학에 속하는 기타 교육학 분과 학문들은 기초와 응용연구가 동시에 이루어진다. 교육 현장을 위한 응용적인 연구가 많이 이루어지고 있지만, 이론적 토대를 규명하고 구축하는 성격을 가진 기초적인 연구도 필요하다.

사회과학의 연구는 기술적 연구(desccriptive research)와 처방적 연구(prescriptive research)로 나눌 수 있다. 사회 현상의 실제를 이해하는 것에 관심이 있다면 기술적 연구, 그 해결 방안을 제공하는 데 관심이 있다면 처방적 연구라 할 수 있다. 전자는 정확하게 실태를 파악하거나 현상을 이해하고자 하며, 후자는 가설을 세워 변인 간의 관계를 실증적으로 분석하여 그 결과를 바탕으로 대안을 제공하거나 실제적인 방안을 도출하는 데 집중하고자 한다.

사회과학으로서 교육연구는 주로 응용연구, 처방적 연구의 성격을 강하게 가지고 있다. 그러나 이론적 토대 없이 현실의 개선을 논하기 어렵다는 점에서 기초연구 그리고 정확한 현실 이해와 분석 없이 정확한 처방 또한 어렵다는 점에서 기술적 연구도 각광받고 있다. 또한 이러한 연구의 성격이 엄밀하게 구분되지 않고 혼재되어 이루어지기도 하며, 동시에 추구하기도 한다.

교육행정학의 연구 동향을 분석한 연구(임연기, 김훈호, 2018)에서는 연구의 기능에 따라 기초연구와 응용연구로 구분하고, 추구하는 목표에 따라 탐색, 기술, 설명, 예측, 평가, 지표(모형) 개발연구를 제시하였다(〈표 3-1〉 참고)

구체적인 연구 방법을 살펴보면, 미국심리학회는 주요 연구 방법으로 양적연구, 질적연구, 혼합방법, 메타분석 등을 소개하였다(American Psychological Association, 2019). 이와 함께 교육 분야에서 활발하게 이루어지는 문헌연구, 실행연구, 네트워크 분석의 주요 내용을 간략히 소개하고자 한다.

1) 양적연구(quantitative research)

행동·사회과학 및 관찰된 성과가 수치로 나타나는 관련 분야에서 흔히 사용되는 접근법으로, 측정 시스템의 수량적 성질에 의존하는 방법(통계, 데이터 분석, 모델링 기법)을 사용하여 분석된다. 양적연구에는 다양

〈표 3-1〉 연구의 기능과 목표

구분			분류 준거
기능에 따른 분류	기초연구	순수 이론적 담론연구	• 기존 이론의 검토, 비판, 수정, 개발 • 새로운 이론의 정립
		이론과 경험적 연구의 연계	• 기존 이론을 경험적으로 검증 • 실제적 관찰의 결과를 통해 경험적 일반화 시도
	응용연구	평가연구	• 시행 중인 정책, 프로그램, 운영 방식 등에 대한 평가 및 개선방안 제시
		실전(실행) 연구	• 문제 해결을 위한 새로운 기술이나 접근 방법의 개발 및 효과 탐색 • 교육 실천 과정에서의 문제들에 대한 분석 연구(실행연구, 현장실천연구)
		사회적 영향 평가 연구	• 정책, 계획, 사업 등의 사회적 영향력 예측 및 부정적 영향을 줄이기 위한 대책 마련
추구하는 목표에 따른 분류		탐색을 위한 연구	• 연구 문제에 대한 선행연구가 부족하거나 없을 경우 실시하는 탐색적 연구
		기술을 위한 연구	• 집단, 사건, 현상 등의 상태나 특성, 관계 등을 기술하기 위한 연구
		설명을 위한 연구	• 사건이나 현상의 발생 원인에 대한 인과관계 연구(실험 및 준실험 연구 등)
		예측을 위한 연구	• 사건이나 현상에 대한 예측 언구(통항분식, 경향분석 등)
		평가를 위한 연구	• 사건이나 현상에 대한 과정 평가 또는 결과(효과) 평가연구
		지표(모형) 개발연구	• 모형 및 지표의 개발연구

출처: 김연기, 김훈호(2018), 362쪽

한 실험 설계와 분석 기법이 사용되며, 논문에는 서론(introduction), 방법(method), 결과(results), 논의(discussion)가 포함된다. 문헌 고찰과 연구가설이 서론에 포함될 수 있으나 학위논문에서는 통상 이론적 배경을 별도로 구성한다.

2) 질적연구(qualitative research)

인간의 경험 또는 행위에 대한 지식 생성에 사용되는 과학적 실천을 말하며, 사례연구(case study)가 대표적이다. 사례연구는 한 가지 문제를 심도 있게 보여 주고, 문제 해결을 위한 수단 제시, 필요한 연구, 임상적 적용, 이론적 사안 등을 조명한다. 질적연구의 논문은 주제별 또는 연대순으로 체계화되며, 반성적, 1인칭 형식으로 연구자들이 그 분야를 위한 질문, 방법, 결과 그리고 고려 사항에 도달한 방식을 논문에서 세밀하게 제시한다.

3) 혼합방법(mixed method)

혼합방법은 양적 및 질적 접근을 결합한 연구 내용을 보고하는 방법이다. 혼합방법의 기본 가정은 양적 및 질적연구가 결합하여 산출된 연구 결과는 양적 혹은 질적 결과만으로는 얻지 못하는 부가적인 통찰을 가져온다는 것이다. 혼합방법에는 수렴적 설계(양적 · 질적 자료 별도 수집 · 분석 후 결과 분석), 설명적 순차 설계(양적 자료수집 · 분석 후 질적 자료수집 · 분석하여 결론 도출), 탐색적 순차 설계(질적 자료수집 · 분석 후 양적 자료를 통해 도구 개발 및 검증) 등이 있다. 이것은 양적 절차인 혼합모델 연구(mixed models research) 또는 동일 접근의 다수 연구 방법을 사용하는 다중방법 연구(multimethods research)와는 구별된다. 최근 혼합방법을 적용한 교육학 연구가 나타나고 있다(신현석 외, 2015; 이호준 외, 2024).

4) 메타분석(meta—analysis)

한 가지 주제에 관하여 현존하는 연구에 근거하여 일반적인 결론을 도출하기 위해 관련 연구에서 발견된 사실을 사용하는 방법이다. '연구'가

메타분석의 입력 단위이며, 양적 메타분석과 질적 메타분석이 있다. 양적 메타분석은 개별 연구들로부터 효과 크기 측정값을 분석하여 종합하는 기법이고, 질적 메타분석은 질적연구의 일차 분석 전략을 통해 발견된 사실을 종합하는 기법이다. 메타분석은 전통적으로 양적 메타분석이 대표적이었고 주를 이루고 있으나, 최근에는 교육학 연구에서 질적 메타분석이 많아지고 있는 추세다(이승호 외, 2024; 최진경, 박수정, 2024).

5) 문헌연구

문헌자료를 논리적으로 혹은 체계적으로 분석하는 연구로 범위가 넓다. 이론을 검토하거나 새롭게 만든다면 이론적 연구, 논리적인 과정에 따라 현상이나 정책을 분석하거나 논리를 제시한다면 논리적 연구라고도 한다. 교육철학과 교육사학의 연구는 각각 철학적 연구, 역사적 연구로 별도로 분류할 수 있다. 특정한 문헌자료를 체계적으로 수집하여 분석하는 경우는 좁은 의미의 문헌연구로 볼 수 있고, 이를 질적자료의 분석에 초점을 둔다면 질적연구로도 분류될 수 있다. 대부분 책과 기록물 등을 광범위하게 분석하여 연구자의 논지를 체계적으로 정리하거나 특정한 이론적 관점에 대하여 분석하며, 계량화되지 않는 현상, 법과 제도, 정책에 대한 연구가 많다. 최근 체계적 문헌고찰(systemic review)을 적용한 논문이 교육학 분야에서 자주 눈에 띄고 있다.

6) 실행 연구(action research)

'실행'과 '연구'를 분리하지 않고 실행가가 연구의 주체가 되어 자신의 실천을 스스로 탐구해 가는 연구 방식이다(강지영, 소경희, 2011). 빈곤과 인종차별 등의 사회적 문제를 해결하기 위해 계획-실행-성찰-재계획의 연속적인 과정을 반복하는 Kurt Lewin(1946)의 제안에 기초를 두고 있다. 교육에서는 교사 스스로가 연구를 통해 현장을 이해하고 통찰하는 가운데 문제를 해결해 나가는 방식이 대표적이다. 실행가가 연구의 대상이 아닌 주체이고, 이론과 실제의 통합을 지향하며, 사회개혁 또는 교육 실천을 목적으로 한다. 사회 개혁과 인간 해방 등 비판적인 관점에서 수행되는 비판적 실행연구, 교육 활동 또는 전문성 개발 계획을 집단적으로 세우고 진행하는 협력적 실행연구 등이 있다. 실행 연구는 현장을 대상으로 하는 현장연구와 유사한 점이 있으나 좀 더 학술적인 성격을 가지며, 주로 질적인 방법으로 이루어진다.

7) 네트워크 분석(network analysis)

수리적 분석에 기반한 양적연구에 속하지만, 정성적인 측면이 가미된 방법으로 최근에 활발하다. 단어와 단어 간의 관계를 분석하는 언어 네트워크 분석(text network analysis), 비정형 데이터의 텍스트를 구조화하여 분석하는 텍스트 마이닝(text mining), 단어들을 이용하여 잠재된 토픽을 추출하는 토픽 모델링(topic modeling) 등이 있다. 토픽의 명칭을 연구자가 만들어야 하는 것에서 알 수 있듯이 통계적 방법이지만, 정성적인 요소가 포함되기 때문에 제3의 방법으로 분류하기도 한다.

〈표 3-2〉는 교육행정학의 연구동향 분석 연구(임연기, 김훈호, 2018)에서 분류한 연구 방법과 세부 방법이다. 이 밖에도 다양한 연구 방법이 있고, 구체적인 방법은 더욱 많다. 새로운 연구 방법들이 계속해서 출현, 발전하고 있기에 최신 연구를 꾸준히 살펴보는 것이 필요하다.

연구 방법과 관련하여 반드시 주의해야 할 것은 '연구 윤리'다. 연구 윤

〈표 3-2〉 연구동향 분석에서 분류한 연구 방법과 세부 방법

구분		분류 준거
문헌 연구	개념 및 의미 분석	• 교육행정학 이론이나 개념의 의미 분석
	동향분석	• 선행연구 및 특정 교육행정 현상의 변화 동향 분석
	비교분석	• 정책이나 제도, 프로그램 등의 비교 분석
	사례분석	• 특정 사례에 대한 맥락적 정보를 수집하여 심층 분석
	성찰적 분석	• 선행연구의 논의들을 기반으로 미래 방향이나 지향 논리를 사변적으로 고찰
	정책 · 입법 과정 분석	• 정책이나 법률의 도입 및 집행 과정에 대한 분석
	정책분석평가	• 제도나 정책에 대한 평가 및 주요 쟁점을 분석
양적 연구	기술통계	• 빈도와 백분율, 평균과 표준편차 등의 분석방법
	초급통계	• 상관분석, 교차분석, t-test, 분산분석 등의 분석방법
	중급통계	• 중다회귀분석, 로지스틱회귀분석, 요인분석 등의 분석방법
	고급통계	• 다변량분석, 다층자료분석, 패널자료분석, 네트워크분석 등의 분석방법
질적 연구	면담	• 구조화, 반구조화, 비구조화면담, 대화, 면접 등의 방법
	참여관찰	• 연구자가 직접 연구 집단이나 조직에 참여하여 자료수집
혼합 연구	수렴적 설계	• 양적 · 질적 자료 별도 수집 및 분석 후 결과 통합
	설명적 순차 설계	• 양적 자료수집 · 분석 후 질적 자료수집 · 분석하여 결론 도출
	탐색적 순차 설계	• 질적 자료수집 · 분석 후 양적 자료를 통해 도구 개발 및 검증

출처: 임연기, 김훈호(2018), 364쪽

리는 연구를 수행하는 과정에서 연구자가 마땅히 지켜야 할 윤리를 의미한다. 연구자의 책임과 의무를 동시에 인지하면서 연구부정행위를 하지 않아야 하며, 인간대상 연구의 경우 IRB(Institutional Review Board, 기관생명윤리위원회) 승인은 필수다.

「연구윤리 확보를 위한 지침」(교육부훈령 제449호)에는 연구자의 역할과 책임, 연구부정행위의 범위, 연구부정행위의 판단 등이 제시되어 있다. 연구부정행위 유형은 위조, 변조, 표절, 부당한 저자 표시, 부당한 중복게재, 연구부정행위에 대한 조사 방해 행위가 있다. 연구를 수행하고 발표하는 전 과정에서 연구부정행위를 하지 않아야 한다.

인간 대상 연구에는 '생명윤리'가 적용된다. 연구 대상 연구란 사람을 대상으로 물리적으로 개입하는 연구, 사람을 대상으로 의사소통, 대인 접촉 등의 상호작용을 통하여 수행하는 연구, 개인을 직접적 혹은 간접적으로 식별할 수 있는 정보를 이용하는 연구를 말한다(한국연구재단, 2023). 실험연구, 설문조사, 면담, 관찰 등의 연구가 해당된다. 인간대상 연구를 수행하고자 하는 연구자는 연구 수행 전에 연구계획서, 동의서 및 설명문, 연구 대상자 모집 문건, 연구 도구 등 연구와 관련된 제반 문서를 기관위원회에 제출하여 연구계획이 윤리적, 과학적으로 타당한지, 연구 대상자를 존중하고 보호하며 연구가 수행될 수 있는지 심의를 받아야 한다. 대부분 대학, 연구기관, 학술단체는 IRB 심의를 의무화하고 있다.

3. 교육 공정성 연구 방법

교육 공정성에 관한 연구물을 학술논문과 박사학위논문에서 찾아본 결과, 연구물이 많아지고 있음을 확인할 수 있었다. 최근 10년간 발표된, '교육 공정성'을 주요어로 포함한 논문들을 살펴보았고, 분석 자료와 방법 등 연구 방법을 중심으로 주요 연구들을 정리하고자 한다.

첫째, 양적연구는 진단도구 개발, 변인 간 관계 분석이 이루어졌다.

「초등학교 교육 공정성 진단도구 개발 및 타당화」(김규태 외, 2023)는 델파이 조사를 통해 초등학교 교육 공정성을 진단하는 도구를 개발하였다. 초등학교 교육 공정성에 대한 개념과 구성요소를 탐색하여 교육 공정성을 객관적으로 측정할 수 있는 진단도구를 개발하고 타당화하였다. 델파이 조사는 1차에 교수 중심으로 11명, 2차에 교원을 추가하여 27명의 패널을 구성하였고, 타당화는 CVR 값을 활용하여 검증하였다. 저자들은 중·고등학생을 대상으로 예비조사 159명과 본조사 747명의 설문조사를 실시하여 요인분석, 신뢰도, 상관분석 등을 통해 중등학교용 진단도구도 개발하였다(김규태 외, 2024).

「교육부패예방 구조분석: 학부모 관점을 통한 이해」(유길한, 2019)는 설문조사를 통해 교육 공정성과 다른 변인과의 관계를 분석하였다. 학부모를 주체로 하는 교육부패예방 구조의 인식과 이로 인한 청렴 효과성에 대한 인과관계를 규명하고, 각 요인의 영향력을 파악하였다. 경남에 초등학생을 둔 학부모 1,351명의 설문조사 자료를 분석하였고, 교육부패예방 요인의 하나로 '교육의 공정성' 요인을 공정한 학생평가, 학교의 불공정한 지시에 대한 문제 제기, 학부모의 배경을 고려하지 않은 공정한 교육 문항으로 구성하였다. 저자는 동일한 구조에 대해 초등교사를 대상으로도 연구하였는데, 여기에서는 '학생 평가의 공정성' 요인을 포함하여 분석하였다(유길한, 2018).

「교육의 공정성과 적정성의 관계: 28개 OECD 회원국의 학업성취 결과를 중심으로」(이전이, 2019)는 PISA 데이터를 통해 교육 공정성과 다른 변인과의 관계를 분석하였다. 교육의 공정성은 SES 계수로, 교육의 적정성은 기초학력 도달 학생 비율과 학업성취 Gini형 계수로 측정하고 고정효과 모형으로 분석하였다. 저자의 박사학위논문에서는 교육의 공정성을

SES와 학업성취의 관계, 탄력적 학생 비율로 측정하여 학교 자율화와의 관계를 분석하였다(이전이, 2018).

「입시제도에서 나타나는 적응의 법칙과 엘리트 대학 진학의 공정성」 (김창환, 신희연, 2020)은 '2016~2017 대졸자직업경로이동조사(GOMS)'를 활용하여 상위권 대학 진학 확률에 미치는 사회경제적 배경의 영향력이 입시 전형에 따라 다른지 선형확률모델과 다항로짓분석을 통해 검증하였다. 「청년층의 기회 공정성 인식 분절화: 지역과 젠더 관점을 중심으로」(이희정, 박선웅, 2021)는 기회 공정성을 교육 기회 공정성과 취업 기회 공정성으로 구성하고 군집분석과 다항로짓분석을 실시하여 지역과 젠더의 관점에서 분석하였는데, 한국행정연구원의 '2019 사회통합실태조사'를 활용하였다. 「한국사회의 불평등 인식과 공정성: 연령대별 · 성별 비교를 중심으로」(윤민재, 임정재, 2022) 또한 기회 공정성을 교육 기회와 취업 기회로 구성하고 공정성 인식과 불평등 인식과의 관계를 자체적인 설문조사 자료를 활용하여 다중회귀분석으로 연구하였다.

둘째, 질적연구는 근거이론, 면담 자료에 대한 담론 분석이 이루어졌다.

「대학입시제도의 공정성에 대한 대학생들의 인식연구: 근거이론적 접근」(최정묵, 2016)은 대학생 11명의 인터뷰 자료를 근거 이론(grounded theory)으로 분석하였다. 대학입학전형제도의 직접적인 당사자인 학생들이 제도의 공정성에 대해 느끼는 인식을 분석하기 위해 서울 소재 한 대학의 학부와 대학원에 재학 중인 학생을 면담하고 근거 이론의 분석틀로 정리하였다. 「대입 제도의 공정성 담론 분석」(이인영, 2022)은 면담 자료를 중심으로 담론 분석을 하였다. 대입 제도의 공정성 담론에 재현된 한국 사회의 대입 제도와 교육의 한 측면을 이해하는 것을 목적으로 Fairclough의 비판적 담론 분석을 적용하였고, 문서와 기록물, 인터뷰 자료를 수집하였으며, 인터뷰 자료는 대입 제도 개편 과정에 참여한 연구 참여자 11명과의 면담을 통해 수집하였다. 자료 분석에는 질적 자료 분석소프트웨어인 MAXQDA 2020을 이용하였다.

셋째, 문헌 연구는 담론 분석, 이론 검토, 문헌 분석, 신문기사 분석, 체계적 문헌고찰 등이 이루어졌다.

「교육 공정성에 관한 미디어 담론 분석: 숙명여고 사태를 중심으로」(이혜정, 2019)는 Fairclough의 비판적 담론 분석방법을 활용하여 시험 절차의 공정성 논의를 불러일으킨 숙명여고 사태에 대한 언론보도(빅카인즈 제공 중앙지)를 분석하였다. 「교육열, 능력주의 그리고 교육 공정성 담론의 재고(再考): 드라마 〈SKY 캐슬〉의 담론 분석을 중심으로」(남미자, 배정현, 오수경, 2019)는 드라마 〈SKY 캐슬〉의 서사구조 분석과 담론 분석을 통해 교육열 양상과 담론 및 담론에 내재된 이데올로기를 분석하였다.

「대학입시제도의 공정한 경쟁에 관한 체계적 문헌 고찰」(이현주, 전하람, 2022)은 능력주의와 학교 교육 간의 관계를 '공정성'과 '경쟁'을 주제어로 하는 연구문헌 22편을 대상으로 연구의 핵심 논의, 연구목적, 연구방법을 분석 틀로 하는 체계적 문헌고찰을 하였다. 「학교 교육 맥락에서의 [평준] 의미 분석: 중학교 무시험제 및 고교평준화 관련 신문기사를 중심으로」(하승천, 유성상, 2023)는 1920~70년대 신문(4개 선정)을 내용 분석하여 평등, 형평, 평준의 의미를 분석하였다.

「교육 공정성, 능력주의가 보장할 수 있는가?: '능력' 형성의 맥락에 대한 이론적 검토」(조나영, 2023)와 「롤즈의 정의론과 교육: 민주주의적 평등을 중심으로」(목광수, 2020)는 철학적 고찰을 통해, 「대학입시 공정성 확보를 위한 법적 고찰」(강기홍, 2020)은 법적 고찰을 통해 교육 공정성 이슈를 분석하였다. 「대학입학전형제도의 공정성에 관한 연구」(양림,

2020)와 「한국의 대학입시의 공정성 확보를 위한 제도 강화 방안 연구」(이호섭, 고은정, 2023)는 법령과 문헌자료를 통한 논리적 고찰이 주를 이루었다.

넷째, 네트워크 분석 연구는 언어 네트워크 분석(빅데이터 분석)이 이루어졌다.

「지방대학의 위기와 '공정성' 담론: 지역인재선발제도 반대 청원에 대한 언어네트워크 분석」(박경, 2021)에서는 지방대학 졸업생들의 취업을 촉진하기 위하여 도입된 지역 인재 선발 제도에 대한 청와대 국민청원게시판의 반대 청원 게시글을 분석함으로써 우리 사회가 합의하고 있는 공정성 개념을 분석하였다. 2017년부터 2020년까지 청와대 국민청원 게시판에 올라온 지역 인재 선발 제도에 반대하는 게시물 58건을 분석 대상으로 하고, R프로그램을 통해 데이터를 정제하여 빈도 상위 단어를 추출한 후, UCINET프로그램을 통하여 빈도 상위 단어 간 매트릭스를 대상으로 중심성 분석과 CONCOR 분석 등 언어 네트워크 분석을 실시하였다. 저자는 한국 사회 공정성 담론의 변화에 대하여 1997년 IMF 외환위기 전후와 2008년 글로벌 금융위기 전후를 각각 발표하였다(박경, 2022; 2023). 동일하게 언어 네트워크 분석으로 신문 사설을 분석하였고, 여러 영역 중에서 교육 공정성이 IMF 외환위기 이후 본격적으로 대두되고 글로벌 외환위기 이후 주요 담론에 포함되었음을 밝혔다.

이와 같이 양적연구, 질적연구, 문헌연구, 네트워크 분석연구가 이루어졌고, 특히 담론 분석을 중심으로 한 문헌연구, 변인 간 관계 분석을 중심으로 한 양적연구가 많이 이루어지고 있다. 앞서 소개한 연구 방법 중에 혼합방법, 메타분석, 실행 연구는 찾을 수 없었다. 연구의 분석 자료는 면담 자료와 신문 기사 자료, 문헌자료가 많고, 양적 데이터의 경우

기관 조사와 자체 설문조사가 모두 분석되었다.

　연구자의 학문적 배경으로 볼 때, 교육행정학은 양적연구가, 교육사회학은 문헌연구(담론 분석)가 활발하였고, 사회학은 양적연구와 네트워크 분석 등 데이터 중심 접근 경향을 보였다. 대학 진학과 관련된 공정성이 가장 많이 다루어졌는데, 문재인 정부에서 '공정한 대한민국' 슬로건을 내걸었고, 국가교육회의에서 대입 제도 개편 방안에 대한 공론화 과정을 거쳐 2019년 교육부 대입 제도 공정성 강화 방안을 발표하면서 주로 대입과 관련된 공정성 논의가 많이 다루어진 것으로 보인다. 그리고 지역, 여성, SES, 교육열, 교육기회, 학교 교육과 관련하여 공정성 개념과 문제가 논의되었다.

　마지막으로 소개할 연구는 2020년 한국교육행정학회 소석논문상 수상 논문 「대입 제도 개편을 위한 공론화 과정의 '대입전형 공정성' 재검토」(양성관, 2019)다. 교육 공정성 관련 논문으로 학회의 우수논문 선정작이기에 살펴볼 가치가 있다. 이 논문은 문헌연구로 이론적 검토 및 대입 제도 개편 공론화 과정에서 발표된 글을 분석하여 '대입 제도 공정성'의 개념과 그 특징을 재검토하였다. 독특한 것은 연구 방법에서 '연구도구로서의 연구자' 절을 통해 연구자가 중시하는 가치 성향을 구체적이고 자세하게 밝혔다는 점이다. 이러한 연구자의 특성은 연구 결과 및 논의에 대한 해석에 영향을 주고 있다는 점을 감안할 필요가 있고, 결론에서도 그에 대한 판단을 독자에게 맡긴다고 밝혔다. 자료에 대한 1차 분석 후 세 가지 관점에 입각하여 공정성 개념을 면밀하게 분석하고, 연구의 논의와 해석에 대하여 연구자의 가치 성향을 참조하도록 한 점 등이 우수하게 평가되었다고 본다. 논문의 일독을 권한다.

4. 교육 공정성 연구의 시사점

교육에서 공정성에 대한 연구는 본격적인 출발 단계로 보인다. 최근 연구들을 살펴보면서 중요하다고 생각되는 점을 몇 가지 제시해 본다.

첫째, 연구 용어에 대한 관점과 정의를 명료하게 정립하는 것이 중요하다. 공정성과 교육 공정성에 대한 개념은 학계에서 합의되지 않았고 합의되기도 쉽지 않은 바, 연구자가 설정한 공정성의 개념이 명료하게 정리되고 제시되어야 한다. 이를 위하여 선행연구에 대한 리뷰를 바탕으로, 연구자가 다루는 용어와 문제에 대한 관점과 정의를 반드시 제시할 필요가 있다. 질적연구에서는 공정성 개념과 이론을 귀납적으로 도출할 수 있고, 담론 분석 연구에서도 연구 결과로 개념에 대한 담론을 구성하여 제시할 수 있다. 단, 어떠한 행위나 현상을 대상으로 하는지에 대해서는 명료하게 밝혀야 연구의 성격이 분명해지고 학문적 소통과 논의가 가능하며 생산적으로 이루어질 수 있을 것이다.

둘째, 연구의 목적을 달성할 수 있는 효과적인 연구 설계가 중요하다. 이를 위해서는 연구자의 명확한 문제의식이 제시되어야 하고, 이러한 문제의식과 연결되는 연구목적과 연구 문제 선정이 필수적이다. 또한 연구목적을 달성하는 최선의 연구 방법을 찾고 수행하며, 연구논문 전체에서 각 요소들이 정합적인 체제를 갖추어야 할 것이다. 문헌자료를 바탕으로 연구자의 '주장'을 뒷받침하는 일부 연구는 체계성과 완성도가 낮았다. 선행연구 검토를 위해 기존의 연구들을 확인하게 되는데, 면밀하게 살펴보면 판별할 수 있을 것이다. 연구의 논리와 방법은 대단히 중요하다.

셋째, 증거에 기반한 연구를 치밀하게 수행할 필요가 있다. 철학과 법학과 같은 논리적 연구는 논외로 하더라도, 사회과학 기반의 연구에서

'실증'은 대단히 중요하다. 교육 공정성의 실체에 접근하고 연구 결과에 기반하여 처방을 하기 위해서는 엄밀하고 과학적인 연구로 수행되어야 한다. 설문조사와 면담조사, 문헌조사 등 실증적으로 자료를 수집하고 이를 과학적으로 분석한 연구, 실증적 연구에 대한 연구(메타분석, 체계적 문헌고찰 등)가 필요하다.

넷째, 대입 제도와 교육 기회에 집중되었던 교육 공정성 연구에서 주제가 좀 더 다양화될 필요가 있다. 학교 교육 안에서도 공정성 이슈를 확인하고 더 나은 방향으로 나아가는 데 기여할 수 있으며, 관련되는 이슈로 교육 격차, 세계시민 교육, 사회정의 리더십 측면에서도 공정성을 조명할 수 있을 것이다. 또한 교육학 외 타 분야에서의 논의와 이론, 분석 자료를 살펴보고 참고하는 등 시야를 확장할 필요도 있다.

마지막으로 언급하고 싶은 점은 연구의 '기본'이다. 최근 한 국책사업의 연구원을 선발하는 면접 전형에 참여하였다. 연구 방법의 기초에 해당하는 '신뢰도'와 '타당도'를 설명해 보라는 질문에 제대로 답을 하는 지원자가 많지 않았다. 통계적인 방법으로 학위논문을 작성하였음에도 가장 기본이 되는 신뢰도와 타당도를 자신의 언어로 설명하지 못하는 것은 문제다. 질적연구에서는 연구의 관점과 질적연구자의 자세가 중요하다. 연구의 기본을 충실하게 익히고, 이것이 연구자의 문제의식과 적합하게 연결될 때 비로소 '연구다운 연구'가 될 수 있다는 점을 잊지 말아야 한다.

참고 문헌

강지영, 소경희(2011). 국내 교육관련 실행연구(action research) 동향 분석, 아시아교육도구, 12(3), 197–224.

강기홍(2020). 대학입시 공정성 확보를 위한 법적 고찰. **교육법학연구**, 32(1), 1–28.

김규태, 이석열, 서재복, 정성수, 김훈호(2023). 초등학교 교육 공정성 진단도구 개발 및 타당화. **교육행정학연구**, 41(5), 1–26.

김규태, 이석열, 서재복, 정성수, 김훈호(2024). 중등학교 교육 공정성 진단도구 개발 및 타당화. **교육종합연구**, 22(1), 237–258.

김창환, 신희연(2020). 입시 제도에서 나타나는 적응의 법칙과 엘리트 대학 진학의 공정성. **한국사회학**, 54(3), 35–83.

남미자, 배정현, 오수경(2019). 교육열, 능력주의 그리고 교육 공정성 담론의 재고(再考): 드라마 〈SKY 캐슬〉의 담론 분석을 중심으로. **교육사회학연구**, 29(2), 131–167.

목광수(2020). 롤즈의 정의론과 교육: 민주주의적 평등을 중심으로. **윤리학**, 9(1), 79–107.

박경(2021). 지방대학의 위기와 '공정성' 담론: 지역인재선발제도 반대 청원에 대한 언어네트워크 분석. **사회과학연구**, 32(3), 83–102.

박경(2022). 글로벌 금융위기 전후 한국 사회 공정성 담론의 변화: 빅데이터 기법을 활용한 미디어 담론 분석. **사회과학연구**, 48(2), 31–54.

박경(2023). IMF 외환위기 전후 한국 사회 공정성 담론의 변화: 빅데이터 기법을 활용한 미디어 담론 분석. **사회과학연구**, 62(3), 205–226.

박수정, 이호준, 박정우, 박근아(2024). 대도시 내 소규모학교의 운영 현황 및 실태에 관한 탐색적 연구 : A교육청 사례를 중심으로. **교육행정학연구**,

42(1). 587-618.

박수정, 이희숙, 김선영(2024). 교육연구논문작성법. 박영스토리.

신현석, 주영효, 정수현(2015). 한국 교육행정학 분야 혼합방법연구 동향 분석. 교육행정학연구, 33(1), 339-367.

양림(2020). 대학입학전형제도의 공정성에 관한 연구. 한국과 국제사회, 4(2), 113-138.

양성관(2019). 대입 제도 개편을 위한 공론화 과정의 '대입전형 공정성' 재검토. 교육행정학연구, 37(4), 23-57.

유길한(2018). 교육부패예방 구조분석: 초등교사의 인식을 중심으로. 한국교원교육연구, 35(3), 523-551.

유길한(2019). 교육부패예방 구조분석: 학부모 관점을 통한 이해. 교육행정학연구, 37(2), 31-60.

윤민재, 임정재(2022). 한국사회의 불평등 인식과 공정성: 연령대별·성별 비교를 중심으로. 공공사회연구, 12(1), 40-80.

이승호, 황정훈, 박대권(2024). 교육학 분야 질적메타분석에 대한 연구동향. 교육학연구, 62(4), 27-62.

이인영(2022). 대입 제도의 공정성 담론 분석. 서울대학교 박사학위논문.

이전이(2018). 학교 자율화와 교육 형평성의 관계: 교사의 질에 따른 차별적 효과 분석. 한양대학교 박사학위논문.

이전이(2019). 교육의 공정성과 적정성의 관계: 28개 OECD 회원국의 학업성취 결과를 중심으로. 교육학연구, 57(1), 309-330.

이현주, 전하람(2022). 대학입시제도의 공정한 경쟁에 관한 체계적 문헌 고찰. 교육사회학연구, 32(3), 210.

이혜정(2019). 교육 공정성에 관한 미디어 담론 분석: 숙명여고 사태를 중심으로. 아시아교육연구, 20(3), 853-882.

이호섭, 고은정(2023). 한국의 대학입시의 공정성 확보를 위한 제도 강화 방안 연구. 다문화 사회연구, 16(3), 181-217.

이희정, 박선웅(2021). 청년층의 기회 공정성 인식 분절화: 지역과 젠더 관점을 중심으로. 한국인구학, 44(3), 71–99.

임연기, 김훈호(2018). 한국 교육행정학 연구 동향 및 활용 지식의 특성 분석. 교육행정학연구, 36(1), 355–382.

조나영(2023). 교육 공정성, 능력주의가 보장할 수 있는가?: '능력'형성의 맥락에 대한 이론적 검토. 교육사상연구, 37(2), 255–280.

최정묵(2016). 대학입시제도의 공정성에 대한 대학생들의 인식 연구: 근거이론적 접근: 근거이론적 접근. 한국콘텐츠학회논문지, 16(12), 562–573.

최진경, 박수정(2024). 2019년 학교폭력예방법 개정 이후 학교폭력 대응 양상에 대한 질적 메타분석. 한국교육행정학연구, 42(3), 1–28.

하승천, 유성상(2023). 학교 교육 맥락에서의 [평준] 의미 분석: 중학교 무시험제 및 고교평준화 관련 신문기사를 중심으로. 아시아교육연구, 24(2), 293–322.

한국연구재단(2023). 국가연구개발 연구윤리길잡이(개정판). 한국연구재단.

American Psychological Association(2019). *Publication Manual of the American Psychological Association*(7th ed).

Lewin, K. (1947). Frontiers in Group Dynamics: Concept, Method and Reality in Social Science; Social Equilibria and Social Change. *Human Relations, 1*(1), 5–41.

제2부

초등 교육 공정성

제**4**장

초등 교육 공정성 척도를 활용한 관련 변수 간의 관계 연구[1]

정성수 교수(대구교육대학교)

4장에서는 2장에서 소개한 교육 공정성 척도 중에서 초등학생용 교육 공정성 척도를 활용하여 학술지에 게재된 연구를 소개함으로써 향후 교육 공정성 진단도구가 어떻게 활용될 수 있는지에 대한 시사점을 제시하고자 한다. 교육 공정성 척도가 신뢰성 있고 타당한 절차를 통해 개발되었다고 하더라도 그 자체로서 완벽할 수는 없으며, 향후 학교를 둘러싼 교육환경 변화나 학교급 및 초등학생들의 특성 변화를 반영하여 계속적으로 수정되거나 보완될 필요가 있다는 측면에서 후속연구자들에 의해 계속적인 활용과 검증이 필요할 것이다.

4장을 통해 향후 초등학생용 교육 공정성 척도를 활용한 연구들이 활성화되기를 기대하며, 나아가 학문 후속세대들에 의해 단순히 초등학생

---

1   4장은 김규태 외(2024). 「초등학생의 교육 공정성 인식이 성장 마인드셋과 학교생활 만족도에 미치는 영향 및 매개 효과」, 『초등 교육연구논총』, 40(3), pp. 69–87. 논문을 수정·보완하여 작성한 것임.

용 교육 공정성 척도만을 활용한 1차원적인 연구가 아닌 초등학생들의 교육 공정성 인식에 영향을 미치거나 상호관련성이 있을 것으로 예상되는 다른 변인들 간의 관계까지 탐색하는 연구로 확장된 양적 · 질적 후속 연구들이 이어지기를 기대해 본다.

1. 연구의 필요성 및 목적

초등학교 교육은 각각의 학생이 다양한 배경과 교육적 요구를 가지며, 그들의 성장을 촉진하고 민주시민으로서의 기초능력을 함양하는 데 필요한 교육 기회와 과정을 공정하게 제공하는 공공서비스다(Mills et al., 2019; Resh & Sabbagh, 2014). 즉, 초등학교 교육은 「초 · 중등 교육법」 제38조(목적)에서도 명시하고 있듯이 국민 생활에 필요한 기초적인 초등교육을 하는 것을 목적으로 한다. 하지만, 초등학생에게 제공되는 공교육이 줄어든 대신 사교육은 늘었으며, 초등학생의 40% 이상은 하루에 3시간도 여가와 쉼을 갖지 못한 것으로 나타났다(김영지, 김희진, 이민희, 김진호, 2019). 초등학생이 학교생활 부적응 문제로 우울이나 불안을 호소하는 경향이 2018년 1,849명에 비해 2022년 3,541명으로 2배 가까이 증가하여 정신건강 관리가 필요한 것으로 나타났다(세계일보, 2023). 한편, 서울 초등학생들이 인식하는 학교 만족도는 2010년(4.29점)에 비해 2021년(4.38점)에는 높아졌으나, 교우 만족도는 2010년(4.41점)에 비해 2021년(4.16점)에는 낮아진 것으로 나타났다(서울특별시교육청교육연구정보원, 2023).

대한민국 교육은 해방 이후 작금의 한국을 있게 한 여러 가지 요인 중

가장 중요하고 핵심적인 역할을 하였음은 주지의 사실이며 전 세계적으로도 한국 교육 및 시스템이 가진 강점과 장점은 후진국이나 개발도상국뿐만 아니라 선진국에서조차 벤치마킹의 모델이 되고 있다. 공교육인 학교 교육만큼은 그 누구도 차별받지 않는 공정한 교육이 제공되고 있다고 자부하고, 이러한 가치는 헌법(제31조 ①항 모든 국민은 능력에 따라 균등하게 교육을 받을 권리를 가진다)에서도 보장되고 있지만, 입시 위주 교육으로 인한 과도한 사교육비, 한국 학생들의 낮은 학습동기, 학교 만족도, 행복감 등은 초등학교 단계부터 시작되고 있으며, 고질적인 한국 교육의 문제점으로 끊임없이 지적되고 있다. 왜 이런 현상이 발생하고 있는 것일까? 과연 대한민국의 학교 교육은 공정하다고 할 수 있으며, 학생들도 학교 교육이 공정하다고 인식하고 있을까?

사회의 체계에서 추구해야 할 중요한 가치 중 하나로 간주되는 공정성(Rawls, 1971)에 대한 논의는 오랜 시간 동안 이어져 왔으며(Solomon & Murphy, 1999), 사회과학 분야에서도 공정성은 중요한 주제 중 하나였으며(김규태 외, 2023), 교육학 분야에서 교육 공정성에 대한 논의도 활발하게 이루어지고 있다. 하지만 상대적으로 교육 공정성, 즉 학교 교육에서 학생들이 경험하는 교육적 결과나 과정에 대해 공정성이 실현되고 있는지에 대해서 해외에서는 꾸준하게 연구가 이루어지고 있으나(Chory-Assad, 2002, 2007; Chory, Horan, Carton, & Houser, 2014; Chory-Assad & Paulsel, 2004 a, b; Paulsel, Chory-Assad, & Dunleavy, 2005; Rasooli, Zandi, & DeLuca, 2021), 국내에서는 상대적으로 학교 교육에서의 공정성 연구가 이제 막 시작되고 있다.

초등학생들이 학교 교육의 기회, 과정, 결과에 대한 자신의 관심, 능력, 상황과 배경에 따라 적절한 교육을 받을 수 있다고 인식하는 정도를 측정하는 초등학교 교육 공정성 진단도구 연구(김규태 외, 2023)를 시작으로 이제는 국내에서도 교육 공정성에 대한 논의가 더 확장될 필요가 있다. 즉, 학교급별로 학생들의 배경 변인이나 여러 가지 독립 변인들에 따라 교육 공정성 인식 수준이 어떻게 달라지는지, 교육 공정성에 대한 인식 수준이 학생 수준의 변인 및 학교 수준의 변인들과는 어떠한 관계가 있으며 상호 간 어떠한 영향을 미치는지 등 단순한 교육 공정성 논의를 확장할 수 있는 연구가 계속적으로 이루어질 필요가 있다.

이 같은 필요성에 따라 이 연구에서는 초등학생들의 교육 공정성에 대한 인식을 살펴보고, 나아가 교육 공정성과 관련성이 높을 것으로 예상되는 개념들과의 관계성을 탐색해 보고자 한다. 그중에서도 특히, 이 연구에서는 초등학생들의 마인드셋, 학교 교육 공정성 및 학교생활 만족도 간의 관계를 탐색하고자 한다. 학교 교육 공정성과 다른 변인들 간의 관계 분석에 대한 선행연구가 부족한 상황에서 이러한 시도는 교육 공정성과 다른 변수들 간의 이론적 기반과 실증적 근거를 제공할 뿐만 아니라 초등학생의 학교생활 만족도 향상을 위한 실천적 대안을 모색할 수 있는 기회가 될 것이다.

학교 교육 공정성이 학교생활 만족도에 미치는 효과에 대한 연구가 부족하지만, 초등학생들이 학교생활에서 받는 서비스와 정보에 대한 기대와 행동은 학교 교과 수업, 평가, 방과 후 활동, 생활지도, 대인관계, 학교 시설 이용 등 여러 영역에서 제공되는 서비스와 정보에 영향을 받을 것으로 예측된다. 초등학생들은 자신의 성과와 노력에 따라 적절한 보상을 받거나, 학교에서 정한 기준과 절차에 따라 공평한 대우와 결과를 바라며, 동등한 정보와 소통 및 존중을 원할 것이며, 자신들이 적절한 보상과 대우, 정보를 얻으면 학교생활에 대한 적응과 만족도가 증가할 것으로 예상된다. 그러나 반대로, 보상이나 대우가 부적절하다고 느끼거나 규칙에 따라 보상과 처벌을 못 받거나 불리한 정보와 존중을 받았다고 인식하면 학교생활에 대한 적응과 만족도는 감소할 것이다.

한편, 초등학생의 마인드셋(특히 성장 마인드셋)과 학교생활 만족도 관계에서 학교 교육 공정성의 매개효과에 대한 논리는 다음과 같이 설명될 수 있다. 우선, 초등학생들은 자신에 대한 기대, 사고, 및 신념 체계에 따라 학교 교육에 대한 인식과 행동 방식이 달라질 수 있다. 만일 초등학생들이 긍정적인 기대와 믿음을 가지면 학교생활은 더 활기차게 느껴지고, 교육과 교사에 대한 긍정적인 평가를 할 것이며, 이에 따라 학교생활 만족도가 향상될 것이다. 그러나 이러한 긍정적 기대와 신념이 있다 하더라도 학교나 교사로부터의 경험에 따라 만족도는 달라질 수 있다. 학교에서 정한 기준과 절차에 따라 공평한 대우와 결과를 바라면 만족도가 증가할 것이고, 반대로 받지 못하면 감소할 것이다.

이러한 측면에서 이 연구에서는 초등학생들의 마인드셋과 학교생활 만족도와의 관계에서 학교 교육 공정성의 매개효과를 탐색할 것이다. 그동안 변수들 간의 관계와 함께 학교 교육 공정성이 성장 마인드셋과 학교생활 만족도 사이에서 어떠한 역할을 하는지에 대한 연구는 거의 이루어지지 않았다. 이 연구는 성장 마인드셋과 학교생활 만족도 관계에 대한 선행연구에서 부족한 부분을 보완하며, 학교 교육 공정성이 이들 관계에서 어떠한 매개효과를 발휘하는지에 대한 이론적 근거와 경험적 증거를 제공할 것으로 기대된다.

본 연구에서는 초등학생들의 성별, 학년, 거주지역, 사교육 경험 등 다양한 배경 변인에 따라 교육 공정성 인식 수준이 차이가 있는지를 조사하고, 교육적 공정성이 학교생활 만족도에 미치는 영향과 함께 초등학생의 성장 마인드셋과 학교생활 만족도 사이에서 교육 공정성이 어떠한 매개효과를 발휘하는지에 대한 연구를 진행하고자 한다. 구체적인 연구 문제는 다음과 같다.

첫째, 초등학생의 교육 공정성 인식 수준은 어떠한가?

둘째, 초등학생의 성장 마인드셋, 교육 공정성, 학교생활 만족도 간의 관계는 어떠한가?

셋째, 초등학생의 성장 마인드셋과 학교생활 만족도에 대한 교육 공정성의 매개효과는 어떠한가?

이 연구를 통해 초등학생들이 인식하고 있는 학교생활 공정성 수준이 어떠한지, 교육 공정성 인식 수준이 성장 마인드셋과 학교생활 만족도와는 어느 정도 상관이 있는지, 나아가 성장 마인드셋과 교육 만족도에 대한 교육 공정성의 매개효과는 어느 정도인지 등 변수 간 관계와 효과를 탐색해 봄으로써 향후 교육 공정성에 대한 논의가 더욱 확정될 수 있는 이론적 근거를 제공하는 동시에 초등학생들의 학교생활 만족도, 즉 교육 만족도를 증진시킬 수 있는 실천적인 전략과 과제에 대한 시사점을 제시하고자 한다.

2. 이론적 배경

1) 교육 공정성

교육 공정성, 특히 학교 교육 공정성에 대한 논의는 1960년대 '콜맨 보고서' 이후로 사회경제적 불평등과 집단 불이익, 그리고 사회적 및 교육적 결과(outcomes)에 대한 비판적 사회학적 연구(Coleman et al., 1966;

North, 2006)를 주도하는 추세에서 나아가, 학교 교육 맥락에서 학생들이 경험하는 공정성에 대한 인식 분석을 위한 실증적 연구가 활성화되고 있다(Deutsch, 1975; Kazemi, 2016; Resh & Sabbagh, 2016; Sabbagh & Resh, 2016, Sabbagh & Schmitt, 2016; 김규태 외, 2023). 다만, 국내에서는 아직 교육 공정성에 대한 논의가 활발하지는 않은 상태이며, 특히 교육학계에서는 더욱 그러하다. 최근 김규태 외(2023)에 의해서 교육 공정성(학교 교육 공정성)에 대한 논의와 함께 초등 및 중등 교육 공정성 진단도구 등 척도 개발 연구가 이루어지고는 있으나 아직 교육 공정성에 대한 교육학계 차원의 합의는 미흡한 실정이다.

교육 공정성에 대한 그동안의 국내외 논의를 종합하면 교육 공정성은 크게 분배 공정성, 절차 공정성, 상호작용 공정성 등으로 이루어지고 있다(Rasooli, Zandi, & DeLuca, 2021; 김규태 외, 2023). 분배 공정성은 개인이 학교 교육에 투자한 노력과 결과와 관련하여 얻은 보상에 대한 형평, 평등, 필요의 원칙 충족을 강조한다(Deutsch, 1975). 절차 공정성은 보상과 결과와 관련된 의사결정에서 일관성, 정확성, 편견 억제, 수정 가능성, 목소리의 대표성, 윤리성 등의 원리가 반영된 공정성을 말한다(김정희원, 2022). 상호작용 공정성은 학교 교육에서 개별 학생이 존중받고 인정받으며, 적절한 정보를 차별 없이 제공받고 있다는 인식을 말한다(Greenberg, 1993; 김규태 외, 2023 재인용).

본 연구에서는 특히 초등학생들의 교육 공정성 인식과 다른 변인들 간의 관계를 살펴보고자 하며, 〈표 4-1〉과 같이 개념을 설정하고자 한다.

2) 마인드셋

초등학생들은 자신의 지능이나 능력이 고정되어 있거나 변화될 수 있

〈표 4-1〉 초등학교 교육 공정성 개념적 요인들

개념적 속성	관련 측정 요인
분배 공정성	초등학생들이 자신이 얻은 학교 교육의 결과나 성과에 있어 자신들의 기여나 노력에 따라 응분의 대가나 보상을 받았다고 인식하는 정도
절차 공정성	초등학생들이 자신이 얻은 학교 교육의 결과나 성과가 정해진 기준과 절차에 따라 이루어졌다고 인식하는 정도
상호작용 공정성	초등학생들이 학교 교육의 결과나 성과를 얻을 때 학교나 교사에게서 적절한 대인관계와 정보제공을 받았다고 인식하는 정도

출처: 김규태 외(2023)

다는 신념을 가지고 있다. 이러한 신념을 학자들은 마인드셋이라고 부르며, 마인드셋은 고정 마인드셋과 성장 마인드셋으로 구분된다. 고정 마인드셋은 초등학생들이 자신의 지능이나 능력이 태어날 때부터 고정된 것으로 노력을 통해 변하지 않는다는 신념체계를 나타내는 반면, 성장 마인드셋은 초등학생들이 지능이나 능력은 고정된 것이 아니라 지속적인 노력을 통해 변화와 성장이 가능하다고 믿는 신념을 의미한다 (Dweck, 2009; Blackwell, Trzesniewski, & Dweck, 2007). 고정 마인드셋을 가진 초등학생들은 내재적 동기가 낮고, 학업 성공에 대한 도전감이 낮으며, 학업에 대한 무기력과 슬럼프 극복이 더딘 경향을 보인다. 반면에 성장 마인드셋을 가진 초등학생들은 학습 과정에 지속적인 노력을 기울이며, 학습과제에 대한 숙달 목표를 설정하며, 학업에 대한 난관과 부담을 극복하는 특성이 있다(이서정, 신태섭, 2018; Dweck, Walton, & Cohen, 2014). 성장 마인드셋은 그릿, 긍정심리자본, 자기조절 학습, 회복탄력성, 자기조절(통제)과 정적 관계를 갖는 변수로 알려져 있으며, 학업적 스트레스나 소진과는 부적 관계가 있다(김규태, 2019; 류재준, 임효진, 2018; 윤지혜, 한근영, 원주영, 2012; Burnette, O'Boyle, VanEpps, Pollack, & Finkel, 2013; Meghana, & Gautam, 2023; Molden & Dweck, 2006; Walker, & Jiang,

2022).

초등학생들이 자신의 노력, 지능 및 성과에 대해 부정적으로 인식하고 이에 대한 부정적인 사고 및 신념 체계를 가진다면, 이는 학교생활에 대한 기대와 신념에도 영향을 미칠 수 있으며, 이로 인해 학교생활에 대한 소극적 평가와 불만족을 초래할 가능성이 높다. 반면에 긍정적인 기대와 사고 및 신념체계를 가진다면, 학업 수행과 교육 활동에 대한 긍정적인 기대와 신념을 통해 적극적이고 지속적인 노력을 기울일 것이며, 이에 따라 학교생활의 적절한 적응과 만족이 높아질 것으로 예상된다. 그러나 마인드셋에 대한 활발한 논의와 함께 학생들의 학습동기, 학업 성취도 등 다양한 변인들과의 관계를 탐색한 연구가 이루어지고 있음에도 불구하고, 초등학생의 마인드셋과 학교생활 만족도 간의 관계를 명확히 규명한 연구 역시 부족한 실정이다.

3) 학교생활 만족도

만족도는 서비스를 받는 개인이나 단체가 서비스를 제공하는 주체의 결과물에 대한 긍정적 호의 정도를 나타내는 개념이다. 교육 분야에서는 이를 광의의 개념으로는 교육 만족도, 협의의 개념으로는 학교생활 만족도로 지칭하며, 초등학생들의 경우 이에 대한 정의는 학자에 따라 다양하지만 이 장에서는 연구대상이 초등학생인 점을 감안하여 협의의 개념인 학교생활 만족도로 한정하여 논의하고자 한다.

이성주(2015)는 학교생활 만족도를 '학교생활과 관련된 영역에서 느끼는 긍정적 심리상태'로 정의하였다. 이기정과 강충열(2017)은 학생이 수업활동 및 수업 외 활동에서 성취감을 느끼며 교사 및 교우와의 관계가 원만하게 유지되면서 학교생활에 대한 긍정적 태도를 갖는 것으로 해석했다. 권동택(2014)은 학교 내에서 교사와 아동, 아동과 아동 간 상호작용을 통해 발생하는 의도적 및 비의도적 활동 등이 만족도에 영향을 미치며, 학교생활에서의 기쁨, 성취, 욕구 충족 정도로 설명했다. 따라서 초등학생의 학교생활 만족도는 학생들이 경험하는 학교 환경, 교육 활동, 생활지도, 교우 및 교사와의 관계 등에 대한 주관적인 긍정적 심리 상태를 나타낸다고 할 수 있다.

학교생활 만족도는 초등학생들이 학교에서 경험하는 다양한 유·무형의 종합적인 다면적 요인에 의해 결정된다. 학자들은 학교생활 만족도의 영향 요인을 제시하고 있는데, 김주연(2009)은 학교생활 전반, 대인관계, 수업/학습활동, 교육 환경, 학교규칙, 특별활동, 사회적 지지 등을 중요한 영향요인으로 언급했으며, 이성주(2015)는 심리상태, 교수학습, 교사행동, 생활지도, 학교시설이 학교생활 만족도에 영향을 미친다고 제시했다. 남수경과 김태영(2013)은 교원당 학생수가 적고, 학생 1인당 직접교육비가 많으며, 방과후학교 참여율이 높을수록 초등학생들의 학교생활 만족도가 높아진다고 밝혔다. 이기정과 강충열(2017)은 학교 교사가 감성적 리더십을 발휘할수록 초등학생의 학교생활 만족이 증가한다고 주장했으며, 옥성찬과 박한숙(2016)은 초등학생들의 공동체 의식이 높을수록 학교생활 만족도가 높다고 언급했다. 권동택(2014)은 초등학생들의 개인과 학교 정체성 수준에 따라 학교생활 만족도가 결정된다고 강조했다. 이러한 연구 결과들은 학교생활 만족도를 다양한 관점에서 이해하고 개선하는 데에 중요한 참고 자료로 활용될 수 있다.

학교생활 만족도는 학교와 교사가 초등학생들이 학교생활에 얼마나 적응하고 기대에 부응하며, 자신들의 필요를 돌보며 공정하게 대우하고 있는지에 대한 신뢰와 만족의 기준으로 활용된다(김규태, 최경민, 2015).

이 관점은 초등학생들이 갖는 사고와 신념 체계 그리고 학교와 교사들
이 자신들에게 얼마나 공정하게 대우하고 관계를 맺느냐에 따라 학교생
활에 대한 적응과 만족이 결정된다는 점을 시사한다. 그럼에도 불구하고
아직까지 선행연구에서는 초등학생의 학교생활 만족도를 결정하는 변수
로서 학교 교육에 대한 공정성 인식과 같은 변인들의 영향효과를 충분히
탐색하고 있지는 못하다.

3. 연구 방법

1) 연구 대상

　본 연구는 서울, 대구, 인천, 대전, 경기, 전북, 경북 등 7개 지역 각 2개
교에 100명 총 1,400명을 대상으로 하였고, 수집된 설문지는 1,217부였
다. 본 설문 응답자의 인구통계학적 배경은 〈표 4-2〉와 같이 성별로는
남학생 625명(51.4%), 여학생 592명(48.6%)이었고, 지역별로는 읍면지역

〈표 4-2〉 설문 응답자의 인구통계학적 배경

구분		명	%
성별	남자	625	51.4
	여자	592	48.6
지역	읍면지역	114	9.4
	시지역	1,103	90.6
학년	4학년	151	12.4
	5학년	582	47.8
	6학년	484	39.8
전체		1,217	100.0

114명(9.4%), 시지역 1,103명(90.6%)이었으며, 학년별로는 4학년 151명 (12.4%), 5학년 582명(47.8%), 6학년 484명(39.8%)이었다.

2) 조사도구

본 연구에서 사용한 조사도구는 교육 공정성, 성장 마인드셋, 학교생활 만족도이다.

교육 공정성은 김규태 등(2023)이 타당화한 조사도구인 초등학교 교육 공정성 진단도구(예: 나는 학교와 선생님으로부터 공평한 대우를 받고 있다)를 사용하였다. 이 조사도구는 6문항 등 5점 척도 12문항으로 구성되었고, 평균 점수가 높을수록 공정성이 높은 것으로 해석한다. 본 연구의 신뢰도(Cronbach's α)는 .923이었다.

성장 마인드셋은 Dweck(2006)이 개발한 조사도구(예: 나는 언제나 지능의 수준을 아예 바꿀 수 있다)를 사용하였다. 이 조사도구는 5점 척도 4문항으로 구성되어 있으며, 평균 점수가 높을수록 성장 마인드셋이 높은 것으로 본다. 본 연구의 신뢰도(Cronbach's α)는 .649이었다.

학교생활 만족도는 김주연(2008)이 타당화한 조사도구인 학교생활 만족도 진단도구(예: 나는 우리 학교에 다니는 것을 만족스럽게 생각한다)를 초

〈표 4-3〉 준거타당도 검증을 위한 관련 척도

연구자	구분	문항수	문항 예시	Cronbach's α
김규태 등 (2023)	교육 공정성	12	나는 학교와 선생님으로부터 공평한 대우를 받고 있다.	.923
Dweck (2006)	성장 마인드셋	4	나는 언제나 지능의 수준을 아예 바꿀 수 있다.	.694
김주연 (2008)	학교생활 만족도	25	나는 우리 학교에 다니는 것을 만족스럽게 생각한다.	.949

등학생에 맞게 문항을 수정하여 사용하였다. 이 조사도구는 5점 척도 25 문항으로 구성되었고, 평균 점수가 높을수록 공정성이 높은 것으로 해석한다. 본 연구의 신뢰도(Cronbach's α)는 .949이었다.

3) 자료처리

본 연구에서는 SPSS 25.0을 이용하여 인구통계학적 현황 파악을 위한 빈도분석, 개인배경별 초등학생 교육 공정성 수준 진단을 위한 t 검정과 ANOVA 검정, 변수 간 상관관계 탐색을 위한 상관분석을 실시하였다. 또한, SPSS Process macro 버전 4.0(모델 4)을 활용하여 성장 마인드셋이 학교생활 조직효과성에 미치는 영향과 이들 영향 관계에 대한 교육 공정성의 매개효과를 탐색하였다. 매개효과의 검증은 95% 신뢰구간에서 0이 포함되어 있지 않은지를 확인하고 없는 경우 통계적으로 유의한 것으로 판정하였다(Shrout & Bolger, 2002).

4. 연구 결과

1) 초등학생의 교육 공정성 인식 수준

먼저 초등학생들이 인식하고 있는 교육 공정성 수준을 분석한 결과는 〈표 4-4〉와 같다.

교육 공정성 수준은 전체적으로 5점 만점에 4.17점으로 나타나 초등학생들은 현재 학교 교육이 어느 정도 공정하게 이루어지고 있다고 인식하는 것으로 나타났다. 다만, 배경변인별로는 조금 다른 결과가 나타났다.

성별로는 여학생이 평균 4.18로 남학생(M=4.16)에 비해 다소 높았

⟨표 4-4⟩ 초등학생의 교육 공정성 수준에 대한 기술 통계

구분		N	M	SD	t/F
성별	남학생	625	4.16	.64	-.658
	여학생	592	4.18	.67	
학년	4학년a	151	4.24	.50	21.34*** (c⟨a,b)
	5학년b	582	4.27	.61	
	6학년c	484	4.02	.72	
지역	읍면지역	114	4.14	.64	-.504
	시지역	1103	4.17	.65	
소득 수준	적은 편a	42	4.05	.68	3.90* (a⟨b⟨c)
	보통b	934	4.15	.64	
	많은 편	241	4.27	.70	
성적 인식	하위권a	83	4.08	.64	4.48* (a⟨b⟨c)
	중위권b	710	4.14	.64	
	상위권c	424	4.24	.67	
사교육 투자시간	10시간 이하	771	4.19	.61	1.24
	11시간 이상	446	4.14	.71	
전체		1,217	4.17	.65	

다. 학년별 교육 공정성 수준은 5학년이 4.27점으로 가장 높았으며, 4학년(M=4.24점), 6학년(M=4.02점)이며 통계적으로 유의한 차이를 보였다 (F=21.34, p⟨.001).

거주지역별로는 시지역 학생의 교육 공정성 수준이 평균 4.17점으로 읍면지역(M=4.14점)에 비해 높았으나 통계적으로 유의한 차이는 없었다.

소득 수준에 따른 교육 공정성 수준은 초등학생들이 자신의 가정의 소득 수준이 높다고 인식할수록 교육 공정성 인식 수준이 높은 것으로 나타났으며, 통계적으로 유의하였다(F=3.90, p⟨.001).

성적 수준에 따른 교육 공정성 수준은 초등학생들이 자신의 성적 수준
이 높다고 인식할수록 교육 공정성 인식 수준이 높은 것으로 나타났으
며, 통계적으로 유의하였다(F=4.48, p<.001).

그리고 사교육 투자 시간에 따른 교육 공정성 수준에 대한 통계적 유
의한 차이는 없었다.

2) 교육 공정성, 성장 마인드셋, 학교생활 만족도 간 상관 관계

본 연구에서 탐색한 교육 공정성, 성장 마인드셋, 학교생활 만족도 간
상관관계 결과는 〈표 4-5〉와 같다. 교육 공정성과 성장 마인드셋의 관
계(r= .286), 성장 마인드셋과 학교생활 만족도의 관계(r= .358), 교육 공정
성과 교육 만족도의 관계(r= .745) 모두 정적으로 유의한 것으로 나타났다.

〈표 4-5〉 변수 간 상관관계

변인	교육 공정성	성장 마인드셋	교육 만족도
교육 공정성	1		
성장 마인드셋	.286***	1	
학교생활 만족도	.745***	.358***	1

*** p < .001.

3) 성장 마인드셋과 학교생활 만족도에 대한 교육 공정성의 매개효과

본 연구에서 성장 마인드셋과 학교생활 만족도에 대한 교육 공정성의
매개효과는 [그림 4-1], 〈표 4-6, 7〉과 같다. 성장 마인드셋이 교육 공정
성에 미치는 효과(β=.29, p<.001), 성장 마인드셋이 학교생활 만족도에 미
치는 효과(β=.16, p<.001), 교육 공정성이 학교생활 만족도에 미치는 영향
(β=.70, p<.001) 모두 정적으로 유의한 것으로 나타났다.

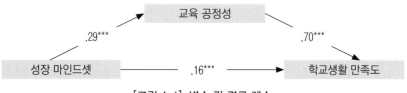

[그림 4-1] 변수 간 경로 계수

〈표 4-6〉 성장 마인드셋의 교육 공정성에 대한 영향

변수	b	β	se	t	p	LLCI	ULCI
상수	3.38		.08	43.16	.001	3.22	3.53
성장 마인드셋	.24	.29	.02	10.40	.001	.19	.28

Regression Model Test: $R=.29$, $R^2=.08$, $F=108.13$ ($p <.001$)

〈표 4-7〉 성장 마인드셋과 교육 공정성의 학교생활 만족도에 대한 효과

변수	b	β	se	t	p	LLCI	ULCI
상수	.37		.09	4.30	.001	.20	.55
성장 마인드셋	.13	.16	.02	8.09	.001	.10	.17
교육 공정성	.72	.70	.02	35.98	.001	.68	.76

Regression Model Test: $R=.76$, $R^2=.58$, $F=831.24$ ($p <.001$)

〈표 4-8〉은 성장 마인드셋과 학교생활 만족도 관계에 대한 교육 공정성의 매개적 역할에 대한 효과 분해를 제시한 것이다. 총 효과는 .30이었으며, 성장 마인드셋에서 학교생활 만족도에 대한 직접효과는 .13이었으며, 성장 마인드셋과 학교생활 만족도 관계에 대한 교육 공정성의 간접효과는 .17이었다. 부스트래핑 분석 결과, 이들 직접 및 간접효과 모두 95% 신뢰구간에서 0이 포함되어 있지 않아 통계적으로 유의하였다.

〈표 4-8〉 성장 마인드셋과 학교생활 만족도 관계에 대한 교육 공정성의 매개효과 검증

구분	b	se	95% confidence interval (CI)	
			총 효과	ULCI
총 효과	.30	.02	.26	.35
직접효과(성장 마인드셋 → 학교생활 만족도)	.13	.02	.10	.17
간접효과(성장 마인드셋 → 학교생활 공정성 → 학교생활 만족도)	.17	.02	.13	.21

5. 결론 및 논의

본 연구는 국내에서, 특히 교육학계에서 향후 교육 공정성에 대한 활발한 논의가 이루어지기를 바라는 차원에서 초등학생용 교육 공정성 척도를 활용한 학술연구의 예시를 보여 주기 위해 이루어졌다. 최근에 개발된 초등 및 중등용 학교 교육 공정성 진단도구가 후속 연구자들에 의해 활발하게 이용될 뿐만 아니라 나아가 학교 교육에 영향을 미치는 여러 가지 과정 변인과 결과 변인뿐만 아니라 다양한 학생 및 학교 변인들 간의 관계를 살펴보는 도구로 활용되기를 바란다.

이와 같은 차원에서 본 연구에서는 최근 교육심리학계에서 활발하게 연구되고 있는 마인드셋, 특히 성장 마인드셋과 전통적인 학교 교육의 결과 변인인 학교생활 만족도 변인과 교육 공정성 간의 관계를 살펴보았다. 본 연구의 결과 및 시사점을 간략하게 요약하면 다음과 같다.

첫째, 초등학생들은 하위 변인별로 다소 차이는 있지만 전반적으로 학교 교육을 상당히 공정하다고 인식하고 있는 것으로 나타났다. 다만, 후속연구를 통해 향후 남학생들의 교육 공정성 인식, 상대적으로 고학년

초등학생들의 교육 공정성 인식 및 소득 수준이 낮은 학생들, 성적이 상대적으로 낮은 학생들의 교육 공정성 인식 수준을 높이기 위한 제도적, 정책적 방안들이 도출될 필요가 있는 것으로 나타났다.

둘째, 성장 마인드셋, 교육 공정성, 학교생활 만족도 세 변인은 모두 정적으로 상관이 있는 것으로 나타났고, 교육 공정성의 매개효과도 통계적으로 유의한 것으로 나타났다. 즉, 초등학생들의 교육 공정성 인식에 따라 학교 교육의 다양한 변인들이 긍정적으로 변할 수 있으므로 향후 학생들의 교육 공정성 인식을 높이기 위한 다양한 방안들이 마련될 필요가 있다.

셋째, 학교 교육을 통해 초등학교급에서부터 학생들이 자신의 능력이 변화될 수 있다고 믿는 성장 마인드셋을 지닌 학습자를 만드는 노력을 기울일 필요가 있다. 성장 마인드셋은 학교 교육의 다양한 변인들과 정적인 관계를 가질뿐 아니라 학교 교육의 성과에 긍정적인 영향을 미치고 있는 것으로 나타나고 있으나 학교급이 올라갈수록 성장 마인드셋의 효과가 줄어들고 있으며(백서영, 임효진, 류재준, 2020), 교육 공정성에 대한 인식 수준도 낮아지고 있으므로 향후 초등 교육 단계에서부터 학생들의 성장 마인드셋을 길러 주고, 나아가 학교 교육이 공정하게 이루어지고 있다는 인식을 확산시킬 필요가 있다. 여기에 더해 초등학생들이 성장 마인드셋을 지속적으로 유지할 수 있도록 격려하고 지지해 줄 필요가 있다. 이를 위해서는 초등학생 교육을 직접적으로 담당하고 있는 초등교사들을 대상으로 한 각종 교육과 연수뿐만 아니라 예비 초등교사를 양성하는 교원양성기관의 교육과정 또한 변화될 필요가 있다.

넷째, 학교 교육이 더욱 공정하게 이루어지는 데 필요한 다양한 행·재정적 지원과 노력이 뒷받침될 필요가 있다. 학업 성취도가 상대적으로

떨어지거나 가정의 사회경제적 배경이 높지 않은 학생들도 학교 교육만
큼은 차별을 받지 않도록 해야 할 것이다. 이를 위해서는 학교 교육에 모
든 학생들에게 공평한 참여 기회가 보장되고, 노력한 정도에 따라 합리
적인 보상이 이루어지는 제도적 노력과 함께, 교사와의 활발한 상호작용
을 통해 한 명의 학생도 놓치지 않는 교육이 되어야 할 것이다.

　이상과 같은 연구 결과를 바탕으로 후속연구를 위한 제언을 제시하면
다음과 같다.

　먼저, 교육 공정성은 학교 교육을 둘러싼 교육 환경, 투입, 과정, 결과
등 다양한 변인들과 밀접한 관계가 있을 가능성이 높은 것으로 나타났
으므로 후속 연구를 통해 좀 더 다양한 변인들과의 관계를 살펴보는 연
구가 이루어질 필요가 있다. 선행연구들에서 제시된 교육 환경, 투입, 과
정, 결과와 관련된 변인과 관련 지표를 소개하면 〈표 4-9〉와 같다.

　따라서 후속연구를 통해 좀 더 다양한 변인들과의 관계를 살펴보는 연
구가 이루어질 필요가 있으며, 본 연구에서는 밝히지 못한 초등학생들의
교육 공정성 인식 수준이 발생하는 구체적인 이유를 실증적으로 밝힐 수
있는 양적, 질적연구 등이 후속연구자들에 의해 이루어질 필요가 있다.
초등학생용 교육 공정성 척도가 후속연구자들에 의해 계속적으로 활용
되고 검증되고 수정·보완되어 우리나라 학교 교육이 수요자들에 의해
더욱 공정하다고 인식될 수 있기를 기대해 본다.

〈표 4-9〉 교육 공정성 관련 변인(예시)

차원 및 영역		세부 변인 및 지표
학교 간 비교 (학교 수준)	교육 환경 (맥락)	– 학교 특성(지역, 학교유형, 규모, 교원 수 등) – 교원 연령 분포 – 다문화 및 탈북 학생 비율 – 교육비 지원 수혜 학생 비율 – 학습 분위기 – 부모의 사회 · 경제적 배경(월평균 가계소득) – 학교의 스마트 교육 환경 수준 – 학생 1인당 자치구별 교육지원경비 규모 – 학생 및 학부모의 교육 기대
학생 간 비교 (개인 수준)	학습 준비도	– 학습 기초역량 – 학습자들의 디지털 준비도(정보소양 정도 등) – 학습자의 정의적 영역(도덕성, 학습동기, 성취동기, 자아존중감, 자아효능감, 그릿, 학교 몰입 등)
	교육 기회 (투입)	– 취학률, 학생 1인당 교육비 및 사교육비 – 방과후학교 프로그램 운영 수 – 부모-자녀 소통 정도, 부모의 자녀 지원 의지 및 자녀에 대한 기대 학력 등
	교육과정	– 교사-학생 관계 및 상호작용 정도 – 수업 참여 정도
	교육 결과	– 학업 성취도, 진로 성숙도, 학생 행복도 – 중도탈락률, 졸업률 – 학교 교육 만족도

참고 문헌

권동택(2014). 초등학교 아동의 자아 및 학교정체성과 학교생활 만족도 관계. 학습자중심교과교육연구, 15(2), 569-588.

김규태(2019). 고등학생이 인식하는 마인드셋과 학업소진 관계: 긍정심리자본의 조절효과. 한국웰니스학회지, 14(2), 225-234.

김규태, 이석열, 서재복, 정성수, 김훈호(2023). 초등학교 교육공정성 진단도구 개발 및 타당화. 교육행정학연구, 41(5), 1-26.

김규태, 이석열, 서재복, 정성수, 김훈호(2023) 초등학교 교육 공정성 진단도구 개발 및 타당화. 교육행정학연구, 41(5), 1-26.

김규태, 최경민(2015). 교육조직행동 척도. 양서원.

김병룡(2023). 초등 학습장애학생의 자기결정능력 특성 분석-학생 집단 간 비교분석과 저성취 교과별 분석을 중심으로. 초등교육연구, 36(3), 211-232.

김영지, 김희진, 이민희, 김진호(2019). 아동·청소년 권리에 관한 국제협약 이행연구-한국 아동·청소년 인권실태 2019 총괄보고서. 한국청소년정책연구원 연구보고서.

김정희원(2022). 공정 이후의 세계. 창비

김주연(2009). 고등학생의 학교생활 만족도 척도 개발 및 타당화 연구. 원광대학교 박사학위논문.

남수경, 김태영(2013). 초등학생의 학교 만족도에 영향을 미치는 학교특성 및 교육 활동 요인 분석. 교육재정경제연구, 22(3), 1-27.

류재준, 임효진(2018). 성장신념, 자기결정성, 그릿의 관계에서 목표 유형의 조절효과. 교육심리연구, 32(3), 397-419.

백서영, 임효진, 류재준(2020). 성장 마인드셋과 학습 관련 변인에 대한 메타분석. 아시아교육연구, 21(2), 641-668.

서울특별시교육청 교육연구정보원(2023). 지난 10년, 서울 학생들의 학교생활은 어떻게 달라졌나?. 서울교육, 65(235).

옥성찬, 박한숙(2016). 한국 초등학교 학생들의 공동체의식과 학교생활 만족도와의 관련성 탐색. 학습자중심교과교육연구, 16(3), 37–58.

윤지혜, 한근영, 원주영(2012). 청소년용 심리구조 척도 개발에 관한 연구. 미래청소년학회지, 9(2), 79–99.

이기정, 강충열(2017). 초등학교 담임교사의 감성리더십이 학생의 학교생활만족에 미치는 영향. 학습자중심교과교육연구, 17(1), 215–235.

이서정, 신태섭(2018). 고등학생의 마인드셋이 그릿을 매개로 학업적 자기효능감에 미치는 영향: 수학포기여부에 따른 다집단분석. 아시아교육연구, 19(1), 59–87.

이성주(2015). 초·중·고 학생의 학교만족도 변화. 학습자중심교과교육연구, 15(2), 569–588.

이종현(2024). 환대산업의 조직공정, 직무만족, 조직몰입, 비재무성과 간 영향 관계 연구. 한국컨텐츠학회논문지, 24(3), 342–355.

이지혜, 정성우(2023). 초등학생의 학교스포츠클럽 참여가 자기효능감 및 회복탄력성에 미치는 영향. 초등교육연구논총, 39(2), 129–150. 대구교육대학교.

전동규, 김만의(2023). 초등학생들의 스포츠맨십과 자아존중감, 친사회적 행동의 관계. 초등교육연구논총, 39(2), 23–43. 대구교육대학교.

정미경(2003). 초등학생용 자기조절학습 검사의 표준화. 초등교육연구, 16(1), 253–272.

홍세정, 오인수(2020). 초등학생의 성장 마인드셋이 자기조절학습에 미치는 영향에서 그릿의 매개효과. 교육과학연구, 51(4), 25–42. 이화여자대학교 교육과학연구소.

황매향, 하혜숙, 김명섭(2017). 초등학생의 그릿(Grit)과 학업성취도의 관계에서 자기조절학습의 매개효과. 초등상담연구, 16(3), 301–319.

세계일보(2023.9.7.). "펜데믹에 학교 부적응" 어린이 우울증 5년 새 두 배 육박.

Blackwell, L. S., Trzesniewski, K. H., & Dweck, C. S. (2007). Implicit theories of intelligence predict achievement across an adolescent transition: A longitudinal study and an intervention. *Child Development, 78*(1), 246–263.

Burnette, J. L., O'Boyle, E., VanEpps, E. M., Pollack, J. M., & Finkel, E. J. (2013). Mindsets matter: A meta–analytic review of implicit theories and self–regulation. *Psychological Bulletin, 139*(3), 655–701.

Chory–Assad, R. M. (2002). Classroom justice: Perceptions of fairness as a predictor of student motivation, learning, and aggression. *Communication Quarterly, 50*(1), 58–77.

Chory–Assad, R. M. (2007). Enhancing student perceptions of fairness: The relationship between instructor credibility and classroom justice. *Communication Education, 56*(1), 89–105.

Chory–Assad, R. M., & Paulsel, M. (2004b). Antisocial classroom communication: Instructor influence and interactional justice as predictors of student aggression. *Communication Quarterly, 52*(2), 98–114.

Chory–Assad, R. M., & Paulsel, M. L. (2004a). Classroom justice: Student aggression and resistance as reactions to perceived unfairness. *Communication Education, 53*(3), 253–273.

Chory–Assad, R. M., Horan, S. M., Carton, S. T., & Houser, M. L. (2014). Toward a further understanding of students' emotional responses to classroom injustice. *Communication Education, 63*(1), 41–62.

Coleman, J. S., Campbell, E. Q., Hobson, C. J., McPartland, J., Mood, A. M., Weinfeld, F. D., & Work, R. L. (1966). *Equality of Educational Opportunity*. Washington DC: U.S. Government Printing Office.

Deutsch, M. (1975). Equity, Equality, and Need: What Determines Which Value Will Be Used as the Basis of Distributive Justice. *Journal of Social Issues, 31*, 137–149.

Dweck, C. S. (2009). Mindsets: Developing talent through a growth mindset.

Olympic Coach, 21(1), 4−7.

Dweck, C. S. (2016). *Mindset: The new psychology of success.* Random House.

Dweck, C. S., Walton, G. M., & Cohen, G. L. (2014). Academic tenacity: Mindsets and skills that promote long−term learning. *Retrieved November* 11, 2019 from www.gatesfoundation.org.

Kendra J. Thomas., Josafa Moreira Cunha., Denise Americo de Souza., & Jonathan Santo. (2019). Fairness, trust, and school climate as foundational to growth mindset: A study among Brazilian children and adolescents. *Educational Psychology*, January 2019. DOI: 10.1080/01443410.2018.1549726.

Meghana, S. G., & Gautam, R. (2023). Effect of resilient therapy (RT) on growth mindset and stress of middle school students: A pre and post Study. *Journal for ReAttach Therapy and Developmental Diversities, 6*(1), 140−147.

Mills, C., Gale, T., Parker, S., Smith, C., & Cross, R. (2019). Activist dispositions for social justice in advantaged and disadvantaged contexts of schooling. *British Journal of Sociology of Education, 40*(5), 614−630.

Molden, D. C., & Dweck, C. S. (2006). Finding 'meaning' in psychology: A lay theories approach to self regulation, social perception, and social development. *American Psychologist, 61*, 192−203.

North, C. E. (2006). More than words? Delving Into the Substantive Meaning(s) of "Social Justice" in Education. *Review of Educational Research, 76*(4), 507−535.

Paulsel, M. L., Chory−Assad, R. M., & Dunleavy, K. N. (2005). The relationship between student perceptions of instructor power and classroom justice. *Communication Research Reports, 22*(3), 207−215.

Rasooli, A., Zandi, H., & DeLuca, C. (2021). Measuring fairness and justice in the classroom: A systematic review of instruments' validity evidence.

School Psychology Review, 1–26.

Rawls. J. (1971). A Theory of Justice. Cambridge mass: Harvard University Press.

Resh, N., & Sabbagh, C. (2014). Sense of justice in school and civic attitudes. *Social Psychology of Education, 17*(1), 51–72.

Resh, N., & Sabbagh, C. (2014). Sense of justice in school and civic attitudes. *Social Psychology of Education: An International Journal, 17*(1), 51–72.

Sabbagh, C., & Resh, N. (2016). Unfolding justice research in the realm of education. *Social Justice Research, 29*(1), 1–13.

Shrout, P. E., & Bolger, N. (2002). Mediation in experimental and nonexperimental studies: New procedures and recommendations. *Psychological Methods, 7*, 422–445.

Walker, K. A., & Jiang, X. (2022). An examination of the moderating role of growth mindset in the relation between social stress and externalizing behaviors among adolescents. *Journal of Adolescence, 94*(1), 69–80.

제5장

학생들은 학교가 공정하다고
여기며 생활할까

최경민 박사(의성교육청)

학교에서 학생들이 경험하고 느낄 수 있는 공정함은 교실에서 진행되는 과정(절차)이나 결과뿐만 아니라 학생들이 경험하거나 제공되는 교육의 배경, 기회, 과정(절차), 결과까지를 고려할 필요가 있다. 이러한 고려에 따라 초등학교 교육 공정성을 '초등학생들이 학교 교육의 기회, 과정, 결과에 있어서 자신의 관심, 능력, 상황과 배경에 따라 적절한 교육을 받을 수 있다고 인식하는 정도'로 정의하고자 한다.

이에 초등학생들이 경험할 수 있는 교육 공정성을 분배 공정성, 절차 공정성, 상호작용 공정성으로 구분하여 살펴보는 것은 매우 의미 있는 일이 될 것이다. 여기서 말하는 분배 공정성은 초등학생들이 자신이 얻은 학교 교육의 결과나 성과에 있어 자신들의 기여나 노력에 따라 응분의 대가나 보상을 받았다고 인식하는 정도, 절차 공정성은 초등학생들이 자신이 얻은 학교 교육의 결과나 성과가 정해진 기준과 절차에 따라 이루어졌다고 인식하는 정도, 상호작용 공정성은 초등학생들이 학교 교육

의 결과나 성과를 얻을 때 학교나 교사에게서 적절한 대인관계와 정보제
공을 받았다고 인식하는 정도로 해석하고자 한다.

"선생님, ○○이는 왜 혼내지 않는 거예요?"
"□□야, 지금 왜 네가 혼이 나는 것 같니? ○○이가 잘못을 했는데 네가 대신
혼이 나는 걸까? 아니면 네가 잘못한 행동에 대해서 혼이 나는 걸까?"

학교에서 교사로 생활을 하면서 학생들에게 자주 들었고 자주 했던 대
화이다. 누구 누구도 같이했는데 왜 그 아이는 혼을 내지 않는지, 아니면
혼이 나는 것까지는 아니더라도 그 아이에게는 왜 아무 말을 하지 않는
지 물어 오는 학생들을 자주 접하게 된다. 물론 교사로서 자신만의 기준
을 가지고서 그 아이가 왜 혼이 나는지 하나씩 조곤조곤 따져 가며 이야
기를 하기는 하였지만, 지금에 와서 돌이켜 보면 과연 그러한 경험을 겪
었던 우리 아이들은 학교가 모두에게 공정하다고 느꼈을까?
우리 아이들은 학교에서 교사들뿐 아니라 학교 자체의 규칙 혹은 친구
들과의 관계에 있어 많은 불공정을 경험하고 느끼며 살아가는 건 아닌
지, 아니면 스스로 느끼지는 못하고 있지만 불공정한 상황 속에서 학교
생활을 해 오는 것은 아닌지, 교사로서 학교에 근무를 하면서 겪었던 경
험을 바탕으로 학생들이 학교에서 경험하고 있는 불공정함에 대해 이야
기하고자 한다. 그리고 아이들이 경험하고 느꼈을 불공정함에 대해 교사
와의 관계, 학교와의 관계로 구분 지어 각각의 관계 속에서 분배 공정성,
절차 공정성, 상호작용 공정성이 어떻게 차별적으로 아이들에게 다가가
고 있는지, 경험하게 하고 있는지를 살펴보고자 한다.

1. 교사와의 관계 속에서 아이들이 경험하는 불공정성

필자의 교직 생활을 돌이켜보면, 우리 아이들이 학교에서 경험하게 될 불공정함의 상당수는 교사와의 관계에서 겪는 경험이라고 생각된다.

교사와의 관계 형성에 있어서 가장 먼저 불공정함을 경험하게 되는 것은 학급 규칙과 관련된 불공정이 있을 것 같으며, 이러한 경험이 교사와의 관계에서 아이들이 경험하게 되는 분배의 불공정성이 될 수 있을 것이다.

최근 많은 학급에서는 학기 초에 학급별 규칙을 정하면서 아이들의 의견을 모아서 아이들이 규칙을 직접 만들고 지킬 수 있도록 학급 세우기 과정을 중시하는 문화가 조성되어 있다. 하지만 그 이전 대부분 교실에서는 교사가 학급 규칙을 정하고 일방적으로 지키도록 강요하였다. 물론 지금도 그러한 학급이 존재하기도 한다. 이런 경우 아이들이 규칙을 만들고 지키는 교실과 교사가 일방적으로 규칙을 정해서 지키라고 하는 교실을 비교해 보면, 모르긴 몰라도 후자의 교실에서 아이들은 분배의 불공정함을 더 많이 경험하게 될 것이다.

교실이라는 공간은 교사 혼자가 아닌, 교사와 학생이 함께 만들어 가는 공동의 공간이자 단체라고 할 수 있다. 그런데도 불구하고 어른이라는 이유로, 혹은 교사라는 이유로 담임교사가 일방적으로 지켜야 하는 규칙을 정하고, 학생들에게는 정해져 하달되는 규칙을 따라야 하는 상황에서 우리 아이들은 아마도 상당 부분 분배의 불공정함을 느끼게 될 것이다.

물론 교사로 재직하였던 시절을 떠올려 보면 대부분 아이는 그동안 학교생활이나 경험에 의해 교사가 정해 준 규칙을 따르는 것에 익숙해져 있으며, 이를 불공정하다고 말하는 아이들은 거의 없었다. 하지만 필자는 학급 규칙에 대해 고민하고 다양한 서적을 읽어 보면서 학급 규칙을 학생들이 세우는 것이 더욱 타당하다고 생각하게 되었다. 그리고 어느 해 학급 세우기 주간을 운영하면서 가장 먼저 아이들에게 우리가 지켜야 할 학급 규칙을 함께 정해 보면 어떠냐고 제안하였다. 학급에서 지켜야 할 규칙을 아이들이 함께 스스로 정하는 활동을 하면서 필자는 직접 규칙을 정해서 알려 주었던 때와는 다른 학생들의 반응을 보게 되었고, 학생들과 이러한 대화도 나누게 되었다.

"선생님, 우리가 이렇게 규칙을 정해도 되는 건가요? 작년에는 왜 선생님이 만들어 준 규칙을 지키기만 하면 되어서 편했는데, 이렇게 규칙을 우리 스스로 만드는 게 힘이 들어요. 그냥 선생님이 정해 주면 안 되나요?"

"그래 선생님이 규칙을 정해 주는 건 쉽지, 그런데 우리 교실에서 생활을 하면서 함께 살아가는 사람들은 누구일까?"

"그건 저희죠."

"그러면 함께 생활하면서 지켜야 할 규칙을 정해야 하는 사람은 누구일까? 선생님일까? 아니면 너희일까?"

"그것도 저희인 것 같아요."

"그래, 1년간 함께 살아가며 지켜야 할 공동의 규칙을 만들어 가야 하는 존재는 그 공동체에서 함께 살아가는 사람들이어야 한단다. 그래서 우리 교실에서 지켜야 할 규칙을 만들어야 하는 사람들이 너희들이어야 하는 거고."

이러한 대화를 하면서 필자는 '어쩌면 우리 아이들은 이미 학교생활을 통해 불공정함에 익숙해져 있는 삶을 살아가는 건 아닐까? 그리고 그러한 불공정이 우리 아이들에게 잘못된 삶의 방향을 알려 주는 건 아닐까? 그러하다면 우리 아이들에게 어떠한 삶을 교실 속 생활에서 경험하게 해 주어야 할까?'라고 고민하기도 했었다.

물론 필자의 경험상 학생들이 직접 규칙을 만든다고 해서 교사가 정해 준 규칙과 비교했을 때 규칙의 내용이 크게 달라지거나 변화되는 경우는 그렇게 많지 않았다. 하지만 규칙의 변화 정도와 달리 누군가가 정해 준 규칙을 따르는 것과 스스로 정한 규칙을 지키는 것에는 커다란 차이가 있을 것이다. 아마도 따라야 하는 명령과 스스로 지켜야 하는 책임감의 무게에 차이가 있기 때문은 아닐지 생각한다. 그리고 이렇게 스스로 책임감을 가지고서 삶을 살아가는 방법을 경험하고 터득하며 성장하는 아이들이 그러한 경험을 하지 못한 아이들과 비교해 볼 때, 어른으로 자라나는 과정에 있어서 지금보다 훨씬 더 공정한 삶을 살아가기 위해 스스로 관심과 노력을 기울이게 될 것이라고 기대한다.

이처럼 교사가 아닌 자기들 스스로 규칙을 만들어 본 경험이 있는 학생들은 교사 혹은 학교가 일방적으로 규칙을 정해서 지키라는 명령이 불공정하다는 사실을 느끼게 될 것이다.

이와 더불어 필자의 경험을 되새기며 학생들이 함께 규칙을 스스로 정해서 학급 규칙을 만들게 되는 경우와 교사가 규칙을 직접 정해서 명령하듯이 지키라고 하는 경우와 비교해 보았을 때, 같은 규칙 내용이더라도 스스로 규칙을 만들었을 때 학급 규칙을 더욱 잘 지키려는 경향을 보이게 된다.

초임 교사 시절 직접 규칙을 정해서 지키라고 명령하던 시절에는 많은 아이들이

"선생님 ㅇㅇ이가 규칙을 안 지켰으니, 벌을 줘야 해요."
"선생님, ㅁㅁ이가 복도에서 뛰었는데 안 했다고 우겨요."

처럼 규칙을 어긴 친구를 고자질했고, 그러한 고자질에 규칙을 어기는 행동을 하지 않았다고 우기는 친구들이 대부분이었다. 본래 규칙이라는 것은 사회 혹은 공동체가 바르게 운영되기 위해 스스로 지켜야 하는 성질의 것이라 할 수 있다. 하지만 교사가 일방적으로 규칙을 던져 줄 때의 규칙은 아이들이 학급을 위해 스스로 지켜야 하는 성격의 규칙이기보다는 누가 안 지키는지 살펴보고 고자질하거나, 우선은 혼이 나지 않기 위해 지키지 않은 행동을 숨겨야 하는 성격의 피동적인 규칙이었다고 할 수 있다. 상황이 이러하다 보니 학급 규칙(학교 규칙도 그러할 것이다)으로 인해 아이들 상당수는 불공정함을 느낄 수밖에 없다. 왜냐하면 평소에 혹은 쉬는 시간에 조용히 책 읽기를 좋아하는 아이들은 대부분 규칙을 어길 일이 없으니, 규칙에 위배되지 않지만, 아이들과 뛰어놀기 좋아하는 아이들은 규칙을 어길 일 투성이니 말이다. 그리고 이러한 규칙으로 인해 아이들은 불공정함을 당연하게 받아들여지게 된 것인지도 모른다.

반면에 아이들이 함께 모여서 스스로 규칙을 정하는 경우에는

"ㅇㅇ아! 우리 반의 규칙은 뛰고 싶을 때는 운동장에서 뛰어노는 것이니까 반에서 뛰지 말고 운동장에 나가면 좋을 것 같아."
"우리 반의 규칙은 서로에게 아름다운 말을 하는 거였는데, 그리고 그 규칙을 내가 만들었는데 너에게 안 좋은 말을 했어. 미안해."

처럼 고자질을 하기보다는 친구들 서로가 규칙을 지키기 위해 서로를 다

독이기도 하고, 스스로 잘못을 뉘우치며 반성하는 모습을 보이기 시작하였다. 물론 교사가 규칙을 주거나 아이들이 규칙을 만들거나 학급에서 정해지는 규칙의 종류에는 큰 차이는 없다(이는 학급 규칙 만들기 활동을 해 본 교사라면 누구나 경험했을 것 같다). 그럼에도 아이들이 규칙을 대하는 자세와 태도가 매우 많이 달라진다. 이는 규칙으로 인한 불공정함을 줄여 주고, 공정하고 공평하게 규칙을 함께 만들었기에 가능한 결과가 아닐까 생각한다.

다음으로 교사와의 관계에서 경험할 수 있는 또 다른 불공정함은 서두에 언급했듯이 친구들과의 관계에서 교사들이 차별적 대우 혹은 처우가 있을 수 있으며, 이러한 부정적인 경험이 절차의 불공정성이라 할 수 있을 것이다.

필자의 경험상 교사들은 나름의 기준을 가지고서 학생들을 대하게 되며, 과거와 달리 현재 대부분 교사는 학생들이 지니고 있는 배경에 의해 차별적으로 대하는 교사는 없다고 단언할 수 있다. 그럼에도 아이들은 차별적 대우로 인해 많은 불공정성을 경험하고 있다고도 확신할 수 있다.

왜 그러한 것일까?

이 부분에서는 교사들에게는 죄송하지만, 교사의 책임과 역할이 상당수 차지하고 있다고 말할 수 있다. 과거 교사들의 이미지가 그러했기 때문일 수도 있다. 이는 드라마나 영화 속에서 등장하는 과거 교사들의 이미지가 학생들을 차별적으로 대하는 모습으로 등장하는 여러 사례를 통해 과거 교사들의 이미지가 어떠했을지 단편적으로 알 수 있다.

물론 현재 거의 모든 교사는 과거 이미지와 같은 교사는 존재하지 않는다고 단언할 수 있다. 그럼에도 불구하고 많은 학부모들은 그러한(과거 교사의 이미지) 인식을 하고 있으며, 이는 어쩌면 그러한 경험을 겪으며 학창 시절을 보낸 학부모들이기에 교사에 대한 잘못된 인식이 여전히 사회에 뿌리내리고 있는 것은 아닌지 생각해 본다. 이러한 이유 때문인지는 몰라도 학교에서 다툼이 일어난 후, 관련된 학생들 모두와 학교에서는 잘 마무리가 되어 하교하였음에도 불구하고 어느 날 저녁에는 이런 전화를 받기도 하였다.

"선생님, ㅇㅇ이 엄마입니다. 오늘 학교에서 있었던 일에 대해 ㅇㅇ이에게 전해 들었습니다. 그리고 선생님께서 관련 아이들을 불러서 이야기를 나누었고 잘 해결되었다고 들었습니다. 하지만 이야기를 들어보니 우리 아이가 크게 잘못한 상황이 아니었음에도 불구하고 그보다 심하게 꾸지람을 들은 것 같다는 생각이 듭니다. 어떠한 부분에서 우리 아이가 잘못한 것인지 이야기를 들을 수 있을까요?"

교사들이라면 이와 유사한 상황을 자주 접했을 것이다. 그리고 이러한 상황이 악화되면서 사회적 이슈가 되고, 많은 교사가 학부모와의 관계에서 힘듦을 호소하고 있다. 이와 관련하여서는 사회적 분위기 혹은 선생님들의 분위기로 인해 매우 조심스럽게 이야기를 꺼내 본다. 그리고 여기서 이야기하고 싶은 것은 악성 민원을 일삼는 학부모들에 대한 내용도, 극심한 스트레스로 인해 어려움을 호소하며 극단적 선택을 하게 된 교사들의 이야기도 아니다. 그저 필자는 그러한 상황보다는 다소 경미하거나 사소한(?) 이야기를 예로 드는 것이기에 이에 대해 오해는 하지 않았으면 한다. 필자 역시 교사들의 힘든 삶을 누구보다 많이 경험하였다고 말할 수 있으며, 현재 여러 가지 상황에서 교사로서의 삶에 있어 고충

이 심하다는 사실에 충분히 공감하고 이해하고 있기 때문이다.

다시 본래의 이야기로 돌아와서, 필자는 이러한 학부모의 전화를 받고서 물론 왜 해당 학생이 혼이 나고 꾸지람을 들었는지 상세히 이야기를 해 드리고 오해를 풀어 드리기는 하였다. 하지만 그러한 과정을 직접 경험하거나 옆에서 목격했던 학생들은 그 과정에 있어 알게 모르게 불공정함이 있지는 않았을지 생각하게 될지도 모른다. 어쩌면 부모님이 하는 말처럼 선생님이 자신을 차별적으로 대하는 것은 아닌지, 그리고 공평한 대우를 받지 않는 것은 아닌지 의심하기 시작할지 모른다.

그래서 필자는 항상 어떠한 사안이 발생하게 될 경우 해당 아이들 모두의 이야기를 들어보고자 노력한다. 물론 아이들 개개인을 불러서 하나부터 열까지 모든 이야기를 듣고자 하며, 관련된 아이들의 이야기를 모두 듣고 난 뒤, 다 같이 모여서 들었던 이야기를 정리하며 다시 한번 더 그들의 이야기를 교사의 목소리로 들려준다. 그리고 선생님의 이야기를 들으면서 잘못된 내용이 있거나, 왜곡된 부분이 있으면 다시 알려 달라고 한다. 가끔 왜곡된 부분 혹은 잘못된 부분이 있었던 적도 있지만, 대부분 이러한 과정을 통해 알게 된 내용이 잘못되거나 왜곡된 부분은 거의 없었던 것 같다.

이러한 과정을 경험한 아이들은 아마 그저 친구들과 다퉜다는 이유로 혼이 나거나 생활지도를 받은 아이들보다 우리 반 선생님은 차별적으로 학생들을 대우하지 않고 모든 아이를 대상으로 공평하게 대하고자 노력하는 분이라는 생각을 하게 될 것이다. 그리고 교실 속 생활이 어느 정도는 공정하다고 경험하고 느끼지 않을까 한다.

그리고 교사로 생활하면서 이러한 이야기도 자주 듣기도 하였다.

"왜 여학생들은 시키지 않는 거예요?"

　필자가 남교사라서 그런지 몰라도 남학생과 여학생의 차별적 대우로 인한 불공정함을 호소하는 말을 듣는 경험이 많았던 것 같다. 이러한 차별적인 대우가 바로 상호작용의 불공정성에 해당한다고 할 수 있다.

　필자의 경우 남학생이라고, 여학생이라고 하여 특별하게 대우하거나 차별하지는 않지만, 무거운 짐을 들거나 옮겨야 하는 경우, 높은 곳에 있는 물건을 내리거나 올려야 하는 경우, 혹은 꼼꼼하게 여러 교실을 다니며 심부름해야 하는 경우 등 학생들과 함께 어떠한 일을 해야 하는 심부름과 같은 상황이 발생할 경우에는 일의 종류에 따라 남학생과 여학생을 구분 지어 시키기는 했던 것 같다. 물론 시킨다고는 표현을 사용하기는 하였지만 대부분 상황에서 필자는 학생들과 함께 이동하고 일을 했었다.

　그리고 알아 두어야 할 것은 필자는 흔히 교사들이 2줄로 줄을 세워야 할 때

"남자 1줄, 여자 1줄로 서세요."

라는 표현도 아끼면서 운동회 등 다른 학급 혹은 학년과 함께 줄을 서거나 교육 활동 내용상 꼭 남자와 여자로 구분을 지어야 하는 경우를 제외하고는 거의 사용하지 않았다. 남자와 여자로 구분 짓는 것 자체가 성별로 인한 불공정함을 학생들로 하여금 알게 모르게 경험하게 할지도 모르기 때문이었다.

　어찌 되었든 우리 아이들은 남자와 여자로 인해 많은 불공정을 경험하고 있다고 느끼는 것 같다. 그래서 필자는 어느 순간부터는 일의 종류에

따라 남학생, 여학생을 부르는 것이 아니라 어떠한 심부름 혹은 일이 있는데 하고 싶거나 할 수 있는 친구들이 누구인지 물어보고 그들에게 해당 심부름 혹은 일을 맡겼던 것 같다. 물론 이렇다고 하여 모든 아이가 성별에 따른 불공정함을 느끼지 않고, 누구나 공정하다고 느끼지는 않겠지만, 적어도 나는 남자니까 혹은 나는 여자니까 이러한 심부름을 하는 거라는 성별로 인한 불공정함은 경험하지 않을 것 같다.

"선생님, 왜 선생님은 제 이야기는 들어주지 않는 거예요?"

여기에 또 다른 상호작용의 불공정한 상황이 있다. 물론 이 이야기를 한 친구의 경우에는 수업 시간에 자주 아니 그보다 훨씬 더 자주 엉뚱한 소리를 하는 친구여서 가끔 이야기를 못 들은 척, 혹은 안 들은 척 무시하기도 했었다. 그런데 어느 순간 그 친구가 필자에게 이렇게 말했다. 물론 사실적으로 왜 안 들어주는지 이야기를 하고 싶기는 하였지만, 해당 학생이 심적으로 다치는 것은 원하지 않았기에 못 들어서 미안하다고 사과하는 것으로 우선은 학생과의 관계는 마무리를 지었다.

필자는 이러한 경험을 토대로 우리 아이들은 어쩌면 교실에서 나의 이야기만 들어주지 않는다는 불공정성을 경험하고 있을지도 모른다는 생각이 든다. 필자의 경험처럼 수업에 방해가 되기 때문일 수도 있고, 정말 못 들어서 그런 것일 수도 있고 혹은 매일 같이 친구들의 행동과 이야기를 고자질하기 때문일 수도 있다. 이유가 어찌 됐든 많은 아이는 자신의 이야기를 들어주지 않는다는 불공정함을 경험하고 있을 것이다. 이는 비단 교사와의 관계뿐 아니라, 친구들과의 관계에서도 적용이 가능할 것 같다.

물론 이러한 불공정함의 경우에는 교사의 잘못도 아이들의 잘못도 아닐 수 있다. 교사는 교사 나름의 이유가 있을 것이고, 학생도 학생 나름의 이유가 있어서 상대방의 말을 듣지 않았을 수도 있고, 혹은 상대방의 말에 답변하고 싶지 않을 정도로 엉뚱하거나 불필요한 질문이나 대화를 많이 했기 때문일지도 모른다. 하지만 그렇다고 하여 학생들이 교실 속 상황에서 이러한 경우로 인해 불공정함을 경험하고 느끼게 되어서는 안 될 것이다.

이러한 이유로 필자는 수업 시간에 자신의 이야기를 들어주지 않는 친구의 부모님과 먼저 통화를 하고, 해당 아이를 따로 불러서 개인적으로 이야기도 나누었다. 부모님과 통화를 하고서 알게 된 사실은 학교에서 엉뚱한 말을 자주 하는 아이들의 학부모들은 상당수 자기의 자녀가 학교에서 그러한 행동을 하고 있다는 사실을 인지하고 있다는 것이다. 그래서인지 이야기하기가 훨씬 수월했고 서로의 어려움이 무엇인지 서로를 더 잘 이해하는 시간이 되기도 하였다. 그리고 해당 아이의 학부모 역시 자신의 자녀가 수업 시간에 엉뚱한 소리를 자주 한다는 사실을 알고는 있었다. 물론 어떠한 엉뚱한 말을 하는지는 자세히 알지는 못하고 있었지만, 그러한 행동을 하고 있다는 사실을 인지하는 것만으로도 대화가 수월하였다. 그리고서는 다음날, 그 아이와 이렇게 대화를 나누었다.

"ㅇㅇ아, 그래. 너도 네가 수업 시간에 엉뚱한 소리를 자주 하는 것을 알고는 있구나. 그렇다고 해서 선생님이 너의 말을 무시한 것은 선생님의 잘못이 맞단다. 그럼 우리 앞으로는 어떻게 하면 좋을까?"

"수업 시간에 되도록 엉뚱한 소리는 하지 않아야겠지요. 그리고 수업과 관련된 질문이나 이야기를 하도록 노력해야겠어요."

"그래. 그럼 선생님도 ○○이가 하는 말에 더욱 귀를 기울여서 ○○이가 수업과 관련된 질문이나 이야기를 할 때에는 더 귀담아들어서 답변하거나 이야기를 나누도록 할게. 대신 엉뚱한 소리를 하는 경우에는 혼을 내기보다는 너의 말을 흘려들을 테니 선생님의 반응을 보면서 너 스스로 행동과 말을 억제해 보면 좋을 것 같구나."

물론 이렇게 대화를 나누고 나서도 그 아이는 엉뚱한 소리를 수업 시간에 지속적으로 하곤 했다. 하지만 적어도 앞으로는 엉뚱한 말에 대해 선생님이 대답하지 않고 흘려듣는 것에 대해 불공정하다고 생각하지는 않을 것 같다.

학생들이 경험하고 느끼는 불공정함을 해결하는 방법은 어쩌면 이러한 직접적인 대화가 아닐까 하는 생각을 하게 된다. 교사와 학생, 학생과 학생 간의 관계에 있어 전적으로 모두에게 공평한 상황이 만들어질 수 없으며, 누군가는 분명히 불공정함을 경험할 수밖에 없을 것이다. 교실 또한 사람과 사람이 만들어 가는 공간이기에 어쩔 수 없는 것인지도 모른다. 그래서 교실 속 생활에서 경험하게 될지도 모르는 모든 불공정함이 사라지지는 않겠지만, 그러한 상황들이 학생들로 하여금 불공정하지 않다고 느껴지게 해 주는 것이 중요한 것 같다. 교사와 학생과의 관계에서의 공정함과 불공정함은 상황이 주는 객관적인 기준이 아닌, 그러한 상황을 경험하는 개인의 주관적인 기준이 구분점이 될 수 있기 때문이다. 이러한 측면에서 교사는 학생이 주관적으로 불공정하다고 느끼지 않도록 하는 것이 중요한 사항이 될 것이다.

2. 학교와의 관계 속에서 아이들이 경험하는 불공정성

　교사와의 관계에 있어 아이들이 경험하는 불공정성은 주관적인 기준에 의한 것이 많다면, 학교와의 관계에 있어 경험하게 되는 불공정성은 객관적인 기준에 의한 것이 다소 더 많은 것 같다. 이는 학교라는 조직과 학생이라는 개인이 마주하게 되는 불공정성이기 때문이다.

　학교와의 관계 속 아이들이 경험하는 불공정성에 대해서는 학교 교육 프로그램 운영 및 선정 기준과 관련하여 절차의 불공정성에 대한 이야기로 시작하고자 한다.

"선생님, 왜 선착순으로 모집하는 건가요?"

　학교에서는 학생들, 그리고 학부모를 대상으로 하는 교육 프로그램이 자주 운영된다. 학교 측면에서는 예산과 같은 재정적인 측면 그리고 공간과 같은 물리적인 측면으로 인해 모든 신청자를 받지 못하고 몇몇 신청자를 대상으로 하여 프로그램이 운영되는 경우가 잦다. 학교 사정이 이러하다 보니 학교에서도 그나마 객관적인 기준을 세우기 위해 선착순 혹은 제비뽑기와 같은 방법을 자주 사용하여 대상자를 선정하게 된다.

　신청 후 대상자로 선정된 학생 혹은 학부모는 관계가 없지만, 선정되지 못한 학생과 학부모는 이에 대한 불공정함을 경험하게 된다. 물론 학교의 사정으로 인해 어쩔 수 없는 선택이기는 하지만, 담임선생님의 늦은 안내 혹은 운이 나쁘다는 이유로 대상자로 선정되지 못한 것에 대해 불만을 표출하는 경우를 자주 경험하게 된다.

　그리고 학교에서도 프로그램 신청자를 모집하는 경우, 많은 신청자가 몰릴 것 같은 프로그램에 대해서만 선착순 혹은 제비뽑기 방식을 이용하여 대상자를 선정하고 있다.

따라서 이러한 상황을 미리 짐작할 수 있는 학교에서는 선정되었던 경험이 있는 학부모 혹은 학생에 대해 다음 프로그램 선정에서 제외하는 방법, 선착순이라고는 하지만 특별조건 같은 것을 마련하여 해당 프로그램 참여에 필요한 조건에 맞는 학생들을 먼저 참여하게 하는 방법 등이 선제적으로 마련된다면 그나마 학교에서 학생들이 경험하게 되는 불공정함이 줄어들지 않을까 생각한다.

물론 이를 위해서는 학교 내 업무 담당자 혹은 관리자의 더 많은 관심과 노력이 필요하게 된다. 하지만 학생들 그리고 학부모들이 경험하게 될 불공정함을 줄이기 위해서는 수고스러움이 상당수 수반되더라도 불공정함을 줄이기 위한 선제적 장치 마련이 더욱 필요해 보인다.

"선생님, 우리는 왜 독서 동아리에 참가해야 하는 거예요?"

초등학교 교육과정 운영상 동아리 활동은 학급별로 이루어지는 경우가 많으며, 앞선 대화는 이에 따라 발생할 수 있는 분배의 불공정성과 관련된 사례라 할 수 있다. 초등학교의 경우 학교 전체 혹은 학년별로 담임교사의 불편함을 줄이고, 교육과정 운영의 효율성을 높이기 위해 창의적 체험활동 그리고 동아리 활동 운영을 학교에서 일방적으로 구성·지정하는 경우가 많다. 아이들이 하고 싶은 동아리는 아니지만, 학급별로 지정된 동아리에 참가하는 경우가 현재 초등학교에서 많이 이루어지고 있다. 그리고 창의적 체험활동 영역 혹은 교육 내용 또한 학교에서 운영해야 하는 범교과 학습으로 거의 다 채워지는 경우가 대부분이다.

상황이 이러하다 보니 학생들의 의견, 관심, 흥미는 배제된 채 학교 교육과정의 효율적 운영을 위해 본래의 취지와는 벗어난 창의적 체험활동(동아리 활동 포함)이 이루어지는 것이 사실이다.

이에 상당수 학생은 불공정함을 호소하기도 한다. 이 부분에서 우리는 학교 교육과정 운영의 효율성 제고 그리고 학생들의 관심과 흥미를 반영한 자율적인 학교(교사) 교육과정 운영 중 어느 것을 선택해야 하는지에 대해 고민에 빠질 수밖에 없다. 하지만 학교라는 조직의 측면에서 학교 교육과정으로 인해 학생들이 경험하게 될 학교 내 불공정함을 줄일 방안을 마련하기 위한 학교의 노력이 필요해 보이는 것은 자명한 사실이다.

이러한 예를 통해 알 수 있는 사실은 학교와의 관계 속에서 학생들이 경험하는 불공정함은 학교 교육과정과 연계되는 경우가 상당수라 할 수 있다.

다음에 제시하는 사례는 학교 교육과정 운영 측면에서 경험하게 되는 초등학생의 불공정성이라 할 수 있으며, 이는 상호작용의 불공정성에 해당한다고 할 수 있다.

학교 교육과정의 측면에서 학생들이 경험하게 될 불공정함을 줄여 줄 방안은 무엇일까?

이에 필자는 경상북도교육청에서 추진 중인 '학생 생성 교육과정'이라는 교육정책을 예로 들고자 한다. 이 정책은 학생들의 흥미와 관심에 따라 주제를 선정하고 학생이 선정한 주제 혹은 과제를 개인 혹은 팀이 스스로 해결할 수 있는 교육적 기회를 창의적 체험활동(교과 시간도 할애 가능) 시간에 마련해 주는 것이다. 이는 비단 경상북도교육청뿐만 아니라 타 교육청에서도 정책의 이름은 상이하지만 유사한 교육정책을 추진하고 있다.

이와 더불어 그리고 2022 개정 교육과정에서는 '학교 자율 시간'이 새롭게 도입되면서 학교 자체적으로 교육과정을 마련하여 학기별 1주 차에 해당하는 수업 시수를 학생들과 함께 구성하여 운영토록 하고 있다.

필자는 학생 생성 교육과정, 학교 자율 시간처럼 학교, 교사, 학생이 자율권을 행사하며 교육과정을 구성하고 운영할 수 있는 교육정책들이 단위학교에서 어떻게 운영되느냐에 따라 학교에서 경험하게 되는 학생들의 불공정함의 크기가 크게 줄어들 수 있는 기회가 될 것으로 판단한다.

2009 개정 교육과정부터 시작된 교과군별 시수 증감의 유연성[교과(군)별 20% 범위 내에서 시수 증감 가능]과 창의적 체험활동의 의미를 살려 교사가 스스로 교육과정을 새롭게 구성하는 교육과정 재구성(교사 수준 교육과정)이 2015 개정 교육과정과 더불어 활성화되기 시작하였다. 이런 분위기에 맞추어 2015 개정 교육과정에서는 창의적 체험활동에서 다뤄야 하는 범교과 학습 주제를 획기적으로 줄여서 30여 개였던 주제를 10개로 정선하여 제시하기도 하였다.

더불어 국가 수준 교육과정에서는 창의적 체험활동을

"학생의 소질과 잠재력을 계발하고 공동체 의식을 기르는 데에 중점을 둔다."

라고 제시하고 있다.

결국, 이 모든 흐름의 핵심은 그동안 교육과정 운영에 절대적인 위치에 있어서 일선 학교에 이런저런 것을 해야 한다고 말하던 국가(혹은 학교) 수준 교육과정이 이젠 교사가 주체가 되어 자율적으로 운영하는 방향으로 점차 변화되어 가고 있다고 할 수 있다. 그리고 이러한 흐름 속에서 학생들은 교사와 함께 교육과정 운영의 주체가 될 수 있게 되면서 학교에서 경험하는 불공정함이 상당수 줄어드는 기회가 마련된 것이라고 판단된다.

물론 앞서 언급한 것처럼 창의적 체험활동 운영 과정에서 많은 학생들은 여전히 불공정함을 경험하고 있기는 하다. 본래의 취지와는 별개로 학교에서 실제로 운영되는 창의적 체험활동은 말뿐인 창의적 체험활동이었으니 어쩔 수 없는 불공정함일지도 모른다.

그리고 이러한 사실을 인지하고 있었는지는 모르지만, 학생들이 경험하게 될지도 모르는 교육과정과 관련된 불공정함을 줄여 주고자 2022 개정 교육과정에서는 그동안 창의적 체험활동의 운영 한계를 넘어 학교 자율 시간으로의 발전을 꾀하고 있다. 물론 학교 자율 시간의 시작은 학생의 불공정함이 아니었을지 모르지만, 현재 시점에서 이 정책을 고려해 보았을 때, 학생의 불공정함 감소와도 그 맥을 같이 한다고 판단된다.

2022 개정 교육과정에서도 창의적 체험활동 부분은 범교과 주제가 주어졌고 그것을 체계적으로 지도해야 한다는 내용이 나온다. 하지만 2022 개정 교육과정에는 그동안 창의적 체험활동에서처럼 어떤 것을 해야 한다는 내용이 제시되어 있지 않으며, 학교 여건에 따라 연간 34주를 기준으로 학기별 1주의 수업 시간을 확보 운영하라는 내용만 있는 '학교 자율 시간'이 새롭게 등장했다. 창의적 체험활동처럼 자율 활동, 진로 활동 등 특정 영역으로 나누어져 있지도 않으며 학교에서 학교의 여건, 학생의 필요에 따라 교육과정에 없는 교과나 과목을 개설할 수도 있는 것이 학교 자율 시간이다. 그동안 다양한 제한 속에서 이루어져 왔던 교사 교육과정이 학교 자율 시간과 함께라면 어떤 것이건 가능하게 될 것이라는 희망이 생기는 부분이라 할 수 있다.

물론 학교 자율 시간이 도입되면서 학교 현장은 많은 고민에 빠질 수밖에 없다. 그리고 직접 교실에서 이를 운영해야 하는 교사들의 노력과 어려움, 수고스러움은 과거 개정된 교육과정이 도입되던 시기에 경험했던 어려움과는 비교가 되지 않을 정도의 큰 고민과 힘듦이 예상되는 부분이다.

> "선생님, 제가 평소에 궁금했던 우리 지역의 모습을 자세히 살펴보고서 우리 지역을 홍보하는 영상을 친구들과 함께 제작할 수 있어서 너무 재미있었어요."

교사로서 학생들에게 이러한 말을 들으면 어떠한가?

이는 작년 학생 생성 교육과정을 다 마치고 난 뒤, 한 학생이 필자에게 했던 이야기이자 소감이었다. 학생 생성 교육과정을 운영하는 과정에서 학생들이 평소에 궁금해하거나 해결해 보고 싶은 문제와 과제를 찾고, 이를 해결하는 경험을 수업 속에서 제공하고자 학급 교육과정을 이리저리 수정해 가면서 큰 어려움을 경험하기도 하고, 벽에도 부딪쳐 보면서 다시는 이러한 교육과정을 운영하고 싶지 않다고도 생각하였다. 필자의 경우 다년간 연구부장을 맡아 왔으며, 교육과정과 관련된 연수 강사, 교육학 박사 취득 등의 과정을 거치면서 교육과정에 있어서 어느 정도 전문성을 가지고 있다고 생각하였으며, 교육과정 중심의 학교 수업 운영에 있어서 전문가라고 생각하고 있었다. 그런데도 모든 아이의 흥미와 관심을 담으면서 국가 수준 교육과정 운영에 위배되지 않도록 교사 수준 교육과정을 만들어 가는 과정이 녹록지만은 않았다.

하지만 모든 활동이 마무리되고, 아이들의 소감을 들어 보면서 어쩌면 우리가 앞으로 지향해야 하는 교육의 방향과 흐름은 국가에서, 지역에서, 학교에서 주어지는 교육과정을 그대로 운영하는 top-down 방식이 아니라, 아이들이 하고 싶어 하고, 궁금해하고, 알고 싶어하는 것이 무엇인지를 살펴보면서 이를 바탕으로 학급 교육과정을 구성하고, 이렇게 구성된 교사 수준 혹은 학급 수준 교육과정이 국가, 지역, 학교 수준 교육과정에 위배되는 것은 없는지를 살펴보고, 성취 기준에 적합하게 교사 교육과정을 만들어 가는 bottom-up 방식의 교육과정 구성 및 운영이 더욱 중요하고 올바른 방향이라는 결론을 얻게 되었다.

이러한 교육과정 운영이 학교 현장에 뿌리내린다면, 그리고 학교 자율시간이 바르게 정착이 된다면 학생들이 학교에서 경험하게 되는 불공정함은 상당수 줄어들 수밖에 없을 것 같다.

학교 자체와의 관계에서 경험하는 학생들의 불공정함은 교사와의 관계에서 경험되는 불공정함과는 그 성격이나 결이 다르다는 생각이 든다. 학교 자체와의 관계에서 경험하는 불공정함은 객관적인 기준이 있는, 누가 보더라도 불공정하다고 여겨질 수 있는 성질의 경험이 대다수이기 때문이라 판단된다. 이에 학교 자체에서는 학생들이 경험하게 되는 불공정함이 무엇인지를 고려하여 학교 교육과정을 구성하고, 교사들은 학생들의 관심과 흥미를 반영할 수 있는 교사 교육과정을 학생들과 함께 만들어 가며 운영하는 방안이 마련된다면 학생들이 학교에서 경험하는 불공정함은 상당 부분 사라지지 않을까 기대한다.

제**6**장

초등교사의 관점에서 교육 공정성

백선희 교수(경인교육대학교)

1. 초등교사 관점의 교육 공정성을 탐색해야 하는 이유

초등학교는 초·중등학교 교육의 출발점이라는 점이라는 점에서 교육 공정성 주제에서 가장 중요한 시작이라 할 수 있다. 초등교사의 관점에서 교육 공정성은 초등교사가 되고자 하는 예비교사들의 특성, 예비교사 교육 및 현직교사 교육으로 이어지는 전문성 함양의 과정 그리고 학교의 교수 실천 과정으로 나누어 살펴볼 수 있다.

2. 교육 공정성과 초등교사

초등교사의 교육 공정성이라는 주제를 살펴보기 전 누가 초등교사가 되는지 그리고 초등교사는 어떠한 사람이 되는지에 대해 살펴볼 필요가 있다.

우선 누가 초등교사가 되는지 알기 위해서 초등 교원양성기관에 입학하는 학생들의 특성을 살펴볼 필요가 있다. 첫째, 초등교사는 대부분 고등학교에서 우수한 성취를 보인 학생들이다. 둘째, 초등교사 혹은 교사라는 명확한 진로 희망을 갖고 있다. 교직을 희망하는 학생들의 동기는 교직이 주는 고유한 특성, 즉 학교에 대한 선호, 가르침에 대한 선호, 특정 교과에 대한 선호를 들 수 있다. 또한 외재적 동기로서 근무여건, 안정적 수입과 같은 동기를 들 수 있다. 한편 사회적 효용에 대한 동기도 있는데 교직이 사회적으로 도움이 될 수 있다는 동기로 이러한 동기를 통해 교직을 택한 교사의 경우 교직 만족도가 더 높은 것으로 나타났다 (신혜숙, 박주형, 2020).

우리나라에서 초등교사는 두 개 대학[1]의 초등 교육과 이외 10개 교육대학교를 통해 비교적 유사한 교육과정을 통해 양성되고 있다. 2024년도 교원자격검정 실무편람을 살펴보면 교육대학교(초등 교육과 포함)를 졸업하기 위해서는 일정 요건을 충족해야 한다. 2024학년도 입학자 이후의 기준을 살펴보면 교직이론 12학점, 6과목 이상, 교직소양 6학점 이상, 교육실습 4학점 이상을 이수해야 하고, 교과교육 영역의 교과교육론, 교과교재연구 및 지도법, 교과논리 및 논술, 교과별 교수법, 교과별 교육과정, 교과별 평가방법론을 적절히 이수해야 한다(교육부, 2023).

---

1 이화여자대학교와 한국교원대학교.

3. 주제에 대한 공정, 불공정 사례

초등교사의 교육 공정성 역시 분배 공정성, 절차 공정성, 상호작용 공정성으로 나누어 살펴볼 수 있다.

1) 분배 공정성: 평가

초등학교 교사의 분배 공정성 사례는 무엇보다도 평가와 관련이 깊을 것이다. 초등교사가 평가와 관련한 분배 공정성을 확보하기 위하여 고려할 수 있는 사례는 교육과정-수업-평가의 일체화(이하 교수평 일체화)이다. 2015 개정 교육과정부터 교육과정과 수업 그리고 평가의 일체성을 통해서 평가의 타당도와 신뢰도를 확보하고자 하고 있다(홍소영, 2021). 교수평 일체화는 학생의 성취도를 타당하게 진단할 수 있는 주요 지표로써의 가치가 있으며(Porter, 2002), 이는 평가를 통한 분배 공정성 실현과 밀접하게 관련되어 있다.

> 2015 개정 교육과정에서는 교과의 교육 목표, 교육 내용, 교수·학습 및 평가의 일관성을 강조하고 있다. 교육 목표 달성 및 교과 역량 함양을 위해서는 모든 학생의 학습경험 성장을 우선에 두고 교육 내용, 교수·학습 및 평가의 일관성이 확보될 때 의도한 교육 목표를 달성할 수 있으며, 이는 교육과정 개발 뿐 아니라 실행에서도 지켜야 할 중요한 원칙이라 제시하며 전체적인 교육 활동에 있어 일관성이 갖는 중요성을 강조하였다(교육부, 2015).
>
> 출처: 홍소영(2021)

초등학교 교사에게 평가는 이렇듯 교육과정에 담긴 내용을 수업에서 다루고 수업에서 다룬 내용을 평가하기 때문에 이미 교육과정의 성취기준에서 제시한 평가 기준을 따르도록 되어 있다. 그런데도 관찰, 면담, 주관식 답안을 대상으로 하는 평가를 시행할 수밖에 없기 때문에 초등교사의 평가 관련 공정성은 중요한 이슈가 된다.

초등교사가 보다 공정한 평가를 시행하기 위하여 택할 수 있는 전략은 교육과정과 수업을 충실하게 반영한 평가 루브릭을 개발하고 이를 바탕으로 공정한 평가를 시행하는 것이다. 루브릭의 특성은 다음과 같다.

> 루브릭을 개발하기 전에 교사는 과제의 수행이나 산출물을 총체적으로 평가할 것인지 또는 분석적으로 평가할 것인지를 결정해야 한다. 총체적 루브릭은 학생들의 수행 과정이나 결과물의 수준에 대하여 여러 가지 평가 준거가 복합된 종합적 판단을 하는 채점 체계이다. 따라서 수행 결과물에 대한 단 하나의 점수나 평가를 제공하므로 전반적인 성취도나 질적 상태를 파악하는 데에는 유용하며(Brookhart, 1999; Moskal, 2000), 총괄적 평가에 유리하다. 하지만 학생들의 수행물에 나타난 세부적인 장점과 단점, 개선 방향 등을 제공하지 못하므로 학생들이 이용하기에 적합하지 않다. 반면 분석적 루브릭은 수행 과정이나 수행 결과물을 각각의 평가 요소로 분리하여 독립된 척도를 이용하여 평가하는 채점 체계이다. 분석적 루브릭은 수행 결과물의 각각의 항목에 대해 독립적인 점수가 제시되며, 학습자에게 각 항목의 장·단점이나 상세한 피드백을 제공할 수 있다. 이러한 특성으로 분석적 루브릭은 복잡한 수행 결과물을 평가하는 데 유용하다.
>
> 출처: 홍소영(2021)

초등학교 교사는 학생의 성장과 발달이 급격하게 이루어지는 1학년부터 6학년을 모두 담당할 수 있기 때문에 학생의 연령과 발달적 특성을 염두에 두고 평가 기준을 개발하고 평가를 시행해야 한다. 특히 초등학교 저학년인 1~2학년군에서는 통합교과(바른생활, 슬기로운생활, 즐거운생활)가 교육과정에 포함되어 있으며(교육부, 2015; 교육부, 2022) 통합교과에서의 평가는 학생의 총체적, 종합적 발달을 지향하고 있기 때문에 그 평가 기준을 개발하는 데 있어 더욱 엄정함과 공정성이 요구된다.

평가의 타당성과 공정성을 높일 수 있는 루브릭 개발 절차의 사례는 〈표 6-1〉과 같다. 루브릭 개발 절차는 교육과정 분석, 평가 준거 도출, 수행 준거 도출, 현장 적합성 검토 그리고 루브릭 수정 및 최종 완성의 과정으로 이루어지며, 이를 통해 초등교사는 평가가 되도록 정확히 학생들의 성취(수행)에 따라 이루어질 수 있는 절차 정당성을 확보할 수 있다.

초등교사가 평가를 수행함에 있어 절차 정당성은 확보되어 있으나 여러 가지 요인으로 인해 분배 공정성을 실천하기 위한 어려움이 있다. 특히 수행평가와 같이 교사의 주관이 개입될 수 있는 평가에 대해서는 초등학교 교사들이 분배 공정성 실현에 더 큰 어려움을 겪을 것으로 예상된다. 예를 들어, 초등교사들은 객관적 평가를 요구받고 있는 데 반해 전문성의 부족, 학부모의 개입 등과 같은 외부 요인으로 인해 혼란을 경험할 수 있다는 점(이소라, 홍은홍, 2023), 평가 루브릭을 개발하기 위하여 복잡한 절차가 필요하다는 점(박일수, 2019) 등을 고려한다면 초등교사

〈표 6-1〉 루브릭 개발 절차

연번	절차	내용	연구 방법
1	교육과정 분석	평가 요소 도출	문헌 연구, 전문가 협의회
2	평가 준거 도출	'가을' 영역의 평가 준거 도출	전문가 협의회, 교사 면담
3	수행 준거 기술	평가 준거의 척도별 수행 준거 기술	교사 면담
4	현장 적합성 검토	현장 적용 가능성	메타 루브릭 평가
5	루브릭 수정 및 완성	제안 양식에 따라 수정	

출처: 홍소영(2021). 교육과정-수업-평가의 일체화를 위한 통합교과 평가 루브릭 개발. 121쪽

〈표 6-2〉 초등학교 학생평가의 문제점으로 언급된 내용

주요 요소	구체적 내용
객관성 부재와 학부모 민원	평가 결과에 민감한 일부 학부모의 민원을 최소화하기 위해 평가를 후하게 주게 됨.
	학부모들이 교사를 평가 전문가로 신뢰하지 않는 풍토로 인해 객관성을 유지하기 힘듦.
	성취기준별 성취 수준에 대한 준거가 명확하지 않아 평가자의 판단에 의존함.
	초등 공교육 평가 결과에 대한 학부모들의 인식 및 의미 부여가 낮음.
과정중심평가 적용의 한계	기본적인 교과 지식에 대한 평가도 강조되어야 하는데, 과정/수행만 강조하여 평가 항목이 오히려 한정적이고 단순화됨.
	공교육에서 과정과 수행만을 지향하게 됨으로써 (특히 상위권) 학생들의 성취 욕구를 떨어뜨릴 수 있음.
	학생 수와 시간 제약 등으로 면밀한 관찰 및 기록을 통한 성장의 정도를 파악하기 어려움.
교사의 사기 저하	초등학교급에서 평가의 역할이 크지 않아 교사들이 평가에 대해 크게 고민하지 않는 환경을 조성함.

출처: 이소라, 홍은홍(2023). 181쪽

가 공정한 평가를 실행하기 위해 다양한 어려움에 직면할 수 있다는 점을 알 수 있다. 이 외 평가에 따른 교사의 어려움을 정리한 내용은 〈표 6-2〉와 같다(이소라, 홍은홍, 2023).

초등교사는 교사로서 평가권을 가지고 있으며 이러한 평가권을 통해 학생들을 공정한 태도로 대하며 평가의 결과를 분배할 수 있어야 한다. 그러나 학부모의 과도한 민원, 과정 중심 평가를 위한 여건의 한계, 평가의 역할 저하에 따른 초등교사의 사기 저하는 오히려 초등학교급에서 분배 공정성이 실천되기 어려운 환경을 만들고 있음을 알 수 있다.

2) 절차 공정성: 규칙

초등교사의 절차 공정성은 주로 학교와 학급의 규칙을 통해 실현될 수 있다. 초등학교 교육에서는 창의적 체험활동의 자율·자치활동[2]의 '학생 자치'를 활용할 수 있다. 자율·자치활동은 초·중·고 모든 학교급에서 이루어지고 있으나 초등학교에서의 자치활동은 이후 중등 학교급에서의 자치활동에도 영향을 미칠 수 있다는 점에서 학생 자치활동의 출발점이라 할 수 있다.

2022 개정 교육과정에서는 자율·자치활동을 자율활동과 자치활동으로 구분하여 제시하고, 자치활동의 목표 및 예시 활동을 다음과 같이 제시하고 있다.

활동 목표

● 성숙한 민주시민으로서 타인과 원활하게 소통하고 공동체의 문제를 상호 연대하여 해결할 수 있는 역량을 함양한다.

예시 활동

● 기본 생활습관 형성 활동: 자기 관리 활동, 환경·생태의식 함양 활동, 생명존중 의식 함양 활동, 민주시민 의식 함양 활동 등

● 관계 형성 및 소통 활동: 사제동행, 토의·토론, 협력적 놀이 등

● 공동체 자치활동: 학급·학년·학교 등 공동체 중심의 자치활동, 지역사회 연계 자치활동 등

출처: 교육부(2002). 창의적 체험활동 교육과정. (교육부 고시 제2022-33호 [별책 40]), 8쪽

2　2015 개정 교육과정의 창의적 체험활동은 자율활동, 동아리활동, 봉사활동, 진로활동의 네 개 영역으로 구성되었으나 2022 개정 교육과정에서는 자율·자치활동, 동아리활동, 봉사활동의 세 개 영역으로 재편되었다.

초등교사는 자치활동을 통해 학생들이 민주시민으로서의 의식을 함양할 수 있도록 토의 · 토론 활동, 공동체 자치활동, 지역사회 연계 자치활동 등을 활용할 수 있다. 이러한 활동은 규칙을 통해서 이루어지며 형평(equity), 평등(equality), 필요(needs)를 포함한 분배 원칙을 통해 학생들이 절차 정당성을 학습하는 기회가 될 수 있다.

2022 개정 교육과정에서 제시하는 자치활동의 예시 활동은 〈표 6-3〉과 같다. 예시 활동은 총 세 가지로 제시되고 있는데 이 중 공동체 자치활동에서는 학급, 학년, 학교 등 공동체 중심의 자치활동과 지역사회 연계 자치활동 등을 제시하고 있다.

학생 자치활동에 대한 초등교사의 인식을 조사한 연구에서(최하늘, 2021) 절차 공정성과 관련된 내용을 살펴보면 다음과 같다. 초등학교 교사의 관점에서 학생 자치활동은 학생들의 자치 역량 부족으로 인해 교사의 개입이 과중한 편이고, 형식적으로 학생 자치조직이 운영되고 있었다. 또한 보여 주기식 활동이 주를 이루며 학생들의 참여가 수동적이었고, 이의 중요한 원인으로 학생 자치활동의 시작이 학생들의 필요에 의해서가 아닌 학교에서 필요한 행사의 운영이라는 점이었다. 또한, 학교 내 학생 자치활동이 활성화되기 위해서는 학생들을 의사결정의 주체로

〈표 6-3〉 2022 개정 교육과정 자치활동의 예시 활동

활동	예시 활동
자치활동	• 기본 생활습관 형성 활동: 자기 관리 활동, 환경 · 생태의식 함양 활동, 생명 존중 의식 함양 활동, 민주시민 의식 함양 활동 등 • 관계 형성 및 소통 활동: 사제동행, 토의 · 토론, 협력적 놀이 등 • 공동체 자치활동: 학급 · 학년 · 학교 등 공동체 중심의 자치활동, 지역사회 연계 자치활동 등

출처: 교육부(2022), 창의적 체험활동 교육과정[교육부 교시 제2022-33호 (별책 40)], 7쪽

보는 시각이 필요하지만, 학생들의 의견이 제시된다 하더라도 학교의 지침 안에서 반영될 수밖에 없다는 한계가 있었다. 그럼에도 불구하고 학생 자치활동을 통해 학생들은 자신들의 요구를 표현하고, 무엇을 할 것인지 결정하고 이에 대한 학교의 지원이 뒤따르는 경험을 통해 성취감을 느끼고 있었다. 여기에 교육청의 지원이 더해졌을 때 학생들의 자치활동과 그에 따른 절차 공정성이 더욱 잘 실천되는 경향을 보이고 있었다.

3) 상호작용 공정성: 학생-교사 상호작용

초등교사와 학생 간의 상호작용에 대한 연구는 비교적 많은 편이다. 그러나 상호작용을 통해 어떠한 상호작용 공정성이 초등교사에 의해 실현되는지에 대해서는 별로 알려진 바가 없다. 그럼에도 불구하고 교사-학생의 상호작용에서의 상호작용 공정성의 사례를 살펴보면 비교적 긍정적인 실제를 엿볼 수 있다.

임슬아와 김현욱(2022)은 초등학교 프로젝트 수업에서 교사-학생 상호작용의 특성을 분석하기 위하여 AF(Advanced Flanders) 분석 분류 항목을 기준으로 하였다(〈표 6-4〉 참조). 기준에서는 교사의 발언에서 긍정적인 학습 분위기 조성, 칭찬이나 격려, 학생의 생각, 아이디어를 수용 또는 사용, 질문, 학생을 비평 또는 권위를 정당화함, 학생의 말 주도 등을 통해 초등교사의 상호작용 공정성의 실현 여부를 판단할 수 있는 기준이 제시되어 있다. 초등교사의 상호작용 공정성은 초등교사가 학생을 대할 때 예절, 존중, 공손함 등 존엄성의 원칙을 제대로 실천하고 있는지 그리고 정보적 공정성을 통해 개인 간 정보 전달의 적절성, 진실성, 정직성이 제대로 고려하는 정도라 할 수 있다. 연구 결과 초등교사는 프로젝트 수업에서 학생 주도의 탐구 활동 촉진을 위해 지시적 발언을 주로 활용하

〈표 6-4〉 AF(Advanced Flanders) 분석 분류 항목

영역		분류항목	기본 사항
교사의 발언	비지시적 발언	① 긍정적인 학습 분위기 조성	학습 분위기를 긍정적으로 조성하고 긴장을 완화시키기 위한 교사의 발언이다. 주로 학생의 감정을 수용하거나 명료화하는 형태로 나타나며, 감정을 예측하거나 회상하는 것도 포함된다. 그 외에도 수업 전에 학습 태세를 갖추기 위한 동기유발 전략 발언과 수업 중 수업 내용과 직접적 관련성 없는 발언도 포함된다.
		② 칭찬이나 격려	학생을 칭찬하거나 격려한다. 직접적인 칭찬과 격려뿐만 아니라 "네" "맞아요" "으흠" "그렇지"와 같이 학생의 말에 대응해 주는 형태로도 나타난다. 수업의 시작부터 끝까지 수시로 일어난다.
		③ 학생의 생각, 아이디어를 수용 또는 사용	학생이 어떤 말을 하였으나 표현 방법의 불명확성으로 인해 다른 학생들이 그 내용을 잘 이해하지 못하는 경우에 교사가 이를 논리적으로 다시 말해 주는 것이다. 또한 학생이 길게 이야기한 것을 교사가 요점을 간추려 말하는 경우, 학생이 말한 것을 교사가 받아들여 학생의 말을 되풀이하여 강의를 계속하는 경우도 이에 속한다. 교사가 학생 발언의 옳고 그름의 여부를 떠나 학생의 의견을 수용한다는 점에서 의미가 있다.
		④ 질문	교사는 학생이 대답할 것을 기대하고 묻는다. 수업의 시작부터 끝까지 수시로 일어나며, 다른 항목과 중복되는 카테고리가 있더라도 질문을 우선순위로 본다.
		⑤ 강의	수업 목표에 도달하기 위해 내용이나 절차에 대한 사실을 제시한다. 학습 내용과 관련하여 교사 자신의 아이디어를 표현하고 내용을 설명한다.
		⑥ 지시	학생에게 행동을 요구하거나 변화시키려는 의도로 하는 수업자의 언어이다. 특히, 주의 집중이나 벌을 주기 위한 의도로 사용되며 언제든지 필요할 때 일어난다.

〈표 6-4〉 AF(Advanced Flanders) 분석 분류 항목

영역	분류항목	기본 사항
	⑦ 학생을 비평 또는 권위를 정당화함	교사가 학생을 비난하거나 꾸짖는 말이다. 왜 그렇게 해야만 하는가에 대한 이유를 설명하는 것이나 극단적인 자기자랑도 포함한다. 교사가 필요하다고 느낄 때 수시로 일어난다. 대개의 경우 수업 내용과 관련성이 없다.
학생의 발언	⑧ 학생의 말-반응	교사가 유도한 질문에 대하여 학생이 반응적으로 답변한다. 예를 들어 교사가 지명하여 하는 답변이나, 학생들이 함께 대답하는 경우이다.
	⑨ 학생의 말-주도	학생이 주도적으로 대답하기 때문에 자발성이 높다고 볼 수 있다. 학생이 적극적으로 질문을 하거나, 자진해서 대답하는 경우이다. 이때 학생은 주로 자신의 아이디어를 중심으로 표현한다.
기타	⑩ 비언어적 상황	교사가 학생 간 언어 상호작용이 나타나지 않을 때는 기타로 분류한다. 예를 들어, 실험, 실습, 토론, 책읽기, 동영상 시청, 머뭇거리는 것, 잠시 동안 침묵과 의사소통 과정을 이해할 수 없는 혼동의 과정, 수업 내용과 관련 없는 노래 부르기 등이 해당된다.

출처: 백제은(2010)

고 있으며, 교사의 권위를 내세우기보다는 학생의 의견이나 감정을 수용하는 태도를 강조하고 있었다. 또한, 수업 전반에서 학생이 주도하는 비율이 높았고, 초등교사는 학생의 발언에 대한 피드백으로 교사의 질문을 주로 활용하고 있었다. 마지막으로 프로젝트 수업을 통해 교사–학생의 상호작용이 정서지원, 학급 조직, 수업 지원을 통해 긍정적으로 나타나고 있었다.

　초등학교 교사의 상호작용 공정성의 긍정적인 실천은 또 다른 연구에서도 발견된다. 성경환과 권동택(2022)은 초등학교 탐구수업에서 나타난

〈표 6-5〉 RTOP 상호작용 검사

검사 영역	문항(16—25: 교실 상호작용 영역)	교사 A	교사 B	교사 C
의사소통적 상호작용	16. 학생들은 다양한 수단과 매체를 사용하여 다른 사람들에게 자신의 아이디어를 전달하는 데 참여하였다.	3	4	4
	17. 교사의 질문은 다양한 사고 방식을 촉발시켰다.	3	3	3
	18. 학생 대화의 비율이 높았고 학생들 사이에서 상당한 양의 대화가 발생하였다.	3	4	4
	19. 학생들의 질문과 의견은 종종 교실 담화의 초점과 방향을 결정하였다.	4	4	4
	20. 다른 사람들의 말을 존중하는 분위기가 있었다.	4	4	3
교사와 학생의 관계	21. 학생들의 적극적인 참여가 장려되고 가치가 있었다.	3	4	3
	22. 학생들은 추측, 대안 솔루션 전략 및 증거 해석 방법을 생성하도록 권장되었다.	3	4	4
	23. 일반적으로 교사는 학생들에게 인내심을 가지고 있었다.	4	4	4
	24. 교사는 학생 조사를 지원하고 향상시키기 위해 일하는 자원 담당자 역할을 했다.	4	4	4
	25. '경청자로서의 교사'는 이 교실의 특징이었다.	4	4	4
	M=3.7	(3.5)	(3.9)	(3.7)

출처: 성경환, 권동택(2022). 458쪽

초등교사와 학생 간 상호작용과 비언어적 의사소통 패턴을 분석하였다. 탐구수업은 사회, 과학 교과를 통해 이루어졌으며 교사 3명은 다양한 수업 형태를 통해 학생들과 상호작용하며 수업을 진행하였다. 교사·학생 간 상호작용 검사 결과 의사소통적 상호작용과 교사와 학생의 관계가 상당히 상호작용 공정성의 측면에서 긍정적으로 나타나고 있음을 알 수 있다(〈표 6-5〉 참조). 우선 의사소통적 상호작용을 살펴보면 개인적 공정성, 즉 교사가 학생들을 예의 있게 존중하면서 대하고 있다는 점을 알 수 있다. 교사에 의해 학생들의 적극적인 참여가 장려된다는 점, 학생들이 추측, 대안 솔루션 전략 및 증거 해석 방법을 생성하도록 권장되었다는 점, 교사가 학생들을 인내심을 갖고 대한다는 점, 학생의 조사를 지원하고 향상시키기 위해 자원 담당자 역할을 했다는 점, 경청자의 역할을 했다는 점을 통해 상호작용 공정성의 실천을 다시 한 번 엿볼 수 있다. 이러한 점은 비언어적 의사소통 패턴에서도 나타나는데 제스처, 시선, 개인 간 거리, 준언어를 통해 학생들을 대하는 태도에서 대인적 공정성의 측면이 나타나고 있다. 한편 교사의 발언, 학생의 발언, 비언어적 상호작용을 통해 정보 전달의 적절성, 진실성 및 정직성을 보여 주는 정보적 공정성 측면도 함께 나타나고 있다.

4. 초등교사의 교육 공정성 관련 연구 제안

초등교사의 교육 공정성과 관련된 내용을 교육 공정성의 세 가지 측면 분배 공정성, 절차 공정성, 상호작용 공정성 차원으로 구분하여 살펴보았다. 분배 공정성은 평가라는 측면을 통해 살펴봤는데, 교육과정–수업–평가의 일체화와 이를 위한 루브릭 개발의 절차 정당성을 통해 초등교사들이 평가를 통해 분배 공정성을 실현할 수 있다는 점을 알 수 있다. 그러나 초등교사들의 평가권에 대한 학부모 민원, 시간적, 물리적인 한계, 초등학교급에서 평가의 중요성 저하에 따른 교사들의 사기 저하로 인해 분배 공정성이 실현되기 어려운 여건이 파악되었다.

초등교사는 창의적 체험활동의 자치활동을 통해 절차 공정성을 실천

할 수 있다. 자치활동은 민주시민교육을 통해 학생들이 민주주의의 기본
원리와 이와 관련된 절차의 정확성, 편견 억제를 통한 중립성, 목소리의
대표성, 윤리성 등을 다룰 수 있다는 점에서 절차 공정성과 밀접한 관련
을 갖고 있다. 그러나 초등학교급에서의 자치활동은 학생들의 수동적 참
여, 여러 가지 여건 및 지원의 부족으로 인해 원활하게 이루어지기 어려
운 측면이 있다. 학교와 교육청의 적극적 지원이 있을 때 학생들의 요구
에 따른 민주적이고 대표적 의사결정이 가능하다는 점, 그리고 이를 통
해 절차 공정성이 실현될 수 있을 것이다.

　교사–학생 간의 상호작용에서 드러날 수 있는 상호작용 공정성은 초
등학교의 수업 장면에서 잘 드러나고 있다. 프로젝트 수업과 탐구수업에
서의 교사–학생 간 상호작용, 비언어적 상호작용을 살펴보면 상당 수준
의 상호작용 공정성이 나타나고 있다. 교사들은 학생의 언어, 학생의 의
견을 존중하며 조장자로서의 역할을 수행하고 있다. 또한, 비언어적 표현
에 있어서도 학생들을 존중하는 상호작용 공정성을 잘 보여 주고 있다.

　지금까지 초등교사의 분배 공정성, 절차 공정성, 상호작용 공정성의
사례에 대해 살펴보았다. 이를 바탕으로 우리나라 초등교사가 교육 현장
에서 교육 공정성을 실천하기 위해 도움을 줄 수 있는 관련 연구를 제안
하면 다음과 같다.

1) 초등학교 교사의 교육 공정성 인식 및 실천 연구

　초등학교 교육은 학생들의 인격 형성과 학업 성취의 기초를 다지는 중
요한 시기라 할 수 있다. 이 시기에 초등교사의 공정한 교육 실천은 학생
들에게 올바른 가치관을 심어 주고, 학습 동기와 성취도를 높이는 데 긍
정적인 영향을 미칠 수 있다. 그러나 실제 학교와 교실 환경에서 초등교

사들이 교육 공정성을 어떻게 인식하고 실천하는지에 대해서는 국내 학계에서 충분히 연구되지 않았다. 교육 공정성에 대한 교사의 이해와 실천 방식은 학생들에게 보다 공정한 교육을 제공할 수 있고, 모든 학생이 필요한 교육 기회를 누릴 수 있도록 하는 데 도움이 될 수 있다. 따라서 초등학교 교사의 교육 공정성에 대한 인식과 실천을 심층적으로 연구함으로써 이를 출발점으로 하여 초등학교 교사들이 갖춰야 할 교육 공정성에 대한 인식, 이를 함양하기 위한 지원 방안을 모색할 수 있을 것이다.

구체적으로 초등학교 교사들이 교육 공정성을 어떻게 인식하고 교실에서 이를 어떻게 실천하는지 심층 면담, 초점 그룹 면담, 설문조사 등을 활용할 수 있다. 다각적 연구 방법을 통해 교사들이 교육 공정성에 대해 어떤 정의를 내리고 있으며, 실제 수업 진행, 평가, 피드백 과정에서 교육 공정성을 어떻게 구현하는지 구체적으로 분석할 수 있다. 또한, 교사들이 교육 공정성을 실천하는 과정에서 겪는 어려움과 이를 극복하기 위한 전략을 탐구하여, 교육 공정성 실천을 위한 구체적인 방안을 제시할 수 있을 것이다.

2) 초등교사의 교육 공정성이 학생의 역량에 미치는 영향

교육 공정성은 학생들의 학습 경험과 결과에 중요한 영향을 미칠 수 있으며 학생–교사 간의 관계를 규정할 수도 있다. 특히 초등학교 시기는 학생들이 학습 태도와 성취도를 형성하는 결정적인 시기로, 교사의 공정한 대우와 평가가 학생들의 학습 동기와 성과에 직접적인 영향을 미칠 수 있다. 이때 공정한 교육 환경은 모든 학생들이 평등한 학습 기회를 제공받고, 잠재력을 최대한 발휘할 수 있도록 도와줄 수 있다. 우리나라의 교육 여건에서 초등교사의 교육 공정성에 대한 인식이나 실천이 초등학생의 역량(혹은 학업 성취도, 사회정서적 역량 등)에 미치는 영향은 분명하게 진단된 바가 없다. 따라서 이를 체계적으로 분석하여 교육정책과 교사 연수 프로그램 개발을 위한 기초 정보를 제공할 필요가 있다.

이러한 연구에서는 초등학교 교사의 교육 공정성이 학생들의 다양한 역량에 미치는 영향을 구체적으로 분석하는 것을 목적으로 한다. 예를 들어, 교사의 교육 공정성이 학생의 학습 동기, 성취도, 학교생활 적응 등에 어떠한 영향을 미치는지를 규명하고, 공정한 교육 실천의 중요성을 강조하는 데 있어 근거로 활용할 수 있다. 또한, 연구 결과를 바탕으로 교사들이 교육 공정성을 실천하는 데 필요한 지원 방안을 제시하고, 교육 공정성을 강화할 수 있는 구체적인 교육정책과 연수 프로그램 개발을 위한 정보를 제공할 수 있다.

3) 초등교사 교육 공정성 함양을 위한 교사교육의 방향

우리나라 초등교사들은 교육 공정성에 대해 정확하게 인식하고 있지 않지만, 공정한 교육을 실천하기 위해 노력을 기울이고 있다는 점은 명확하다. 다만, 초등교사들이 교육 공정성을 실제 교실 환경에서 실천하기 위해서는 예비교사교육과 현직교사교육에서 적절한 학습 기회가 제공되어야 한다. 예비교사교육에서는 각종 교과 및 교직 수업을 통해 교육 공정성의 중요성, 각 교과별 교육 공정성과의 관련성 및 관련 이론을 학습하고, 현직교원교육에서는 실제 교육 현장에서의 교육 공정성 학습 사례, 교수학습방법, 교육과정 재구성 방법 등을 공유하는 교사 연수 프로그램이 개발될 필요가 있다. 이를 통해 초등교사들이 보다 효과적으로 초등학교 현장에서 교육 공정성을 실천할 수 있도록 돕고, 궁극적으로 학생들의 학습 경험을 개선하는 데 기여할 수 있을 것이다.

또한 초등교사의 교육 공정성 실천 방안을 위한 연수 프로그램의 효과를 평가하여 지속적인 개선 방안을 도출할 수 있어야 할 것이다. 구체적으로 교육 공정성에 대한 문헌 분석, 앞서 제시한 교육 공정성에 대한 초등교사 인식을 바탕으로 연수 프로그램의 초안을 개발하고 파일럿 프로그램을 통해 개선하는 작업이 뒤따라야 할 것이다.

4) 초등학교 교육 공정성에 대한 학부모의 인식과 기대

초등 학부모는 자녀의 교육에 중요한 영향을 미치는 주체로서, 그들의 학교 교육의 공정성에 대한 인식과 기대는 교육정책과 교육의 실천에 큰 영향을 미칠 수 있다. 초등학교 교육 공정성에 대한 학부모의 인식과 기대를 이해하는 것은 초등교사와 초등학교가 보다 공정한 교육 환경을 조성하는 데 도움이 될 것이다. 또한, 학부모의 기대와 학교의 실제 공정성 실천 사이에 존재할 수 있는 차이를 파악함으로써, 이를 줄이고 협력적인 교육 공동체를 구축할 수 있을 것이다. 앞서 언급한 바와 같이 초등교사의 분배 공정성은 평가에 있어 학부모의 과도한 개입과 민원 때문에 충분히 실현되지 못한 사례가 있다. 따라서 학부모의 교육 공정성에 대한 관점을 조사하고 이를 바탕으로 실질적인 개선 방안을 모색하는 연구가 있어야 할 것이다. 구체적으로 초등학교 교육 공정성에 대한 학부모의 인식과 기대를 조사하여, 공정한 교육 실현을 위한 학교와 교사의 역할을 명확히 하고, 학부모들이 교육 공정성을 어떻게 정의하고 있으며, 자녀의 학교생활에서 어떠한 공정성을 기대하는지를 분석할 수 있다. 이를 통해 학교와 교사들이 학부모의 기대에 부응하며, 교육 공정성을 강화할 수 있는 구체적인 방안을 제시할 수 있을 것이다. 아울러 학부모와 학교 간 협력 방안을 모색하여 공정한 교육 환경 조성을 위한 구체적인 전략을 개발하고, 이러한 프로그램 개발을 통해 교육 공정성에 대한 학부모 이해를 증진시키고, 학교와의 협력을 강화할 방안을 마련할 수 있을 것이다.

5) 다문화 환경에서의 교육 공정성

다문화 환경은 현대 사회에서 점점 더 일반화되고 있으며, 학교 역시 다양한 문화적 배경을 가진 학생들로 구성되어 있다. 이러한 환경에서 초등교사가 교육 공정성을 유지하는 것은 학생들 간의 평등한 학습 기회를 보장하고, 문화적 차이를 존중하는 교육 환경을 조성하는 데 매우 중요할 것이다. 그러나 다문화 배경을 가진 학생들이 경험하는 교육 공정성 이슈와 관련된 연구는 아직 풍부하게 이루어지지 않고 있다. 다문화 환경에서의 교육 공정성에 대한 체계적인 연구는 초등교사들이 공정한 교육을 실천하는 데 필요한 지침을 제공하고, 모든 학생이 공평한 교육 기회를 누릴 수 있도록 돕는 데 필요할 것이다.

구체적으로 다문화 환경에서 초등교사들이 교육 공정성을 어떻게 인식하고 실천하는지 그리고 이러한 실천이 학생들의 학습 경험과 성취에 어떤 영향을 미치는지를 탐구할 수 있다. 이를 통해 교사들이 다문화적 배경을 가진 학생들에게 공정한 교육을 제공할 수 있도록 지원하는 구체적인 방안을 제시하고, 다문화 교육 환경에서의 교육 공정성을 강화하기 위한 정책적 제언을 도출할 수 있을 것이다.

참고 문헌

교육부(2022). 창의적 체험활동 교육과정(교육부 고시 제2022-33호 [별책 40]). 교육부.

교육부(2023). 2024년도 교원자격검정 실무편람. 교육부.

성경환, 권동택(2022). 초등 탐구수업에 나타난 초등학교 교사학생 간 상호작용과 비언어적 의사소통 행동패턴 분석. 학습자중심교과교육연구, 22(3). 447-464.

신혜숙, 박주형(2020). 사회적 유용성에 기반한 교직선택동기가 초등교사의 교직만족도에 미치는 영향. 교육논총, 40(4), 215-238.

이소라, 홍은홍(2023). 초등학교 학생평가의 실태와 맞춤형 자율평가 활용에 관한 교사의 인식. 한국초등 교육, 34(4), 175-189.

임슬아, 김현욱(2022). 초등학교 프로젝트 수업의 교사-학생 상호작용 특성 분석. 학습자중심교과교육연구, 22(13), 339-353.

최하늘(2021). 학생 자치활동에 대한 초등교사의 인식 연구. 학습자중심교과교육연구, 21(18), 363-376.

홍소영(2021). 교육과정-수업-평가의 일체화를 위한 통합교과 평가 루브릭 개발. 통합교육과정연구, 15(2), 113-141.

Porter, A. C. (2002). Measuring the content of instruction: Uses in research and practice. *Educational Researcher, 31*, 3-14.

제3부

중등 교육 공정성

제7장

중등 교육 공정성 척도를 활용한 관련 변수 간의 관계 연구

김훈호 교수(국립공주대학교)

7장에서는 2장에서 소개한 '중등학교용' 교육 공정성 척도를 활용하여 작성된 학술지 게재 논문[1]을 소개하고, 교육 현장의 연구문제 해결을 위해 교육 공정성 척도를 어떻게 활용할 수 있는지 살펴보고자 한다. 아울러 이 장에서 제시한 연구 외에도 중등학교용 교육 공정성 척도를 활용하여 수행 가능한 다양한 연구 주제를 함께 제안함으로써 향후 교육 현장의 교육 공정성 이슈에 관심을 가지고 있는 교원 및 연구자들과 아이디어를 나누고자 한다.

---

1 이 장에 소개된 연구의 전체 내용은 다음의 논문 참조.
김규태, 이석열, 서재복, 정성수, 김훈호(2024). 중등학생이 인식한 성장마인드셋이 교육만족도에 미치는 영향과 교육공정성의 매개효과 분석. 「인성교육연구」, 9(1), 151–173.

1. 서론

한국의 많은 청소년은 극심한 입시 경쟁 속에서 상당한 학업 부담과 스트레스에 시달리고 있으며, 이로 인해 자신의 삶이 행복하지 않다고 느끼는 비율이 상당하다. 초록우산어린이재단이 2023년 12월에 초등학교 1학년부터 고등학교 2학년까지의 학생 1만140명을 대상으로 실시한 '2024 아동행복지수 생활시간 조사' 결과에 따르면, 우리 청소년의 행복지수는 100점 만점에 45.3점 정도에 그치는 것으로 나타났다(서울신문, 2024). 또한, 통계청의 '2023 한국의 사회지표'에서는 중 · 고등학생의 학교생활 만족도가 51.5%로, 2020년 조사 대비 8.2% 하락하였다(뉴스1, 2024). 청소년의 낮은 행복지수에는 학교생활에 대한 만족도가 상당한 영향을 미쳤을 것으로 보인다. 치열한 경쟁과 학업 성적에 대한 극심한 스트레스, 스스로 공부해야 할 이유를 찾지 못하는 사이 부모와 교사에 의해 열심히 공부할 것을 강요받는 과정 속에서 학생들의 행복지수는 낮아질 수밖에 없으며, 학교 교육에 대한 만족도 또한 낮은 수준에 머무를 수밖에 없었을 것으로 보인다.

일반적으로 교육 만족도는 학생들이 경험하는 학교 환경, 교육 활동, 생활지도, 교우 및 교사와의 관계 등에 대한 주관적인 긍정 심리 상태로 정의된다(이성주, 2015; Daily et al., 2020; Lodi et al., Boerchi, Magnano, & Patrizi, 2019; Telef, 2021). 이러한 교육 만족도는 학생들이 학교에서 경험하는 다양한 유 · 무형의 다면적 · 종합적 요인에 의해 결정된다. 김주연(2008)은 학교생활 전반, 대인관계, 수업 · 학습활동, 교육 환경, 학교규칙, 특별활동, 사회적 지지 등이 학교생활 만족도에 영향을 미치는 요인이라고 보았다. 이성주(2015)의 연구에서는 학생들의 심리상태나 교수 ·

학습, 교사의 행동, 생활지도, 학교시설 등을 중요한 요인으로 보았다. 신종우와 정현숙(2021)은 건강 상태, 자아존중감, 끈기, 학업성취 만족과 같은 개인특성, 가족 간 의사소통과 같은 가족 관련 변수, 친구 관계나 교사와의 관계 등을 제시했다. Dogan과 Celik(2014)은 학년이나 학교 유형의 차이, 자기에 대한 신념과 참여 등의 심리적 변수를 중요한 만족도 영향 요인으로 제시했다. 이를 종합해 보면 학생들의 학교생활 만족도 또는 교육 만족도는 학교라는 물리적 공간에서의 다양한 환경적 요인들뿐만 아니라, 교사나 학생 간, 때로는 스스로의 심리적 요인에 의해 상당한 영향을 받고 있다고 할 수 있다.

학생의 행복이나 삶의 만족도 등과 같은 심리적 요인들에 대한 관심은 최근 들어 Dweck(2006)의 성장 마인드셋(growth mindset) 개념을 활용한 연구로 이어지고 있다. 마인드셋은 학생들이 자신의 지능이나 능력이 고정되어 있거나 변화될 수 있다는 신념으로(Dweck, 2006), 고정 마인드셋(fixed mindset)과 성장 마인드셋으로 구분된다. 고정 마인드셋은 학생들이 자신의 지능이나 능력은 태어날 때부터 고정된 것으로 노력에 의해 변화되지 않는다는 신념 체계를 의미한다. 반면, 성장 마인드셋은 자신이 지니고 있는 지능이나 능력이 고정된 것이 아니라 지속적인 노력을 통해 변화하고 성장할 수 있다고 믿으며, 학습에 대한 인내와 열정으로 과제를 이행하려는 능력을 말한다(Dweck, 2009). 그런데 선행연구들에 따르면, 고정 마인드셋을 지닌 학생들은 내재적 동기가 낮고, 학업 성공에 대한 낮은 도전감과 노력 의지를 보이며, 학업에 대한 무기력과 슬럼프 극복이 더딘 경향을 보인다(김규태, 2021a). 반면, 성장 마인드셋을 지닌 학생들은 학습 과정에 대한 지속적인 시간 투자와 노력을 기울일 뿐만 아니라, 학습과제에 대한 숙달 목표를 보이며, 학업에 대한 난관이나 부담감도 적절히 이겨내는 특성을 갖는다(김규태, 2021a; Dweck, Walton, & Cohen, 2014). 특히 성장 마인드셋은 그릿(grit), 긍정심리자본(positive psychological capital), 자기조절 학습, 회복탄력성(resilience), 내적 동기, 성취목표, 자기조절(통제)과 정적 관계를, 학업 스트레스나 소진과는 부적 관계를 갖는 변수로 알려져 있다(김규태, 2019; 김규태, 2021b; 류재준, 임효진, 2018; 박수영, 한천우, 2023; 정윤경, 2022; Burnette et al., 2013; Kim, 2020; Walker, & Jiang, 2022).

이처럼 교육 만족도에 영향을 미치는 영향 요인에 대한 연구나 해당 요인의 하나로써 성장 마인드셋, 즉 노력과 지속적인 학습을 통해 개인이 발전할 수 있다는 신념과 같은 심리적 영향 요인의 관계에 대해서는 상당한 연구들이 이루어졌다. 그러나 최근 주목을 받고 있는 교육 공정성(educational fairness) 인식과 연계하여 교육 만족도나 그에 영향을 미치는 요인들 간의 관계를 탐색한 연구는 상당히 드물다. 교육 공정성을 연구한 대부분 선행연구들은 학생들이 학교에서 경험하는 교육 공정성 수준을 분석하고, 그것이 학생들의 학습 동기나 활동, 교사와 동료 학생 간의 관계 등에 미치는 영향을 분석하는 데 초점을 맞추고 있다(김규태 외, 2023). 예를 들면, 학생의 동기와 학습과 공격성을 예측하는 변수로서의 교육 공정성에 관한 연구(Chory-Assad, 2002), 학생의 공격성의 예측 요인으로써의 교수자 영향과 상호작용 공정성 관계를 분석한 연구(Chory-Assad & Paulsel, 2004b), 학생들이 불공정을 인식하는 반응으로서의 공격성과 저항을 분석한 연구(Chory-Assad & Paulsel, 2004a), 교사의 권력과 교실 내 공정성에 대한 학생들의 인식 분석(Paulsel, Chory-Assad, & Dunleavy, 2005), 교사 신뢰와 교실 공정성 관계를 분석한 연구(Chory-Assad, 2007), 교실 내 학생들이 공정성을 인식하는 경험과 반응들을 분석한 연구(Horan, Chory-Assad, & Goodboy, 2010), 교실 내 발생하는 불공정에 대한 학생들의 정서적 반응을 분석한 연구(Chory-Assad et al., 2014) 등이 있다. 그러나 학생들의 교육 공정성 인식 수준이 교육 만족도에 미치는 영향이나, 교육 만족도에 영향을 미치는 요인들과의 직·간접적 상호작용 효과를 살펴본 연구는 찾아보기 힘들다. 특히 국내에서는 교육 공정성에 대한 교사 또는 학생의 인식 수준이나 실태 등을 실증적으로 분석한 연구 자체가 거의 없는 실정이다(김규태 외, 2023; 김규태 외, 2024).

이에 본 연구에서는 교육 만족도 수준이 낮을 뿐만 아니라 교육 공정성에 대한 보다 정확한 자기 인식을 가지고 있을 것으로 예상되는 중등학교 학생들을 대상으로 성장 마인드셋과 교육 만족도 간의 관계를 살펴보되, 교육 공정성 인식 정도에 따라 영향 관계가 어떻게 달라지는지 실증적으로 살펴보고자 한다. 성장 마인드셋과 교육 만족도에 대한 앞선 선행연구 결과들을 종합해 볼 때, 성장 마인드셋과 교육 만족도의 관계는 정적인 영향 관계를 가질 것으로 보이며, 교육 만족도에 대한 성장 마인드셋의 영향력 중 일부는 교육 공정성에 대한 학생들의 인식에 영향을 받을 것으로 기대된다. 보다 구체적으로는 교육 공정성 인식이 높을수록 교육 만족도에 대한 성장 마인드셋의 영향력도 증가할 것으로 추측된다. 이러한 연구 목적을 보다 구체적인 연구 문제로 기술하면 다음과 같다.

첫째, 중등학생의 교육 공정성 인식 수준은 어떠하며, 개인 배경에 따라 어떠한 차이를 보이는가? 둘째, 중등학생의 성장 마인드셋이 교육 만족도에 미치는 영향은 어떠하며, 학생들의 교육 공정성 인식 수준은 두 변수 관계에서 어떤 매개효과를 갖는가?

〈표 7-1〉 연구 대상자의 인구통계학적 배경 분석

구분		빈도(명)	백분율(%)
학교급	중학교	473	63.3
	고등학교	274	36.7
성별	남자	312	41.8
	여자	435	58.2
학교 소재지	면지역	33	4.4
	읍지역	88	11.8
	동지역	626	83.8
학교 규모	소규모(12학급 이하)	127	17.0
	중규모(13~24학급)	361	48.3
	대규모(25학급 이상)	259	34.7
전체		747	100.0

2. 연구 방법

1) 연구 대상

본 연구는 서울, 대구, 부산, 경남, 충남, 전북지역 중등학생 747명을 대상으로 하였다. 설문조사는 2023년 1학기에 각 지역별 중학교 4개교, 고등학교 4개교 20명씩 임의 표집하여 실시하였다. 연구 대상자 인구통계학적 배경을 살펴보면 〈표 7-1〉과 같다.

학교급별로는 중학교 473명(63.3%), 고등학교 274명(36.7%)이었다. 성별로는 남학생 312명(41.8%), 여학생 435명(58.2%)이었고, 소재지별로는 동지역 626명(83.8%), 읍지역 88명(11.8%), 면지역 33명(4.4%)이었다. 학교 규모로는 중규모가 361명(48.3%), 대규모가 259명(34.7%), 소규모가 127명(17.0%)이었다.

2) 측정도구

본 연구에서 사용한 조사도구는 성장 마인드셋, 교육 공정성, 교육 만족도이다. 우선, 성장 마인드셋 조사는 Dweck(2006)이 개발한 조사도구(예: 나는 언제나 지능의 수준을 아예 바꿀 수 있다)를 사용하였다. Dweck(2006)은 자신의 능력과 지능이 발전 가능하다고 생각하는 정도를 측정하기 위한 성장 마인드셋 조사도구와 자신의 능력이 고정된 상태에 있으며 개선되기 어렵다고 생각하는 정도를 묻는 고정 마인드셋 조사도구를 모두 제시하였으나, 본 연구에서는 성장 마인드셋 조사도구를 분석에 사용하였다. 성장 마인드셋 조사도구는 학습을 통해 새로운 능력을 습득할 수 있다는 믿음 정도, 노력을 통해 더 나은 성과를 달성할 수 있다는 믿음, 실패를 학습의 기회로 인식하고 긍정적으로 다가가는 믿음, 지속적으로 자신의 능력을 발전시켜 갈 수 있다는 믿음으로 구성된다. 요컨대, 본 연구에서 사용한 성장 마인드셋 조사도구는 학생 개인의 능력 및 성장 가능성에 대한 신념을 측정하기 위한 5점 척도 4문항으로 구성되어 있으며, 평균 점수가 높을수록 성장 마인드셋이 높은 것으로 본다. 그리고 수집된 응답 결과를 바탕으로 산출한 성장 마인드셋 조사도구의 신뢰도(Cronbach's α) 수준은 0.735이었다.

둘째, 교육 공정성 조사는 김규태 등(2024)이 타당화한 중등학교 교육 공정성 진단도구(예: 나는 학교와 선생님으로부터 공평한 대우를 받고 있다)를 사용하였다. Rasooli, Zandi와 DeLuca(2021)의 연구에 따르면, 학생들은 자신들이 받고 싶은 대우와 실제 받은 대우를 비교하여 공정성 정도를 인식하게 되는데, 분배 공정성과 절차 공정성, 상호작용 공정성으로 세분화할 수 있다고 보았다. 우선, 분배 공정성은 특정 규범(norms)이나 원칙에 기초한 자원의 분배(예: 등급, 성적 매기기 등)를 의미하며, 형평성(equity), 평등(equality), 필요(need)의 원칙을 강조한다. 형평성의 원칙은 학생 개인이 자신의 기여도를 개인 결과(예: 등급)와 비교하고, 자신의 기여 대비 결과 비율을 다른 학생들과 비교함으로써 공정성을 인식하는 것을 의미한다. 평등과 필요의 원칙은 개인이 받는 결과가 필요에 따라 균등하게 분배되지 않을 경우 불공정으로 인식하는 것을 말한다. 한편, 절차 공정성은 일관성, 절차의 정확성, 편견 억제 및 중립적 의사결정, 잘못된 결정의 수정, 윤리성 등을 기초로 판단할 수 있는 공정성을 의미한다. 마지막으로, 상호작용 공정성은 대인 공정성과 정보 공정성이라는 두 가지 측면이 존재하는데, 전자는 개인 간 상호작용의 공정성을 평가하기 위해 예절, 존중, 공손함 및 존엄성의 원칙을 포함하는 반면, 정보 공정성은 개인 간 정보가 공정하게 전달되었는지 여부를 평가하기 위한 적절성, 진실성 및 정직성을 함께 고려하는 특징을 갖는다(김정희 원, 2022; Chory-Assad, 2002, 2007; Chory-Assad et al., 2014; Chory-Assad, & Paulsel, 2004b; Horan et al., 2010). 본 연구에서 사용한 김규태 등(2024)의 중등학생 대상 교육 공정성 조사도구는 분배 공정성 10문항, 절차 공정성 10문항, 상호작용 공정성 10문항 등 총 30문항으로 구성되었고, 평균 점수가 높을수록 공정성이 높은 것으로 해석한다. 수집된 응답 결과를 바탕으로 산출한 조사도구의 신뢰도는 분배 공정성 0.894, 절차 공정성 0.934, 상호작용 공정성 0.945이었고, 교육 공정성 전체는 0.968이었다.

셋째, 교육 만족도는 김주연(2008)이 타당화한 고등학생의 학교생활 만족도 진단도구(예: 나는 우리 학교에 다니는 것을 만족스럽게 생각한다)를 활용하였다. 김주연(2008)은 학생의 학교생활 만족도를 학교생활에 대한 전반적인 만족감과 대인관계 만족감, 수업과 학습활동 만족감, 교육 환경 만족감, 학교규칙 및 특별활동 만족감, 사회적 지지 만족감의 6개 영

역으로 구분하고, 총 25개 문항의 5점 척도 문항을 개발하였다. 이 조사
도구가 다른 학교생활 만족도 조사도구와 다른 점은 사회적 지지 영역을
포함하고 있다는 점이다. 선행연구 결과를 통해 학생들의 학교생활 만족
도가 교사나 친구들의 존중 및 지원 정도와 밀접한 관련이 있다는 것을
확인하였으며, 조사도구 개발 과정에서도 실제로 유의미한 영향 관계가
성립함을 확인하였다. 수집된 응답 결과를 토대로 본 연구에서 산출한
중등학생 교육 만족도 조사도구의 신뢰도는 0.949 수준이었다.

〈표 7-2〉 준거타당도 검증을 위한 관련 척도

연구자	구분	문항수	문항 예시	Cronbach's α
Dweck (2006)	성장 마인드셋	4	나는 언제나 지능의 수준을 바꿀 수 있다.	0.735
김규태 등 (2024)	교육 공정성	30	나는 학교와 선생님으로부터 공평한 대우를 받고 있다.	0.968
김주연 (2008)	교육 만족도	25	나는 우리 학교에 다니는 것을 만족스럽게 생각한다.	0.949

3) 분석방법

본 연구에서는 SPSS 23.0을 이용하여 기초통계 분석과 학생 개인 배경
별 교육 공정성 인식 수준 차이 비교를 위한 t검정, 분산분석(ANOVA)을
실시하였다. 그리고 중등학생의 성장 마인드셋이 교육 만족도에 미치는

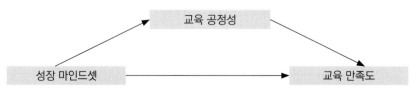

[그림 7-1] 성장 마인드셋, 교육 공정성, 교육 만족도 간 연구 모형

영향 및 이들 두 변수 간의 관계에서 교육 공정성이 갖는 매개효과를 분석하기 위해 SPSS Process macro 버전 4.0을 활용하였다.

교육 공정성이 갖는 매개효과의 통계적 유의미성을 검증하기 위해 95% 신뢰구간을 활용하여 분석 결과를 검토하였다. 95% 신뢰구간에 0이 포함되어 있지 않을 경우 통계적으로 유의한 매개효과가 있는 것으로 판정하였다(Shrout & Bolger, 2002).

3. 연구 결과

1) 중등학생의 교육 공정성 인식 수준

(1) 교육 공정성 유형별 인식 수준

중등학생의 교육 공정성 수준을 분석한 결과는 〈표 7-3〉과 같다. 교육 공정성 전체 평균은 5점 만점에 3.78점이었고, 세부 공정성 유형별 분석 결과의 경우 분배 공정성은 3.62점, 절차 공정성은 3.92점, 상호작용 공정성은 3.83점이었다.

중등학생들이 인식하는 교육 공정성은 결과로 이어지는 의사결정 과정에서 경험하는 절차 공성성이 상대적으로 가장 높은 수준을 보였으며,

〈표 7-3〉 중등학생의 교육 공정성 수준에 대한 기술 통계

구분		평균	표준편차
교육 공정성	전체	3.78	.640
	분배 공정성	3.62	.682
	절차 공정성	3.92	.678
	상호작용 공정성	3.83	.715

자원의 분배 즉, 자신의 노력이나 기여에 따라 적절한 대가나 보상이 이루어지고 있다고 생각하는지를 의미하는 분배 공정성이 가장 낮은 평가를 받았다.

(2) 학생 개인 배경에 따른 교육 공정성 유형별 인식 차이 비교
① 학교급에 따른 차이

중등학생이 인식하는 교육 공정성 수준을 학교급에 따라 세분화하여 살펴보면, 중학생의 교육 공정성 인식 수준은 3.83으로 고등학생(3.69)에 비해 0.14 높은 것으로 나타났으며, 유의수준 .01 수준에서 통계적으로도 유의미한 차이라고 할 수 있다.

〈표 7-4〉 학교급에 따른 교육 공정성 수준 차이

구분		빈도	평균	표준편차	t (유의확률)
전체	중학교	473	3.83	.663	2.768 (p<.01)
	고등학교	274	3.69	.588	
분배 공정성	중학교	473	3.72	.671	5.345 (p<.001)
	고등학교	274	3.45	.666	
절차 공정성	중학교	473	3.92	.706	-.178
	고등학교	274	3.93	.626	
상호작용 공정성	중학교	473	3.88	.736	2.427 (p<.05)
	고등학교	274	3.75	.670	

분배 공정성과 상호작용 공정성에서는 통계적으로 유의미한 차이가 있는 것으로 나타났으나, 절차 공정성에서는 유의미한 차이가 없는 것으로 나타났다. 분배 공정성과 상호작용 공정성 모두 중학생이 고등학생에 비해 긍정적인 인식을 갖는 것으로 나타났는데, 중학생이 고등학생에 비

해 각각 0.27, 0.13 정도 높은 인식 수준을 보였다.

② 소득 수준에 따른 차이

중등학생의 가계소득 수준에 따른 교육 공정성 인식 수준을 비교·분석한 결과, 소득 수준이 높아질수록 교육 공정성 인식 수준이 보다 긍정적인 경향을 보이고 있기는 하나, 이러한 차이가 통계적으로 유의미하지는 않았다. 교육 공정성 하위 유형별 분석에서도 가계소득이 증가할수록 교육 공정성 인식 수준이 함께 증가하는 경향을 보이고 있다. 다만, 절차 공정성이나 상호작용 공정성은 전체 교육 공정성 분석 결과에서와 마찬가지로 가구 소득 수준에 따른 차이가 통계적으로 유의미한 수준이라고 볼 수는 없는 상황이다. 유일하게 분배 공정성에서 유의미한 차이가

〈표 7-5〉 소득 수준에 따른 교육 공정성 수준 차이

구분		빈도	평균	표준편차	t (유의확률)
전체	적은 편[a]	48	3.64	.631	2.810
	보통[b]	628	3.77	.634	
	많은 편[c]	71	3.92	.673	
분배 공정성	적은 편[a]	48	3.42	.698	3.677 (p⟨.05) a⟨b⟨c
	보통[b]	628	3.62	.660	
	많은 편[c]	71	3.77	.820	
절차 공정성	적은 편[a]	48	3.83	.659	1.670
	보통[b]	628	3.91	.681	
	많은 편[c]	71	4.04	.652	
상호작용 공정성	적은 편[a]	48	3.71	.746	2.072
	보통[b]	628	3.83	.708	
	많은 편[c]	71	3.97	.743	

있는 것으로 나타났는데, 가구 소득이 높은 편이라고 응답한 중등학생의 분배 공정성 인식 수준은 3.77로 가장 높았으며, 보통이라고 응답한 학생(3.62)이나 적은 편이라고 응답한 학생(3.42)보다 각각 0.15, 0.35 정도 높은 수준을 보였다.

③ 성적 수준에 따른 차이

자신의 성적 수준에 따른 교육 공정성 인식 차이를 살펴보면, 성적이 높은 학생일수록 보다 긍정적인 인식을 갖는 것으로 나타났다. 자신의 성적이 상위권이라고 응답한 학생은 교육 공정성 인식 수준이 3.93이었으나, 중위권 학생은 3.77, 하위권 학생은 3.67로 상위권 학생에 비해 각각 0.16, 0.26 정도 낮은 것으로 나타났다. 성적 수준에 따른 이러한 차이

〈표 7-6〉 성적 수준에 따른 교육 공정성 수준 차이

구분		빈도	평균	표준편차	t (유의확률)
전체	하위권[a]	150	3.67	.678	6.151 (p<.01) a=b<c
	중위권[b]	456	3.77	.596	
	상위권[c]	141	3.93	.705	
분배 공정성	하위권[a]	48	3.42	.698	3.677 (p<.05) a<b<c
	중위권[b]	628	3.62	.660	
	상위권[c]	71	3.77	.820	
절차 공정성	하위권[a]	48	3.83	.659	1.670
	중위권[b]	628	3.91	.681	
	상위권[c]	71	4.04	.652	
상호작용 공정성	하위권[a]	48	3.71	.746	2.072
	중위권[b]	628	3.83	.708	
	상위권[c]	71	3.97	.743	

는 통계적으로도 유의미한데, 그 차이는 주로 상위권 학생과 그 외 학생
간의 차이에 기인한다.

교육 공정성을 하위 유형별로 세분화하여 살펴보면, 전체 수준에서의
성적 수준에 따른 차이는 분배 공정성 인식의 차이에 크게 영향을 받은
것으로 추측해 볼 수 있다. 절차 공정성과 상호작용 공정성 인식 모두 성
적이 높아질수록 보다 긍정적인 경향을 보이고 있기는 하나, 통계적으로
유의미한 차이라고 보기는 어려운 상황이다. 반면, 분배 공정성의 경우
성적 수준에 따라 통계적으로도 유의미한 차이가 존재하는 것으로 나타
났다. 상위권 학생의 경우, 분배 공정성에 대한 인식 수준은 3.77로 가장
높았으며, 중위권이 3.62, 하위권이 3.42로 성적이 낮아짐에 따라 분배
공정성 인식 수준도 함께 낮아지는 경향을 보였다.

④ 사교육 참여 정도에 따른 차이

중등학생의 주당 평균 사교육(학원, 과외, 인터넷 강의 등) 시간에 따른
교육 공정성 인식 차이를 비교·분석한 결과, 교육 공정성에 대한 학생
들의 인식은 주당 사교육 시간 규모에 거의 영향을 받지 않는 것으로 나
타났다. 주당 사교육 시간이 11~20시간 이하인 학생의 교육 공정성 인식
이 3.83으로 가장 높았으나, 10시간 이하 집단(3.77)과 21시간 이상 집단
(3.73)의 교육 공정성 인식도 11~20시간 이하 집단과 큰 차이가 없었으
며, 통계적으로도 유의미한 차이가 없는 것으로 나타났다.

교육 공정성의 하위 유형별 차이 분석에서도 유사한 결과가 나타났
다. 분배 공정성과 절차 공정성, 상호작용 공정성 모두 주당 사교육 시간
이 11~20시간 이하인 학생의 공정성 인식이 상대적으로 가장 높았으며,
10시간 이하 학생과 21시간 이상 학생의 순서로 공정성 인식이 낮아지는

〈표 7-7〉 사교육 참여 정도에 따른 교육 공정성 수준 차이

구분		빈도	평균	표준편차	F (유의확률)
전체	10시간 이하	516	3.77	.645	.719
	11~20시간	145	3.83	.618	
	21시간 이상	86	3.73	.642	
분배 공정성	10시간 이하	516	3.61	.693	.598
	11~20시간	145	3.68	.643	
	21시간 이상	86	3.60	.678	
절차 공정성	10시간 이하	516	3.92	.682	1.208
	11~20시간	145	3.97	.660	
	21시간 이상	86	3.83	.676	
상호작용 공정성	10시간 이하	516	3.83	.724	.537
	11~20시간	145	3.88	.697	
	21시간 이상	86	3.78	.692	

경향을 보였다. 다만, 교육 공정성 전체 평균에서와 마찬가지로 사교육 시간에 따른 차이는 모두 통계적으로 유의미하지 않은 것으로 나타났다.

2) 교육 만족도에 대한 성장 마인드셋의 영향 및 교육 공정성 매개효과

(1) 상관관계

본 연구는 성장 마인드셋이 중등학생의 교육 만족도에 미치는 영향을 분석하고, 이들 두 변수의 관계에 있어 학생들이 인식하는 교육 공정성 수준이 매개효과를 갖는지를 살펴보고자 하였다. 우선, 각 변수들 간의 상관관계를 살펴본 결과, 교육 만족도와 성장 마인드셋 사이에는 0.428 의 상관계수가 나타났으며, 교육 공정성과는 보다 높은 0.747의 상관을

〈표 7-8〉 변수 간 상관관계

변수	성장 마인드셋	교육 공정성	교육 만족도
성장 마인드셋	1		
교육 공정성	.300***	1	
교육 만족도	.428***	.747***	1

***$p < .001$

보였다. 매개효과를 살펴보고자 하는 교육 공정성과 성장 마인드셋 사이의 상관계수는 0.300 수준이었다.

성장 마인드셋과 교육 공정성, 교육 만족도 간의 상관계수는 모두 유의수준 .001 수준에서 통계적으로 유의미한 것으로 나타났다. 상관계수 상으로도 이들 세 변수 간에 유의미한 관련성이 있는 것으로 확인되며, 교육 공정성 인식 수준이 성장 마인드셋과 교육 만족도 사이에 유의미한 매개효과를 가지고 있을 것으로 추측하기에 충분해 보인다.

(2) 성장 마인드셋과 교육 만족도 관계에 대한 교육 공정성의 매개효과

교육 공정성 인식 수준이 성장 마인드셋과 교육 만족도 간의 관계에 있어 유의미한 매개효과를 갖는지 확인하기 위해 교육 만족도를 종속변수로 하는 회귀 모형 분석을 실시하였다. 분석 결과를 살펴보면, 성장 마인드셋이 1단위 증가할수록 교육 만족도는 0.213 정도 증가하는 것으로 나타났으며, 해당 회귀계수는 통계적으로 유의미하였다. 교육 만족도에 대한 교육 공정성 인식의 회귀계수는 보다 큰 것으로 나타났는데, 교육 공정성 인식 수준이 1단위 증가할수록 중등학생의 교육 만족도는 0.683 정도 증가하였다. 교육 만족도에 대한 이러한 상대적 영향력의 차이는 표준화 회귀계수(각각 0.234, 0.700)에서도 비슷한 모습을 보였다.

〈표 7-9〉 성장 마인드셋과 교육 공정성이 교육 만족도에 미치는 영향

변수	비표준화 계수		표준화 계수	t	유의 확률	95% 신뢰구간	
	b	표준오차				하한	상한
상수	.276	.108	–	2.549	.01	.063	.488
성장 마인드셋	.213	.023	.234	9.199	.001	.168	.259
교육 공정성	.683	.027	.700	25.357	.001	.630	.738

Regression Model Test: $R=.749$, $R^2=.562$, $F=476.851$ $(p < .001)$

〈표 7-10〉 성장 마인드셋이 교육 공정성에 미치는 영향

변수	비표준화 계수		표준화 계수	t	유의 확률	95% 신뢰구간	
	b	표준오차				하한	상한
상수	2.937	.100	–	29.163	.001	2.740	3.135
성장 마인드셋	.259	.030	.300	8.592	.001	.200	.318

Regression Model Test: $R=.303$, $R^2=.090$, $F=78.835$ $(p < .001)$

　한편, 성장 마인드셋이 교육 공정성에 미치는 영향을 분석한 〈표 7-10〉의 결과를 살펴보면, 두 변수는 유의미한 정적 관계를 갖는 것으로 나타났다. 성장 마인드셋이 1단위 증가할수록 교육 공정성은 0.259 정도 증가하였다.

　이상의 분석 결과를 간단히 도식화하면 [그림 7-2]와 같이 표현할 수 있다. 즉, 성장 마인드셋은 교육 만족도에 직접적으로 영향을 미침과 동시에, 학생이 인식하는 교육 공정성 수준을 통해 교육 만족도에 간접적

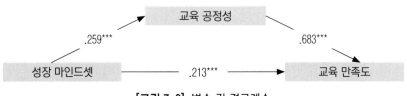

[그림 7-2] 변수 간 경로계수

인 영향을 미치고 있다.

이러한 세 개 변수 간 경로계수를 토대로 성장 마인드셋이 교육 만족도에 미치는 직접효과와 교육 공정성 인식 수준을 통해 교육 만족도에 미치는 간접효과를 구분하여 산출해 보면 〈표 7-11〉과 같이 정리할 수 있다.

〈표 7-11〉 성장 마인드셋과 교육 만족도 관계에 대한 교육 공정성의 매개효과

구분	b	표준 오차	95% 신뢰구간	
			.390	상한
총효과	.390	.030	.331	.449
직접효과 (성장 마인드셋 → 교육만족도)	.213	.023	.168	.259
간접효과 (성장 마인드셋 → 교육공정성 → 교육만족도)		.024	.142	.241

성장 마인드셋이 교육 만족도에 미치는 총 효과는 3.90으로 나타났으며, 이 중 성장 마인드셋이 교육 만족도에 직접적으로 미치는 영향, 즉 직접효과는 2.13 정도인 것으로 나타났다. 반면, 학생들의 교육 공정성 인식 수준을 매개로 교육 만족도에 미치는 영향은 0.177 정도였다. 이는 성장 마인드셋이 교육 만족도에 미치는 전체 영향 중 45.4% 정도는 교육 공정성 인식 수준에 따라 달라질 수 있음을 의미한다.

4. 논의 및 결론

본 연구는 중등학생의 교육 공정성 인식 수준을 분석하고, 해당 학생들의 성장 마인드셋이 교육 만족도에 미치는 영향에 있어 교육 공정성을

매개로 한 간접효과가 어느 정도인지를 살펴보기 위해 수행되었다. 본 연구의 주요 결과 및 논의를 간단히 정리하면 다음과 같다.

우선, 중등학생이 경험하는 교육 공정성 인식 수준은 학생 개인의 다양한 배경에 따라 조금씩 차이를 보이고 있다. 첫째, 중학생이 고등학생에 비해 학교 교육의 공정성 수준을 보다 긍정적으로 평가하였으며, 분배 공정성이나 상호작용 공정성에서 차이가 보다 뚜렷하게 나타났다. 중학생의 교육 공정성 인식, 특히 분배 공정성 및 상호작용 공정성이 고등학생에 비해 높게 나타나는 이유는 개인의 학업 성취도 및 상대적인 순위가 갖는 중요함이나 이에 대한 심리적 부담이 고등학교에 비해 낮을 뿐만 아니라, 자신의 노력이나 교육 활동 기여에 대한 보상이 불공정하다 또는 교사와의 상호작용이나 정보 제공이 불공정하다 경험할 수 있는 기회 자체가 상대적으로 적었기 때문일 것으로 보인다. 이는 성적에 따른 차이 비교에서 상위권 학생들일수록 교육 공정성뿐만 아니라 분배 공정성 인식에서 보다 긍정적인 모습을 보이는 현상과도 맥이 닿아 있다고 볼 수 있다. 즉, 고등학교에 진학하면서 대학입시에 대한 심리적 압박감이 증가하고 성적에 따른 차별 경험의 횟수가 증가하면서 하위권 성적의 학생일수록 학교에서의 교육 경험 특히, 분배 공정성에 있어 불공정 경험이나 인식이 증가할 수 있기 때문이다. 둘째, 소득 수준이 높을수록, 성적이 상위권일수록 교육 공정성뿐만 아니라 분배 공정성 인식 수준이 높아지는 것으로 나타났다. 여러 선행연구에서 부모의 사회·경제적 지위나 가구 소득 수준과 자녀의 학업 성취도 사이에 상당한 정적효과가 있다는 점이 밝혀져 있는 바(김영은, 엄명용, 2018; 오희정, 김갑성, 2019; Sirin, 2005), 가정 형편이 어려운 학생일수록 학업 성취도나 성적 순위가 낮을 수 있으며, 어느 한 가지 경우에만 해당된다 하더라도 자신이 학교에서 받는 대우나 기회, 혹은 지원이 차별적이라고 느끼는 정도가 강화된다고 볼 수 있다. 반면, 부모의 사회·경제적 지위가 높은 가구의 자녀들은 보다 많은 교육의 기회와 자원을 제공받을 뿐만 아니라, 가정과 학교 밖에서 부모의 적극적 지원이 학교 내에서의 높은 학업 성취도나 성적 순위, 교사의 관심, 자존감 및 자신감 등을 형성함으로써 학교 교육의 과정에서 불평등 혹은 차별의 경험이 상대적으로 적었을 것으로 보인다.

한편, 성장 마인드셋은 중등학생의 교육 만족도에 정적인 영향을 미쳤으며, 교육 공정성은 성장 마인드셋과 교육 만족도 관계에 정적 매개효과를 갖는 것으로 나타났다. 이는 성장 마인드셋이 높은 학생, 즉 자신의 능력이 학습과 노력을 통해 발전할 수 있다고 믿는 학생일수록 학교 교육에 대한 만족도가 높다는 것을 의미하며, 학교 교육이 공정하다고 느끼는 학생일수록 교육 만족도에 대한 성장 마인드셋의 영향이 증가한다고 볼 수 있다. 결과적으로, 성장 마인드셋을 가진 학생은 꾸준한 학습과 노력을 통해 자신의 능력을 발휘하고자 하며(김규태, 2019), 그러한 기대나 요구는 공정한 교육 환경, 즉 교육 기회가 고르게 보장되고 차별이나 편견 없이 교육이 이루어질 때 해당 학생의 교육 만족도도 높아질 수 있음을 의미한다.

따라서 교육 현장에서는 학생들에게 도전적인 과제를 제공하되, 학생들이 결과보다는 과정을, 요행보다는 노력을 중요하게 생각하도록 지도할 필요가 있으며, 설사 실수나 실패가 있더라도 그것을 부정적으로 보기보다 또 하나의 학습의 기회로 삼아 보다 성장할 수 있도록 하는 성장 마인드셋을 길러 줄 필요가 있다(Dweck, Walton, & Cohen, 2014; Dweck, 2009). 하지만, 본 연구의 매개효과 분석 결과에서 나타난 것처럼 성장 마인드셋이 교육 만족도에 미치는 영향의 절반 정도는 교육 공정성에 대한 학생의 인식 정도에 상당한 영향을 받는 바, 명확하고 합리적인 규칙과 절차에 따라 교육 활동이 이루어질 수 있도록 하고, 교육의 기회나 지원은 차별이나 편견 없이 누구에게나 균등하게 제공되어야 하며, 투명하고 공정하게 평가받고 피드백 받을 수 있도록 노력할 필요가 있다. 아울러 교사와 학생, 학생과 학생이 서로 존중과 배려를 기반으로 긍정적 관계를 형성하는 것이 중요하며, 서로 효과적으로 의사소통하고 정보에서 소외되는 학생이 없도록 공정한 상호작용을 형성해 가야 할 것으로 보인다.

다만, 본 연구에서는 중등학생의 배경 변수에 따라 교육 공정성 인식 수준이 달라지는 이유를 실증적으로 규명하는 데까지 나아가지 못하고 선행연구 등에 기대어 그 이유를 추론해 보는 데 그치고 있다. 따라서 후속연구를 통해 그 원인을 심도 있게 들여다볼 필요가 있으며, 본 연구에서 차이가 확인된 학교급, 가구소득 수준, 성적 수준 등에 따라 교육 공정성의 매개효과가 어떻게 달라지는지를 살펴보는 심층 분석도 필요해 보인다.

5. 후속연구를 위한 제언

교육 공정성에 대한 중등학생의 인식 수준은 이상에서 살펴본 연구 사례에서처럼 특정 변수에 대한 매개변수로써 기능할 수도 있지만, 다른 상황에서는 학생의 행동이나 인식 또는 교육 성과의 원인으로 작용할 수 있으며, 또 다른 상황에서는 다양한 교육 현상의 결과로 인식될 수도 있다.

우선, 교육 공정성 인식 수준을 독립변수로 설정할 경우, 종속변수로 고려할 수 있는 변수에는 수업을 비롯한 학교 교육 활동 참여 정도나 교사-학생 관계, 학교 교육 또는 학교생활 만족도 등이 있을 것으로 보인다. 경우에 따라 학업 성취도를 종속변수로 설정할 수도 있는데, 이 경우에는 앞서 언급한 학교 교육 활동 참여나 교사-학생 관계 등을 비롯한 과정 변수를 매개변수로 설정할 수도 있다. 즉, 중등학생의 교육 공정성 인식 정도가 학교 교육 활동 참여나 교사-학생 관계 등을 매개로 학업 성취도 수준에 미치는 영향을 분석하는 연구도 가능할 것으로 보인다.

반대로 교육 공정성 인식 수준을 종속변수로 설정할 수도 있다. 이 경우 독립변수는 중등학교 학생들의 교육 공정성 인식 수준에 영향을 미칠 수 있는 변수들이라 할 수 있는데, 앞선 연구에서도 살펴본 가계 소득 수준이나 학업 성취도 수준뿐만 아니라 자기효능감이나 자아존중감, 이주 배경 학생 또는 탈북학생 여부, 부모의 교육 기대나 형제 여부 등과 같은 개인 배경 변수를 먼저 고려해 볼 수 있다. 뿐만 아니라, 학교 교육 활동 중에 경험하게 되는 교사와의 상호작용 정도나 학생에 대한 교사의 관심과 배려 정도, 수업 및 평가 과정에서 교사의 적극적인 설명이나 피드백 노력, 학생-학생 간 관계, 학생자치 수준, 학교 경영 및 교육·운영 과정에서의 학생 의견 수렴 정도 등도 중등학생의 교육 공정성 인식 수준에 영향을 미칠 수 있는 중요한 독립변수들이라 할 수 있다. 그리고 교육 공정성 인식 수준을 종속변수로 하되, 독립변수들 간의 선후 관계에 따라 매개모형으로 분석 모형을 설정할 수도 있다.

교육 공정성을 주제로 한 연구는 이상에서 살펴본 양적연구만 가능한 것은 아니다. 중등학생의 교육 공정성 인식 수준이 미치는 영향 혹은 교육 공정성 인식 수준에 영향을 미치는 변수들에 대한 정량적 분석뿐만 아니라, 중등학생이 인식하는 교육 공정성의 개념과 의미는 무엇이며, 이들이 교육 공정성 수준을 인지하거나 의문을 제기하는 구체적인 장면은 무엇인지를 밝히는 질적연구도 가능하다. 그리고 양적연구에서는 교육 공정성 인식 수준이 특정 변수에 또는 특정 변수가 교육 공정성 인식 수준에 미치는 영향이 존재하는지 여부만을 살펴볼 수 있으나, 질적연구에서는 그러한 영향 관계가 왜 나타나는지, 어떠한 과정이나 경험을 통해 그러한 영향 관계가 강화 혹은 약화될 수 있는지 등에 대한 세밀한 분석도 가능할 것으로 보인다.

요컨대, 중등학생의 교육 공정성 인식 수준에 대한 보다 다양한 후속연구들이 수행되기를 기대하며, 이를 통해 중등학교 학생의 심리·정서적 특성에 대한 교원 및 연구자들의 이해 제고뿐만 아니라 학생들의 교육 공정성 인식 수준을 개선할 수 있는 방안을 함께 모색해 봄으로써 우리의 학교 현장이 보다 공정한 학습의 장이 될 수 있기를 기대해 본다.

참고 문헌

김규태(2019). 고등학생이 인식하는 마인드셋과 학업소진 관계: 긍정심리자본의 조절효과. 한국웰니스학회지, 14(2), 225–234.

김규태(2021a). 대학생의 성장 마인드셋과 소진 관계에 대한 그릿과 긍정심리자본의 매개적 역할. 인성교육연구, 6(1), 47–66.

김규태(2021b). 대학생의 그릿과 학업지속의도 관계에 대한 긍정심리자본의 매개적 역할. 인성교육연구, 6(2), 195–209.

김규태, 이석열, 서재복, 정성수, 김훈호(2023). 중등학교 교육 공정성 진단도구 개발 및 타당화. 교육종합연구, 22(1), 237–258.

김규태, 이석열, 서재복, 정성수, 김훈호(2024). 초등학교 교육 공정성 진단도구 개발 및 타당화. 교육행정학연구, 41(5), 1–26.

김영은, 엄명용(2018). 부모의 사회경제적 지위가 학업성취에 미치는 영향: 부모의 정서적 지지와 학생 자아탄력성의 매개효과를 중심으로. 사회복지연구, 49(4), 5–30.

김정희원(2022). 공정 이후의 세계. 창비.

김주연(2008). 고등학생의 학교생활만족도 척도개발 및 타당화 연구. 박사학위논문, 원광대학교.

류재준, 임효진(2018). 성장신념, 자기결정성, 그릿의 관계에서 목표 유형의 조절효과. 교육심리연구, 32(3), 397–419.

박수영, 한천우(2023). 중학생의 성장 마인드셋과 학업적 자기효능감, 자기조절학습, 학교적응의 구조적 관계. 교육문제연구, 36(1), 185–210.

신종우, 정현숙(2021). 중학생 청소년의 삶의 만족도와 영향요인에 대한 탐색적 연구: 개인 특성과 가족 및 학교환경 특성을 중심으로. 한국가족관계학술지, 26(2), 93–111.

오희정, 김갑성(2019). 부모의 사회경제적 지위가 자녀의 자아개념을 매개로 학업성취에 미치는 영향에 대한 종단적 분석. 학습자중심교과교육연구, 19(16), 23–38.

이성주(2015). 초·중·고 학생의 학교만족도 변화. 학습자중심교과교육연구, 15(2), 569–588.

정윤경(2022). 중학생의 마인드셋 프로파일과 내재동기, 행동 및 인지전략, 학업성취와의 관계에서 성취목표의 매개효과. 청소년학연구, 29(6), 51–79.

뉴스1(2024.3.26.). 학교생활 만족도 51%, 2년 전보다 8.2%p↓ …학교폭력 피해율↑.

서울신문(2024.5.2.). 초·중·고생 행복지수 45점 … 13%는 벌써 '불면증'.

Burnette, J. L., O'Boyle, E., Van Epps, E. M., Pollack, J. M., & Finkel, E. J. (2013). Mindsets matter: A meta–analytic review of implicit theories and self–regulation. *Psychological Bulletin, 139*(3), 655–701.

Chory–Assad, R. M. (2002). Classroom justice: Perceptions of fairness as a predictor of student motivation, learning, and aggression. *Communication Quarterly, 50*(1), 58–77.

Chory–Assad, R. M. (2007). Enhancing student perceptions of fairness: The relationship between instructor credibility and classroom justice. *Communication Education, 56*(1), 89–105.

Chory–Assad, R. M., Horan, S. M., Carton, S. T., & Houser, M. L. (2014). Toward a further understanding of students' emotional responses to classroom injustice. *Communication Education, 63*(1), 41–62.

Chory–Assad, R. M., & Paulsel, M. L. (2004a). Classroom justice: Student aggression and resistance as reactions to perceived unfairness. *Communication Education, 53*(3), 253–273.

Chory–Assad, R. M., & Paulsel, M. L. (2004b). Antisocial classroom communication: Instructor influence and interactional justice as predictors of student aggression. *Communication Quarterly, 52*(2), 98–114.

Daily, S. M., Smith, M. L., Lilly, C. L., Davidov, D. M., Mann, M. J., & Kristjansson, A. L. (2020). Using school climate to improve attendance and grades: Understanding the importance of school satisfaction among middle and high school students. *Journal of School Health, 90*(9), 683–693.

Dogan, U., & Celik, E. (2014). Examining the Factors Contributing to Students' Life Satisfaction. *Educational Sciences: Theory and Practice, 14*(6), 2121–2128.

Dweck, C. S. (2006). *Mindset: The new psychology of success*. Random House.

Dweck, C. S. (2009). Mindsets: Developing talent through a growth mindset. *Olympic Coach, 21*(1), 4–7.

Dweck, C. S., Walton, G. M., & Cohen, G. L. (2014). *Academic Tenacity: Mindsets and Skills That Promote Long–Term Learning*. Seattle, Bill & Melinda Gates Foundation.

Horan, S. M., Chory–Assad, R. M., & Goodboy, A. K. (2010). Understanding students' classroom justice experiences and responses. *Communication Education, 59*(4), 453–474.

Kim, K. T. (2020). A structural relationship among growth mindset, academic grit, and academic burnout as perceived by Korean high school students. *Universal Journal of Educational Research, 8*(9), 4009–4018.

Lodi, E., Boerchi, D., Magnano, P., & Patrizi, P. (2019). High–School Satisfaction scale (H–Sat Scale): Evaluation of Contextual Satisfaction in relation to high–school students' life satisfaction. *Behavioral Sciences, 9*(12), 125.

Paulsel, M. L., Chory–Assad, R. M., & Dunleavy, K. N. (2005). The relationship between student perceptions of instructor power and classroom justice. *Communication Research Reports, 22*(3), 207–215.

Rasooli A., Zandi. H., & DeLuca. (2021). Conceptualising fairness in classroom assessment: exploring the value of organisational justice theory. *Assessment in Education: Principles*, Policy & Practice

Shrout, P. E., & Bolger, N. (2002). Mediation in experimental and nonexperimental studies: New procedures and recommendations. *Psychological Methods, 7*, 422–445.

Sirin, S. R. (2005). Socioeconomic Status and Academic Achievement A Meta–Analytic Review of Research. *Review of Educational Research, 75*, 417–453.

Telef, B. B. (2021). The Relation between Happiness, School Satisfaction, and Positive Experiences at School in Secondary School Students. *Education & Science, 46*(205), 359–371.

Walker, K. A., & Jiang, X. (2022). An examination of the moderating role of growth mindset in the relation between social stress and externalizing behaviors among adolescents. *Journal of Adolescence, 94*(1), 69–80.

제**8**장

중·고등학교 학생들은
학교가 공정하다고 생각할까

안영은 박사(한국교육개발원)

  학교 시험이 치러진 후 문제 오류나 성적 관련 이의를 제기하는 것은 오늘날 학생들의 당연한 권리로 여겨진다. 그러나 이러한 이의 제기 절차가 체계화된 것은 2012년 학업성적관리지침 개정[1] 이후로 사실 그리 오래되지 않았다. 그 이전까지는 학생이 문제를 제기할 공식적 기회가 부족하였고, 설사 학생이 어렵게 이의를 제기하더라도 공정하게 판결해 줄 기구가 미비하였다. 전통적인 학교에서 학생은 미성숙한 존재로 여겨지며 교사에 의해 구성된 교육을 잘 받아들이는 역할만이 부여되었다.

  그러나 최근 우리 교육은 학생의 의견을 수렴하여 학교 교육의 공정성을 확보하려는 노력들이 차츰 포착되고 있다. 앞서 소개한 평가 관련 공정성뿐 아니라 학교폭력 사안에 대한 처리(뉴스핌, 2023), 지원자 선별(브릿지경제, 2022) 등 학교생활 전반에 있어서도 학생 간 유불리 문제가 발

---

1 교육부 훈령 제280호.

생하지 않도록 운영 지침을 보다 정교하게 보완해 온 것이다. 학생이 학교를 다니면서 공정하지 못한 상황에 직면했을 때 의견을 개진할 창구조차 없던 과거와는 달리, 현재 학교들은 학교운영위원회에 학생대표가 참여하기도 하고 학생참여예산제 시행하는 등 학교 운영에 학생들의 다양한 의견이 반영될 수 있도록 체계를 개선해 온 것이다. 또한, 고교학점제 도입에 따라 개설과목 수요조사가 이루어지며 교육과정 편성에 학생들의 의견을 반영하고 있는데, 이 부분 역시 우리 교육의 큰 변화라고 할 수 있다.

이처럼 정부가 학교 교육의 공정성 확보를 위해 노력해 온 이유는 물론 일차적으로 학생과 학부모의 민원을 줄이기 위함이라고 할 수 있다. 그러나 보다 근본적으로는 이때 형성된 학생들의 학교 신뢰가 곧 우리 사회 전체에 대한 신뢰로 이어질 수 있기 때문이다. 학생들이 인식한 학교 교육의 공정성 정도는 학교에서 끝나는 것이 아니라 졸업 후 학생들이 사회로 진입했을 때 사회 전반에 대한 신뢰 혹은 불신으로 확장될 수 있다. 이처럼 청소년기에 형성된 가치관은 생애 전반에 영향을 미칠 수 있기에 학생들이 처음으로 마주하는 작은 사회인 학교에서의 공정성은 반드시 확보될 필요가 있는 것이다.

그렇다면 앞서 살펴본 변화들로 오늘날 학생들이 느끼는 교육 공정성 정도는 높아졌을까? 이 질문에 대한 답을 찾기 위해, 이 장에서는 최근에 이루어진 연구 결과들을 살펴보며 실제 중·고등학생들이 인식하는 학교 교육의 공정성 정도를 파악해 보고자 한다. 여기서 학교 교육 공정성이란 '학교 교육의 맥락에서 학생들이 그들에게 주어진(또는 그들이 경험하고 있는) 교육의 배경, 기회, 과정(절차), 결과가 공정한지에 대한 인식 정도'를 의미하며, 크게 세 가지 요소(분배/절차/상호작용)로 구성된다(김규태 외, 2024).

1. 중·고등학생들이 생각하는 학교의 분배 공정성 정도는

먼저, 중·고등학생들이 생각하는 우리 교육의 분배 공정성 정도는 어떠할까? 분배 공정성이란 특정 규범(norms)이나 원칙에 기초한 자원의 분배를 의미하는데, 여기서의 자원은 예산 등 실제 물질적 자원도 의미하지만 성적과 같은 산출물 또한 분배되어야 할 비물질적 자원으로서 모두 포함된다. 오히려 이 성적은 다음 학교급으로의 입시가 중요한 중·고등학생들에게 가장 큰 관심을 받는 핵심자원으로 여겨진다. 이에 여기서는 '성적'이라는 자원을 중심으로 학생들이 인식한 분배 공정성을 들여다보고자 한다. 구체적으로, 실제 중·고등학생들이 자신의 능력이나 노력에 따라 학교 성적이 공정하게 분배된다고 인식하는지 살펴보자.

서울 학생들을 대상으로 7년간 추적조사하는 교육종단연구 자료인 「서울교육종단연구 2020」은 학생들이 생각하는 분배 공정성 정도를 가늠할 수 있는 흥미로운 결과를 제시한다. 해당 연구팀[2]은 설문조사[3]를 통해 중·고등학생들에게 가정 환경에 따라 성적의 차이가 크다고 생각하는지 5점 만점[4]으로 질문하였다. 학생 자신의 노력에 상응하는 정당한

---

2 안영은 외(2022). 「서울학생종단연구 2020」 1차년도 결과 분석 보고서. 서울특별시교육청교육연구정보원.

3 2021년 10월 4일부터 10월 22일까지 조사 진행.

4 1점=전혀 그렇지 않다, 2=그렇지 않다, 3=보통이다, 4=그렇다, 5=매우 그렇다

보상이 아닌 가정 환경에 따라 성적이 좌우된다면 이는 분배 공정성이
실현되지 않는 상황이라고 할 수 있다.

중학생 결과부터 살펴보면 다음과 같다. 조사에 참여한 중학생 응답
자 4,587명은 5점 만점 중 3.08점으로 응답하며 가정 환경에 따른 성적
차이에 대해 대체로 '보통이다'는 의견을 보여 주었다. 그러나 가정 환경
에 따른 성적 차이가 있다고 동의(그렇다+매우 그렇다)한 학생 비율이 총
34%(1,637명)로 적지 않은 점 또한 주목할 필요가 있었다. 즉, 적지 않은
학생들이 여전히 학교에서 가정 환경에 따른 성적 차이를 느끼고 있는
것이다.

고등학생[5]의 결과를 살펴보면, 3,648명의 조사 참여자들은 5점 만점
중 3.38점으로 응답하며 가정 환경에 따른 성적 차이를 어느 정도 체감
하고 있는 것으로 나타났다. 고등학생 중 가정 환경에 따른 성적 차이에
동의(그렇다+매우 그렇다)한 비율은 총 40%(1,543명)로 중학교급보다 6%p
더 높게 나타났다.

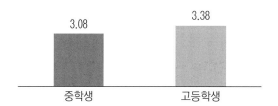

[그림 8-1] 가정 환경에 따른 성적 차이 인식

출처: 「서울학생종단연구 2020」 1차년도 결과(2021년 조사)

---

5 해당 결과에서 고등학생은 인문계고(일반고, 자율고, 과학고, 외국어고, 국제고)만을
대상으로 함.

2. 중·고등학생들이 생각하는 학교의 절차 공정성 정도는

다음으로, 중·고등학생들이 생각하는 우리 교육의 절차 공정성 정도가 어떠한지 살펴보자. 절차 공정성은 학생들이 자신이 얻은 학교 교육의 결과나 성과가 정해진 기준과 절차에 따라 이루어졌다고 인식하는 정도를 의미한다(김규태 외, 2024). 특히, 절차 공정성에 대한 개인의 인식은 그 기반이 되는 의사결정 과정이나 원칙에 따라 의존하기 때문에(김규태 외, 2024) 이 영역들을 중심으로 절차 공정성 실태를 파악해 보고자 한다.

2023년 서울교육정책연구소에서 수행된 한 연구[6] 결과는 중·고등학생들이 인식한 절차 공정성 정도를 보여 준다. 해당 연구팀은 학교가 학급(학교) 규칙을 만들거나 수정할 때 또는 수업이나 교육 활동 관련하여 의사결정할 때 학생들의 의견이 어느 정도 반영되고 있는지 5점 만점[7]으로 조사하였다.

결과를 살펴보면, '학급 또는 학교규칙을 만들거나 수정할 때 학생의 의견을 반영하는가'에 대해 중·고등학생 모두 5점 만점 중 약 4점으로 평가하였다. 중학생 결과부터 살펴보면, 학생들은 학급 또는 학교규칙을 만들거나 수정할 때 학생의 의견을 반영하는지에 대해 5점 만점 중 4.01점으로 응답하며 대체로 '그렇다'는 의견이었다. 전체 응답자 중 62.48%(5,148명)가 동의(그렇다+매우 그렇다)하는 것으로 집계되었으며, 이후 보통이라는 의견이 26.18%(2,157명), 동의하지 않는 학생(그렇지 않

---

6 안영은 외(2023). 서울 중·고등학생의 참여자치역량 실태 및 강화 방안 연구. 서울특별시교육청교육연구정보원.

7 1점=전혀 그렇지 않다, 2=그렇지 않다, 3=보통이다, 4=그렇다, 5=매우 그렇다

다+전혀 그렇지 않다)이 11.35%(935명)로 나타났다.

고등학생 또한 학급 또는 학교규칙을 만들거나 수정할 때 학생의 의견을 반영한다고 인식한 정도가 5점 만점 중 3.94점으로 약 4점을 나타냈다. 각각의 비율을 살펴보면, 학생 의견을 반영한다에 동의한 학생(그렇다+매우 그렇다)이 61.40%(2,722명)로 다수였으며 보통이 26.93%(1,194명), 동의하지 않는 학생(그렇지 않다+전혀 그렇지 않다)이 11.66%(517명)이었다.

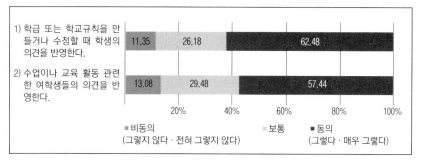

[그림 8-2] 의사결정 시 학생 의견 반영 정도(중학교)

출처: 안영은 외(2023)

다음으로, '수업이나 교육 활동 관련하여 학생들의 의견을 반영하는가?'에 대해서는 중·고등학생 모두 5점 만점 중 3점대 후반을 나타냈다. 중학생 결과부터 살펴보면, 중학생들은 해당 학교가 수업이나 교육 활동 관련하여 학생들의 의견을 반영한다고 인식하는 정도가 5점 만점 중 3.89점이었다. 응답자 중 57.44%(4,813명)는 의견을 반영하고 있다에 동의(그렇다+매우 그렇다)하였고 보통이라는 의견은 29.48%(2,470명), 동의하지 않는 학생(그렇지 않다+전혀 그렇지 않다)은 13.08%(1,096명)이었다.

고등학생의 경우 수업이나 교육 활동 관련하여 학생들의 의견을 반영하는 정도를 5점 만점 중 3.87점으로 평가하였다. 이는 앞서 소개한 중학생 결과와 유사한 수준이다. 응답 비율을 비교하면, 전체 응답자 중 학생의 의견을 반영한다에 동의하는 비율(그렇다+매우 그렇다)이 59.76%(2,716명)이었고 보통이라는 의견이 28.05%(1,275명), 동의하지 않는 비율(그렇지 않다+전혀 그렇지 않다)이 12.19%(554명)로 집계되었다. 즉, 중·고등학생들 모두 수업이나 교육 활동 관련하여 학생 의견 반영 정도에 동의하는 비율이 그렇지 않은 비율보다 높은 것을 확인할 수 있다.

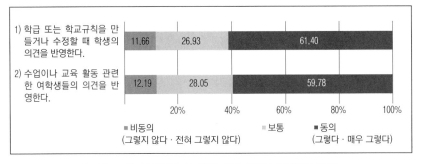

[그림 8-3] 의사결정 시 학생 의견 반영 정도(고등학교)

출처: 안영은 외(2023)

서울교육정책연구소에서 2022년에 수행된 또 다른 연구 결과[8]는 고등학교급 내 선택과목 개설 시 학생 의견이 어느 정도 반영되고 있는지 보여 준다. 최근 고교학점제가 부분 도입되며 학교 내 다양한 선택과목이 개설되고 있는데, 이때 어느 정도 적극적으로 학생들의 의견을 반영하고 있는지를 질문한 결과이다. 서울에 있는 일반고 전체를 대상으로 시행한 본 조사의 결과를 살펴보면, 학생의 의견을 적극 반영하고 있는가에

---

8 안영은 외(2022). 서울 고교학점제 전면 도입을 위한 안착 방안 연구: 일반고 지원을 중심으로. 서울특별시교육청교육연구정보원.

보통이라는 의견이 48.19%(986명), 동의하는 비율(그렇다+매우 그렇다)이 36.66%(750명), 반영하지 않는다가 15.15%(310명)이었다. 선택과목 개설 관련해서도 학생 의견을 반영하지 않고 있다는 의견이 10%가 넘는 수준 이었다. 5점 만점[9]으로 환산하면 3.25점으로 보통 수준임을 알 수 있다.

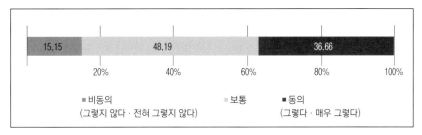

[**그림 8-4**] 선택과목 개설 시 학생 의견 반영 정도(고등학교)

출처: 안영은 외(2022)

3. 중 · 고등학생들이 생각하는 학교의 상호작용 공정성 정도는

마지막으로, 중 · 고등학생들이 인식하는 상호작용 공정성은 어느 정도 일까? 상호작용 공정성은 개인이 대인관계에서 어떻게 취급되고 정보가 제공되는지에 대한 인식을 의미하는데, 여기에는 대인적 공정성와 정보적 공정성이라는 두 가지 측면이 있다(김규태 외, 2024). 먼저, 대인적 공정성 은 개인 간의 상호작용에 있어 예절, 존중, 공손함 및 존엄성의 원칙이 포 함되었는지를 중심으로 공정성을 평가하는 것이며, 정보적 공정성은 개인

---

9 1점=전혀 그렇지 않다, 2=그렇지 않다, 3=보통이다, 4=그렇다, 5=매우 그렇다

간 정보가 공정하게 전달되었는지가 중요한 잣대가 된다(김규태 외, 2024).

앞서 소개한 「서울교육종단연구」에는 중 · 고등학생들이 인식한 상호작용 공정성을 보여 주는 문항이 포함되어 있다. 하나는 교사가 학생을 공정하게 대하는지와 관련된 것으로 이는 '정보적 공정성'과 연결된다. 또 다른 하나는 교사가 학생의 생각이나 행동을 잘 이해해 주는지에 관한 것으로 학생들이 인식한 '대인적 공정성'을 가늠해 볼 수 있는 문항이다. 두 문항 모두 5점 만점[10]으로 측정되었으며, 특히 위 두 문항은 2010년과 2021년 동일한 학년을 대상으로 조사되었다는 점에서 지난 10년간의 공정성 인식이 어떻게 변화했는지까지 살펴볼 수 있다.

먼저, '우리 학교 선생님들은 학생들을 공정하게 대하신다'에 대해 중학생들은 보통 이상이라고 응답하였으며 2010년 대비 2021년 모두 공정성 인식 정도가 높아졌다. 교사의 공정한 학생 대우 관련하여 2010년 중학생들은 5점 만점 중 3.26점으로 평가한 반면, 2021년 학생들은 4.14점으로 보다 높게 인식하고 있었다.

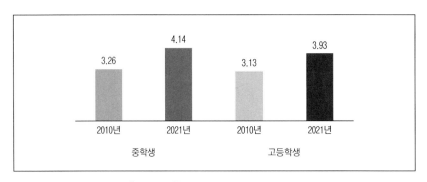

[그림 8-5] 교사의 공정한 학생 대우

출처: 「서울학생종단연구」 1기 1차년도 자료 및 2기 1차년도 자료

10　1점=전혀 그렇지 않다, 2=그렇지 않다, 3=보통이다, 4=그렇다, 5=매우 그렇다

고등학생 결과도 살펴보면, 고등학생들은 2010년과 2021년 모두 3점대로 교사의 공정한 학생 대우에 대해 '보통' 수준으로 인식하고 있었다. 고등학생들은 2010년 교사의 공정한 학생 대우 정도를 3.13점으로 평가하였고, 2021년에는 3.93점으로 응답하며 차이가 있었다. 중학교와 동일하게 고등학교급도 2010년 대비 2021년 상호작용 공정성이 증가한 것을 확인할 수 있었으나, 고등학교급은 그럼에도 여전히 동의 수준(4점 이상)까지는 도달하지 못한 것으로 파악된다.

다음으로, '우리학교 선생님들은 학생들의 생각이나 행동을 잘 이해해 주신다'에 대한 응답 결과를 살펴보면 앞선 결과와 동일하게 중 · 고등학생 모두 5점 만점 중 3점 이상을 나타냈다. 중학생 결과부터 살펴보면, 교사의 학생 이해 정도(5점 만점)에 대해 2010년 3.31점이었던 응답 결과가 2021년 4.10점으로 상승한 것을 확인하였다. 이 결과는 중학교급 내 상호작용 공정성이 지난 10년 새 긍정적인 방향으로 변화한 것을 의미한다.

고등학생 결과에서도 2010년 3.12점이었던 교사의 학생 이해 정도 인식(5점 만점)이 2021년에는 3.92점으로 향상된 것을 확인할 수 있다. 그러나 앞서 정보적 공정성과 동일하게 대인적 공정성을 나타내는 본 문항

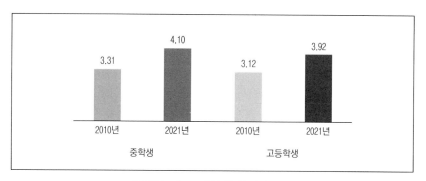

[그림 8-5] 교사의 학생 이해 정도

출처: 「서울학생종단연구」 1기 1차년도 자료 및 2기 1차년도 자료

결과 또한 5점 만점 중 4점(동의 수준)까지는 도달하지 못하며 개선의 여지가 있음도 확인할 수 있다.

4. 교육 공정성을 향한 중·고등학생들의 여전한 갈증

지금까지 중·고등학생들이 실제 생각하는 교육 공정성 정도를 최근 연구 결과를 통해 살펴보았다. 먼저, 분배 공정성은 가정 환경에 따른 성적 차이가 크다고 생각하는지 인식하는 정도를 통해 살펴보았으며, 그 결과 중·고등학생 모두 3점대를 나타내며 보통 수준임을 확인하였다. 5점 만점 중 이 3점대의 의미는 가정 환경에 따른 격차가 심하다고 인식하는 것은 아니라는 점에서 긍정적이지만, 여전히 가정의 영향력을 체감하는 학생이 적지 않다는 점에서 개선이 필요함도 보여 준다. 직접적으로 가정 환경에 따른 성적 차이가 크다는 것에 동의한 비율이 중·고등학교 모두 10% 이상이었다는 것은 분명 우리 교육에 시사하는 바가 크다.

절차 공정성은 학급 또는 학교규칙을 만들거나 수정할 때 그리고 수업이나 교육 활동을 결정할 때 학생들의 의견이 반영되고 있는지 질문한 결과를 각각 살펴보았다. 그 결과, 이 또한 분배 공정성과 동일하게 보통(3점) 이상은 충족하는 것으로 나타났다. 다만 학급 또는 학교규칙 관련한 절차 공정성의 경우 중·고등학생 모두 약 4점대를 나타냈으나, 수업 또는 교육 활동 관련해서는 3점대 중후반으로 나타나 개선이 필요하였다. 고등학생들만을 대상으로 선택과목 개설 시 학생 의견 반영 정도를 질문한 결과에서도 5점 만점 중 3점대로 평가되어 직접적으로 교육과 관련된 영역은 학생들의 의견을 수렴하려는 노력이 보다 강화될 필요가 있었다.

상호작용 공정성으로는 교사가 학생을 대할 때 공정한지, 학생의 생각과 행동을 이해해 주는지 학생의 인식을 통해 살펴보았다. 특히 이 상호작용 공정성은 10년 전 자료와 비교할 수 있어 학생이 체감하는 공정성 정도가 향상되었는지까지 파악할 수 있었다. 결과를 살펴보면, 중·고등학생 모두 2010년에는 상호작용 공정성이 3점대였던 반면, 2021년에는 약 4점을 나타내며 향상한 것을 확인하였다. 이는 학생 인권에 대한 인식이 전반적으로 확산된 부분에서 기인한 것으로 해석된다.

결론적으로 우리 중·고등학생들이 인식하는 학교 교육의 공정성은 낮지 않으며 '보통' 수준은 분명 보장받고 있었다. 그러나 다른 한편으로 우리 교육은 여전히 '높은' 수준까지는 도달하지 못하고 있기에 분명 도약이 필요하며, 특히 분배 공정성과 교육과정 관련 절차 공정성을 높이기 위한 노력이 요구된다.

그렇다면 학생들이 인식하는 교육 공정성 수준이 '보통'에서 '만족'으로 향상되기 위해 어떤 부분이 보완되어야 할까? 현재 학생들의 형식적인 참여 보장은 어느 정도 이루어지고 있다. 앞으로 우리는 학생 의견의 '실질 반영률'을 높이기 위한 노력에 방점을 둘 필요가 있는 것이다. 실제로 최근 학교 운영위원회에 학생대표가 참석할 수 있도록 조례가 개정되고 있으나, 여전히 학생들의 참여가 형식적이라는 비판이 제기되고 있다(국제뉴스, 2020). 회의에 참석한 학생대표가 의견을 제시할 수 있는 사항이 매우 제한적이고 학생들의 의견을 반영하기 위한 조치 또한 미흡하다는 지적이다.

학교운영위원회 참여는 비교적 최근에 이루어졌기 때문이라 하더라도 학생들의 학교 참여 형태로 가장 오랜 기간 지속되어 온 '학생회' 또한 학교 운영 관련 실질 반영률이 높지 않는 것으로 파악된다. 앞서 소개한 서울교육정책연구소의 학생 참여자치 관련 연구 결과[11]를 살펴보면, 학생회는 학생들의 자습시간으로 활용되거나 형식적으로 간단히 이루어지는 부분이 지적되기도 한다.

> 학교 일은 대부분 **학생회에도 거의 결정권이 없는 걸로 알고 있고** 선생님들께서 결정을 하시고 저희는 그걸 따라가는 방식이다 보니까 투표도 이제 회장단 선거할 때 말고는 아예 안 하거든요. 일단 학교의 일이 저희한테까지 알려져서 안건으로 나오는 경우가 거의 없어요. 공부에 오히려 더 집중을 하는 분위기라서 **학급회나 학생회가 있지만 정말 명목상의 조직일 뿐이고** 학생회 같은 경우에는 그나마 활동을 하지만 학급회의 같은 경우에는 선생님들이 자습을 주시는 경우도 너무 많고. (고등학생 면담자)

분명 전통적인 학교에 비하면 현재와 같이 절차상 학생 의견을 수렴하는 과정이 포함된 것도 우리 교육의 매우 큰 진보라고 할 수 있다. 그러나 이제는 형식적인 참여를 넘어 학생들의 의견이 실질적으로 반영될 수 있도록 보다 정교하게 관련 정책들을 보완해 나가야 할 시점이다.

5. 더 생각해 볼 이슈

마지막으로 중·고등학교의 교육 공정성 관련하여 앞으로 더 생각해

---

11 안영은 외(2023). 서울 중·고등학생의 참여자치역량 실태 및 강화 방안 연구. 서울특별시교육청교육연구정보원.

볼 이슈가 무엇인지 살펴보자. 모든 공정성 차원이 중요하겠으나, 가까운 미래에는 특히 분배 공정성 관련 문제들이 보다 첨예하게 대립할 것으로 예측된다. 중·고등학교급은 평가 결과가 직접적으로 입시와 결부되어 민감할 수밖에 없는데, 여기에 더하여 앞으로 우리 교육은 고교학점제 전면 도입, IB 교육의 확산, AI 기술의 보편화 등의 시스템 변화에도 대응해야 하기 때문이다.

먼저, 고교학점제 전면 도입은 교과목 선택에 따른 학생들의 유불리 문제가 발생하며 분배 공정성에 관한 학생 불만을 초래할 수 있다. 2025년 전면 도입을 앞둔 고교학점제는 본래 기획과 다르게 성취평가제와 등급제가 병기되는 방식으로 적용될 예정[12]이다. 문제는 일정한 비율로 등급이 부여되는 등급제(상대평가)가 병기되면 해당 교과목을 선택하는 학생 수나 기존 성취 분포에 따른 유불리 문제가 발생할 수 있다는 것이다. 혹은 대학입시에 중요한 요소 중 하나인 이 학교 내신 점수를 위해 학생들은 고교학점제의 본래 취지에서 벗어나 자신의 흥미·적성을 따르기보다 좋은 성적을 거둘 수 있는 교과목을 선택하며 의도하지 않은 정책효과가 발생할 수 있다.

둘째, IB 교육[13] 등의 영향으로 점차 학교 시험 내 서술형 문항 비중이 늘어날 것으로 예상되는데 이로 인한 평가 공정성 문제가 더 증가할 것으로 예상된다. 서술형 문항은 선다형 문항과 다르게 채점자에 따라 평가 결과에 차이가 있을 수 있다. 이러한 문제는 여러 채점자가 평가하여

---

12 교육부(2023.12.27.). 미래 사회를 대비하는 2028 대학입시제도 개편 확정. 교육부.
13 IB(International Baccalaureate)는 학생들이 비판적이고 독립적으로 사고하며 신중하고 논리적으로 탐구할 수 있도록 가르치는 교육 프로그램임(국제 바칼로레아 공식 웹사이트, www.ibo.org).

평가의 신뢰성을 검증함으로써 확보될 수도 있으나 학교 현장에서 학교시험 서술형 채점을 여러 교사가 담당하기란 부담이 될 수밖에 없다. 더욱이, 서술형 문항 수가 더 늘어날 경우 이에 대한 이의 제기 건수 자체도 늘어날 것이란 점에서 이 부분에 대한 대책이 요구된다.

　마지막으로, AI 기술이 보편화됨에 따라 학생들의 과제 평가에 대한 공정성 시비가 증가할 것이다. Chat GPT 등 AI 기술 활용이 대중화되면서 학생들이 이를 활용하여 과제를 할 수 있는 시대가 되었다. 문제는 그 결과물을 학생의 과제로서 평가하는 것이 타당한지, 그리고 AI 기술을 활용한 학생과 그렇지 않은 학생 간 공정성 문제는 어떻게 해결할 것인지 등 다양한 이슈가 파생될 수 있다는 점이다. 이에 중등학교급에서는 분배 공정성 관련 다양한 문제 상황을 미리 파악하고 그 대처방안과 규정 정립을 신속히 이루어 낼 필요가 있겠다.

참고 문헌

교육부(2023. 12. 27.). 미래 사회를 대비하는 2028 대학입시제도 개편 확정.

김규태, 이석열, 서재복, 정성수, 김훈호(2024). 중등학교 교육 공정성 진단도구 개발 및 타당화. **교육종합연구, 22**(1), 237–258.

안영은 황재운, 박세진, 임종헌, 양성관(2022). 서울 고교학점제 전면 도입을 위한 안착 방안 연구: 일반고 지원을 중심으로. 서울특별시교육청교육연구정보원.

안영은, 나우열, 이호준, 이해니(2022). 『서울학생종단연구 2020』 1차년도 결과 분석 보고서. 서울특별시교육청교육연구정보원.

안영은, 이인수, 김승정, 박세진, 윤상철(2023). 서울 중·고등학생의 참여자치역량 실태 및 강화 방안 연구. 서울특별시교육청교육연구정보원.

국제 바칼로레아 공식 웹사이트, www.ibo.org

국제뉴스(2020. 9. 10.). 부산 초·중고 학교운영위원회에 '학생 참관제도' 도입.

뉴스핌(2023. 3. 2.). 이주호 "학폭 제도 대대적 손질 시점 됐다" … 공정성 포함해 검토.

브릿지경제(2022. 11. 10.). 함양군, 초·중학생 해외어학연수 대상 선발 마쳐.

제9장

중등교사가 생각하는 교육 공정성

한은정 교수(인천대학교)

1. '공정(公正)'의 의미

중등교육에서의 '공정성'을 논하기에 앞서, '공정'의 사전적 의미가 무엇인지 궁금해졌다. 우리는 흔히 학교생활을 하면서 아이들에게 "선생님, 그건 공정하지 않아요."라는 말을 듣기도 하고, 동료 교사들과 대화하면서 "그건 정말 공정하지 않지 않나요?"라는 대화를 나누기도 한다. 그동안의 대화를 돌이켜 보면, 그것이 '공정'이라는 의미에 맞게 적절하게 사용된 것인지, '공정'이 아닌 '공평'으로 사용할 수도 있는 경우에 그 의미를 좀 더 강하게 표현하기 위해 '공정'이라는 단어를 선택했던 것은 아닌지 하는 의구심이 들기도 하였다.

'공정'의 사전적 의미를 표준국어대사전에서 찾아 보니 '공평하고 올바름'을 의미하는 것으로 나와 있다. 이에 따르면 우리는 '공평'과 '올바름'의 의미를 모두 포함할 때 '공정'이라는 단어를 사용해야 함을 알 수 있다. 그리고 아마도 그런 의미로, 공평하고 올바른 것을 지향하면서 학생들도, 동료 교사들도 '공정'이라는 단어를 사용해 왔을 듯싶다.

그렇다면 우리는 왜, 어떤 경우에 '공정'이라는 말을 사용할까? 언어가 인식을 표현하고, 인식을 만들어 간다는 점을 고려할 때, 중등학교 교육 현장에서 '공정'이라는 단어를 사용하는 경우는 언제이고, 그것을 사용함으로써 우리의 인식은 어떻게 만들어지고 강화해 가는가에 대해 생각해 볼 필요가 있다.

2. 개인적 경험: 학교 교육에서 '공정'이라는 단어는 주로 언제 사용되는가

실제 학교 현장에서 '공정하다' 또는 '공정하지 않다' '공정하지 못하다'라는 말들은 주로 언제 사용되고 있을까? 중학교 교사로서 8년을 근무해 본 경험을 돌이켜 보면, 가장 먼저 떠오르는 것은 '학생 평가' 장면이다. 주로 객관식 문항으로 이루어져 정답이 분명한 중간고사나 기말고사 등의 지필평가에서는 공정하다거나 공정하지 않다, 또는 공정하지 못하다고 말하는 학생은 많지 않다. 주로 수행평가와 같은 질적 평가를 할 때, 그래서 평가자인 교사가 전문가라 하더라도 개인의 주관적 평가가 어느 정도 개입될 여지가 있을 수밖에 없을 때 학생들은 '공정하지 못하다' 또는 '공정하지 않다'는 말을 종종 하곤 한다. 물론 수행평가를 하기 전에 이런 이야기를 하는 학생은 거의 없다. 통상 평가가 끝나고 나서, 다른 학생들과 본인의 평가 점수가 차이가 나거나, 본인이 더 잘했다고 생각함에도 불구하고 다른 학생들의 점수가 더 높을 때, 학생들은 교사에게 '공정하지 못하다'라는 이야기를 한다. 이렇게 학생들이 '공정하지 못하다'라고 이야기하는 경우는 대부분 그들의 점수가 기대보다 낮게 나왔을 경우에, 그리고 그러한 상황을 납득할 수 없는 경우에 해당한다. 이는 앞 장에서 분배 공정성이나 절차 공정성 차원에서의 문제 제기라고 볼 수 있다.

> "선생님, 이건 공정하지 않아요! 저도 쟤랑 똑같이 했는데, 왜 쟤가 더 점수가 높아요?"
>
> "선생님, 똑같이 감상문을 쓰는 활동이라도 수필을 읽고 쓰는 거랑 소설을 읽고 쓰는 것은 다르지 않나요? 똑같은 걸 읽고 써야 공정하게 평가하실 수 있지 않나요?"
>
> "선생님, 공을 던지고 받는 걸 수행평가로 하셨는데, 누가, 어떻게 던지느냐에 따라 결과가 달라질 수 있지 않나요?"

그런데 이러한 장면은 교사와 학생 간의 관계뿐만이 아니라, 교사와 학교조직 간의 관계에서도 종종 발견할 수 있다. 교사의 근무성적평정이나 성과상여금 관련 평가 등에서도 '공정하지 않다' '공정하지 못하다'라는 말을 많이 들어 봤기 때문이다. 예를 들면, 상당수 학교에서는 교무부장, 연구부장, 생활지도부장 등 학교 업무량이 많고 책임이 중대한 편인 부장 교사에게 가장 높은 근무성적평정 점수를 부여한다. 이러한 관례에 대해서는 대부분 교사들이 수긍하지만, 이러한 관례적 기준이 깨지는 경우 공정성에 대한 문제가 제기될 수 있다. 해당 보직의 업무를 제대로 수행하였음에도 가장 높은 점수를 받지 못할 때 또는 해당 보직의 업무를 불성실하게 수행하였음에도 단지 그 보직을 맡았다는 이유만으로 가장 높은 점수를 받았을 때 '공정하지 못하다'는 문제가 제기될 수 있는 것이다. 또한 교원 성과상여금 평가와 관련하여, 교과, 비교과 교사 간 차별 등에 대한 문제 제기나 특정한 기준을 통해 평가하는 것에 대한 불복종의 행위로 개인에게 차등 지급한 상여금을 모아서 균등 분배하는 양상도 나타나고 있다(연합뉴스, 2020). 이는 이러한 평가 기준이 공정하지 못하다는 인식에서 비롯된 것으로 해석할 수 있다.

교원 성과상여금 평가, 지급 방식 등을 둘러싼 교육 현장의 논란이 식지 않고 있다. 교과·비교과 교사 간 차별, 차등 지급한 상여금을 모아서 균등 분배하는 불복종 사례 등 부작용에 성과급 제도 폐지를 주장하는 목소리도 나온다. 10일 광주시교육청과 교육 시민단체 '학벌 없는 사회를 위한 시민모임'에 따르면 지난해 광주 교사 성과 평가에서 비교과 교사는 가장 높은 S등급이 10.5%, A등급 27.2%, B등급 62.3% 등으로 하위 쏠림 현상을 보였다. 반면 교과 교사는 S등급 31.3%, A등급 40.5%, B등급 28.2%였다. 등급별 인원 배정 비율은 S등급 30%, A등급 40%, B등급 30%를 고려하면 교과·비교과 교사 사이 불균형이 뚜렷하다. 국가인권위원회는 최근 보건·영양·사서·전문 상담 등 비교과 교사가 국영수 등 교과 교사 업무 위주로 구성된 평가 기준을 적용받는 것은 차별이라고 판단하기도 했다. (이하 생략)

― 연합뉴스(2020. 4. 10), 교사 간 차별, 차등 지급 불복종 … 식지 않는 교원 성과급 논란

또한 교사와 학교조직 간의 관계에서 공정성 문제가 제기될 수 있는 부분 중의 하나는 예산 배분, 인사 배치 등과 관련한 문제다. 흔히 특정 교과나 사업에 예산이 더 많이 배분되거나, 소수를 대상으로 하는 활동을 위해 과도한 학교 예산이 투입되고 상대적으로 다른 학생들은 그러한 혜택을 받지 못한다고 인식될 때 공정성 문제가 제기된다. 또 새로운 학

년도가 시작되면서 각 부서나 학급 담임, 교과 담당 등의 인사 배치를 할 때에도 공정하지 못한 인사 배치라는 문제 제기를 하기도 한다. 특히 요즘은 교직의 업무 환경이 심적으로 더 힘들어지면서, 병가를 내거나 휴직을 하는 교사가 많아지고 학급 담임이나 부장 교사 등의 업무를 기피하는 경우도 늘어나면서 많은 학교들이 인사 배치에 어려움을 겪고 있다. 이때 아직 경력이 짧은 기간제 교사나 신임교사들이 부장 교사나 학급 담임 업무를 맡게 되고, 이것이 공정하지 못하다는 인식도 늘어나고 있다. 이처럼 우리가 특정한 '기준'을 가지고 한정된 인적, 물적 자원을 배분할 때, '공정성' 문제가 제기되곤 한다.

"저는 매년 한 번도 빠지지 않고 담임을 맡아 왔는데 올해도 또 담임인가요? 다른 선생님들은 한 번도 담임을 안 하는 경우도 있는데요. 다른 학교처럼 우리도 5년에 한 번 정도는 비담임을 하는 것이 맞지 않나요? 도대체 우리 학교 인사위원회의 인사 배치 기준은 무엇인가요?"

이처럼 공정성 문제는 교사가 학생들을, 학교조직이 교사들을 대하는 태도와 관련하여 제기되는 것으로 보인다. 즉, 권한이나 위계에 있어 상급자의 위치에 있는 사람이 하급자의 위치에 있는 사람에게 특정한 기준으로 평가하거나 자원을 배분하거나 조직을 배치하는 경우, 그 기준이나 결과가 주변의 다른 누군가와 비교해 볼 때 '공평하고 올바르지' 못할 때 공정성 문제가 제기된다.

3. 사회적 이슈: 언론 보도에서 나타난 학교 교육에서의 공정성 이슈들

앞서 언급한 것들은 지극히 개인적인 경험 속에서 떠오르는 것들을 나열해 본 것이다. 그렇다면 언론 보도에서 중·고등학교 교육과 관련하여 '공정'이라는 단어가 어떤 이슈에서 주로 나타나고 있을까? 개인적 경험을 넘어서서 중등학교 교육을 바라보면서 어떠한 맥락에서 '공정성'에 대한 언급이 이루어지고 있을까? 이에 대해 살펴보기 위해 한국언론진흥재단이 운영하는 빅카인즈(https://www.bigkinds.or.kr/) 웹사이트에서 2024년 보도자료를 대상으로 하여, '중학교' '고등학교' '공정'을 교차 키워드로 검색한 결과를 정리하면 다음과 같다.

1) 공정한 평가

'스포츠'와 같이 경쟁과 평가가 이루어지는 경우, '학생생활기록부'와 같은 평가의 경우 공정성에 대한 언급이 나타났다. 보다 구체적으로는 '공정한 경쟁' '학교생활기록부 기록의 공정성' '공정한 대입전형'[1] 등으로 언급되고 있으며, 이는 앞서 개인적 경험에서도 언급하였던 '평가'에 있어서의 공정성으로 해석해 볼 수 있다.

　스포츠는 **공정한 경쟁을 통해** 순위를 가리고 이를 토대로 학교와 시·도대표

---

[1] '대입전형'의 경우 이것을 중등학교와 연관된 이슈로 볼 수 있는지에 대해서는 논란의 여지가 있을 수 있으나, 이 글에서는 '고등학교' 학생들이 대학에 입학하는 과정과 연관되어 있고, 특히 학생부종합전형의 경우 고등학교에서 학생부를 기록, 평가하는 것이므로 고등학교, 즉 중등학교와 관련된 이슈로 분류하였다.

의 자긍심을 고취시키는 것이지만 일부 열세 시·도의 의견을 받아들여 기본적인 집계 정보조차 제공하지 않고 있는 것이다. (이후 생략)

– 경기일보(2024. 5. 31.), 공식집계 없는 소년체전 … 체육발전 저해 '부메랑'

이번 연수는 단위학교 학교생활기록부 작성·관리 점검 및 컨설팅 지원을 위한 현장실무지원단의 역량을 강화하고, **학교생활기록부 기록의 공정성** 및 신뢰성 확보와 더불어 기재의 내실화를 위해 마련됐다.

– 무등일보(2024. 5. 17.), 전남교육청, 학교생활기록부 공정·신뢰성 제고 '주력'

심민철 교육부 인재정책기획관은 "이번 추가 선정평가를 통해 **대입전형을 공정하고** 책무성 있게 운영하려는 대학들의 노력과 의지를 확인할 수 있었다"며 "앞으로도 대학이 고교교육 및 대입 환경 변화에 적극 대응하여 대입전형을 개선해 나갈 수 있도록 지원을 아끼지 않겠다"고 말했다.

– 브릿지경제(2024. 6. 16.), 가톨릭관동대, 서울교대, 중원대 등 9개교, '2024 고교교육 기여대학' 추가 선정

2) 공정한 절차

학교폭력대책심의위원회의 운영방식이나 선거 절차, 교사 전보 등의 이슈에서 '공정'에 대한 언급이 두드러지게 나타나고 있다. 즉, 우리가 '공평하고 올바름'이라고 생각하는 개념은 그 개념의 특성상 '절차'와 관련하여 해당 절차가 공평하고 올바르게 이루어지는지와 관련한 맥락이라고 볼 수 있다.

김미강 민·형사 전문 변호사는 (……) "조치 결정의 신뢰도를 높이기 위해 무죄추정의 원칙에 따라 **공정하고 합리적으로 진행하고자 하는 학교폭력대책심의위원회 의지**를 이어받아 민·형사 전문 노하우를 활용, 전폭적인 지원을 해

나갈 것"이라고 전했다.

– 머니투데이(2024. 5. 24.). 김미강 변호사, 충남아산교육지원청 학교폭력대책심의위원 위촉

마지막으로 **공정하고 민주적인 선거 절차**에 따라 경북학생자치참여위원으로 활동하게 될 대표(고등학생 1명)와 부대표(초·중학생 각 1명)를 선출하였다.

– metro(2024. 5. 29.). 영양교육지원청, 영양학생자치참여위원회 1차 정례회 실시

중부교육지원청은 "이번 결정은 학교와 교육지원청이 관련 지침에 따라 합리적이고 **공정한 절차**를 거쳐 전보 내신했음을 인정한 것으로 보인다"며 "A씨에 대해 학교에 즉시 복귀하여 정상 복무하도록 명령하고, 적절하게 조치할 예정"이라고 밝혔다.

– 아시아투데이(2024. 5. 23.). 전보 발령에 '부당인사' 주장 교사, 취소 청구 '기각'

3) 공정한 행위

학교 교육 활동이나 학교 교육을 지원하는 행정적 활동과 관련하여 '불공정행위'가 언급되는 경우도 있다. 다음의 기사문은 교복 관련 업자들의 불공정행위를 단속한다는 내용을 기술하고 있는데, 이때 불공정행위는 교복 관련 사업체를 선정하는 절차의 문제에서도 발생하지만 '담합'이라는 그 행위 자체의 불공정함에서 비롯되기도 한다.

교육 당국은 교복 관련 제도나 대책을 제대로 점검하고 업자들의 **불공정행위**를 철저히 단속해 학생들에게 피해가 일어나지 않도록 해야 한다. 어른들의 때묻은 교복으로 상처받는 아이들이 없도록 만전을 기하길 바란다.

– 전남일보(2024. 4. 23.). 〈취재수첩〉 교복 못입는 광주 중·고 신입생들

4) 공정한 교육 기회

그동안 학교 교육에서는 교육복지, Wee센터 등 비롯한 다양한 사업을 통해 어려움을 겪고 있는 학생들을 지원해 왔다. 이러한 맥락에서 2023년 도부터 교육부는 학생맞춤통합지원사업 시범운영을 시작하면서, 기존의 분절적 사업을 통합하고 학습적, 심리적, 경제적 어려움을 겪고 있는 학생에게 초점을 두어 학생 중심의 맞춤형 지원책 마련을 위해 노력하고 있다. 이들 학생을 위한 지원은 각 시도교육청에서도 꾸준히 노력하고 있는 정책이라고 할 수 있는데, 이는 학생들이 개인적, 가정적 여건에 구애받지 않고 '공정한 교육 기회'를 제공받아야 한다는 인식에서 출발한다. 이처럼 공교육에서의 '교육 기회'와 관련하여 '공정'이라는 단어가 사용되기도 한다.

서울런은 사회·경제적 이유로 사교육을 받기 어려운 학생들에게 **공정한 교육 기회**를 제공하기 위해 서울시가 2021년 8월부터 추진해 온 사업이다. 본 사업을 통해 시는 취약계층 학생들에게 유명 인터넷 강의와 일대일 멘토링 등을 무료로 제공하고 있다.

– metro(2024. 4. 15.). 서울런 참여 고교생 90명 '우리미래 서울러너' 선발 … 학습비 등 지원

4. 연구논문에 나타난 중등학교 교육에서의 공정성

학교 현장에서의 개인적 경험이나 언론 보도의 주요 이슈에 나타난 공정성 관련 언급도 중요하지만, 학계 연구자들이 중등학교 교육에서의 공정성을 어떤 측면에서 바라보고 있는지를 살펴볼 필요도 있다. 국내 학

술논문이나 학위논문에서 중등학교 교육과 관련한 '공정성'은 어떤 맥락에서의 언급이 두드러질까? 한국교육학술정보원의 RISS에서 '교육 공정성'을 키워드로 검색한 결과, 국내 학술논문이 55건, 학위논문이 570건으로 나타났다. 그중에서 중학교, 고등학교의 교육에 한정 지어 이와 관련한 논문 제목을 '공정성'의 사용 맥락에 따라 분류해 보면 다음과 같다.

1) 교과에서의 학생 평가 및 대학 입학 전형에서의 공정성 연구

언론 보도를 통해 사회적 이슈 속에 나타난 중등학교 교육에서의 공정성과 마찬가지로, 학계의 연구에서도 '학생 평가'와 관련한 공정성에 대한 연구가 많이 이루어지고 있는 것으로 나타났다. 주로 교과교육에서의 수행평가와 관련한 연구가 이루어지고 있으며, 대입과 관련한 학생부종합전형의 공정성에 대한 연구도 수행되고 있는 것으로 나타났다.

고봉수, 김정두(1996). 수학교육 평가의 새 동향과 제주지역 중학교 수학과 평가의 실태 연구. 『과학교육』, 13. 제주대학교 사범대학 과학교육연구소

김대환(2023). 「중등체육교사는 어떻게 평가하고 있는가?: 중등체육교사의 평가 이해, 실행, 해석 및 활용 탐색」. 서울대학교 대학원. 석사학위논문.

백순근(1998). 수행평가의 의의와 평가 방법. 『현장특수교육』, 5(3). 국립특수교육원.

이경재(2017). 「미술교사의 정체성에 관한 현상학적 연구」. 동국대학교. 박사학위논문.

정명숙(2004). 「중학교 사회과(지리영역)에서의 수행평가 적용에 관한 연구」. 한국교원대학교 교육대학원. 석사학위논문.

한은경(1994). 「중학교 학습평가의 문제점과 개선 방안에 대한 연구」. 숙명여자대학교. 석사학위논문.

김재웅, 강태중, 박상완(2019). '교육적 관점'에서 대입전형공정성의 의미에 대한 논의. 『한국교육』, 46(1). 한국교육개발원

조희권, 김이지, 김효희, 김화신(2019). 학생부종합전형 공정성에 대한 입학사정
관들의 인식 연구. 『입학전형연구』, 8. 경희대학교 입학전형연구센터.

2) 학교조직 운영과 관련한 공정성 연구

학교조직 운영과 관련해서도 공정성 연구가 이루어지고 있는 것으로
나타났으나, 학생 평가에 비해서는 그 수가 적은 것으로 나타났다. 구체
적으로 살펴보면, 학교장의 리더십이나 학교조직 운영 측면, 학교운영위
원회 운영에 있어서의 공정성 등을 그 주제로 다루고 있음을 알 수 있다.

원효현(2003). 학교운영위원회에 대한 위원 간 인식 차이 분석. 『한국교육학연구』,
9(1). 안암교육학회.
정수영(2022). 「학교장의 변혁적 리더십, 조직 공정성, 교사 임파워먼트, 교사 헌
신 간의 구조적 관계 분석』. 고려대학교 대학원.

3) 교원인사제도에 있어서의 공정성 연구

교원인사제도의 경우, 넓게 보면 학교조직 운영의 범주 안에 포함될
수도 있으나 학교조직 내부의 일이라기보다는 국가에서 추진하는 교원
인사 정책과 관련한 연구가 대부분이기에 '교원인사제도'로 별도로 분류
하여 정리하였다. 교사의 '직무 만족도'와 관련하여 공정성이 연구되기
도 하고, 승진, 성과상여금 등과 같은 '교원 평가' 측면이나 학교 간 이동
을 의미하는 '전보' 제도 측면에서의 공정성에 대한 연구가 이루어지는
것으로 나타났다.

전제상(2010). 교원성과상여금제도의 운영실태 평가. 『한국교원교육연구』, 27(3). 한국교원교육학회.

조규연(2005). 「중등교사의 직무 수행 평가와 만족도에 관한 연구」. 아주대학교 교육대학원. 석사학위논문.

신종순(2003). 「중등교원의 승진평가제도 연구」. 단국대학교 교육대학원. 석사학위논문.

이선화(2007). 「교원평가제도에 대한 초, 중등 교원과 학부모의 인식 연구」. 세명대학교 교육대학원. 석사학위논문.

이웅재(2003). 「교원 성과급 보수제도의 문제점과 개선 방안에 관한 연구」. 공주대학교 경영행정대학원. 석사학위논문.

이윤희(2007). 「교사평가제도에 대한 중등 교원들의 인식 연구」. 금오공과대학교 교육대학원. 석사학위논문.

임미화(1987). 「중등교사 전보에 관한 연구: 강원도 지역을 중심으로」. 이화여자대학교 교육대학원. 석사학위논문.

5. 교육 공정성을 바라보는 관점과 실천

흔히 교육에서 형평성과 수월성은 관점에 따른 인식과 실천의 차이가 두드러진다. 형평성을 강조하면 어느 학교나 동일한 예산과 인력을 지원하여야 하거나 결과의 평등을 위해 더 어려운 여건을 가진 학교에 더 많은 지원을 해야 하는 반면, 수월성을 강조하면 탁월한 능력을 가진 집단이나 학교에 보다 많은 지원을 하는 것이 더 높은 성과를 거둘 수 있기에 해당 학교에 더 많은 지원을 한다. 이에 "평균 역량을 높이는 형평성 교육도 중요하지만, 미래를 위해 인재를 키우는 수월성 교육도 포기해서는 안 된다"라며 형평성과 수월성을 '교육의 양 날개'라고 표현하는 경우도 있다(김도연 칼럼, 동아일보, 2021).

그렇다면 교육 공정성도 형평성과 수월성처럼 관점에 따른 차이가 될 수 있는가? 앞서 개인적 경험과 언론 보도에서 살펴본 것처럼 우리는 '공정'과 '불공정'이라는 단어 사이에서 많은 문제를 제기하고 갈등을 경험한다. 이처럼 어떤 기준이나 가치에 따라 공정하고 그렇지 않음이 결정될 수 있는 것일까? 만약 그렇다면 '공정'이라는 것은 교사나 학교의 전문성이나 가치관에 따라 실천이 달라져도 무방한 영역으로 간주하여도 될까? 아니면 학교조직이나 교사들이 '공정성'이라는 것과 관련하여 공통적으로 공감하고 기본적인 개념을 공유해야 할 일종의 기준점이나 가치 기준이 존재하는 것일까? 만약 후자라면, 우리는 학교교육공동체가 공동의 가치체계를 공유하고 학습해야 하는 '공정성'이라는 것이 존재하는지, 존재한다면 그것이 과연 무엇인지 생각해 보아야 한다. 즉, '공정성'의 전형이 존재하고 그것이 학교 교육 활동에서 중요한 것이라는 결론에 도달하였다면, 그것이 무엇인지에 대해 보다 심도 깊은 탐구가 필요할 것이다.

앞서 '공정'의 의미에서 살펴본 것처럼, 이미 '공정'이라는 단어 안에는 '올바르다'라는 가치 평가가 내재되어 있다. 이는 '올바르다'라는 기준이 정해져 있기 때문에 우리가 그것을 따르지 않았을 때는 올바르지 않은 것이 된다는 의미이기도 하다. 이러한 개념적 정의가 맞다면, 우리는 개인적 관점에 따라 공정하고 공정하지 못하고를 가늠할 것이 아니라, 그 공정함의 '실체'를 보다 확고히 하고 그 기준에 대한 공감대를 형성하고 합의를 이루는 것이 필요할 것이다.

6. 중등학교에서의 교육 공정성을 위하여

언론 보도 등을 통해 중등학교 교육을 둘러싼 현재의 이슈나 현상을 바라보면, 특정 이슈에 대해 공정하다거나 그렇지 못하다는 평가나 판단 또는 비판이 존재한다. 그것이 '공평'과 '올바름'이라는 가치 기준을 내재하고 있으므로 사회 통념상 또는 학교조직이라는 곳에서의 일반적인 관점에서 볼 때 어느 정도 합의된 기준이 있을 것으로 보인다. 그러나 최근 제기되는 이슈들을 보면 공정하다, 그렇지 못하다는 외부의 평가나 판단, 또는 비판이 주된 내용이다. 그러한 이슈들이 공정하지 못하다면 앞으로 어떤 변화가 필요하며 이를 위해 어떻게 학교 교육이 변해야 할지에 대해서는 그 논의가 다소 부족한 것으로 보인다. 그동안의 경험으로 미루어 볼 때 '공정성'과 관련하여 집단 내에서 공감대를 형성하거나 이를 공론화하여 가치체계를 만들어 나가려는 노력이나 시간적 여유를 확보해 오지는 못하였기 때문이다.

물론, 이는 이 글에서 주된 자료를 언론 보도에 나타난 이슈로 보았기 때문에 나타나는 한계일 수도 있다. 다만, 학교 교육이라는 것이 다양한 학생들을 대상으로 하여 그들에 대한 맞춤형 학습지원을 통한 성장을 촉진하고자 한다면, 이러한 다양한 여건 속에서 학생의 성장을 중심에 둔 우리 학교 교육이 무엇을 '공정'의 기준으로 보아야 할지에 대한 고민과 성찰이 선행될 필요가 있다. 연구 측면에서도 그동안 이루어져 온 학생평가, 학교조직 운영, 교원인사제도 등과 같은 세부 영역에서의 공정성 연구도 의미가 있지만, 향후에는 학교교육공동체가 합의하는 '공정성'의 개념이 무엇인지를 고찰하는 보다 성찰적인 연구가 필요할 것으로 보인다.

7. 교육 공정성을 넘어서

선댄스 영화제에서 우리나라 배우가 수상자를 발표하면서, 축하한다는 인사를 수어로 하는 모습을 본 적이 있다. 그 영화의 제목은 〈코다 (Coda: Children of deaf adult)〉로, 청각장애인 부모를 둔 아이를 뜻하는 것이었다. 영화제의 수상자인 트로이 코처가 실제로도 농인이었기에 수어로 인사를 한 것이었고, 그가 수어로 인사를 할 수 있도록 대신 트로피를 들어 주는 행동 또한 배려심 깊은 동료 배우의 모습으로 인상 깊게 남았다. 이 영화는 트로이 코처 외에도 영화 속에서 아내와 아들 역할을 한 배우도 모두 농인으로 캐스팅되었다. 제작진들은 기존 영화 촬영과 달리 클로즈업을 하는 순간에도 프레임 안에 배우의 손이 들어가도록 하고, 수어 통역사가 감독이나 제작진의 말을 전달하기 위한 구도를 고려하는 등 영화 속에 그들의 대화를 담고 제작 과정 속에서 그들과 소통하고자 노력하였다고 한다.

사실 농인이 아닌 사람들이 소리로 대화하는 것이나 농인들이 수어로 대화하는 것은 '의사소통'이라는 점에서 근본적으로 동일한 행위이다. 그러나 그동안 다수인 비농인들을 중심으로 하는 일상에 익숙하다 보니, 이러한 노력은 별도로 고려하여야 하는 것, 또는 타인을 배려하는 행위로 언급되곤 한다. 앞서 이 글에서 논하였던 '교육 공정성', 특히 기회의 공정성 측면에서 우리는 학습, 심리, 사회경제적 측면에서 어려움을 겪고 있는 학생들을 위해 그들에게 필요한 지원을 정책적으로 하고 있는데, 이는 배려해 주는 것이라기보다도 출발선을 맞추기 위한 당연한 행위일 뿐이다.

이와 유사한 맥락에서 중등학교에서 많이 논의되고 있는 학생 평가나

교원인사제도, 즉 평가에 있어서의 공정성도 재개념화해 볼 필요가 있
다. 학교 안에서 살아가는 교육공동체에는 학생, 교사, 직원 등 다양한
집단이 있고, 그 집단 내에서도 다양한 개인들이 존재한다. 공정성이라
는 잣대가 '공평하고 올바름'을 뜻한다면, 그러한 공평함과 올바름은 밖
에서 주어지는 것이 아닌 우리가 함께 만들고 합의해야 하는 중요한 가
치 기준이다. 앞서 서술한 분배 공정성, 절차 공정성, 상호작용 공정성의
개념을 보더라도, 자신이 얻은 학교 교육에서의 결과나 보상에 있어 자
신들의 기여나 노력에 따라 응분의 대가나 보상을 받았는지, 정해진 기
준과 절차에 따라 이루어졌는지, 적절한 대인관계와 정보 제공을 받았는
지 등에 대해 인식하는 정도는 결국 나와 타인, 또는 조직과의 관계에 관
련된 것임을 알 수 있다. 즉, '공정성'이란 타인과 더불어 사는 사회 속에
서 서로의 다름을 인정하고, 서로가 수긍할 수 있는 '공평하고 올바른' 기
준과 절차, 과정을 만들고, 상호 합의하에 다 같이 지켜 나가야 하는 가
치라고 볼 수 있다.

참고 문헌

표준국어대사전. https://stdict.korean.go.kr/main/main.do. 국립국어원. 검색일: 2024. 6. 17.

경기일보(2024. 5. 31.). 공식집계 없는 소년체전 … 체육발전 저해 '부메랑'.

동아일보(2021. 5. 20.). 형평성과 수월성, 펼쳐야 할 교육의 두 날개.

머니투데이(2024. 5. 24.). 김미강 변호사, 충남아산교육지원청 학교폭력대책심의위원 위촉.

무등일보(2024. 5. 17.). 전남교육청, 학교생활기록부 공정·신뢰성 제고 '주력'.

브릿지경제(2024. 6. 16.). 가톨릭관동대, 서울교대, 중원대 등 9개교, '2024 고교교육 기여대학' 추가 선정.

아시아투데이(2024. 5. 23.). 전보 발령에 '부당인사' 주장 교사, 취소 청구 '기각'.

연합뉴스(2020. 4. 10). 교사 간 차별, 차등 지급 불복종 … 식지 않는 교원 성과급 논란.

전남일보(2024. 4. 23.). 〈취재수첩〉 교복 못입는 광주 중·고 신입생들.

진병춘(2000). 교사 윤리로서 배려의 가치. 전남대학교 교육대학원. 석사학위논문.

metro(2024. 4. 15.). 서울런 참여 고교생 90명 '우리미래 서울러너' 선발 … 학습비 등 지원.

metro(2024. 5. 29.). 영양교육지원청, 영양학생자치참여위원회 1차 정례회 실시.

제4부

고등 교육 공정성

제**10**장
대학입시에서의 교육 공정성

박대권 교수(한국학중앙연구원) / **최상훈** 박사(고려대학교)

1. 서론

우리나라 대입전형제도는 자주 변화되었지만 언제나 개선의 대상이
되어 왔다. 이는 대입 제도가 갖는 지위 획득의 기능에서 인재의 선발,
공정성 문제, 고교 교육 정상화, 사교육비 감소 등에 있어 다양한 이해당
사자가 복잡하게 얽혀 있는 특성에 기인하기 때문이다. 최선의 바람직한
대입 제도를 설계하는 것은 사실상 최선의 타협안을 도출하는 것과 크게
다르지 않았다. 사실상 대입 개편에 대한 사회적 논의가 시작되면, 당면
한 사회적 이슈를 반영하거나 불만을 최소화하는 식의 대응 차원에서 단
기적 성과에 집착하기 쉽다. 이에 정책 입안자들은 대입 제도가 갖는 의
미를 개인, 사회, 공교육, 이해관계의 조정, 대학 자율성 부여 등 다양한
시각에서 따져 보고 장기적인 시각에서 대입 제도의 방향성을 설정해야
한다(김은영 외, 2013).

2022 대입 제도 개편은 교육정책 분야 최초로 공론화 방식을 통하여 논

의가 진행되었다. 2018년에 진행된 대입 제도 개편 공론화의 전반적인 과정을 바탕으로 대입 제도 개편에서의 공론화를 평가하고 그 효과를 분석하는 다양한 연구가 진행되었다. 먼저 이주영(2018)은 공론화와 관련된 선행연구 분석을 통한 성공적 공론화 조건을 기준으로 대입 제도 개편 공론화를 평가하였다. 이 연구에 따르면, 2022 대입 제도 개편 공론화는 공론화 운영 주체의 중립성과 전문성 부족, 시나리오 워크숍과 공론조사 참여자의 대표성 한계, 숙의를 위한 자료 정확성 부족과 충분한 숙의 시간 확보 미흡, 낮은 숙의 효과, 공론화 결과 낮은 사회적 수용성과 정책 반영도와 같이 다양한 측면에서 공론화의 한계가 나타나는 것으로 평가되었다.

2022 대입 공론화 과정에서의 핵심 쟁점은 대체로 다음과 같이 요약될 수 있다. 첫째, 수능 위주 전형 비율을 어느 정도 확대할 것인가? 둘째, 학생부 위주 전형 내에서 학생부 종합 전형 비율을 어느 정도로 조정할 것인가? 셋째, 중장기적으로 현행과 비교하여 절대평가 과목을 어느 정도나 확대할 것인가 등이었다.

2017년 12월 제1차 대입정책포럼 이후 4차에 걸친 대입정책포럼과 국가교육회의 출범으로 대입 공론화가 본격화되었다. 공론화는 모집단인 국민 전체를 대표하는 시민참여단이 숙의 과정에 참여하여 학습과 토론을 거치며 설문 조사에 응답한 결과를 바탕으로 도출되었다. 이를 위해 먼저 학생, 학부모, 교원, 대학 입학처장, 대입전문가(교수 및 연구자) 총 35명이 참여하는 시나리오 워크숍을 개최하여 4가지 공론화 의제를 설정하였다. 시나리오 워크숍 후에는 4가지 공론화 의제를 제안한 그룹별 대표자로 '공론화 의제 협의회'를 구성하였고, 이후 토론회 참석자 추천, 의제별 설명자료 작성, 숙의 토론회 발표자 선정 등 공론화 과정에서 필요한 주요 사항을 협의하였다. 공론화 위원회 등 관련 담당자들은 의제 설정 후 국민 대토론회, 미래세대 토론회, TV 토론회, 온라인 플랫폼('모두의 대입발언대') 등을 통해 국민의 관심과 이해를 높이고 사회적 논의를 활성화하는 역할을 수행하였다(이주영, 2018). 공론화 결과 먼저 수능 위주 전형 비율을 확대하여야 한다는 의견이 우세한 것으로 나타났다. 그리고 학생부 위주 전형 내에서 학생부 종합 전형 비율을 현행보다 확대해야 한다는 의견과 축소해야 한다는 의견은 유사하게 나타났다. 또, 중장기적으로 현행과 비교하여 절대평가 과목을 확대해야 한다는 의견이 상대평가 과목을 확대해야 한다는 의견보다 높게 나타났다. 이와 같은 결과는 2022 대입 개편안 확정의 기초가 되었다(김학린, 2020).

김지혜(2019)도 공론화에 대한 선행연구를 통해 도출한 기준을 가지고 2022 대입 제도 개편 공론화를 평가하는 연구를 진행하였다. 이 연구에서도 이주영(2018)이 지적한 2022 대입 제도 개편 공론화의 한계를 언급하면서 추가적으로 시나리오 워크숍에서 일부 참여자들의 발언권이 지나치게 많아진 점과 랜덤 모둠 토론에서 대등한 토론이 이루어지지 않았다는 한계를 근거로 제시하여 공론화 과정의 공정성 확보 한계를 지적했다. 또한 대입 제도 개편 공론화의 필요성 및 목적에 대하여 국민적 이해와 공감 그리고 설득 과정이 부족했다는 점을 근거로 하여 공론화 과정의 소통성 결여도 한계로 지적했다. 앞선 두 연구는 유사한 공론화 평가 기준을 가지고 2022 대입 제도 개편 공론화를 평가했고, 평가 결과 도출된 공론화의 한계를 극복하기 위한 공론화 개선 방안을 제시했다. 김학린(2020)은 공론화의 숙의효과를 기준으로 2022 대입 제도 개편 공론화를 분석하였다. 이 연구에 따르면, 2022 대입 제도 개편 공론화에 참여한 개인들은 대입 제도 개편에 대한 이해가 공론화 과정을 거치면서 높아졌고, 객관적인 근거에 기반한 의사결정이 이루어지는 경향을 보였다. 또한 공론화 과정을 통하여 개인들의 선호 변화가 상당히 이루어졌다. 이를 종합하여 김학린(2020)은 2022 대입 제도 개편 공론화의 숙의 효과가 유효하다고 보고하였다. 그러면서도 숙의를 마친 최종 시점에서 대입 제도 개편 의제에 대한 지배적인 선호를 찾을 수 없을 정도로 분산되고 공론화를 거치면서 참가자들의 의견이 양극화되는 모습은 2022 대입 제도 개편 공론화의 숙의 효과에 의문을 야기한 배경이 되었다고 보고하였다.

2. 분석틀: 담론제도주의

담론제도주의는 제도 결정론과 '선험적' 제도 개념을 극복하기 위해 '관념'(ideas)의 개념을 도입한다. 먼저 관념의 유형은 크게 세 가지로 구분해 볼 수 있다(하연섭, 2006). 첫째, 프로그램으로써의 관념(ideas as programs)이다. 이는 정책결정자가 정책 문제에 대해 갖고 있는 구체적인 해결책을 의미한다. 이는 정책 문제를 둘러싼 인과관계를 명확히 하고, 이에 기반하여 정책의 구체적인 방향을 제시하는 기술적·전문적 관념이다. 둘째, 패러다임으로서의 관념(ideas as paradigms)이다. 패러다임은 정책결정자가 어떤 문제를 인식하는 데 있어 기준점으로 작용한다. 동시에 문제 해결책을 선택하는 데 있어 일정한 판단 기준으로 작용하며, 정책결정자가 선택할 수 있는 문제 해결책의 범위를 제한한다. 마지막으로 공공의 정서로서의 관념(ideas as public sentiments)이다. 패러다임이 정책결정자가 지니고 있는 가정이라면, 공공의 정서는 일반 국민들이 지니고 있는 문제 해결책에 대한 가정을 의미한다. 패러다임이 인지적 차원에서 문제 해결책의 범위를 제약한다면, 공공의 정서는 규범적인 차원에서 문제 해결책의 범위를 제약한다.

이러한 관념 개념이 도입됨에 따라 담론제도주의는 정책 결정 과정에서의 행위자 역할에 중요성을 부여하게 되었다. 새로운 정책 패러다임이 도입될 경우 이는 행위자들의 관념을 변화시키고, 이는 기존 제도와의 충돌을 가져온다. 때문에 행위자들은 자신들의 변화된 관념과 상충되는 기존의 제도를 재구성하게 되며, 기존 제도는 이를 통해 변화하게 된다 (Fischer, 2007). 어떤 관념을 활용하고, 재구성할 것인가는 전적으로 행위자의 주체적인 판단에 달려 있다. 그렇다면 이때 중요한 것은 행위자가 정책 결정 과정에서 어떠한 행위를 하는지 그리고 어떤 행위자가 정책 결정 과정을 주도하는지를 파악하는 일일 것이다. 행위자가 자신의 관념을 구현하기 위해 전략적으로 어떤 의사소통하는지를 파악하게 되면, 자연히 그 과정에서 행위자의 목적도, 의도도, 전략도 파악할 수 있기 때문이다(박보영, 2019).

행위자는 자신이 원하는 결과를 이끌어 내기 위해 자신의 관념에 기반한 대안을 사회적으로 인정받고자 한다. 자신이 제시한 대안의 정당성을 확보하고자 하는 것이다. 행위자는 이 과정에서 자신의 관념에 기반한 담론을 제시한다. 이렇게 형성된 담론은 제도 내에서 생산, 재생산, 변형되며 정책 형성에 영향을 준다. 따라서 정책 행위를 유발하는 것은 제도 그 자체가 아니라 '제도를 둘러싸고 벌어지는 담론의 실천'인 것이다.

이러한 관념의 집합체로서의 담론은 정책 형성 과정에서 제도의 변화를 지지하고 이끄는 역할을 한다. 담론제도주의에서 정책결정자나 정책 형성 과정에서의 참여자들은 자신의 관념에 기반한 담론이 이러한 역할을 충실하게 할 수 있도록 정책에 대한 공감대와 지지를 끌어내기 위해 노력하며, 이를 위한 수단으로써 프레임과 프레이밍의 개념에 주목한다.

프레임(frame)은 '일반 국민들에게 정책을 정당화하기 위해 활용하는 상징이나 개념'을 의미하며, 프레이밍(framing)은 이슈를 프레임에 따라 재단하는 것으로, '정책적 쟁점을 자신에게 유리하게 해석할 수 있도록 전달하는 행위'를 의미한다(하연섭, 2006). 행위자의 관념은 행위자의 프레임 형성에 큰 영향을 미치고, 행위자는 그러한 프레임을 바탕으로 담론을 형성함으로써 정책 형성에 영향력을 행사하고자 하는 것이다.

이 과정에서 중요한 것이 바로 그 사회의 고유한 제도적 맥락이다. 담론은 사회의 순수한 진공상태에서 '떠다니는' 것이 아니라, 특정 제도와 결부되어 있기 때문에 담론이 기존의 어떤 제도적 배열에 기반해 있는지를 분석하는 것은 매우 중요한 문제다(장지호, 홍정화, 2010). 관념이 구체적인 정책으로 실현되기 위해서는 정책결정자가 자신의 프레임을 구체적인 '담론으로 제시해야 하며, 나아가 이를 프레이밍—자신에게 유리하도록 담론을 전달하는 전략적 행위—하는 과정이 필요하다. 그리고 이러한 과정에서 자연스레 형성되는 사회적 논의의 장을 통해 자신의 담론에 대한 정당성을 확보해 나가는 담론의 실천 과정을 거친다(Gottweis, 2007). 이 과정에서 정책결정자는 자신이 속한 고유한 제도적 맥락에 영향을 받게 되기 때문에 정책 관념이 정책 산출로 이어지는 방식은 그 사회의 제도적 배열에 따라 달라진다.

Schmidt는 이러한 담론 실천의 과정을 '조정적 단계'(coordinative stage)와 '소통적 단계'(communicative stage)로 구분하며 각 단계에서 이루어지는 담론을 각각 '조정적 담론'(coordinative discourse)과 '소통적 담론'(communicative discourse)으로 정의한다.

조정적 단계는 정책 결정 과정에 참여하는 주요 행위자들이 정책의 기본 내용을 마련하는 단계로, 이 단계에서는 논쟁을 통한 정책안 마련이 가능하도록 주요 행위자들 간에 정책에 관한 논의의 틀을 만들어 나가는 조정적 담론이 이루어진다. 조정적 단계에서 활동하는 주요 행위자들은 주로 정책 행위자들로서 정부인사(대통령·총리·장관·관료), 의회인사(여당관계자·국회의원), 이익단체 대표, 해당 분야 전문가 그룹 등이다. 이들 정책 행위자는 기본 정책안을 만들어 내는 일종의 정책공동체(policy community)를 이루고 있다고 볼 수 있다. 물론 이들 사이에 논의되는 아이디어들은 학계, 정책 싱크탱크, 언론, 정당, 시민사회단체 등다양한 행위자로부터 제시되기도 한다. 이러한 조정적 단계에서는 서로다른 관념과 이해를 가진 행위자들이 정책공동체 내의 일련의 논의를 거쳐 정책에 대한 일정한 합의점을 도출하는 조정적 담론이 이루어진다.

소통적 단계는 정책의 내용을 일반 국민들에게 전달하는 단계로, 이단계에서는 일반 국민들을 대상으로 정책의 필요성과 적합성을 설득하는 소통적 담론이 이루어진다. 소통적 단계의 주요 행위자들은 주로 정치적 행위자들로서 정무직 공직자, 대변인, 언론담당관, 국정홍보 담당자, 연설문 작성자 등이다. 소통적 단계에서는 특히 대중을 상대로 한 소통의 기술이 중시되며, 일반 국민들에 대한 정치적 행위자들의 의사소통을 통해서 정책의 윤곽이 드러난다. 거시적 정책방향을 제시하는 핵심담론(master discourse)은 대통령이나 수상 같은 최고위 정치인에 의해 제시되며, 이에 기초한 세부담론(sectoral discourses)은 장관 같은 정부인사들에 의해 제시된다. 이 과정에서 신문사, 방송국, 정당, 노동조합, 이익단체, 시민사회단체 등 여론 주도층 내에서의 폭넓은 논의가 이루어지며, 정책결정자들은 필요에 따라 이 여론을 수용하여 정책의 내용을 수정하기도 한다. 따라서 이 두 담론은 상호 독립적이 아닌 상호 연계의 방식으로 존재한다.

이 두 담론의 실제 양태는 각국의 제도적 맥락에 의해 크게 영향을 받는다. 대체로 행정부에 권력과 권한이 집중되어 있는 국가들에서는 조정적 담론보다는 소통적 담론이 더 정교하게 발달하는 경향이 있으며, 반대로 권력과 권한이 분산되어 있는 국가들에서는 소통적 담론보다는 조정적 담론이 더 정교하게 발달하는 경향이 있다(Schmidt, 2008).

대입정책은 합리성과 근거, 정당성을 둘러싸고 논쟁을 벌인다. 대입을 포함하여 공공정책 결정에서 행위자는 원하는 결과를 이끌어 내기 위해 타인들을 설득하여 사회적으로 인정받고자 한다. 이들은 자신이 제시한 대안의 정당성을 확보하기 위해, 스스로의 관념에 기반한 담론을 제시한다. 이와 같이 담론은 정책 형성에 결정적 영향을 미친다. 대입정책 논쟁은 다양한 어휘, 은유, 프레임을 비롯해서 각종 근거들이 동원된 담론의 영향을 받는다. 이러한 상징과 프레임 등 다양한 담론 전략은 기존의 문화적 맥락에 의존할 수밖에 없다. 이에 담론이 기존의 어떤 제도적 배열에 기반해 있는지를 분석해야만 제대로 된 대입정책 사례 분석이 될 수 있다. 정책결정자는 고유한 제도적 맥락 속에서 살아온 시민들을 설득해야 하기 때문에, 정책 관념이 정책 산출로 이어지는 방식은 그 사회의 제도적 배열에 따라 달라진다. 이에 담론제도주의는 2008 대입 개편안과 2022 대입 개편안 각각의 사례를 분석하는 데 매우 유용한 분석틀을 제공할 것으로 기대된다.

3. 2022학년도 대학 입학 전형제도 정책 결정 과정

대입정책은 사회적 담론과 밀접한 관련성을 지닌다. 담론은 제도와 문화에 결부되어 있으며, 정책결정자는 이러한 문화적 조건하에서 자신의 정책을 구체적인 담론으로 제시하게 된다. 이 과정에서 사회적 논의의 장을 통해 자신의 담론에 대한 정당성을 확보해 나가고자 한다. 담론제 도주의 관점에서는 이러한 담론 실천의 과정을 '조정적 단계'(coordinative stage)와 '소통적 단계'(communicative stage)로 구분하며 각 단계에서 이루어지는 담론을 각각 '조정적 담론'(coordinative discourse)과 '소통적 담론'(communicative discourse)으로 정의한다. 조정적 단계에서는 정책 결정 과정의 주요 참여자들(정부, 의회, 전문가 집단, 이익집단 등)이 논의의 틀을 만들어 나간다. 이러한 조정적 단계에서는 서로 다른 관념과 이해를 가진 행위자들이 정책공동체 내의 일련의 논의를 거쳐 정책에 대한 일정한 합의점을 도출하는 조정적 담론이 형성된다.

소통적 단계는 정책의 내용을 일반 국민들에게 전달하는 단계로, 이 단계에서는 일반 국민들을 대상으로 정책의 필요성과 적합성을 설득하는 소통적 담론이 이루어진다. 소통적 단계에서는 시민을 상대로 한 의사소통 능력이 중요하다. 또 이 시기에 소통적 담론은 거시적 정책 방향을 제시하는 핵심 담론(master discourse)과 이에 기초한 세부 담론 (sectoral discourses)이 형성된다. 핵심 담론은 대통령 등 정책의 최고 의사결정자 등을 중심으로 형성되며, 세부 담론은 장관 이하 정부의 정책 설계자들에 의해 제시된다.

1) 2021학년도 수능개편 시안(2017.8)

교육부는 '2021 수능개편 시안'(2017년 8월 10일)을 발표하였다. 이 발표에서는 시안의 목적이 문·이과 구분 없이 인문사회·과학기술 기초 소양을 지닌 융·복합 인재를 길러 내고자 2015년 9월에 확정 고시된 2015 개정 교육과정을 반영하기 위한 것에 있다고 밝혔다. 주요 내용으로는 ① 통합사회·통합과학 신설, ② 탐구영역 선택과목 수 축소, ③ 수능 출제 범위, ④ 직업탐구영역 출제 방법, ⑤ 제2외국어/한문 절대평가 적용, ⑥ 절대평가 과목 확대, ⑦ 수능–EBS 연계 개선 방향이었다.

교육부가 밝힌 시안의 주요 내용은 다음과 같다(교육부 보도자료, 2018.8.10.).

① 2015 교육과정 개편에 따라 '통합사회·통합과학' 신설
② 탐구영역 선택과목 수 축소 : 최대 2과목 → 1과목
③ 수능 출제 범위: 2015 교육과정상 공통과목 및 일반선택과목
④ 직업탐구영역: '성공적인 직업생활' 1과목 통합 출제
⑤ 제2외국어/한문: 절대평가 적용
⑥ 절대평가 과목 확대
 – (1안) 일부 과목 절대평가: 7과목 중 4과목(영어, 한국사, 통합사회·통합과학, 제2외국어/한문)
 – (2안) 전 과목 절대평가: 7과목(국어, 수학, 영어, 한국사, 통합사회·통합과학, 선택, 제2외국어/한문)
⑦ 수능–EBS 연계 개선방향
 – (1안) 연계율 축소·폐지 / (2안) 연계율 유지, 연계 방식 개선

2017년 5월 대통령이 당선된 이후 2017년 7월 교육부는 '대입 3년 예고제'에 따라 고교 1학년 학생들부터 적용되는 2015 개정 교육과정에 맞춘 2021학년도 수능 개편안을 확정·발표하도록 예정되어 있었다. 이 발표에서 사회적 관심을 가장 많이 받은 것은 수능 절대평가 방안(1안, 2안)이

었다. 이 당시 교육부 보도자료(2018.8.10.)에서는 다음과 같이 제1안과 제2안이 소개되었다.

〈표 10-1〉 수능 절대평가 방안

	〈제1안〉 일부 과목 절대평가	〈제2안〉 전 과목 절대평가
기대 효과	• 수능체제 변화 최소화로 대입 안정성 및 예측 가능성 우위 • 수능 변별력 유지로 학생부 미흡·부재 학생 재도전 기회 확보(재수생, 검정고시 등) • 기존 수능과 유사하여 고교에서 학생 진로 지도에 용이 • 수능 변별력 유지로 대학에서 학생 선발 상대적 용이	• 수능 부담 경감으로 학생 희망·진로별 학습 집중 기대 • 수능 영향력 축소로 학생 참여수업, 과정 중심 평가 활성화 기대 　– 상대평가 과목 쏠림 학습 해소
현장 의 우려	• 암기식 문제풀이 등 현행 교육문제 해소에 한계 　– 학생의 학습 부담 상대적 과중 • 상대평가 과목 쏠림 학습으로 다양한 수업 혁신에 한계 • 계속적 대입전형 개편 등 혼란 및 사회적 갈등	• 수능 변별력 약화에 따른 학생부 미흡·부재 학생 재도전 기회 축소(재수생, 검정고시 등) • 학생부 전형 확대로 인한 내신 부담 및 공정성 문제 제기 　– 학생부 및 내신 경쟁 과열 • 변별을 위한 타 전형요소 확대로 사교육 무담 확대 우려 • 대입전형 체계의 전반적 변화를 수반하므로 대입 안정성 저하

　수능 절대평가 방안은 학생 간 무한 경쟁과 과도한 시험 부담을 완화하기 위해 고려되어 왔다. 실제로 2017학년도 수능부터 한국사에, 2018학년도 수능부터 영어에 절대평가 체제를 적용해 왔기 때문에 이를 보다 더 확산하는 것에 대한 사회적 논의는 늘 있어 왔다. 반면 수능 절대평가 확대가 변별력 논쟁으로 확대되어 학생부 중심 전형의 위축을 가져올 것이라는 우려도 존재하였다. 교육부의 '2021 수능 개편 시안' 발표에서는 "2015 개정 교육과정이 적용되는 2021학년도 수능부터는 절대평가 적용

과목을 일부 과목 또는 전 과목으로 확대할 계획"이라는 진술이 보도자료(2017년 8월 10일)에 포함되었다. 교육부는 이를 1안과 2안으로 제시했는데, 1안은 통합사회 · 통합과학과 제2외국어/한문 과목까지 4개 과목을 절대평가하는 방안이며, 2안은 7개 과목 모두를 절대평가하는 방안이었다.

발표된 교육부 개편 시안에 대해서는 이해관계, 신념, 교육적 관점에 따라 다양한 반응이 나타났다. 수능 절대평가에 있어, 4개 과목만 절대평가로 전환하는 1안과 전 과목을 절대평가화 하는 2안 두 가지 방안 모두 이전에 비해 획기적인 안이었기 때문에 찬반 논쟁이 첨예하게 일어났다. 교육부는 이에 대해 보도자료에서 "교사, 학부모, 입시전문가, 대학 관계자 등의 의견수렴 결과, 대체로 수능 절대평가로의 방향성에 대해서는 공감하였으나, 적용 범위에 대해서는 대입 안정성 차원에서 신중한 입장이 다수였다"는 설명을 제공하였다. 2015년 개정 교육과정 취지를 살리려면 절대평가가 필요하다는 입장과 그럼에도 불구하고 수능 개편은 신중하게 판단해야 한다는 입장이 2개 안에 각각 반영되었다. 이 중에서 제1안은 수능 체제 변화 최소화로 수능 변별력을 유지하면서 전체적으로 학생부 중심 전형과 조화를 이루는 안이라고 볼 수 있으며, 제2안은 수능을 유지하되, 전 과목 절대평가를 통해 과도한 입시경쟁을 조금이나마 완화할 수 있다는 기대를 내포하고 있었다.

당시 '2021 수능개편 시안'(2017년 8월 10일)에 대한 상당히 많은 사회적 논의가 있었으며, 이에 따라 수능 개편안에 대한 최종 결정이 유예되었다. 교육부는 2017년 8월 31일 "수능 개편 유예 결정과 함께 학종 등 입시 요소와 연관된 대입정책 등을 포괄하는 새 정부의 교육개혁 방안을 마련하겠다"며 대학수학능력시험(수능) 개편안 확정을 1년 유예한다고 발표하였다. 이어 유예된 수능 개편안은 기 발표된 1, 2안에서 수정보완이 아닌 원점에서 고교·학부모·대학 등 여러 교육 주체들로 구성된 대입정책포럼과 국가교육회의 자문을 거쳐 다양한 방안을 연구·검토해 어떤 방향으로 제시할지 결정할 것이라고 밝혔다. 수능 개편안 발표가 유예된 중심에는 학생부 종합 전형에 대한 개선 요구도 크게 작용했다.

2017년 8월 10일 발표된 수능개편안에 대해, 절대평가 범위 등 수능개편 방향에 대한 교육주체 간 이견이 크다는 것이 확인되었다. 이에 교육부는 "짧은 기간 내에 양자택일식의 선택을 강요하기보다는 충분한 소통과 공론화 과정을 통해 합리적 대안을 마련하여야 한다"는 여론을 고려하였다고 밝혔다. 한편 교육부는 유예된 수능개편안과 관련하여 체계적인 여론 수렴 과정을 거쳐 단지 수능 개편안만 발표하기보다는 학생부종합전형을 포함한 종합적인 대입전형 개편 방향을 함께 발표하는 것이 중요하다고 밝혔다(2018.8.31. 교육부 보도자료).

수능개편을 1년 유예하기로 한 이와 같은 결정은 다음과 같이 몇 가지 부수적인 결과를 가져오기도 했다. 첫째, 수능제도뿐만 아니라 보다 종합적인 대입 방안을 마련하기로 결정되었다. 둘째, 이후 공론화로 이어지는 고교, 대학, 학부모, 정부 등 다양한 교육주체가 참여하는 기회를 갖게 되었다. 셋째, 학생부 중심 전형 제도를 포함하여 대입정책 전반에 변화를 가져오는 계기가 되었다.

2) 대입 공론화

국가교육회의는 2018년 4월 16일, '대학입시제도 개편 공론화 추진방안'을 발표했다. 주요 내용은 대입 제도개편특별위원회와 공론화위원회를 구성하고, 같은 해 5~7월 중 공론화 범위와 의제를 선정하여 3차례의 세밀한 의견수렴 과정을 거쳐 권고안을 같은 해 8월 초순 확정·발표한다는 것이다. 이에 따라 2018년 4월 23일 대입 특위가 구성되었고, 4월 30일에는 대입 공론위가 출범했다.

2018년 5월 16일, 대입 제도 개편 공론화위원회는 △공론의제 선정 △대국민토론회 △시민참여형 조사 등 3단계 '공론화 추진계획'을 발표하였다. 대입 제도개편특별위원회가 결정한 공론 범위를 바탕으로, 공론화위원회는 학부모, 교원, 대학관계자 등 이해관계자와 전문가들의 의견을 청취하여 공론 의제를 선정하기로 하였다. 이어 대입 제도 개편에 대한 사회 전반의 관심 및 이해도 제고 등을 위하여 호남·제주, 충청, 영남, 수도권·강원 등 4개 권역에서 권역별 대국민 토론회를 개최하고, TV 토론회, 온라인 소통채널 의견수렴 등을 추진하기로 하였다.

특히, 직접적인 이해관계자인 학생들의 의견을 적극 반영하기 위하여 미래세대 토론회를 별도로 개최하여 대입 제도에 대한 의견을 청취하고 그 내용을 정리하여 최종 보고서에 담을 계획도 밝혔다. 이후 19세 이상 국민을 모집단으로 하여 지역, 성, 연령 등을 고려하여 적정규모의 표본을 추출한 후, 시민참여단을 선발하기로 계획하였다. 시민참여형 조사는 대표성을 고려하여 선정된 시민참여단이 각계 각층의 다양한 의견과 이해관계자 및 전문가의 입장이 충실히 반영된 자료를 심층적으로 학습하고 토론하는 과정을 통해 대입 제도 개편 방안을 도출하는 과정으로 계획하였다(대입 제도 개편 공론화위원회, 2018). 이후 공론화위원회는 8월 초까지 시민참여형 조사의 결과를 정리한 후, 대입 제도개편특별위원회에 제출하며, 대입 제도개편특별위원회는 공론화 결과를 바탕으로 대입 제도 개편 권고안을 마련하고, 국가교육회의에 심의·의결을 요청하는 계획을 밝혔다.

이러한 계획에 따라, 일차적으로 학생, 학부모, 교원, 대학 입학처장, 대입전문가(교수 및 연구자) 총 35명이 참여하는 시나리오 워크숍을 개최하여 4가지 공론화 의제를 설정하였다.

〈표 10-2〉 공론화 의제 주요 내용

구분	학생부 위주 전형과 수능 위주 전형 비율	수능 평가방법	수시 수능 최저학력기준 활용 여부
의제 1	(정시) 수능 위주 전형과 (수시) 학생부 위주 전형의 균형 유지 각 대학은 모든 학과(실기 제외)에서 (정시)수능 위주 전형으로 45% 이상 선발	상대평가 유지 원칙	• 대학 자율 • 단, 교육부의 영향력 행사 배제
의제 2	• 대학 자율 • 단, 특정 전형에 과도하게 치우쳐 학생의 전형 선택권이 제한되지 않도록 함	전 과목 절대평가 전환	• 활용 가능 • 단, 현행보다 기준 강화 불가 (예: 반영 영역 수를 확대, 더 높은 등급 요구 불가)
의제 3	• 대학 자율 • 단, 특정 유형의 전형 방식 하나만으로 모든 학생을 선발하는 것은 지양	상대평가 유지 원칙	• 대학 자율 • 단, (수시)학생부종합전형 혹은 (수시)학생부교과전형의 취지 반영 수준에서 설정 및 지원자의 전공/계열과 유관한 영역으로 적용 범위 제한 권장
의제 4	(정시) 수능 위주 전형 확대, (수시) 학생부 교과 전형과 (수시)학생부 종합 전형 비율의 균형 확보	상내병가 유지 원칙	• 대학 자율

출처: 대입 제도 개편 공론화위원회 보도자료(2018)

〈표 10-2〉에서 보는 바와 같이 490명의 시민정책참여단으로 구성된 공론화위는 '수능 상대평가 유지+정시비중 45% 이상(1안)' '수능 전 과목 절대평가+수시 · 정시 비율 대학 자율(2안)' '수능 상대평가 유지+수시 · 정시 비율 대학 자율(3안)' '수능 상대평가 유지+정시확대(4안)' 등 4개 안을 놓고 토론했지만 뚜렷한 결론을 내지 못했다. 각 안에 대한 시민참여단의 선호도 조사에서 가장 높은 점수를 얻은 1안(5점 만점에 3.40점)과

두 번째로 높은 점수를 받은 2안(3.27점)이 통계적으로 유의미한 차이가 없었기 때문이다.

이를 참고하여 교육부는 '2022학년도 대학 입학 제도 개편 방안 및 고교 교육 혁신 방향'을 발표하였다. 이에 수능 위주 전형 비율이 30% 이상으로 확대될 수 있도록 각 대학에 권고하기로 하고 고교 학생부는 정규교육과 정을 중심으로 기재하도록 개선하기로 하였다. 인적사항에서 학부모 정보를 삭제하고 자율동아리는 학년당 1개에 한하여 객관적으로 확인 가능한 사항만 기재하도록 하였다. 또한 고교학점제 및 성취평가제 개선, 고교 체제 개편을 종합적으로 연계하여 추진하기로 하였다(교육부, 2018).

〈표 10-3〉 2022학년도 대학 입학 제도 개편 방안 및 고교교육 혁신 방향 주요 내용

	주요 내용
대입전형 구조 개편	• 수능 위주 전형 비율 30% 이상 확대 • 수시 수능 최저학력기준 활용은 대학 자율로 하되, 재정 지원 사업과 연계
수능 체제 개편	• 수능 과목구조 및 출제 범위 관련 국어 · 수학 · 직업탐구에 공통+선택형 구조 도입 및 문 · 이과 구분 폐지 • 수능-EBS 연계율을 70%에서 50% 축소
학생부 종합 전형 공정성 제고	• 고교 학생부 기재 개선 (학부모 정보 삭제, 수상경력 학기당 1개 제한, 학생부 기재 분량 축소, 학생부 기재 · 관리 관련 점검 의무화 등) • 대학의 선발 투명성 제고 (자기소개서 문항 통합 및 글자수 감축, 교사 추천서 폐지, 대학별 평가 기준 공개, 다수 입학 사정관 평가 도입)
대학별 고사 개선	• 학생부 기반 맞춤형 확인 면접을 원칙으로 구술고사 최소화 및 블라인드 면접 도입 추진 • 적성고사 폐지

출처: 교육부 보도자료(2018)

3) 대입 제도 공정성 강화방안

교육부는 2019년 11월 28일에 '대입 제도 공정성 강화 방안'을 발표하였다. 이는 2018년 8월에 발표한 '2022학년도 대학입학제도 개편방안'의 연속선상에서 이해할 수 있다. 2018년 발표를 통해 교육부는 학생부종합전형의 공정성과 투명성 제고를 위해 노력해 왔으나, 여전히 국민 불신이 지속되어 공정성 강화를 주요 정책 목표로 제시하였다. 교육부는 보도자료(2019. 11. 28.)에서 "대입전형 간 불균형이 심화된 가운데 학생부종합전형에 대한 국민들의 불신이 지속됨에 따라, 학생들의 대입에 대한 선택권을 보장하고 학종 실태조사 결과에서 나타난 문제점들을 개선하기 위해 이번 방안을 마련하였다"고 설명하였다. 교육부의 학생부종합전형 실태조사 발표는 2019년 11월 5일에 있었다. 이 발표에서 교육부가 제시한 불공정 현황은 다음과 같이 요약되었다.

- 실태조사에서 드러난 학생부 종합 전형의 불공정 요소
- (학종 운영 과정) 고교 프로파일 등을 통해 출신 고교의 영향력이 발생할 수 있고, 전형자료가 10분 내외로 평가되는 등 부실 운영 정황 확인
- (학종 운영기반) 평가요소 배점기준 등 평가 정보가 투명하게 공개되지 않고 입학 사정관의 전문성 확보 미흡 등 확인
- (학종 선발결과) 과학고 > 외고 · 국제고 > 자사고 > 일반고 순의 서열화된 고교체제가 학종 선발 결과에 나타났으며, 소득 지역별 격차 확인

이를 통해 대입정책에서 많은 변화가 일어났다. 그중에서도 가장 주목할 만한 것은 대입전형 간 불균형을 해소하기 위하여 학종과 논술 위주 전형 위주로 쏠림이 있는 서울 소재 16개 대학에 대해 수능 위주 전형으로 40% 이상 선발하도록 권고하는 것이었다. 대상 대학은 건국대, 경희

대, 고려대, 광운대, 동국대, 서강대, 서울시립대, 서울대, 서울여대, 성균
관대, 숙명여대, 숭실대, 연세대, 중앙대, 한국외대, 한양대가 해당되었
다. 또한 고교에서 준비하기 어려운 논술 위주 전형과 특기자 전형을 단
계적으로 폐지하여, 대입전형을 학생부 위주 전형과 수능 위주 전형으로
단순화하는 방향으로 나아가게 되었다.

이와 함께 사회적 배려 대상자의 고등 교육 기회를 확대하고, 지역 균
형 발전을 도모하기 위한 전형을 확대하기로 하였다. 특히 사회통합전형
의 사회적 배려 대상자(기초생활수급자, 차상위계층, 농어촌학생, 장애인 등)
를 대상으로 하는 전형을 전체 모집정원 대비 10% 이상 선발하도록 의
무화하고, 수도권 대학의 경우 지역 균형 발전을 위한 전형을 10% 이상
선발하되 학생부 교과 위주로 선발할 것을 권고할 계획이라고 밝혔다.

이 방안은 학생부 종합 전형 공정성 강화, 대입전형의 합리적 비율 조
정, 사회통합전형 신설 등 세 가지를 핵심으로 하고 있으며, 이를 위해
교육부가 발표한 추진 로드맵은 〈표 10-4〉와 같다.

대입전형 자료의 공정성 강화를 특징으로 하는 이 방안은 학생 개인의
능력이나 성취가 아닌 부모 배경, 사교육 등 외부요인이 대입에 미치는
영향이 차단되도록 학생부, 자기소개서, 교사 추천서 등을 개선하는 것
을 포함하였다. 이를 위해 먼저 정규교육과정 외의 활동을 대입에서 반
영하던 것을 폐지하였다. 또 자기소개서와 교사 추천서를 단계적으로 폐
지하기에 이른다. 자세한 사항은 〈표 10-5〉에 요약되어 있다.

〈표 10-4〉 대입전형 추진 로드맵

전형연도 과제		'21학년도	'22학년도	'23학년도	'24학년도
1	학생부 비교과영역 축소	• 기재 금지사 항 검증 강화	• 학생부 기재항목 축소 (소논문 기재 금지, 수상 경력 대입 제공 제한, 자율동아리 기재 제한 등)		• 정규교육과 정 외 비교과 활동 대입 반 영 폐지
	고교 · 교원 책무성 강화	• 학생부 신고센터 운영 ('20.3월~) • 교과세특 기재 표준안 보급 ('20.3월~)			
	자기소개서, 교사추천서	• 기재 금지사 항 검증 강화 및 불이익 조 치 철저	• 자기소개서 개선 (문항 및 글자 수 축소) • 교사 추천서 폐지		• 자기소개서 폐지
2	학종 운영의 투명성 강화	• 고교 정보 블라인드 확대(면접→서류+면접) • 고교 프로파일 전면 폐지 • 평가 기준 공개 양식 개발 및 대입정보공개 강화 • 외부공공사정관의 평가 참여 • 퇴직입학사정관 취업제한 규정 위반 시 제재 규정 신설 • 전형유형별 고교 유형 및 지역별 선발 결과, 신입생의 국가장학금 소득 구간별 수혜율 등 정보공시 확대 • 학생부종합전형 운영 가이드라인 내실화			
	학종 운영의 전문성 강화	• 입학시정관 수 등 정보공시, 입학사정관 공통 교육과정 개발 • 입학사정관 교육시간 강화 : 신임, 경력 모두 40시간			
3	정시 수능 위 주 전형 확대		• 16개 대학 수능 40% 이상 (2022학년도 조기 달성 유도)		• 16개 대학 수 능 40% 이상
	사회통합 전형 도입 · 의무화	• 사회통합전 형 법적 근거 마련 • 재정 지원과 연계하여 확 대	• 재정 지원과 연계 (사회적 배려대상자 선발 10% 이상 의무화 및 지역 균형 선발 10% 이상 권고)		
	특기자 전형 및 논술 위주 전형 폐지	• 재정 지원 사업과 연계하여 폐지 유도			

출처: 교육부(2019), 대입 제도 공정성 강화방안

〈표 10-5〉 학생부 주요 항목 내 비교과 영역(요소) 개선 현황

구분		現 고2~고3 ('20~'21학년도 대입)	現 중3~고1 ('22~'23학년도 대입)	現 중2 ('24학년도 대입)
① 교과활동		• 과목당 500자	• 과목당 500자 • 방과후학교 활동(수강) 내용 미기재	• 과목당 500자 • 방과후학교 활동(수강) 내용 미기재 • 영재 · 발명교육 실적 대입 미반영
② 종합의견		• 연간 500자	• 연간 500자	• 연간 500자
③ 비교과영역	자율활동	• 연간 500자	• 연간 500자	• 연간 500자
	동아리활동	• 연간 500자 • 정규 · 자율동아리, 청소년단체활동, 스포츠클럽활동 기재 • 소논문 기재 가능	• 연간 500자 • 자율동아리는 연간 1개(30자)만 기재 • 청소년단체활동은 단체명만 기재 • 소논문 기재 금지	• 연간 500자 • 자율동아리 대입 미반영 • 청소년단체활동 미기재 • 소논문 기재 금지
	봉사활동	• 연간 500자 • 실적 및 특기사항	• 특기사항 미기재 • 교내 · 외 봉사활동 실적 기재	• 특기사항 미기재 • 개인봉사활동 실적 대입 미반영 단, 학교 교육계획에 따라 교사가 지도한 실적은 대입 반영
	진로활동	• 연간 700자	• 연간 700자 • 진로희망 분야 대입 미반영	• 연간 700자 • 진로희망 분야 대입 미반영
	수상경력	• 모든 교내 수상	• 교내 수상 학기당 1건만(3년 6건) 대입 반영	• 대입 미반영
	독서활동	• 도서명과 저자	• 도서명과 저자	• 대입 미반영

※ (미기재) 학생부에서 삭제, (미반영) 학생부에는 기재하되, 대입자료로 미전송

출처: 교육부(2019), 대입 제도 공정성 강화 방안

4. 결론

1) 조정 담론의 조율과 소통 담론 관리를 위한 시스템 마련 필요

2017년 이후 2019년 11월 28일 교육부의 '대입 제도 공정성 강화방안'이 발표되기까지의 대입 제도 개편에서 주된 이슈의 흐름을 정리해 보면 다음과 같다.

① '2021학년도 수능 개편안' 관련 수능 절대평가 논의(2017. 4.~2017. 8.)
② 2022학년도 대입 개편 관련 공론화 과정에서의 수시-정시 비율 (2017. 9.~2018. 8.)
③ 학생부 공정성 논란 격화로 인한 학생부 공정성 확보(2018. 10.~2019. 9)

대입 제도 개편과 관련한 주요 이슈의 흐름 속에서 조정적 단계에서 정책공동체 내부에서 조정 담론 형성이 효과적으로 이루어지지 못했다. 이에 따라 일반 국민을 대상으로 정책의 필요성과 적합성을 설득하기 위한 소통 담론의 형성 역시 적절히 이루어지지 못했다. Schmidt에 따르면 정책공동체 내부에서 조정 담론이 형성된 후 이를 일반 국민에게 공유하는 소통 담론의 과정을 거친다. 그러나 2017년 이후 조정 담론이 정책공동체 내부에서 충분히 조율되고 합의되기 전에 소통 담론의 혼란 양상이 나타나고 반복되었다. 2017년 수능 절대평가 도입을 둘러싼 논란과 2019년 전후 정시 확대로 급격히 담론이 변화해 가는 과정 등에서 볼 수 있듯이 핵심 담론과 세부 담론이 충돌하는 듯한 양상이 반복해서 나타났다.

대입 제도와 같이 사회적 관심이 높고 영향력이 큰 정책에 대하여 정책공동체 내부에서 조정 담론이 충분히 조율되기 전에 소통 담론의 형태로 이행되고 이를 다시 번복하는 행태가 나타난다면 정책에 대한 신뢰를 얻기 힘들다. 따라서 향후 대입 제도 개편 관련 논의를 진행할 때는 정책공동체 내부의 조정 담론을 조율할 수 있는 교육거버넌스 체제를 확립하고 충분한 합의를 만들어 낸 후 소통 담론을 형성하는 것이 중요하다.

2) 공정성 확보를 위한 사회적 합의의 필요성

2019년 대입 제도 공정성 강화 방안 이후 학생부 종합 전형 변화의 초점은 학교생활기록부의 기재 및 대입 반영 요소가 대폭 축소되고 있다는 것이다. 2022~2023학년도(2021년 현재 고3, 고2)와 관련한 주요 변경 사항은 인적·학적사항 통합, 진로희망사항 삭제, 수상 경력 학기당 1개 제한, 소논문 기재 금지, 봉사활동 특기사항 미기재 등이다. 2024학년도(고1)에는 대입에 반영하는 항목이 더 축소된다. 수상 경력 미반영, 교과 세부 특기사항 영재·발명교육 실적 미반영, 자율동아리 미반영, 독서활동 미반영, 봉사활동 미기재 및 개인 봉사활동 실적 미반영 등으로 활용이 제한된다. 제출서류 또한 2022학년도부터 자기소개서가 개편되고 교사 추천서가 폐지되었으며 2024학년도부터는 자기소개서도 전면 폐지된다.

학생부의 대입 반영 주요 항목 비중에서 비교과가 차지하는 영역이 현저하게 줄어들고 교과 내신과 교과 세부능력 및 특기사항(세특) 등 교과 위주로 그 중요성이 강조되고 있는 것이다. 이러한 방향이 '공정성 확보'라는 목적을 달성할 수는 있을지 모르나 학생부 종합 전형 자체가 고안되고 도입되었던 목적에 비추어 그 존재 의의를 여전히 가질 수 있느냐 하는 점은 논의의 여지가 있다.

　입학사정관 제도에서 시작된 학생부 종합 전형은 교육계 내부의 오랜 신념이 반영된 제도여서 교육계 내부의 관심과 기대가 컸다. 이는 입시에 미치는 교사의 직접적인 영향력을 실질적으로 강화시켰다. 학교 교육의 결과뿐만 아니라 과정까지 입학 사정에서 고려된다는 점에서 학부모, 학생 및 일반 시민들의 지지도 있었다. 한편 과열 입시경쟁이라는 현실 하에서 자기소개서, 교사 추천서 등에 대한 신뢰의 문제도 등장하였다. 즉 당초 정책의 목표가 어느 정도 달성이 되는 동시에 상당히 많은 의도하지 않은 결과도 낳은 것이다. 이에 자기소개서와 교사 추천서를 반영하지 않는 상황에서 교과 세부능력 및 특기사항(세특)이 학생부 종합 전형을 원활히 운영할 수 있는 정보를 충분히 줄 수 있는지에 대해서도 충분한 논의가 필요하다.

참고 문헌

교육부(2019. 11. 28.). 대입제도 공정성 강화 방안. 교육부 학생부종합전형조사단.

교육부(2018. 8. 10.). 2021학년도 대학수학능력시험 개편시안 발표.

김은영, 김미란, 양성관, 임진택(2013). 대학입학전형 정책의 성과와 개선 방안 연구. 한국교육개발원. 11-16.

김지혜(2019). 공론화 위원회를 통한 2022 대입제도개편 평가. 학습자중심교과 교육연구, 19(2), 719-749.

김학린(2020). 공론화의 숙의 효과에 대한 실증분석: 2022학년도 대입제도개편 공론화 경험을 중심으로. 한국정책분석평가학회, 30(2), 67-93.

박보영(2019). 사회복지정책 형성 과정 분석을 위한 새로운 이론 틀의 모색 : 담론제도주의를 중심으로. 사회적질연구, 3(3). 95-129.

이주영(2018). 2022학년도 대입제도개편 공론화 평가. 교육정치학연구, 25(4), 117-146.

장지호, 홍정화(2010). 국내 거버넌스 연구의 동향. 한국사회와 행정연구, 21(3), 103-133.

하연섭(2006). 사회의사결정구조의 개선: 담론구조와 틀짓기 개념을 중심으로. 한국행정학회 학술발표논문집, 1-30.

Fischer, F. (2007). Deliberative policy analysis as practical reason: Integrating empirical and normative arguments. In F. Fischer, G. J. Miller, & M. S. Sidney. (Eds.), *Handbook of public policy analysis-Theory*, politics and methods. CRC Press. 223-236.

Gottweis H. (2007). *Rhetoric in Policy Making: Between Logos, Ethos, and Pathos*. Handbook of Public Policy Analysis. 237-250.

Schmidt. (2008). Discursive Institutionalism: The Explanatory Power of Ideas and Discourse. *Annual Review of Political Science 11*. 303-326.

제11장

고등 교육 공정성: 대학 교육에서의 공정성

이인서 교수(한라대학교)

1. 들어가며

그동안 한국 사회에는 개인이 노력을 통해 능력을 갖추면 그에 상응하는 혜택을 얻을 수 있다는 능력주의 담론이 우세했다. 능력주의 사회에서는 개인의 능력 차이에서 발생하는 사회적 불평등은 정당하다고 간주된다. 그렇기 때문에 능력주의 사회에서는 개인적으로는 우수한 능력을 갖추는 것이 중요하고, 사회적으로는 경쟁에 참여할 기회가 평등하게 주어지도록 절차가 마련되고 절차에 따라 기회가 분배되는 것이 곧 사회적 정의이다(황병주, 조형근, 이기훈, 오제연, 2022).

그러나 한국 사회가 저성장 사회에 진입하면서 취업 시장의 상황이 어려워졌고, 대학생들은 사회가 요구하는 인적자원이 되기 위해 대학에서 열심히 공부하더라도 보상이 주어지지 않는 경험을 하고 있다. 일례로 취업 시장에서 경쟁력을 갖추기 위해서는 대학 졸업 후에도 연애, 결혼,

출산, 여가 등 다양한 것을 포기해야 한다는 점에서 'N포 세대'라는 용어가 친숙하게 사용되고 있다(이승진, 안선경, 정익중, 조윤호, 황우람, 2024). 또한 최근 사회적으로 각종 특혜, 비리, 갑질 등이 논쟁거리가 되면서 대학생들 사이에서는 자신들이 대학 졸업 후 진출할 사회와 조직이 공정하지 않다는 인식이 확산되고 있다(임윤서, 안윤정, 2022; 한국대학신문, 2022. 10. 22.). '금수저' '흙수저'와 같은 수저계급론도 사회 전반적으로 계층 이동의 기회가 많지 않고, 부모 세대의 경제력이 자녀 세대로 대물림된다는 인식이 공공연한 상황을 반영하는 용어이다(이용관, 2018).

특히 우리나라의 맥락에서 대학생 시기는 청소년기에서 성인기로 넘어가는 과도기이면서 동시에 사회에 대해 인식하며 자신의 정체성과 진로에 대한 탐색이 본격적으로 이루어지는 시기이다(신혜진, 2018). 이 과정에서 대학생들은 자신과 직접적으로 이해관계가 있는 사회적 이슈에 노출되기 시작하면서 혼란과 갈등을 경험하기도 한다. 또한 본격적으로 취업이라는 현실적인 문제를 고민해 보면서 불평등, 공정, 사회적 계층과 같은 단어에 민감해지는 시기이기도 하다(최현주, 신혜진, 2018). 그렇다 보니 우리나라 대학생들은 공정성에 대한 민감도가 높으며 공정성 관련 이슈에 대해 적극적으로 목소리를 내고 있다.

공정성에 대한 민감도가 높은 대학생들에게는 대학에서 교육을 받는 과정에서도 '공정하게' 기회와 보상이 주어지는지가 매우 중요하다. 대학 교육에서 학생들이 공정성을 가장 중요하게 생각하는 분야는 단연 수업의 성적 평가이다. 사실 성적 평가의 본질은 대학이 사회가 요구하는 인재를 양성하는 책무를 가진 기관으로서, 학생들의 성취도를 평가하고, 교육목표를 달성했는지 점검하려는 목적으로 시행된다. 그러나, 학생의 관점에서는 성적 평가 결과를 통해 산출된 학점이 단순히 자신의 성취도를 의미하지 않는다. 학생들의 입장에서 학점은 대학 생활을 하는 동안 장학금, 교환학생, 복수전공 기회 등 다양한 교육 기회나 혜택과 더불어 대학 졸업 후 대학원 진학과 취직의 기회를 의미한다.

이처럼 학점은 대학에 다니는 동안을 포함하여 대학 이후의 성과나 보상에도 영향을 주기 때문에 공정성이 가장 중요시되는 분야이다. 그러다 보니 대학별로 성적 평가를 절대평가 방식으로 할 것인지, 상대평가 방식으로 할 것인지, 상대평가 방식이면 몇 퍼센트의 수강생이 A학점을 받을 수 있는지는 대학생에게 가장 민감한 이슈 중 하나이다(국제신문, 2023. 2. 14.; 충대신문, 2020. 9. 23.). 강의에서 수업하는 과정과 성적 평가 방식, 성적 평가 방식을 안내하는 방법까지 학생의 성취도 평가에 관련된 공정성은 강의 내용의 질과는 별개로 강의에 대한 만족도로 직결되기도 한다(최성원, 최송욱, 2015). '좋은' 대학 수업의 특징을 탐색한 이은화, 김회용(2008)의 연구에서는 학습동기 유발과 참여형 수업 외에도 평가의 공정성이 좋은 수업을 판단하는 기준으로 나타나기도 했다.

대학에서는 수업에서의 성적 평가 외에도 수시로 특정 프로그램 또는 혜택의 대상을 선발하거나 한정된 자원을 배분하는 활동이 이루어진다. 장학금을 지급하거나, 전공 선택의 기회를 부여하는 과정에도 모두 선발 절차가 포함된다는 점에서 공정성이 논의되는 분야이다. 그러나 현재까지 고등 교육이나 대학에서의 공정성을 논의할 때 주목을 받은 분야는 대학입시 분야이며, 대학 교육이 이루어지는 과정에서의 공정성이 논의된 경우는 많지 않다. 따라서 본 장에서는 대학 교육에서의 공정성 개념을 탐색해 보고, 대학 교육에서 공정성이라는 가치가 중시되는 분야에 대해 논의해 보고자 한다.

2. 대학 교육에서의 공정성 개념과 공정성 차원에 대한 대학생의 인식

1) 대학 교육에서의 공정성 개념

공정성의 개념은 일반적으로 분배 공정성과 절차 공정성으로 구분된다. 분배 공정성은 어떤 것을 얻기 위한 노력의 결과(보상)가 얼마나 공정한가에 대한 지각이며, 절차 공정성은 보상의 정도를 결정하기 위해 사용된 절차가 얼마나 공정한가에 대한 지각이다(Lucas et al., 2008).

공정성은 분배와 절차가 '얼마나 공정한가'에 대한 믿음이라는 점에서 특정 제도나 절차에 대한 개인의 인식으로 측정될 수 있다. 선행연구 중 대학 교육에서의 공정성을 다룬 연구를 살펴보면, 일부는 '공정세상신념 척도(belief in a just world)'를 적용하여 대학생이 인식한 공정성 수준을 분석하였다. 공정세상신념이란 자신이 살아가는 세상이 공정하며, 사람들은 자신의 노력에 상응하는 대가를 받는다는 믿음을 의미한다(Lerner & Learner, 1980). 공정세상신념은 '자신이 사는 세상은 정당하다'는 믿음인 '개인적 공정세상신념'과 '타인이 사는 세상은 정당하다'는 믿음인 '일반적 공정세상신념'으로 구분된다(Lipkus & Bissonnette, 1996). 선행연구에 따르면 세상이 공정하다는 개인적인 믿음은 대학생의 정서적 안녕감(손연경, 이승연, 2020)이나 대인관계(이정수, 송경희, 이승연, 2019), 우울(정선희, 양난미, 2021) 등에 영향을 미친다. 또한 대학 교육 상황에서 공정성 지각 수준은 수업에서의 동기와 더불어 학업 소진에도 영향을 주는 것으로 나타났다(성의철, 양혁승; 2015; 최송욱, 최성원, 2019).

대학 교육에서의 공정성 개념과 차원을 구체적으로 분석한 연구가 많지는 않으나, 성적 평가 상황에서의 공정성 변인을 사용한 연구를 통해 공정성 개념을 알아볼 수 있다. 최송욱, 최성원(2019)은 대학에서의 성적 평가 상황에서 대학생의 공정성 인식의 차원을 분배 공정성, 절차 공정성, 상호작용 공정성으로 구분하였다. 이 연구에서 분배 공정성은 학생들이 공부와 학업활동에 투입한 시간과 노력만큼의 결과가 성적이라는 형태로 돌아올 것이라는 학생의 인식으로 정의되었다. 다음으로 절차 공정성은 성적 평가가 올바른 규정과 절차 속에서 진행되며, 평가가 정당한 결과를 담보한다고 믿는 인식으로 정의되었다. 마지막으로 상호작용 공정성은 교수가 성적 평가 방식의 의의와 목적에 대해 학생들에게 충분하고 시의적절한 정보를 제공하고 있다는 학생의 인식으로 정의되었다. 최송욱, 최성원(2019)의 연구를 통해 대학의 성적 평가 상황에서의 공정성 개념을 알아볼 수 있으나, 포괄적인 대학 교육 상황에서의 공정성을 논의하기에는 한계가 있다.

11장에서는 일반적인 세상이 아닌 대학 교육 상황에서의 공정성을 정의하기 위해 교육에서의 공정성을 다룬 선행연구에 기반하여 대학 교육에서의 공정성 개념을 제시하고자 한다. 따라서 11장은 선행연구와 앞선 장의 정의에 기반하여 대학 교육에서의 공정성을 "대학생이 대학 교육의 기회, 과정, 결과에 있어서 자신의 관심, 능력, 상황과 배경에 따라 적절한 교육을 받을 수 있다고 인식하는 정도"라고 정의한다(김규태, 이석열, 서재복, 정성수, 김훈호, 2024). 앞선 장에서 교육 공정성의 차원을 분배 공정성, 절차 공정성, 상호작용 공정성으로 구분한 내용과 대학생의 공정성 인식에 대한 선행연구를 참고하여 대학 교육에서의 공정성 유형을 〈표 11-1〉과 같이 구분하였다.

〈표 11-1〉 대학 교육에서의 공정성 유형

유형	정의
분배 공정성	대학 교육 상황에서 대학생의 노력이나 기여도만큼의 보상 혹은 성과가 주어지는 정도에 대한 인식
절차 공정성	대학 교육 상황에서 정해진 기준과 절차에 따라 교육이 이루어지고 결과(보상과 처벌)가 주어지는 정도에 대한 인식
상호작용 공정성	학교나 교수가 대학생에게 필요한 정보를 제공하고 상호작용을 하며 교육이 이루어지는 정도에 대한 인식

2) 대학 교육에서의 공정성에 대한 대학생의 인식

실제로 대학생이 인식하는 공정성이란 무엇이며, 공정성 차원 중 어떠한 부분이 중요하다고 생각하는지에 대해 알아보기 위해 대학생을 대상으로 설문조사를 실시하였다. 설문 대상은 H대학교에서 고등 교육 관련 교양 수업을 수강하는 1~4학년 학생이며, 30명의 학생이 설문에 응답하였다. 설문의 내용은 공정성에 대한 중요성 인식과 학생이 인식한 공정성 차원별 중요도, 대학 교육의 영역 중 공정성이 중요하게 적용되는 분야에 대한 인식 등이다. 설문은 2024년 6월에 실시되었다.

(1) 대학 교육에서 공정성의 중요성 수준

첫째, 대학 교육 전반에서 공정성이 중요한 정도에 대한 응답은 다음과 같다. '대학 교육에서 공정성이 중요하다고 생각합니까?'에 대한 질문에 대해 '전혀 그렇지 않다'~'매우 그렇다'로 구성된 5점 척도로 응답한 결과이다.

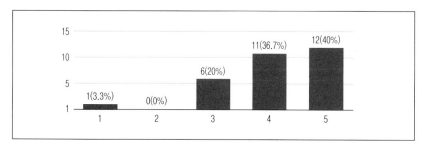

[그림 11-1] 대학교육에서 공정의 중요성에 대한 대학생의 인식

출처: 「서울학생종단연구」 1기 1차년도 자료 및 2기 1차년도 자료

대학 교육에서 공정성이 중요하다고 생각하는지에 대한 문항에 대한 응답으로, '매우 그렇다'가 12명(40%)으로 가장 많았고, '그렇다'가 11명 (36.7%)으로 두 번째로 많았다. '보통이다'라고 응답한 학생은 6명으로 20%였다. 이 외에 '전혀 그렇지 않다'라고 응답한 학생이 1명 있었다.

다음으로 '대학 교육 상황에서 가장 중요하게 생각하는 공정성의 개념은 무엇입니까?'라는 문항에 대한 응답을 분석하였다. 이 문항은 분배 공정성, 절차 공정성, 상호작용 공정성 중 가장 중요한 공정성 차원이 무엇인지 묻기 위한 문항이었다. 이 문항의 선택지로 '나의 노력이나 기여도 만큼의 보상 혹은 성과를 얻는 것' '정해진 기준과 절차에 따라 교육이 이루어지고 결과(보상과 처벌)를 얻는 것' '학교나 교수님이 학생에게 필요한 정보를 제공하고 상호작용을 하며 교육이 이루어지는 것' 중 가장 중요한 공정성이 무엇인지 선택하도록 하였다. 분배 공정성, 절차 공정성, 상호작용 공정성 중 가장 중요한 공정성에 대한 응답 결과는 다음과 같다.

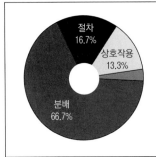

● 분배 공정성: 나의 노력이나 기여도 만큼의 보상 혹은 성과를 얻는 것
● 절차 공정성: 정해진 기준과 절차에 따라 교육이 이루어지고 결과(보상과 처벌)를 얻는 것
● 상호작용 공정성: 학교나 교수님이 학생에게 필요한 정보를 제공하고 상호작용을 하며 교육이 이루어지는 것
● 기타: 태생

[그림 11-2] 대학 교육에서 가장 중요한 공정성 차원

가장 중요한 '공정성 차원이 무엇인지'에 대한 응답 결과, 30명의 학생 중 66.7%(20명)에 해당하는 학생이 '나의 노력이나 기여도만큼의 보상 혹은 성과를 얻는 것'이 가장 중요하다고 응답하였다. 즉, 대부분 학생들이 분배 공정성이 가장 중요하다고 생각하는 것으로 나타났다. 다시 말해 학생들의 관점에서는 자신의 노력이나 기여도만큼의 보상이나 성과가 주어지는 것이 곧 대학 교육 상황에서의 공정성이라고 인식하고 있었다. 다음으로 16.7%(5명)의 학생들은 '정해진 기준과 절차에 따라 교육이 이루어지고 결과(보상과 처벌)를 얻는 것'이 곧 공정성이라고 응답하였다. 16.7%의 학생들은 대학 교육에서 절차 공정성이 가장 중요하다고 인식하고 있었다. 마지막으로 13.3%(4명)에 해당하는 학생들은 '학교나 교수님이 학생에게 필요한 정보를 제공하고 상호작용을 하며 교육이 이루어지는 것'이 공정성이라고 인식하고 있었다. 즉, 13.3%의 학생들은 대학 교육 상황에서 상호작용 공정성이 가장 중요하다고 인식하고 있었다. 이 외에 3.3%(1명)에 해당하는 학생이 '기타'를 선택하였다. 해당 학생은 '기타'라고 선택한 이유에 대해 '태생으로 인해 결정되는 부분이 있으므로 태생에 따라 기회가 주어지는 것이 공정성이다'라고 응답하였다.

다음으로 학생들을 대상으로 대학 교육 환경에서 공정성이 가장 중요한 영역이 무엇인지 1순위와 2순위를 선택하도록 하였다. 공정성이 중요하게 적용되어야 하는 영역에 대해서는 한정된 자원을 두고 경쟁하거나 자원이 배분되는 상황 9가지(교내 공간 이용, 비교과 프로그램 참여 기회, 수강신청, 수업의 성적 평가, 시험 일정, 장학금, 출결 인정, 학생에 대한 교수의 태도, 학생회 등 학생 대표 선발)를 선택지로 제시하고, 이 외에 추가로 공정성이 중요한 영역이 있는 경우 기타 선택지로 직접 제시할 수 있도록 하였다. 먼저 대학 교육에서 공정성이 '가장' 중요한 영역이 무엇인지에 대한 응답 결과는 다음과 같다.

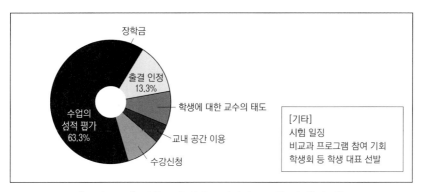

[그림 11-3] 대학 교육에서 공정성이 중요한 영역(1순위)

대학 교육에서 공정성이 가장 중요한 영역이 무엇인지 물어본 결과, 가장 많은 학생이 중요하게 생각하는 영역은 '수업의 성적 평가' 영역이었다. 총 63.3%(19명)의 학생들이 수업의 성적 평가가 가장 공정성이 중요한 영역이라고 응답하였다. 가장 중요한 영역이 무엇인지에 대한 문항에서 두 번째로 응답률이 높은 선택지는 '출결 인정'이었다. 수업의 출결 관리는 곧 성적 평가와 연계되는데, 대학별로 학칙에 따라 다양한 사유로 수업에 출석하지 못해도 공적 출석으로 인정되는 경우도 있고, 어떤 경우에는 학칙으로 정해진 사항이 아니어도 교수자의 재량으로 출석이 인정되는 경우도 있다. 이런 상황을 경험한 학생들이 출결 인정 측면에서 공정성을 중요한 측면으로 인식한 것으로 해석할 수 있다. 이 외에 대학 교육에서 공정성이 중요한 측면에 대한 응답 중 3순위로 나타난 것은 장학금, 학생에 대한 교수의 태도, 수강신청(각 6.7%, 각 2명)으로 나타났다. 설문조사에서 '비교과 프로그램 참여 기회'나 '학생회 등 대표 선발'이 가장 중요하다고 응답한 학생은 없었다.

다음으로 대학 교육에서 공정성이 2순위로 중요한 영역이 무엇인지에 대한 응답은 다음과 같다.

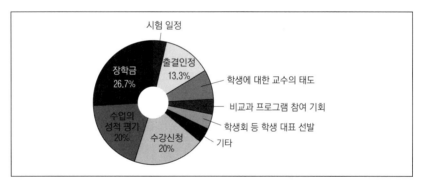

[그림 11-4] 대학 교육에서 공정성이 중요한 영역(2순위)

대학 교육에서 공정성이 중요한 영역 2순위가 무엇인지에 대한 응답 결과, '장학금'이라는 응답이 26.7%(8명)로 가장 높게 나타났다. 대학에서 국가장학금을 비롯하여 다양한 유형의 교내 장학금이 지급되는데, 학생들 입장에서는 대학 등록금이 부담되는 만큼 장학금이라는 자원이 정해진 절차와 기준에 따라 지급되는 것이 중요하다는 인식이 있었다. 다음으로 공정성이 중요한 영역으로는 '수업의 성적 평가'와 '수강신청'이

각각 20%(6명)로 나타났다. 대학 교육에서 공정성이 가장 중요하게 적용되어야 하는 영역 1순위가 '수업의 성적 평가'로 나타난 것에 이어 공정성이 중요하게 적용되어야 하는 영역 2순위에도 '수업의 성적 평가'가 높은 비율로 나타났다. 이와 더불어 좋은 학점을 얻을 수 있는 기회와 연결되는 '수강신청'이 2순위로 중요한 영역으로 나타난 것으로 해석할 수 있다.

이러한 설문조사 결과를 바탕으로 대학 교육에서 학생들이 인식하는 공정성은 성적 평가와 관련된 부분에서 가장 중요하며, 성적 평가와 연결된 출결사항 관리와 수강신청 등에 대한 공정성이 중요하다는 점을 알 수 있었다. 각 수업에서 이루어지는 성적 평가의 결과가 학점으로 집계되며, 학점으로 나타나는 결과가 학생들의 향후 교육 기회와 취업에도 영향을 주기 때문에 가장 분배 공정성과 절차 공정성이 중시되는 분야라고 볼 수 있다. 더불어 장학금의 경우 학생들이 체감할 수 있는 강력한 경제적 보상이며, 장학금 수혜 기회는 한정적이기 때문에 장학금이 지급되는 기준과 절차가 공정해야 한다고 인식한 것으로 해석할 수 있다.

3. 대학에서의 교육 공정성 사례

이 절에서는 대학생이 인식한 공정성의 중요한 분야와 더불어 실제로 대학 교육에서 공정성이 중요한 화두로 논의된 최근 사례에 대해 논의하고자 한다.

1) 코로나19와 대학의 성적 평가 방식

2019년 말부터 코로나19가 확산되면서, 2020학년도부터 2022학년도

까지 대부분 대학에서는 전면 비대면 교육이 이루어졌다. 2020학년도부터 2021학년도에는 코로나19 확진자 수가 급격하게 증가하면서 다수의 사람이 한 공간에 모이는 상황을 지양하고 있었다. 이에 따라 대학가에서는 성적 평가를 위한 중간고사와 기말고사도 비대면으로 실시하는 상황이었다. 학생들 사이에서는 시험의 공정성에 대한 우려와 비판이 대두되었다. 기말고사를 비대면으로 실시하게 되면 학생들의 시험 상황을 감독할 수 없다는 문제가 생기고, 비대면 시험 상황에서 커닝 사건이 터지면서 시험의 공정성에 대한 위기가 발생했다(한국대학신문, 2020). 대학과 교수자는 공정한 평가를 위해 각종 지침을 배포하고, 비대면 시험을 치르는 상황에서 zoom 등 실시간 온라인 회의 기능을 활용하여 핸드폰과 카카오톡을 사용하지 않는 상황을 인증하도록 하는 등 다양한 방식으로 평가의 공정성을 지키고자 하였다(김경숙, 2020). 그러나 이러한 노력에도 불구하고 피평가자인 학생들은 감독자 없이 시험을 치르는 상황에서 공정성에 의문을 제기하였다.

대학에서는 상대평가 방식에서 벗어나 절대평가 방식으로 성적 평가를 하기 시작했다. 기존의 상대평가 제도에서는 각 강의별로 약 30~40%에 해당하는 학생들만 A학점을 받을 수 있었다. 그러나 평가의 공정성에 의문을 제기하는 학생들이 많아지자 일부 대학에서는 A학점의 비율을 높이는 '완화된 상대평가' 제도를 도입하거나(한국대학신문, 2020), 아예 전면 절대평가 방식을 실시하기도 하였다(한국대학신문, 2021). 학생들 사이에서는 절대평가를 실시하면 성적을 받기 쉬울 것이라는 기대감이 있어 절대평가 방식을 적용하면 평가의 공정성에 대한 학생들의 걱정을 잠재울 수 있을 것이라는 기대가 있었다. 실제로 수강신청 기간이 되면 학생들 사이에서 가장 큰 화두는 '꿀강의' 혹은 '꿀교양'을 찾아 수강신청을 하는 것이다. '꿀강의'란 수업에서 요구하는 과제가 적고 학점이 잘 나오는 강의를 의미한다(충대신문, 2020).

다수의 학생은 절대평가 방식이 도입된 것에 찬성하는 듯했으나, 일각에서는 절대평가가 실시되면서 '학점 인플레이션'이 발생한다는 우려도 등장했다(한국대학신문, 2021). 학생들이 '높은 성적을 받을 수 있는 기회'를 중시하는 만큼 절대평가를 실시하는 것이 성적 평가의 공정성 논란에 대한 해답이 될 것으로 예상되었으나, 놀랍게도 절대평가 제도를 실시하는 상황이 공정하지 않다는 의견도 있었다. 일부 학생들은 모든 학생에게 좋은 학점을 받을 수 있는 기회가 열리면 오히려 학점 인플레이션으로 인해 취업시장에서 경쟁력이 낮아질 것을 우려하기도 하였다. 학생의 관점에 따라 '좋은 성적'을 받을 수 있는 기회에서 분배 공정성을 중시하는지, 추후 '취업 시장'에서 경쟁력을 가질 수 있는 기회에 대한 분배 공정성을 중시하는지에 따라 같은 제도에 대한 공정성 인식도 달랐다.

대학의 성적 평가 방식에 대한 공정성 논의는 지속적으로 있었으나, 코로나19 상황을 기점으로 성적 평가 방식이 큰 화두였다. 현재까지도 대학에서 성적 평가 방식을 어떻게 할 것인가는 학생들 사이에서도 갈등이 되는 분야이기도 하다. 최근에는 전남대학교에서 졸업생의 취업 경쟁력을 위해 각 강의별로 A학점을 받을 수 있는 학생의 비율을 30%에서 50%로 확대하는 것을 추진했다가, 이에 반대하는 학생들로 인해 잡음을 겪고 있기도 하다(무등일보, 20204). 고등 교육 전문가들은 성적 평가의 본래 목적이 희미해진 채 좋은 학점을 받을 수 있는 기회와 취업 시장에서의 경쟁력에만 학점이 활용되는 것이 안타깝다는 의견을 내기도 했다. 어떠한 방식으로 성적 평가를 할지에 앞서 평가 신뢰도를 확보하기 위해 명확한 평가 기준을 수립하고 강의 목표와 성취도 기준을 학생들에게 정확히 안내해야 한다는 점이 대안으로 제시되고 있다.

2) 대학에서의 장학금 지급 방식

지난 2016년 고려대학교는 성적이 우수한 학생에게 지급하는 '성적장학금'을 폐지하고, 저소득층 학생에게 등록금을 감면하고 생활비를 지원해 주는 '정의장학금'을 확대했다. 이어서 서강대학교도 성적장학금을 폐지하고 소득분위를 기준으로 등록금을 감면해 주는 '다산장학금'을 확대하였다. 대학들이 성적장학금을 축소하고 가계 형편이 어려운 학생들을 위한 장학금을 확대한 배경에는 학생 개인의 가정 배경으로 인해 면학 요건이 좌우되지 않도록 하겠다는 형평성의 논리가 있다. 성적장학금 제도를 운영한 한 대학에서 분석한 결과에 따르면 성적장학금 혜택을 받은 학생 76%의 가정 소득분위가 9, 10분위 학생이었다. 즉, 가정의 소득수준이 상위 20%에 해당하는 학생들이 대부분 성적장학금을 받았다고 해석할 수 있다(한국대학신문, 2017). 성적장학금을 폐지하거나 축소하는 추세는 해외에서도 비슷하게 나타나고 있다. 특히 등록금이 비싼 미국에서는 학생들의 재정상황을 고려한 Need-based scholarship(필요 기반 장학금 또는 재정 보조 장학금)이 확대되는 추세이다.

장학금을 어떤 기준으로 지급할 것인가는 가시적으로 보이는 재원을 배분하는 과정이라는 점에서 공정성이 가장 중요시되는 분야이기도 하다. 장학금을 지급하는 기준은 우수한 학생에게 장학금을 지급하는 merit-based scholarship(성취 기반 장학금 또는 성적장학금)과 재정상황이 어려운 학생에게 장학금을 지급하는 need-based scholarship으로 구분할 수 있다(Hadavand, 2018). 우리나라에서는 지난 2012년부터 반값 등록금 정책이 실시되면서, 다수의 대학생들에게 need-based 방식으로 소득분위에 따라 장학금이 지급된다. 구체적으로 가구의 소득과 재산에 따라 소득분위를 1분위부터 10분위까지 구분하여 1분위부터 8분위에 해당하는 학생들은 소득구간별로 장학금을 받을 수 있고, 기초·차상위 계층의 학생은 등록금을 전액 지원받을 수 있다(남수경, 2020).

한국장학재단에서 산출하는 소득분위가 현재로서는 가장 신뢰도 높은 장학금 지급 기준이기는 하나, 이에 대한 공정성 논란도 과거부터 현재까지 이어지고 있다. 가구 소득을 산출할 때에는 가구원 수, 가구의 월 소득, 가구의 일반 재산, 금융재산, 자동차 등 재산의 소득환산액을 고려한다. 가구 전체의 소득 수준을 고려하여 소득분위를 산출한다는 점에서 신뢰도가 높다고 볼 수 있다. 그러나 가구의 재산 대비 부채 비율이 높은 경우 장학금을 많이 받을 확률이 높아지는 경우도 있고, 부동산 시장 전반적으로 집값이 상승하는 경우 거주하는 집의 재산이 높게 집계되어 국가장학금을 받지 못하는 경우도 발생한다. 이러한 상황이다 보니 국가장학금 지급 대상자가 공개될 때마다 대학생들 사이에서는 지급 기준이 공정하지 않다는 불만이 표출된다.

한편, 소득분위가 높은 학생들 사이에서도 성적이 우수한 경우 장학금을 받을 수 있도록 하여 학업 동기를 높여야 한다는 요구도 이어지고 있다. 실제로 고려대학교는 2024학년도부터 장학제도를 개편하여 성적 우수 장학금을 9년 만에 부활시켰다. 성적만으로 장학생을 선발하는 제도에 대한 재학생의 요구가 꾸준히 있었다는 점이 성적장학금을 재도입한 가장 큰 원인으로 나타났다(고대신문, 2024). 대학생들에게는 분배 공정성이 중요한 차원인 만큼, 성실하게 공부하고 노력하여 얻은 결과에 대한 보상으로 성적장학금이 필요한 것으로 해석할 수 있다.

3) 대학에서의 전공선택 기회

2024년 현재 최근 대학가에서 가장 중요한 이슈 중 하나는 단연 전공 자율 선택제(무전공제)라고 볼 수 있다. 정부는 '학과 간 벽 허물기'를 강력하게 추진하며 정부의 재정 지원 사업을 활용하여 전공을 정하지 않고 대학에 입학한 후 전공 탐색 과정을 거쳐 전공을 선택할 수 있는 전공 자율선택 입학 전형을 마련하도록 하고 있다. 무전공제의 교육적 효과나 운영 과정에서의 애로사항은 차치하고, 무전공제를 운영했을 때의 공정성이 논란이 되고 있다. 바로 무전공 전형으로 입학한 학생이 어떤 전공까지 선택할 수 있도록 선택권을 주는가이다.

교육부는 전공자율 선택제를 강하게 추진하기 위해 자유전공 혹은 무전공 전형으로 입학한 학생이 의대에 진학하는 것도 허용한다는 입장을 제시하기도 했다가 논란이 일기도 했다. '자유전공학부'와 같은 무전공제는 2009년부터 대학 자율로 운영되고 있다. 자유전공 전형으로 입학한 학생은 기본적으로 2학년 혹은 3학년 때 대학 내에서 운영되는 전공을 선택할 수 있는데, 이때 「고등교육법」 시행령에서 정한 정원 기준에 따라 자유전공 전형으로 입학한 학생이 의학계열과 사범계열로 진학하는 것은 불가능한 상황이다. 그러나 2023년 10월, 교육부장관이 자유전공 전형으로 입학한 후 의대로 진학하는 것도 허용할 예정이라는 취지의 발전을 하였다. 이에 따라 언론에서는 의대 합격자와 타 단과대학 합격자의 입시 성적 차이가 크기 때문에 무전공제 입학생에게만 큰 혜택이 될 것이며, 공정성 논란이 일어날 것이라는 우려가 대두되었다(부산일보, 2023). 이와 같은 논란이 일어나자, 하루 만에 자유전공학부 진학 후 의대 진학을 허용하는 계획을 철회한다는 내용이 공개되기도 하였다(부산일보, 2023).

자유전공학부 재학생의 의대 진학 정책은 철회되었으나, 여전히 자유전공학부 학생의 전공선택권을 어디까지 보장할 것인가는 공정성과 관련된 논쟁거리이다. 일부 대학에서는 자유전공학부 재학생이 주전공을 선택할 때, 학과별 정원을 정해 두고 학생의 성적에 따라 우선 선택권을 주는 방식을 택하고 있는 반면, 일부 대학에서는 정책적으로 추진되고 있는 자유전공제의 취지를 살려 전공 선택 시 제약이나 자격조건 없이 선택하도록 하기도 한다. 이에 대해 자유전공학부가 아닌 일반 학과 소속의 학생 중 일부는 이러한 제도가 불공정하다고 느끼고 있으며, 자유전공학부를 도입한 본래의 취지도 살리지 못하고 있다는 우려도 나타나고 있다.

4. 나가며

현재까지 고등 교육 분야에서 대학생을 대상으로 한 연구들은 대부분 대학생의 교육 성과에 가장 초점을 두고 수행되었다. 대학생이 대학에서 어떤 경험과 심리적 상태를 통해 다양한 인지적·비인지적 성과를 거둘 수 있는지 그리고 어떤 학문적, 사회적 경험이 학생들이 학업을 중단하지 않게 만드는지가 가장 중요한 관심사였다. 그러나 최근 청년 세대에서 공정성이 가장 중요한 가치로 떠오르고 있는 만큼, 대학 교육 상황에서도 어떤 분야에서 공정성이 중요하게 적용되는지, 대학생이 인식한 공정성이 대학의 다양한 성과와 어떤 관련이 있는지 탐색해 볼 필요가 있다.

나아가 대학생이 어떤 분야에서는 공정성을 중요하게 생각하지 않는지도 탐색해 볼 필요가 있다. 예를 들어, 대학에서 학생회 등 학생대표를 선출하는 과정에 대해서는 공정성이 논란이 되는 경우가 많지 않고, 최근에는 학생회 자체에 대한 학생들의 인지도나 관심이 감소하고 있는 추세이다. 임윤서, 안윤정(2022)은 청년세대의 공정성 인식에 대해 탐색하면서, 청년세대가 공정성 담론을 적극적으로 주도하고 있는 동시에, 본인의 이해관계와 관계없는 문제에 대해서는 무관심하다는 점에서 공정성 담론의 모순이 있다고 지적하였다. 대학 교육 상황에서 한정된 자원과 기회를 배분하는 과정임에도 불구하고 대학생이 공정성을 중시하지 않는 분야를 탐색한다면 고등 교육에서의 공정성 담론을 긍정적으로 발전시키기 위한 시사점을 찾는 데에도 도움이 될 것이다.

참고 문헌

고대신문(2024. 5. 5.). 성적우수장학금 9년 만에 부활한다.

국제신문(2023. 2. 14.). 대학 취업률 걱정에 상대평가냐 절대평가냐 … "상관 없어".

김경숙(2020). 대학에서의 실시간 온라인 시험 경험 및 공정성. 한국산학기술학 회 논문지, 21(9), 229–237.

김규태, 이석열, 서재복, 정성수, 김훈호. (2024). 중등학교 교육 공정성 진단도 구 개발 및 타당화. 교육종합연구, 22(1), 237–258.

남수경(2020). 대학생 장학금정책의 효과 분석 (II): 국가장학금정책을 중심으 로. 교육재정경제연구, 29(3), 57–84.

무등일보(2024. 3. 13.). "이제 너도 나도 만점?" 전남대 A학점 50% 상향 조정.

부산일보(2023. 10. 19.). 교육부 "의대 증원 현실화 때 무전공·자유전공자 의대 진학 허용" 추진

부산일보(2023. 10 20.). '자율전공 후 의대 진학' … 교육부장관 "신중하지 못 했다, 송구" 대국민 사과.

성의철, 양혁승(2015). 절대평가 대비 강제배분 상대평가 방식이 피평가자의 외 재적 동기에 미치는 직·간접 효과: 기대공정성, 지각된 통제감, 기대결과치 를 통한 억제효과를 중심으로: 기대공정성, 지각된 통제감, 기대결과치를 통한 억제효과를 중심으로. 대한경영학회지, 28(3), 1009–1027.

손연경, 이승연(2020). 대학생의 분배 및 절차 공정성에 대한 개인적 믿음, 미래 지향 시간관과 정신적 안녕감의 관계. 한국심리학회지: 발달, 33(1), 65–84.

신혜진(2018). 정당한 세상에 대한 믿음이 대학생의 우울에 미치는 영향에서 낙관성과 인지적 유연성의 매개효과. 학습자중심교과교육연구, 18(5), 413– 437.

이승진, 안선경, 정익중, 조윤호, 황우람, 윤송이(2024). 청년들은 무엇을 포기하고 있는가?–N포세대 유형과 우울·불안 및 행복감 간의 관계. 한국사회복지학, 76(1), 149–175.

이용관(2018). 청년층의 주관적 계층의식과 계층이동 가능성 영향요인 변화 분석. 보건사회연구, 38(4), 465–491.

이은화, 김회용(2008). 좋은 대학수업의 특징과 그 의미. 교육사상연구, 22(1), 123–146.

이정수, 송경희, 이승연(2019). 대학생 개인적 공정세상신념과 친사회적 행동의 관계에서 감사의 매개효과. 한국심리학회 학술대회 자료집, 309.

임윤서, 안윤정(2022). 청년세대의 한국 사회 공정에 대한 인식과 경험 탐구: 개인의 좌절과 공동체적 대안의 경계에서. 사회과학연구, 33(3), 77–103.

정선희, 양난미(2021). 대학생의 정당한 세상에 대한 개인적인 믿음과 우울의 관계: 젠더감수성과 성별의 조절된 매개효과. 아시아여성연구, 60(2), 263–296.

최성원, 최송욱(2015) 경영대학 무감독 시험제도의 공정성 지각에 관한 연구: 학생들의 신뢰감 및 만족도를 중심으로. 경영교육연구, 30(6), 377–401.

최송욱, 최성원. (2019). 성적평가에 대한 공정성 지각이 대학생 학업소진에 미치는 영향. 학습자중심교과교육연구, 19(5), 1–20.

최현주, 신혜진(2018). 정당한 세상에 대한 믿음과 불안의 관계: 속박감에 의해 조절된 인지적 유연성의 매개효과 검증. 한국심리학회지: 사회및성격, 32(3), 19–38.

충대신문(2020. 9. 23.). 대학 성적평가 방식, 어떤 방식이 좋을까?

한국대학신문(2017. 9. 21.). 대학가 성적장학금 폐지하고 저소득층 장학금 늘리는 이유는?

한국대학신문(2020. 12. 9.). 불붙은 절대평가·상대평가 '대결구도' … '평가 신뢰도'.

한국대학신문(2021. 7. 29.). 절대평가는 학점 퍼주기, 잘못된 인식 … "기준 제시 위한 교수자 노력은 필요".

한국대학신문(2022. 10. 22.). [창간34주년/대학생 의식 조사①] 대학생들 중요한 사회 가치는 '돈' … 지난해 이어 '공정성' 또 다시 도마 위.

황병주, 조형근, 이기훈, 오제연(2022). 한국 근현대 능력주의의 역사와 신화. 경제·인문사회연구회 인문정책연구총서.

Hadavand, A. (2018). Educational aid policy and inequality: The case for merit−and need−based aid. *Review of Social Economy, 76*(4), 535−562.

Lerner, M. J., & Lerner, M. J. (1980). *The belief in a just world.* Springer US. 9−30.

Lipkus, I. M., & Bissonnette, V. L. (1996). Relationships among belief in a just world, willingness to accommodate, and marital well−being. *Personality and Social Psychology Bulletin, 22*(10), 1043−1056.

Lucas, T., Alexander, S., Firestone, I., & Lebreton, J. M. (2008). Just world beliefs, perceived stress, and health behavior: The impact of a procedurally just world. *Psychology and Health, 23*(7), 849−865.

제**12**장 ─────────────────────
대학재정지원사업과 공정성

차성현 교수(전남대학교)

1. 서론

독일의 철학자 칼 야스퍼스(Karl Jaspers)는 대학의 핵심 기능을 교육, 연구, 봉사로 설정하였다(Perkins, 1966). 대학은 연구를 통해 새로운 지식을 생산하고, 교육을 통해 그 시대와 사회에 필요한 인재를 양성하고, 교육과 연구의 성과를 사회에 환원하는 역할을 수행하며 인류 진보에 기여해 왔다. 인공지능(AI) 시대에도 대학은 연구를 통해 신기술을 개발하고, 시대와 사회가 필요로 하는 창의 융합 인재를 양성하고, 학문 간 융합, 대학 간 협력, 현장의 연결을 통해 지역과 국가의 수요를 충족시키는 역할을 담당할 것이다(차성현, 2024).

우리나라의 고등 교육은 과학 및 기술, 직업 분야의 우수한 인재를 양성함으로써 '한강의 기적'으로 불리는 고도의 경제성장과 국가 발전에 기여해 왔다. 우리나라 고등 교육은 엘리트, 대중화 단계를 넘어 보편화 단계에 있다. 대학 진학률은 1975년까지 9.3% 정도였으나, 1980년에는

15.9%, 1995년에는 55.1%로 높아졌으며, 2000년대 들어서는 고교 졸업 자 10명 중 6~7명이 대학이 진학하는 보편화 수준에 도달하였다(유한구 외, 2020).

한편, 이러한 높은 수준의 대학 진학률은 수도권 명문 대학 진학을 위한 과도한 입시경쟁 및 수도권 청년 집중, 사교육 심화에 따른 계층 갈등, 대학 졸업자의 취업 경쟁 등의 부작용을 낳기도 하였다. 특히 청년인구의 수도권 이동, 저출산에 따른 인구 감소로 인해 지방대학들은 신입생 충원, 재학생 유지에 어려움을 겪고 있다. 예컨대, 2021년 전국 대학 신입생 충원율은 91.4%로 40,586명의 미충원이 발생하였고, 미충원 인원의 75%가 비수도권에서 발생하였다(교육부, 2021). 또한, 2012년부터 추진된 정부의 등록금 동결 정책은 학생 수 감소와 함께 등록금 의존도가 높은 지방 사립대학의 재정 위기를 더욱 가속화하고 있다. 즉, 2021년 비수도권 사립대 91개교 가운데 74개교(81.3%)가 운영수지 적자인 것으로 나타났다(한국대학교육협의회, 2023). 이러한 지방대학의 위기를 극복하기 위해 정부는 대학 재정 지원 규모를 확대하였으며, 대학들은 기부금 유치 및 민간 투자 등 재정 확충을 위해 다각도로 노력하였다. 이러한 결과로 사립대학 등록금 의존 비율은 2010년 62.5%에서 2022년 51.4%로 감소하였다(국회예산처, 2023: 61).

그동안 정부는 인력양성, 대학 경쟁력 강화, 고등 교육 기회 확대를 위해 다양한 대학 재정 지원 정책을 추진해 왔으며, 그 규모는 지속적으로 증가하고 있다. 2021년 기준 정부는 인력양성(HRD), 연구개발(R&D), 학자금 지원 등을 위해 1,005개 사업에 15조5,966억 원을 지원하였으며, 이는 2017년 13조465억 원과 비교하여 1.2배가량 증가한 수치이다(국회예산처, 2023: 28). 하지만 높은 고등 교육 이수율에 비해 고등 교육에 대한 정부의 재정투자 규모는 다른 나라와 비교하여 낮은 편이다. 예컨대, 2020년 우리나라 대학생 1인당 공교육비 지출액은 1만 2,225달러로, 전년보다 8%(938달러) 늘었지만, OECD 평균(1만 8,105달러)보다 5,880달러가 적다(교육부, 한국교육개발원, 2023).

한편, 정부의 대학 재정 지원이 확대되면서 대학 간, 지역 간 쏠림이 나타나 대학 재정 지원의 공평성 및 지역 발전의 불균형이 문제로 제기되기도 하였다. 예컨대, 2019년 대학재정알리미 공시자료를 분석한 결과에 따르면, 학자금 지원, 경상비 지원 등을 제외한 일반지원 사업에서 수도권 대학은 대학당 평균 225억 원, 지방대는 121억 원이 배분되어 1.9배가량 차이가 났다(임희성, 2021). 특히, 대학의 연구활동 지원, 연구 인프라 구축 등에 지원하는 연구개발(R&D)의 경우 10개 대학이 전체 사업비의 43.8%를 지원받아 일부 수도권 및 지역거점 국립대학에 지원이 집중된 것으로 분석되었다.

이 장에서는 정부의 대학 재정 지원을 배분의 공정성 관점에서 살펴보고, 몇 가지 과제를 제언하였다. 세부적으로 대학의 재정 구조, 대학 지원 사업 구조, 대학재정지원사업 배분 방식, 대학 재정 지원과 공정성 등의 내용을 다루고 있다.

2. 대학재정지원사업

1) 대학의 재정 구조

「고등교육법」 제2조에 해당하는 학교 및 그밖의 다른 법률에 따라 설치된 우리나라 고등 교육기관은 2023년 기준 총 411교이다[1]. 학제별로는 대학 223교(54.7%), 전문대학 142교(34.5%), 대학원대학 44교(10.7%)이다. 설립유형별로는 국·공립 57교(13.9%), 사립 354교(86.1%)로 사립대학의 비중이 높다. 대학 소재지별로는 수도권 소재 대학이 171교(41.4%), 비수도권 대학이 242교(58.6%)로 비수도권에 소재하는 대학이 많다. 2023년 기준, 일반대학 190교 중에서 사립대학이 155교(81.6%)를 차지하며, 학생 수는 1,428,298명으로 전체의 77%를 차지한다(국회예산처, 2023: 35).

우리나라 대학 재정구조를 보면, 국립대학의 수입은 중앙정부와 지방자치단체 이전수입, 자체수입으로 구성되며, 이전수입이 가장 높은 비중을 차지한다. 〈표 12-1〉에 제시된 것처럼, 2022년 국립대학의 수입 중 중앙정부 및 지방자치단체의 이전수입이 2조9,132억 원으로 전체 수입의 45.8%를 차지하여 가장 비중이 높았다. 한편, 입학금 수업료, 이자수입 등 자체수입은 2조5,382억 원으로 39.9%, 세계잉여금 8,591억 원으로 13.5%를 차지하였다.

한편, 사립대학의 교비회계 수입은 운영수입, 자산 및 부채수입, 전기이월자금으로 구성되며, 이 중 등록금 및 수강료 수입이 절반 이상을 차지한다. 〈표 12-2〉에 제시된 것처럼 2022년의 경우, 등록금 및 수강료 수입은 10조 2,241억 원으로 전체 수입의 53.5%를 차지하였다. 최근 5년(2018~2022) 동안 등록금 및 수강료 수입은 그 비중이 감소하는 추세

---

1 「고등교육법」에 따른 고등 교육기관 유형은 대학, 산업대학, 교육대학, 전문대학, 방송대학·통신대학·방송통신대학 및 사이버대학, 기술대학, 각종학교가 있으며(「고등교육법」 제2조), 설립유형은 국가가 설립·경영하거나 국가가 국립대학 법인으로 설립하는 국립학교, 지방자치단체가 설립·경영하는 공립학교, 학교법인이 설립·경영하는 사립학교로 구분된다(고등교육법 제3조). 또한 개별 법률에 따라 설치된 대학에는 경찰대학, 육군·해군·공군사관학교, 한국과학기술원, 광주과학기술원 등이 있다.

이며, 교육부 국고보조금은 그 규모와 비중이 증가하는 추세에 있다. 정부의 재정 지원 규모가 증가하면서 사립대학 등록금 의존 비율은 2020년 54.9%, 2021년 53.5%, 2022년 51.4%로 감소하였다(국회예산처, 2023: 61).

⟨표 12-1⟩ 국립대학 대학회계 세입결산 현황(2018~2022) (단위: 억원, %)

구분			2018년	2019년	2020년	2021년	2022년
세입 합계			52,144	54,580	57,198	62,536	63,599
이전수입			26,129 (50.1)	28,324 (51.9)	28,627 (50.0)	31,722 (50.7)	29,132 (45.8)
	중앙정부이전수입		25,748 (49.4)	27,810 (51.0)	27,991 (48.9)	30,858 (49.3)	28,028 (44.1)
		인건비	15,426 (29.6)	15,613 (28.6)	16,254 (28.4)	16,573 (26.5)	16,798 (26.4)
		경상적 경비	3,630 (7.0)	4,255 (7.8)	5,070 (8.9)	5,549 (8.9)	4,829 (7.6)
		시설확충비	6,692 (12.8)	7,942 (14.6)	6,667 (11.7)	8,736 (14.0)	6,401 (10.1)
	지방자치단체이전수입		381 (0.7)	514 (0.9)	636 (1.1)	864 (1.4)	1,104 (1.7)
자체수입			22,337 (42.8)	21,352 (39.1)	21,566 (37.7)	23,803 (38.1)	25,382 (39.9)
	교육 활동수입 (입학금, 수업료 등)		16,117 (30.9)	14,451 (26.5)	13,770 (24.1)	13,913 (22.2)	13,717 (21.6)
	전형료 및 논문심사료		219 (0.4)	213 (0.4)	197 (0.3)	219 (0.4)	219 (0.3)
	사용료 및 수수료수입		1,994 (3.8)	2,078 (3.8)	1,039 (1.8)	1,609 (2.6)	2,006 (3.2)
	부담금, 이자수입 등		235 (0.5)	296 (0.5)	167 (0.3)	140 (0.2)	248 (0.4)
	제재금, 기타수입 등		3,772 (7.2)	4,314 (7.9)	6,393 (11.2)	7,922 (12.7)	9,192 (14.5)
세계잉여금			3,117 (6.0)	4,327 (7.9)	6,519 (11.4)	6,585 (10.5)	8,591 (13.5)
내부거래 및 기타			561 (1.1)	577 (1.1)	486 (0.8)	426 (0.7)	494 (0.8)

출처: 국회예산처(2023). 45쪽

〈표 12-2〉 사립대학 교비회계 자금 계산서 수입 결산 현황(2018~2022)　(단위: 억원, %)

구분		2018년	2019년	2020년	2021년	2022년
자금수입 합계		186,052	186,989	182,427	185,075	191,011
운영수입		167,664 (90.1)	167,346 (89.5)	163,46 (89.6)	164,091 (88.7)	171,294 (89.7)
등록금 및 수강료		105,717 (56.8)	105,519 (56.4)	103,515 (56.7)	102,637 (55.5)	102,241 (53.5)
전입금		12,701 (6.8)	12,249 (6.6)	12,559 (6.9)	12,356 (6.7)	13,094 (6.9)
기부금		3,695 (2.0)	3,774 (2.0)	3,570 (2.0)	4,087 (2.2)	4,929 (2.6)
국고보조금		28,627 (15.4)	29,026 (15.5)	31,291 (17.2)	31,783 (17.2)	34,894 (18.3)
	교육부	25,791 (13.9)	25,959 (13.9)	28,292 (15.5)	28,531 (15.4)	31,498 (16.5)
	기타국고지원	2,274 (1.2)	2,240 (1.2)	2,208 (1.2)	2,374 (1.3)	2,529 (1.3)
	지방자치단체	562 (0.3)	826 (0.4)	791 (0.4)	878 (0.5)	867 (0.5)
교육부대수입 등		16,924 (9.1)	16,777 (9.0)	12,533 (6.9)	13,227 (7.1)	16,135 (8.4)
지산 및 부채수입		11,379 (6.1)	12,892 (6.9)	11,008 (6.0)	12,582 (6.8)	10,659 (5.6)
전기이월자금		7,009 (3.8)	6,752 (3.6)	7,953 (4.4)	8,403 (4.5)	9,058 (4.7)

출처: 국회예산처(2023). 45쪽

2) 대학재정지원사업 구조

2018년 3월, 정부는 그동안의 정부 대학재정지원사업의 한계를 개선하기 위해 이전의 대학재정지원사업을 [그림 12-1]과 같이 전면 개편하였다. 이전의 정부 대학재정지원사업이 중앙정부 주도의 개별 사업 중심으로 추진되어 대학 전체의 발전전략과 연계되지 못하는 한계가 있었다. 또한, 공모를 통해 선정하고 평가를 통해 차등 지원하는 사업 운영 방식

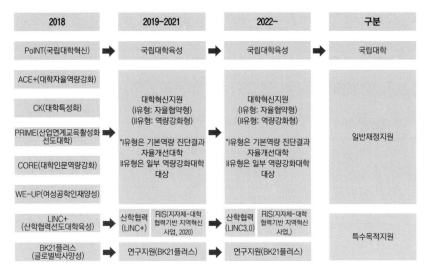

[그림 12-1] 대학재정지원사업 재구조화

주: 교육부(2018.3.21.). 발표자료에 RIS, LINC3.0을 추가하여 수정함

은 대학 간 과도한 경쟁을 야기하고, 평가 준비로 인한 행정적 낭비를 초래하는 부작용을 낳기도 하였다(교육부, 2018. 3. 21.; 국회예산처, 2023: 13). 이러한 한계를 보완하기 위해 정부는 [그림 12-1]과 같이 고등 교육 재정지원 사업을 2019년부터 3개 유형(국립대학 지원, 일반재정 지원, 특수 목적 지원), 4개 사업(국립대학 육성, 대학 혁신지원, 산학협력, 연구 지원)으로 재구조화하였다(교육부, 2018. 3. 21.).

한편, 그동안 정부는 인구 감소, 수도권 집중화로 인한 지역과 대학의 소멸 위기에 대응하기 위해 지역 혁신 정책을 추진해 왔다. 특히 문재인 정부에서는 2020년부터 지자체-대학 협력기반 지역혁신사업(지역혁신 플랫폼, Regional Innovation Strategy: RIS)을 추진하였다. 지역혁신플랫폼 사업은 지자체, 대학, 기업, 연구소 등 지역의 혁신 주체들이 지역의 신 성장 핵심 산업 분야를 선정하고, 해당 분야의 지역 인재를 양성하고, 기업을 지원하여 지역 청년을 지역에 취업시킴으로써 지역 경제를 활성화하는 정책이다(차성현, 2023). 2023년 현재, 수도권을 제외한 전국에 9개의 지역혁신플랫폼사업단이 설치되어 총괄 대학과 핵심 분야 중심대학을 중심으로 운영되고 있다(교육부, 2023. 2. 27). 이러한 연장선에서 윤석열 정부(2022~)는 중앙정부에서 지방자치단체로 대학재정지원사업의 주도권을 전환하는 지역 혁신 중심 대학 지원체계(Regional Innovation System & Education: RISE) 정책을 2023년부터 추진하고 있다. 지자체 주도로 지역 발전전략과 연계된 대학 지원계획을 수립하여 지역 대학을 지원함으로써 지역인재양성-취업-정주의 선순환 지역 발전 생태계를 구축하는 사업이다. 2023년 현재, 8개 광역자치단체가 시범사업 지역으로 선정되어 사업을 추진 중이며, 2025년부터는 전국으로 확대할 계획이다(교육부, 2023. 2. 1.). 그동안 중앙정부에서 개별 사업 단위로 대학에 지원하던 지역혁신(RIS), 산학협력(LINC3.0), 평생 교육(LiFE), 전문직업교육(HiVE), 지방대 활성화 사업 등을 통합하고, 2025년부터 교육부 대학재정지원사업 예산의 50% 이상(약 2조 원 규모)을 지자체 주도로 전환하여 지역 대학을 지원하는 사업을 추진한다.

3) 대학재정지원사업 배분 방식

[그림 12-1]에서 보는 것처럼, 2019년부터 대학재정지원사업의 유형은 국립대학육성사업, 대학혁신지원사업, 특수목적사업으로 구분되어 추진되고 있다. 사업 대상 선정 및 사업비 배분 방식은 각 사업의 유형에 따라 차이가 있다. 즉, 일반재정지원사업은 일정 조건을 갖춘 대학의 규모(재학생 수 등)와 여건(교육비 환원율 등)을 고려한 포뮬러를 적용하여 예산을 분배한다. 특수목적사업은 특정한 국가의 정책적 목적을 달성하기

위해 사업 대상을 공모·경쟁 방식을 통해 선정하고, 평가 결과에 따라 인센티브를 제공하는 방식으로 운영된다.

2024년 국립대학육성사업 기본계획에 따르면, 사업비 총액을 포뮬러 사업비(40%, 2,284억 원)와 인센티브 금액(60%, 3,426억 원)으로 구분하여 배분한다(교육부, 2024.1.). 포뮬러 사업비는 대학 유형별로 배분한 후 산식에 따라 유형 내 대학별로 배분한다. 구체적인 포뮬러 배분 방식은 〈표 12-3〉과 같다. 국립대학육성사업 총 사업비의 40%(2,284억 원)를 기본 포뮬러 사업비(2,184억 원) 및 기회균형 포뮬러 사업비(100억 원)로 구분하여 대학별 포뮬러 지원액을 산정한다. 〈표 12-4〉에 제시된 것처럼 기본 포뮬러 요소에는 기준 경비, 규모 지수, 조정 상수를 반영하고, 기회균형 포뮬러 요소에는 기준 경비, 국가장학금 수혜 지수, 조정 상수를 반영하여 사업비를 산정한다. 한편, 인센티브는 국립대학의 교육혁신 성과 및 대학별 혁신 계획에 따른 2023년 사업 추진 실적을 평가하여 차등 지급한다(교육부, 2024).

〈표 12-4〉 2024년 국립대학육성사업 대학별 사업비 배분(안)

포뮬러 사업비(2,284억 원)			인센티브(3,426억 원)	대학별 지원액
[기본 포뮬러 사업비 (2,184억 원)]+ [기회균형 포뮬러 사업비 (100억 원)]			[평가에 따른 차등 지원] 기준금액* × 등급 가중치** × 조정 상수 * 포뮬러 산식 적용 (기준 경비×규모 지수) ** (S) 1.6 (A) 1.3, (B) 1.0, (C) 0.7	
거점대 (9교)	국가중심대 (17교)	교원양성대 (11교)	[글로컬 대학(국립대) 지원]	

출처: 교육부(2024.1.). 2024년 국립대학육성사업 기본계획

〈표 12-5〉 2024년 국립대학육성사업 대학별 사업비 배분(안)

기본 포뮬러 사업비(2,184억 원)			기회균형 포뮬러 사업비(100억 원)			대학별 포뮬러 지원액
기준 경비	규모 지수		기준 경비	국가장학금 수혜 지수		
대학유형별 학생 1인당 교육비 평균 -대학별 등록금	$\sqrt{\text{재학생수}}$ (학부 정원 내) $+$ $\sqrt{\text{전임교원 수}}$	조정 상수*	대학유형별 학생 1인당 교육비 평균 -대학별 등록금	가중 국가 장학금 1유형 수혜 학생 수**	조정 상수*	

(기본 포뮬러: 기준 경비 × 규모 지수 × 조정 상수* + 기회균형 포뮬러: 기준 경비 × 국가장학금 수혜 지수 × 조정 상수* = 대학별 포뮬러 지원액)

주: * 대학 유형별(거점대, 국가중심대, 교원양성대) 포뮬러 총 사업비 / Σ(기준 경비×규모 지수)

　 ** 가중 국가장학금 1유형 수혜 학생 수 = 기초 · 차상위 학생수×1.0 + 1구간 학생 수×0.9 + 2구간 학생 수 ×0.8 + …… + 8구간 학생 수×0.2

출처: 교육부(2024. 1.). 2024년 국립대학육성사업 기본계획

한편, 2024년 대학혁신지원사업 기본계획에 따르면, 대학혁신지원사업 사업비 총액을 포뮬러 사업비(50%) 및 성과평가 인센티브 금액(50%)으로 구분하고, 권역별 배분 금액을 산정하여 포뮬러 배분 기준, 성과평가 결과에 따라 학교별로 배분한다(교육부, 2024. 1.). 권역은 수도권, 대구 · 경북 · 강원권, 충청권, 호남권, 부산 · 울산 · 경남권의 5개 권역으로 나누고, 권역별 배분은 권역별 학부 재학생 수와 학교 수를 50:50으로 하여 배분한다. 〈표 12-5〉에 제시된 것처럼, 기본 포뮬러 배분 기준은 권역별 기본 포뮬러 사업비 총액 규모 내에서 대학의 규모(재학생 수)와 교육 여건을 고려하여 배분한다. 기회균형 포뮬러 배분 기준은 권역별 기회균형 포뮬러 사업비 총액 규모 내에서 국가장학금 1유형 수혜 지수를 고려하여 배분한다. 한편, 인센티브는 교육혁신 성과 및 대학 자율 혁신계획에 따른 2차년도 사업 추진 실적(자체 성과관리 등)을 평가하고 각 권역별 지원금의 50%를 평가 결과와 연계하여 인센티브로 지급한다.

이러한 포뮬러 사업비 배분 방식을 보면 사업비 배분에 재학생 충원

〈표 12-6〉 2024년도 대학혁신지원사업 사업비 배분(안)

포뮬러 사업비(4,410억 원)					인센티브 (4,410 억 원)	대학별 포뮬러 지원액
기본 포뮬러 사업비(4,210억 원)			기회균형 포뮬러 사업비(200억 원)			
기준 경비	규모 지수	교육 여건	기준 경비	국가장학금 1유형 수혜 지수	지표별 인센티브	
학생 1인당 교육비 평균	$\sqrt{재학생\ 수}$	재학생 충원율 교육비 환원율	학생 1인당 교육비 평균	가중 국가장학금 1유형 수혜학생 수		

→ 재학생 수 · 학교 수에 따라 권역별 배분

출처: 교육부(2024. 1.). 2024년 대학혁신지원사업 기본계획

율, 교육비 환원율, 전임교원 등 대학의 교육 여건이나 교육혁신 성과보다는 재학생 수와 같은 규모 지수의 영향이 더 클 것으로 예측된다. 실제로 대학혁신지원사업 1주기(2019~2021) 사업비 배분 분석 결과, 규모 지수의 영향이 큰 것으로 나타났다(국회예산처, 2023: 112).

한편, 특수 목적 지원 사업은 LINC+ 사업, BK21플러스 사업 등과 같이 정부의 특별한 정책적 목적을 달성하기 위해 추진되는 사업들이다. 이들 사업은 개별 대학의 사업 신청서 및 여건에 대한 평가를 실시하고, 그 결과에 기반하여 선별적 · 차등적으로 재정을 배분한다(국회예산처, 2023: 13). 이에 따라 사업 신청 및 추진 역량을 갖춘 수도권 대학, 대규모 대학 중심으로 재정 지원이 집중되는 경향이 있다.

3. 대학 재정 지원 배분과 공정성

대학 재정 지원 배분의 공정성을 파악하기 위해 정부의 대학 재정 지

원 배분 현황을 학제, 설립유형, 사업유형, 소재지를 중심으로 살펴보았다. 학제는 대학, 전문대학, 대학원대학으로 구분하였으며, 설립유형은 국·공립대학과 사립대학으로 구분하였다. 사업유형에는 일반지원사업, 학자금지원사업, 국·공립대학 경상운영비지원사업을 포함하였으며, 대학 소재지에 따라서는 수도권 대학, 비수도권 대학으로 구분하였다.

학제별 대학 재정 지원 배분 현황을 보면, 〈표 12-6〉에서 확인할 수 있는 것처럼 대학, 전문대학, 대학원대학 순으로 지원 비중이 높고, 이러한 추세는 최근 5년 동안 유지되고 있다. 예컨대, 2021년 정부의 재정 지원 비중은 대학 86.7%(13조 5,253억 원), 전문대학 13.1%(2조 434억 원), 대학원대학 0.2%(279억 원)를 차지하여 대학이 전문대학에 비해 대략 6.6배가량 높았다. 한편, 2021년 기준, 학생 1인당 지원 규모를 보면, [그림 12-2]에서 볼 수 있는 것처럼 대학 7백만 원, 전문대학 4백9십만 원, 대학원대학 3백만 원이 배분되어 대학의 학생 1인당 지원액이 가장 높았다.

대학 설립유형에 따른 정부의 재정 지원 배분 현황을 보면, 재정 지원 총액 규모에서는 사립대학이 국·공립대학보다 더 많은 금액을 지원받았다. 〈표 12-7〉에 제시된 것처럼 2021년의 경우, 전체 대학 재정지원액 중에서 국·공립 대학은 48.6%(7조 5,820억 원), 사립대학은 51.4%(8조 146억 원)를 차지하여 사립대학의 비중이 더 컸다. 경상 운영비를 제외하면, 2021년에 국·공립대학은 30.4%, 사립대학은 69.6%로 지원받아 그 편차가 더욱 커진다. 대학 설립유형에 따른 최근 5년(2017~2021) 동안의 대학 재정지원 비중을 보면, 국·공립대학은 비중이 증가한 반면 사립대학은 감소하는 추세에 있다. 즉, 국·공립대학에 대한 지원 비중은 2017년 46.2%에서 2021년 48.6%로 2.4%P 증가한 반면, 사립대학은 2017년 53.8%에서 2021년 51.4%로 2.4%P 감소하였다. 정부는 지역 우수인재의 수도권 이동에 따른 지역 대학의 경쟁력 저하 우려를 해소하고 지역에 필요한 인재를 육성하기 위해 2018년부터 국립대학에 대한 재정 지원을 강화하였다. 이에 따라 국립대학 지원 사업의 예산은 최근 5년간(2020~2024 예산안) 연평균 8.3% 증가하였다(국회예산처, 2023: 9).

〈표 12-6〉 학제별 대학 재정 지원 배분(2017~2021)　　(단위: 교, 명, 백만원, %)

구분		학교 수	재학생 수	지원액	비율	지원액 (경상운영비 제외)	비율	학생 1인당 지원액	학생 1인당 경상비 제외
2017	대학	227	1,988,282	11,147,299	85.4	7,603,442	82.0	5.6	3.8
	전문대학	149	467,389	1,846,747	14.2	1,622,097	17.5	4.0	3.5
	대학원대학	46	9,000	52,503	0.4	52,503	0.6	5.8	5.8
	합계	422	2,464,671	13,046,548	100.0	9,278,041	100.0	5.3	3.8
2018	대학	224	1,971,225	11,293,297	85.0	7,637,085	81.8	5.7	3.9
	전문대학	148	462,631	1,937,323	14.6	1,645,805	17.6	4.2	3.6
	대학원대학	45	9,169	52,611	0.4	52,611	0.6	5.7	5.7
	합계	417	2,443,025	13,283,231	100.0	9,335,501	100.0	5.4	3.8
2019	대학	224	1,958,647	11,733,798	85.3	8,058,301	82.0	6.0	4.1
	전문대학	148	464,076	1,987,889	14.5	1,743,757	17.7	4.3	3.8
	대학원대학	45	9,148	30,263	0.2	30,263	0.3	3.3	3.3
	합계	417	2,431,871	13,751,951	100.0	9,832,321	100.0	5.7	4.0
2020	대학	224	1,941,667	12,424,750	85.6	8,515,637	83.2	6.4	4.4
	전문대학	146	455,250	2,069,073	14.2	1,702,430	16.6	4.5	3.7
	대학원대학	45	9,044	26,117	0.2	11,534	0.1	2.9	1.3
	합계	415	2,405,961	14,519,940	100.0	10,229,601	100.0	6.0	4.3
2021	대학	223	1,940,608	13,525,345	86.7	9,225,600	83.9	7.0	4.8
	전문대학	145	421,205	2,043,397	13.1	1,765,556	16.0	4.9	4.2
	대학원대학	45	9,207	27,923	0.2	11,249	0.1	3.0	1.2
	합계	413	2,371,020	15,596,665	100.0	11,002,405	100.0	6.6	4.6

주: 대학알리미 공시대학 기준, 간접지원사업 제외함. 지원액은 십만 단위에서 반올림한 값임.

출처: 국회예산처(2023), 31쪽

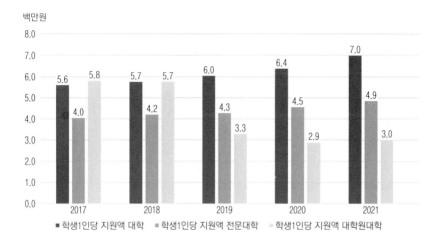

[그림 12-2] 학제에 따른 학생 1인당 대학 재정 지원액(2021~2027)

〈표 12-7〉 설립유형별 대학 재정 지원 배분(2017~2021) (단위: 교, 명, 백만원, %)

구분		학교수	비율	재학생수	비율	지원액		학생 1인당	
						지원액	비율	경상비 제외	비율
2017	국공립	58	13.7	573,503	23.3	6,032,715	46.2	2,478,395	26.7
	사립	364	86.3	1,891,168	76.7	7,013,833	53.8	6,799,646	73.3
	합계	422	100.0	2,464,671	100.0	13,046,548	100.0	9,278,041	100.0
2018	국공립	58	13.9	564,793	23.1	6,240,535	47.0	2,579,491	27.6
	사립	359	86.1	1,878,232	76.9	7,042,696	53.0	6,756,010	72.4
	합계	417	100.0	2,443,025	100.0	13,283,231	100.0	9,335,501	100.0
2019	국공립	58	13.9	555,392	22.8	6,454,607	46.9	2,767,878	28.2
	사립	359	86.1	1,876,479	77.2	7,297,344	53.1	7,064,443	71.8
	합계	417	100.0	2,431,871	100.0	13,751,951	100.0	9,832,321	100.0
2020	국공립	58	14.0	549,087	22.8	6,796,013	46.8	2,914,096	28.5
	사립	357	86.0	1,856,874	77.2	7,723,927	53.2	7,315,505	71.5
	합계	415	100.0	2,405,961	100.0	14,519,940	100.0	10,229,601	100.0
2021	국공립	57	13.8	539,081	22.7	7,582,031	48.6	3,342,390	30.4
	사립	356	86.2	1,831,939	77.3	8,014,634	51.4	7,660,015	69.6
	합계	413	100.0	2,371,020	100.0	15,596,665	100.0	11,002,405	100.0

주: 대학알리미 공시대학 기준, 간접지원사업 제외함. 지원액은 천만 단위에서 반올림한 값임.

출처: 국회예산처(2023). 32쪽

한편, 설립유형별로 학교당, 학생 1인당 대학 재정 지원 규모를 보면, 국·공립대학에 대한 지원액이 사립대학보다 많았다. 〈표 12-8〉에 제시된 것처럼 2021년의 경우 국·공립대학은 1교당 1,330억 원, 학생 1인당 1,407만 원이 지원되었으며, 사립대학은 1교당 225억 원, 학생 1인당 438만 원이 지원되어 국·공립대학이 사립대학보다 지원액이 많았다. 최근 5년(2017~2021) 동안 추이를 보면, [그림 12-3]에 제시된 것처럼 설립유형별 학교당, 학생 1인당 대학 재정지원액은 지속적으로 증가하였

〈표 12-8〉 학제별 대학 재정 지원 배분(2017~2021) (단위: 교, 명, 백만원, %)

구분		학교수 (A)	재학생수 (B)	지원액 (C)	경상운영비 제외(D)	1교당 지원액 (C/A)	1교당 경상운영비 제외(D/A)	학생 1인당 지원액 (C/B) (단위: 천원)	학생 1인당 경상운영비 제외(D/B) (단위: 천원)
2017	국공립	58	573,503	6,032,715	2,478,395	104,012	42,731	10,519	4,322
	사립	364	1,891,168	7,013,833	6,799,646	19,269	18,680	3,709	3,595
	합계	422	2,464,671	13,046,548	9,278,041	30,916	21,986	5,293	3,764
2018	국공립	58	564,793	6,240,535	2,579,491	107,595	44,474	11,049	4,567
	사립	359	1,878,232	7,042,696	6,756,010	19,618	18,819	3,750	3,597
	합계	417	2,443,025	13,283,231	9,335,501	31,854	22,387	5,437	3,821
2019	국공립	58	555,392	6,454,607	2,767,878	111,286	47,722	11,622	4,984
	사립	359	1,876,479	7,297,344	7,064,443	20,327	19,678	3,889	3,765
	합계	417	2,431,871	13,751,951	9,832,321	32,978	23,579	5,655	4,043
2020	국공립	58	549,087	6,796,013	2,914,096	117,173	50,243	12,377	5,307
	사립	357	1,856,874	7,723,927	7,315,505	21,636	20,492	4,160	3,940
	합계	415	2,405,961	14,519,940	10,229,601	34,988	24,650	6,035	4,252
2021	국공립	57	539,081	7,582,031	3,342,390	133,018	58,638	14,065	6,200
	사립	356	1,831,939	8,014,634	7,660,015	22,513	21,517	4,375	4,181
	합계	413	2,371,020	15,596,665	11,002,405	37,764	26,640	6,578	4,640

주: 대학알리미 공시대학 기준, 간접지원사업 제외함. 지원액은 십만 단위에서 반올림한 값임.

출처: 국회예산처(2023). 31쪽

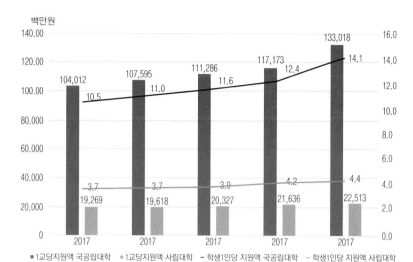

[그림 12-3] 설립유형별 학교당, 학생 1인당 대학 재정지원액(2017~2021)

으며, 국·공립대학이 사립대학보다 많았다.

사업유형에 따른 대학 재정 지원 배분 현황을 보면, 인력양성 및 연구개발 등 특정 목적 달성을 위해 지원되는 일반지원 사업은 정부 대학 재정 지원 규모의 40~45%를 차지하며, 최근 5년(2017~2021) 동안 지속적으로 증가 추세에 있다. 〈표 12-9〉에 제시된 것처럼 2021년 기준 사업유형별 대학 재정 지원은 일반지원 사업 6조 9,844억 원(44.8%), 학자금 지원사업 4조 2,483억 원(25.8%), 국·공립대 경상운영비 지원 사업 4조 5,942억 원(29.5%) 순으로 많았다. 또한, 일반지원 사업 규모를 설립유형별로 보면, 국·공립대학보다 사립대학에 더 많이 배분되었다. 2021년 일반지원 사업으로 총 6조 9,844억 원이 배분되었으며, 이 중 사립대학에 27.2%(4조 2,483억 원), 국·공립대학에 17.5%(2조 7,361억 원)가 배분되었다.

대학 소재지에 따른 대학 재정 지원 배분 현황을 살펴보면, 〈표 12-

〈표 12-9〉 사업유형별 대학 재정 지원 배분(2017~2021) (단위: 백만원, %, 개)

구분		일반지원 사업			학자금 지원 사업	국공립대 경상운영비 지원 사업	합계
		소계	국공립	사립			
2017	지원액	5,341,284 (40.9)	1,848,895 (14.2)	3,492,389 (26.8)	3,936,757 (30.2)	3,768,507 (28.9)	13,046,548 (100.0)
	사업수	1,206	584	622	16	46	1,268
2018	지원액	5,358,832 (40.3)	1,969,972 (14.8)	3,388,859 (25.5)	3,976,670 (29.9)	3,947,730 (29.7)	13,283,231 (100.0)
	사업수	1,285	602	683	18	27	1,330
2019	지원액	5,875,417 (42.7)	2,154,161 (15.7)	3,721,256 (27.1)	3,956,904 (28.8)	3,919,629 (28.5)	13,751,951 (100.0)
	사업수	1,179	561	618	19	34	1,232
2020	지원액	6,214,343 (42.8)	2,305,648 (15.9)	3,908,695 (26.9)	4,015,258 (27.7)	4,290,339 (29.5)	14,519,940 (100.0)
	사업수	1,291	622	669	18	41	1,350
2021	지원액	6,984,425 (44.8)	2,736,117 (17.5)	4,248,308 (27.2)	4,017,980 (25.8)	4,594,260 (29.5)	15,596,665 (100.0)
	사업수	1,524	719	805	18	42	1,584

주: 1. 대학알리미 공시대학 기준, 간접지원사업 제외함. 지원액은 십만 단위에서 반올림한 값임.
 2. 사업수는 수혜 대학을 기준으로 중복 카운트 함
 3. 일반지원 사업은 인력양성 및 연구개발 등 특정 목적 달성을 위해 계획·운영된 사업, 학자금 지원 사업은
 대학생(대학원생)에게 장학금 지급을 위해 운영되는 사업, 국·공립대 경상운영비 지원 사업은 국·공립대
 및 정부부처 책임운영 교육기관의 운영비 지원을 위해 운영되는 사업

출처: 국회예산처(2023), 26쪽

10)에 제시된 것처럼 수도권 대학에 비해 비수도권 대학에 더 많은 재정
이 지원되었다. 특히 2021년의 경우 수도권 대학(171교)에 전체 고등 교
육재정 지원의 36.7%(5조 7,262억 원), 비수도권 대학(242교)에 63.3%(9조
8,705억 원)가 분배되어 비수도권 대학에 대한 재정 지원이 많았다. [그림
12-4]에서 볼 수 있는 것처럼 비수도권에 더 많은 재정이 지원되는 추세
는 최근 5년(2017~2021) 동안 비슷한 비중으로 유지되고 있다. 수도권 대

〈표 12-10〉 대학 소재지별 대학 재정 지원 배분(2017~2021)

(단위: 교, 명, 백만원, %)

구분		학교수	비율	재학생수	비율	지원액	비율	경상운영비 제외	비율	1교당		학생 1인당	
										지원액	경상운영비 제외	지원액	경상운영비 제외
2017	수도권	171	40.5	1,147,775	46.6	4,815,402	36.9	4,007,345	43.2	28,160	23,435	4.2	3.5
	비수도권	251	59.5	1,316,896	53.4	8,231,146	63.1	5,270,696	56.8	32,793	20,999	6.3	4.0
	합계	422	100.0	2,464,671	100.0	13,046,548	100.0	9,278,041	100.0	30,916	21,986	5.3	3.8
2018	수도권	171	41.0	1,143,474	46.8	4,927,769	37.1	4,018,462	43.0	28,817	23,500	4.3	3.5
	비수도권	246	59.0	1,299,551	53.2	8,355,462	62.9	5,317,040	57.0	33,965	21,614	6.4	4.1
	합계	417	100.0	2,443,025	100.0	13,283,231	100.0	9,335,501	100.0	31,854	22,387	5.4	3.8
2019	수도권	171	41.0	1,146,774	47.2	5,082,898	37.0	4,204,854	42.8	29,725	24,590	4.4	3.7
	비수도권	246	59.0	1,285,097	52.8	8,669,052	63.0	5,627,467	57.2	35,240	22,876	6.7	4.4
	합계	417	100.0	2,431,871	100.0	13,751,951	100.0	9,832,321	100.0	32,978	23,579	5.7	4.0
2020	수도권	171	41.2	1,143,093	47.5	5,403,390	37.2	4,455,698	43.6	31,599	26,057	4.7	3.9
	비수도권	244	58.8	1,262,868	52.5	9,116,550	62.8	5,773,903	56.4	37,363	23,664	7.2	4.6
	합계	415	100.0	2,405,961	100.0	14,519,940	100.0	10,229,601	100.0	34,988	24,650	6.0	4.3
2021	수도권	171	41.4	1,145,684	48.3	5,726,184	36.7	4,743,954	43.1	33,486	27,742	5.0	4.1
	비수도권	242	58.6	1,225,336	51.7	9,870,481	63.3	6,258,451	56.9	40,787	25,861	8.1	5.1
	합계	413	100.0	2,371,020	100.0	15,596,665	100.0	11,002,405	100.0	37,764	26,640	6.6	4.6

주: 대학알리미 공시대학 기준, 간접지원사업 제외함. 지원액은 십만 단위에서 반올림한 값임.

출처: 국회예산처(2023). 34쪽

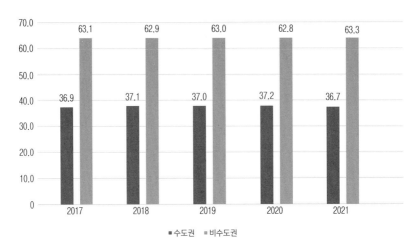

[그림 12-4] 대학 소재지에 따른 대학재정지원 비중(2017~2021)

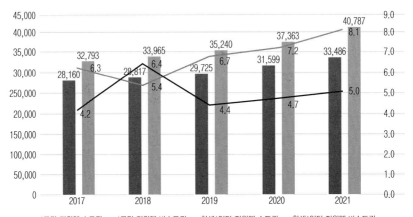

[그림 12-5] 대학 소재지에 따른 학교당, 학생 1인당 대학 재정 지원액(2021~2027)

학에 대한 지원 비중은 2017년 36.9%에서 2021년 36.7%로, 비수도권 소재 대학에 대한 지원 비중은 2017년 63.1%에서 2021년 63.3%로 비슷한 수준을 나타내고 있다.

대학 소재지에 따른 학교당, 학생 1인당 재정 지원 규모를 보면, 비수도권 대학이 수도권 대학에 비해 더 많은 금액을 배분받았다. [그림 12-5]에 제시된 것처럼 2021년의 경우 수도권 대학은 1교당 334억 86백만 원, 학생 1인당 5백만 원이 배분되었으며, 비수도권 대학은 1교당 407억 87백만 원, 학생 1인당 8백 1십만 원이 배분되었다.

4. 맺음말

우리나라는 지역 간 교육, 문화, 경제, 의료 여건 등의 차이가 커서 어느 지역에 사느냐에 따라 삶의 질(well-being)이 달라진다. 특히 인구감소, 수도권 집중화로 인해 지역 간, 대학 간 교육과 삶의 질적 격차가 크다. 이러한 문제를 해소하기 위해 정부는 대학 재정 지원 규모를 지속적으로 확대하고, 대학의 자율성과 책무성에 기반한 대학의 경쟁력 강화, 균등한 교육 기회, 지역 균형 발전을 지향하는 대학 재정 지원 정책을 추진하였다. 특히 2018년 대학재정지원사업 재구조화를 통해 수도권, 대규모 대학 중심으로 재정 지원이 집중되는 특수 목적 지원 사업을 줄이고, 일반 재정 지원 사업을 확대하여 대학의 자율적 혁신과 발전에 필요한 재정을 투자할 수 있도록 하였다. 결과적으로 학생 1인당 대학 재정 지원액은 4년제 대학, 국·공립대학, 비수도권 대학에 더 많이 분배되었다.

윤석열 정부는 대학재정지원사업의 권한과 책임을 지방자치단체에 이양하는 지역 혁신 중심 대학 지원체계(Regional Innovation System & Education, RISE) 정책을 2023년부터 추진하고 있다. 중앙정부에서 개별사업 단위로 추진했던 지역혁신(RIS), 산학협력(LINC3.0), 평생 교육(LiFE), 전문직업교육(HiVE), 지방대 활성화 사업 등을 통합하고, 지역인재양성-취업-정주의 선순환 지역발전 생태계 구축을 목표로 2조 원 이상의 예산을 지자체가 지역 대학에 배분한다. 대학재정지원사업에 대한 경험이 많지 않은 지자체로 지역 대학에 대한 재정 지원 권한을 이양하는 것에 대해 우려가 적지 않다. 무엇보다도 지역 간, 대학 간 재정 지원의 격차가 더욱 심화될 것이라는 우려가 크다. 즉, 지자체의 재정 여건, 정책 우선순위, 정치적 상황, 지역의 대학 규모, 정책역량 등에 따라 지역 간 고등 교육 투자 규모 및 성과에 차이가 크게 발생할 수 있다는 것이다. 이러한 우려를 해소하기 위해서는 무엇보다 지역 고등 교육의 균형 있는 발전을 위한 안정적인 재원 확보가 필요하다. 한시적으로는 고등·평생 교육특별회계를 활용하되, 중장기적으로는 '고등교육재정교부금법'을 제정하여 안정적 재원 확보의 법적 근거를 마련할 필요가 있다. 고등교육재정교부금법(안)은 2004년에 처음 발의된 후 국회 회기마다 꾸준히 발의되었으나 아직까지 통과되지 못했다.

다른 한편으로 지역의 대규모 대학 중심으로 재정 지원이 집중되어 지역의 대학 간 지원의 불균형과 이에 따른 갈등이 심화될 것이라는 우려가 있다. 이러한 대규모 대학 중심의 대학 재정 지원 쏠림에 대한 우려는 특수 목적의 대학재정지원사업에서 이미 확인된 것이기도 하다. 대규모 중심의 개별 대학에 대한 지원보다는 지역의 대학과 대학, 대학과 지역 기관이 공동으로 참여하는 사업에 우선적으로 재정을 투자하는 재정 지원 원칙도 중요하게 고려할 필요가 있다(차성현, 2024). 궁극적으로 지역과 대학의 균형 있는 발전을 위해서 지역 대학 간 역할을 재정립하고 협력적 거버넌스를 구축하여 지역 대학 재정 지원 배분이 공정하게 이루어져야 할 것이다.

참고 문헌

교육부(2018. 3. 22.). 대학재정지원사업 개편계획 확정 발표.

교육부(2021. 5. 20.). 대학의 체계적 관리 및 혁신 지원 전략 발표.

교육부(2023. 2. 1.). 지역혁신중심 대학지원체계 시범지역 선정·운영 계획 (Regional Innovation System & Education).

교육부(2023. 2. 27.). 2023년 지자체–대학 협력기반 지역신사업 예비 선정결과 발표.

교육부(2024. 1. 30). 2024년 국립대학육성사업 기본계획.

교육부(2024. 1. 30). 2024년 대학혁신지원사업 기본계획.

교육부, 한국교육개발원(2023. 9. 12.). OECD 교육지표.

국회예산처(2023). 고등 교육재정지원 분석.

유한구, 김안국, 조희경, 주인중, 엄미정, 차성현(2020). 미래 환경변화에 따른 인적자원개발 정책의 방향과 전략(2020). 한국직업능력개발원.

임희성(2021). 정부 대학재정지원 분석. 대학 교육연구소 현안보고 통권 22호.

차성현(2023). 지역발전을 위한 대학의 역할과 과제 탐색: 지역혁신중심 대학지원체계(RISE)를 중심으로. 한국교육행정학회 2023년 연차학술대회 자료집, 3–32. 12월 2일. 충남대학교 글로벌인재양성센터.

차성현(2024). 지역발전을 위한 대학의 역할과 과제 탐색: 지역혁신중심 대학지원체계(RISE)를 중심으로. **교육행정학연구**, 42(1), 503–526.

한국대학 교육협의회(2023. 6. 7.) 대학 등록금 및 사립대학교 운영손익 현황 분석. 고등 교육포커스 제7호.

Perkins, J. A. (1966). *The university in transition*. Princeton, Princeton University Press.

제**5**부

평생 교육/
다문화 교육 공정성

제13장

평생 교육으로서 교육 공정성

임명희 교수(전주대학교)

1. 권리차원의 평생 교육

국민의 교육받을 권리는 대한민국 헌법에 명시되어 있으며, 이는 국가가 모든 국민에게 균등하게 교육을 받을 수 있는 권리를 보장해야 한다는 의미다. 헌법 제31조 제1항에서는 "모든 국민은 능력에 따라 균등하게 교육을 받을 권리를 가진다"고 규정하고 있어, 이는 모든 국민이 교육 기회에 있어 차별받지 않도록 해야 한다는 것을 명시하고 있다. 그리고 제31조 제5항에서는 "국가는 평생 교육을 진흥하여야 한다"고 규정하고 있다. 이는 국가가 평생 교육을 통해 국민 모두에게 지속적인 학습 기회를 제공해야 한다는 것을 의미한다. 이러한 규정은 교육의 기회균등 원리와 공정성을 강조하고 있다.

현대 사회에서는 노년 인구 증가로 인한 초고령화 사회 억제, 양극화 심화 해소, 탈산업화와 디지털화에 따른 적절한 대응 등 여러 문제들이 국가경쟁력과 직결된다. 이로 인해 교육의 기능과 역할이 점점 더 중요해지고 있다.

특히 평생 교육은 인간 삶의 본질이자 삶의 질을 향상시키고 국가경쟁력을 증진시키며 사회통합을 이루기 위한 핵심가치로 제시될 수 있다. 평생 교육은 모든 국민이 공정하게 교육을 받을 수 있는 기회를 제공함으로써 교육의 공정성을 실현하는 중요한 역할을 한다. 그러나 많은 사람들은 평생 교육을 받을 권리와 학습할 의무에 대해 잘 알지 못하고, 평생 교육을 정형화된 교육의 일부로만 인식하고 있다. 따라서 국민들의 평생 교육 실현을 위한 교육 기반이 절실히 필요하다. 이는 평생 교육의 중요성을 널리 알리고, 모든 국민이 평생 교육의 혜택을 받을 수 있도록 하는 체계적인 교육 시스템을 구축하는 것을 포함한다.

이처럼 평생 교육은 헌법에 명시된 교육의 권리와 의무를 실현하는 중요한 수단이며, 이를 통해 교육의 기회균등과 공정성을 보장할 수 있다. 이를 위해 국가 차원의 적극적인 평생 교육 진흥과 국민의 인식 제고가 필요하다.

오늘날 저출산과 고령화 등 인구구조의 급격한 사회 변화와 현대사회에서 지식이 빠르게 낡아짐에 따라, 직업을 유지하거나 사회 구성원으로서 원활한 삶을 영위하기 위해서는 끊임없이 새로운 지식을 습득하는 것이 필수적이다. 이러한 새로운 지식 획득 필요성이 커짐에 따라, 교육은 평생 지속적으로 이루어져야 하는 삶의 주요 요소가 되었고, 행복한 삶을 영위하기 위한 평생 교육의 필요성은 더욱 증대되고 있다.

대한민국을 포함한 전 세계 교육정책은 개인의 성장, 지역 발전, 국가경쟁력 강화를 위해 누구나 시간과 장소에 구애받지 않고 교육받을 수 있는 평생학습사회를 지향한다(고영상, 2008).

평생 교육은 삶의 모든 영역에서 학습의 중요성을 강조하며, 모든 사회구성원을 학습의 주체로 보고, 이를 지원하는 체계적 학습 지원 체제 구축을 목표로 한다(Faure, E., et al., 1972; 홍숙희, 2011, 재인용). 특히 성인 학습자들은 다양한 형태의 평생 교육 프로그램에 참여함으로써 자아실현과 성장을 촉진하고, 여가 선용 능력과 자기 주도 학습 역량을 갖추도록 하였다(한상훈, 2003).

개인적 차원에서 평생 교육은 급변하는 현대사회에서는 새로운 기술과 지식이 끊임없이 등장하여 평생 교육을 통해 개인은 최신 지식을 습득하고, 직업적 기술을 향상시킨다. 평생 교육은 개인이 자신의 잠재력을 최대한 발휘하고, 자아실현을 이루는 데 도움을 준다. 새로운 분야를 학습하거나 취미를 발전시키는 과정에서 성취감을 느낄 수 있다. 교육을 통해 개인은 다양한 사회적 활동에 참여하고, 공동체 내에서 적극적으로 기여할 수 있는 능력을 기를 수 있다.

사회적 차원에서 다양한 배경을 가진 사람들이 평생 교육을 통해 서로 이해하고 협력할 수 있는 기회를 갖게 된다. 이는 사회적 통합과 조화를 촉진시킨다. 평생 교육은 개인이 사회적 책임을 인식하고, 민주적인 가치와 태도를 배양하는 데 중요한 역할을 한다. 모든 사람들이 나이, 성별, 사회적 배경에 관계없이 교육을 받을 수 있는 기회를 제공하기에 교육의 형평성을 높이는 데 기여한다.

경제적 차원에서 평생 교육은 노동 시장에서의 경쟁력을 강화시킨다. 지속적인 학습을 통해 직무능력을 향상시키고, 새로운 직업적 기회를 창출할 수 있다. 교육 수준이 높아지면 노동 생산성이 향상되고, 이는 경제 성장을 촉진한다. 사회변화에 혁신과 창의성을 촉진하여 경제 전반에 긍정적인 영향을 미친다. 실업자들이 새로운 기술을 습득하여 재취업할 수 있는 기회를 제공하여 경제적 안정성을 높이는 데 기여할 수 있다.

기술 발전과 변화 대응 차원에서 4차 산업혁명과 같은 급격한 기술 변화에 대응하기 위해서는 지속적인 교육이 필요하여 새로운 기술에 대한 이해와 숙달은 개인과 기업 모두에게 필수적이다. 디지털 시대에는 평생교육을 통해 디지털 리터러시를 갖추고, 디지털 기기와 소프트웨어를 효율적으로 활용하는 능력을 배우는 것이 중요하다.

평생 교육은 개인의 성장과 발전을 도모하고, 사회적 통합과 경제적 발전을 촉진하는 중요한 역할을 한다. 따라서 지속적인 학습을 통해 우리는 급변하는 현대 사회에 적응하고, 보다 나은 삶을 영위할 수 있다.

2. 평생교육 정책 개념과 구성요소

1) 평생교육 정책의 개념

평생 교육은 개인의 성장뿐만 아니라 사회 발전과도 관련이 있고, 개인에게는 보편적 인권을 실현하는 수단이자 인권 그 자체이며, 사회적으로는 민주주의와 시민사회의 형성과 발전에 깊은 영향을 주었다(이병호, 최은수, 2009).

우리나라 「평생교육법」은 평생 교육을 학교 교육을 제외한 모든 조직적 교육 활동으로 정의한다. 1980년대 헌법에 평생 교육 진흥 의무를 명시하고, 「사회교육법」 제정으로 법적 기반을 마련했다. 1999년에는 이를 「평생교육법」으로 개정해 다양한 평생 교육 활성화 정책을 추진하였다(최은수, 2012).

한국에서 평생교육 정책이 본격적으로 추진된 것은 2000년 「평생교육법」이 제정되고, 이를 근거로 평생 교육 추진 기구로써 한국교육개발원에 평생교육센터를 설치·운영하면서 시작되었다. 「평생교육법」의 시행에 따라 새로운 평생 교육제도가 도입됨에 따른 종합적이고, 체계적인 진흥방안이 필요하다는 판단하에 2001년 평생학습진흥종합계획(2002~2006년)이 수립되었다(최돈민, 2012). 제1차 계획은 평생학습 기회 확대 및 균등화, 평생학습도시 및 평생학습축제 등의 활성화를 통한 지역 평생학습 분위기 조성(이희수 외, 2013), 일터의 학습조직화 및 민간 평생직업교육 활성화, 성인 고등 교육 기회 확대, 생애학습 기반 강화, 여성·노인·퇴직자 등 취약계층을 위한 평생학습 지원 강화 등이 본격적으로 추진되었다(국가평생교육진흥원, 2020). 평생 교육과 관련하여 가장 대표적이면서 거시적인 평생교육 정책은 '평생교육진흥종합계획'이라 할 수 있다(이재은, 조영아, 2021).

평생교육정책진흥기본계획은 '평생학습진흥종합계획'이라는 이름으로 2022년에 수립되어 현재 2023년 제5차 평생교육진흥기본계획을 수립하고 있으며 지난 평생교육진흥 기본계획은 〈표 13–1〉과 같이 제시할 수 있다.

〈표 13-1〉 평생교육진흥기본계획 경과(2002~2022)

구분	1차(2002~2006)	2차(2008~2012)	3차(2013~2017)	4차(2018~2022)
비전	배우는 즐거움, 나누는 기쁨, 인정받는 학습사회 실현	배우는 즐거움, 일구어 가는 내일, 함께 살아가는 평생학습사회 구현	100세 시대 창조적 평생학습을 통한 국민행복 실현	개인과 사회가 함께 성장하는 지속가능한 평생학습사회 실현
키워드	지역, 사회통합, 성인교육, 기반	창조적 학습자, 사회통합	대학, 온라인, 사회통합, 지역	누구나, 일자리, 지역, 기반

출처: 교육부(2023). 제5차 평생교육진흥 기본계획

그동안 4차례의 평생교육진흥 기본계획이 추진되었으나 기본계획은 과거 정책들에 대한 현상 유지이거나 분절적인 정책 과제들로 실천되었다(장성환, 2024). 강경애(2022) 또한 평생교육진흥기본계획을 수립할 시 추진 성과를 평가해 국민들의 학습권 보장에 현실적인 정책을 수립해야 한다며 방안 모색의 필요성에 대해 언급한 바 있다.

현재 2023년 제5차 평생교육진흥기본계획은 지난 제4차 기본계획의 성과와 한계를 분석해 평생교육 정책의 발전방향을 정립해 나갔고, 비전 및 추진전략을 〈표 13-2〉와 같이 살펴볼 수 있다.

제5차 평생교육정책진흥기본계획에서는 지속가능성, 기회, 연계를 3대 키워드라 언급하고 있다. 국가평생교육진흥원(2023)은 기본계획에서 지속가능성을 국민의 계속 성장을 위한 평생학습 정책을 추진하고, 데이터 등을 기반으로 정책을 지속 고도화하는 것으로 정의하고 있고, 기회는 모든 국민에게 실질적인 평생학습을 제공하고, 평생학습을 국가 · 지자체의 성장과 도약을 위한 기회로 활용할 수 있으며, 마지막으로 연계는 국민의 다양한 학습경험이 연계될 수 있는 체제를 구축하고, 평생학습을 구심점으로 국가-지자체-민간이 연계 · 협력하는 것으로 정의하고 있다.

일반적으로 공공정책을 평가하기 위해서는 효과성이나 효율성 평가, 정확성이나 구조의 평가 등을 비롯한 방법들이 두루 활용되지만, 평생교육을 공공정책으로 바라보고 규명하기 위해서는 이외에도 교육적 가치나 학습 현상에 대한 이해와 그 의미에 대한 해석이 반드시 수반되어야 한다. 즉, 평생학습의 고유한 가치와 특성이 평생교육 정책의 분석을 위한 개념적 틀의 토대를 제공해 줄 수 있을 것이다(권대봉, 2007).

최은수(2012)는 교육정책 환경과 교육정책의 관계를 가치체계, 자원,

사회풍토 등 세 가지 측면의 선행연구에 따라 평생교육 정책 환경이 평
생교육 정책에 영향을 미친다는 것을 경험적 근거로 제시하고 있다. 먼
저 가치체계로서의 교육정책 환경은 교육정책의 형성, 집행, 평가 과정

〈표 13-2〉 제5차 평생교육진흥기본계획

구분	내용		
비전	누구나 계속 도약할 수 있는 기회, 함께 누리는 평생학습사회		
정책목표	• 전 국민의 삶의 질 향상을 위한 평생학습 진흥 • 국가-지자체-민간이 함께 건설하는 평생학습사회 • 디지털 기반 맞춤형 평생학습 환경 마련		
3대 키워드	[지속 가능성] • 국민의 계속 성장 • 정책의 지속 고도화	[기회] • 실질적인 기회 확대 • 국가·지자체 도약의 기회	[연계] • 다양한 학습경험 연계 • 국가-지자체-인간 연계
핵심과제	1. 평생학습 상시 플랫폼으로서의 대학의 역할 확대 '대학을 통해 역량을 계속 향상할 수 있는 학습환경' 2. 지자체, 대학, 기업 등이 함께 지역 평생학습 진흥 '지역과 개인이 지속 성장하는 평생학습사회' 3. 3050 생애 도약을 위한 평생학습 지원 '인생 중반기에 새로운 도약의 기회' 4. 사각지대 없는 따뜻한 평생학습사회 '사회 구성원이 다 같이 향유하는 평생학습 기회' 5. 다양한 경력, 자격, 학력 등의 연결 강화 '다양한 종류의 학습경험 간 연계' 6. 인공지능 등 디지털 기반 맞춤형 평생학습 체제 'AI를 활용한 개인별 맞춤형 평생학습 지원'		
뒷받침 과제	거버넌스 범정부 협력 강화	데이터 데이터 기반 정책	재정 안정적 재원 마련
기대효과	**경제·일자리** 생산성 제고	**행복감 충족** 삶의 질 향상	**국민 통합** 양극화 해소 / **지역 활력** 지역 학습활동

출처: 교육부(2023). 제5차 평생교육진흥 기본계획

에서 막중한 영향을 미친다. 다음으로 자원으로서의 교육정책 환경 또한 교육정책 과정에 있어 중대한 영향을 미친다는 사실과 관련된다. 그리고 그 자원은 인적자원, 물적자원, 시간으로 나누어진다. 자원은 교육정책의 수단으로서 그 성패를 좌우하는 관건이며 성공적인 교육정책의 결실을 가져오기 위해서는 인적자원은 물론 재정과 시설을 포함한 물적자원을 간과할 수 없다. 자원이라는 것은 일반적으로 사람들이 사회적 경제적 생활 향상을 위해 어떤 형태로든 활용하고자 하는 대상을 말한다. 여기서 인적자원은 인간에게 체화된 형태로 존재하는 자원으로 지식, 역량과 기술, 태도를 말할 수 있다(정기오, 2015). 마지막으로 교육정책 환경과 교육정책의 관계에서 사회 풍토로서의 교육정책 환경은 교육정책의 수행에 중대한 영향을 미친다. 사회 풍토는 사회의 문화적, 정치적, 경제적 환경을 포함하며, 이러한 환경은 교육정책이 어떻게 수립되고 실행되는지에 큰 영향을 준다. 예를 들어, 사회적 가치와 규범, 정치적 안정성, 경제적 자원 배분 등이 교육정책의 효과와 성과를 좌우할 수 있다. 따라서 교육정책이 성공적으로 시행되기 위해서는 이러한 사회적 풍토를 잘 이해하고 반영하는 것이 중요하다.

2) 고등 평생학습 체제 구축

평생학습의 중요성이 높아짐에 따라 선진국에서는 성인들이 대학으로 회귀하는 현상이 확산되고 있다. 이에 따라 고등 교육은 학령기 학습자의 교육에만 머물지 않고, 성인을 위한 계속 교육을 포함하는 새로운 보편화 단계로 발전하고 있다. 각국은 이 과정을 다양한 방식으로 구현하고 있으며, 전통적인 대학이 기존 학령기 학생 중심의 교육 시스템에 계속 교육을 포함시키거나, 성인을 위한 새로운 교육기관을 설립하기도 한다(한숭희, 이은정, 2016). 또한 전통적인 대학과 계속교육기관 또는 프로그램 간의 연계 강화, 직업 경험으로부터의 학습 인정 등 무형식 학습 및 비형식교육의 결과를 대학의 학습 결과로 수용하는 시스템 도입도 중요한 변화이다.

미국은 성인을 위한 대학 교육 체제를 적극적으로 확장해 왔다. 성인의 고등 교육 수요에 대응하여 대학의 수가 증가했을 뿐만 아니라, 대학의 유형도 다양하게 분화되었다. 미국의 고등 교육 보편화 과정에서는 엘리트 대학이 여전히 중심을 유지하면서도, 대중형 대학과 대안적 고등교육 체계가 다층적으로 구축되었다(한숭희, 이은정, 2016). 특히 지역사회대학(커뮤니티 칼리지), 원격대학 등을 통한 고등 교육 보편화가 이루어졌으며, 이들 교육기관은 다른 고등 교육체계와도 긴밀하게 연계되어 있다.

예를 들어, 지역사회대학에 진학한 후 4년제 대학으로 편입하여 엘리트 고등 교육으로 이어지는 사례가 미국에서 흔하며, 이러한 연계 시스템은 엘리트 대학과 대중형 대학이 하나의 시스템 내에서 공존하며 고등교육 체제를 확장적으로 진화시키는 역할을 한다. 이러한 시스템, 원격대학, 고등 교육기관 간 편입 확대 등은 한국의 고등 교육 체제에도 중요한 시사점을 제공하였다(한숭희, 2015; 한숭희, 이은정, 2016).

고등 교육의 기회를 확대하면서도 질을 유지하는 방법론은 여러 나라에서 다르게 나타나고 있다. 예를 들어, 1909년 설립된 하버드 익스텐션스쿨의 경우, 50만 명의 성인 학습자 중 학위를 받은 졸업자는 12,500명에 불과하여, 보편 고등 교육에서도 학문적 기준을 유지하려는 노력이 엿보인다(한숭희, 2015). 호주 대학은 고등 교육의 기능뿐만 아니라 고등 교육을 준비하는 중등 후 교육의 기능도 수행하며, 대학이 학습자의 역량을 강화하는 역할을 맡고 있다. 이는 대학이 성인을 무작정 수용하는 것이 아니라, 그들이 고등 교육을 받을 수 있는 준비를 할 수 있도록 도와 고등 교육의 기회 확장과 질 담보를 동시에 추구하는 방식이라 할 수 있다. 영국도 성인 학습자를 지원하기 위해 대학 진학을 위한 기초 정보와 심리적 지원 등을 제공하는 다양한 시스템을 운영하고 있다(이경아 외, 2009).

이러한 변화는 단순히 개별 대학 차원을 넘어, 고등 교육 체제가 전반적으로 변화하는 양상으로 전개되고 있다. 전통적인 엘리트 고등 교육을 발전시키면서, 동시에 보편 고등 교육도 함께 발전시키는 것이 세계적인 추세이다(한숭희, 이은정, 2016). 한국 역시 고등 교육에서 성인 학습자를 적극 수용하고 학업을 지속할 수 있도록 입학 및 학사구조를 재구조화하며, 평생 교육 기능을 강화하는 방향으로 논의가 이루어지고 있다. 그러나 근본적인 고등 교육 시스템의 재구조화는 아직 미흡한 측면이 있으며, 이러한 과제를 해결하기 위한 장기적인 고민이 필요하다.

고등 교육의 기회 제공과 질 담보는 단일 기관 차원이 아닌, 전체 고등 교육 시스템 내에서 기관 간 연계를 통해 이루어져야 한다. 예를 들어, 대중형 고등 교육을 제공하는 지역사회대학에 진학한 학생이 4년제 대학으로 이동해 대학원에 진학하거나 전문학교를 졸업하는 사례는 평생학습 관점에서 고등 교육이 개별 기관을 넘어, 전체 시스템의 맥락에서 고려되어야 함을 시사한다(한숭희, 이은정, 2016).

제5차 평생교육진흥기본계획에서도 살펴보았듯이 대학이 성인 학습자를 위한 평생학습 기관으로서 나아가야 할 방향에 대해 지속적인 고민이 요구된다. 이처럼 대학은 고등 교육 시스템을 확장하고 질을 담보하는 과정에서 성인 학습자의 수요를 충족시키기 위해 입학 및 학사 구조를 재구조화하고, 평생 교육 기능 강화 등도 필요하다.

3. 평생 교육과 교육 공정성 사례

1) 평생 교육과 분배 공정성

분배 공정성은 교육 자원이 모든 사람에게 균등하게 배분되는 것을 뜻한다. 이는 평생 교육에서도 동일하게 중요하다.

평생 교육은 나이, 성별, 경제적 배경에 관계없이 모든 사람에게 교육 기회를 제공해야 한다. 이는 기본적으로 공교육의 범위를 확장하여 성인 학습자, 직장인, 실직자, 은퇴자 등 다양한 집단에게 평등한 학습 기회를 제공하는 것을 의미하는 것으로 기회의 배분이라고 말할 수 있다.

평생 교육 자원은 특정 지역이나 집단에 편중되지 않고 고르게 분배되어야 한다. 이를 위해 지역사회 교육센터, 온라인 학습 플랫폼, 공공 도서관 등을 통한 평생 교육 자원의 균형 있는 제공이 필요하다.

평생 교육 프로그램에 대한 접근성을 높이기 위해 물리적, 경제적, 시간적 제약을 최소화해야 한다. 예를 들어, 온라인 교육의 확대, 무료 또는 저렴한 교육 프로그램 제공, 직장 내 교육지원, 퇴근 후 교육지원 등이 필요하다.

서울특별시 평생 교육의 사례로 '서울특별시 평생교육진흥원'은 서울시 곳곳에 흩어져 있는 1,000여 개의 평생학습관을 긴밀하게 연결하고, '학습·고용·복지'가 선순환되는 평생 교육 프로그램을 개발하기 위해 2014년 서울연구원 부설기관으로 설립하고, 2015년 독립재단으로 재출범하였다. 진흥원에서는 모든 세대를 아우르는 평생 교육기관인 모두의 학교 운영을 비롯하여 서울시민대학, 문해교육센터 운영, 평생 교육 프로그램 개발 등 '시'가 계획하고 있는 평생 교육을 기획·조정·연계하는 역할을 수행하고 있다. 나아가 서울시는 평생 교육 관련 전문가, 공공기관, 민간단체를 포함한 교육기관, 시민·종교·예술 단체 등을 아우르는 평생 교육 민·관 거버넌스를 구성하여 평생 교육 기반의 새로운 모델을 만들어 나가고 있다(서울시평생교육진흥원 설립·운영, 2024).

2) 평생 교육과 절차 공정성

절차 공정성은 교육과정과 평가에서 공정한 절차를 보장하는 것을 의미한다. 평생 교육에서도 이는 중요한 요소이다. '공정한 평가'는 평생 교육 프로그램에서의 평가 역시 공정하고 투명하게 이루어져야 한다. 이는 학습자의 성취를 객관적으로 평가하고, 이를 통해 학습 동기를 부여하는 데 필수적이다. '투명한 절차'는 평생 교육 프로그램의 입학 및 선발 절차가 투명하고 공정하게 진행되어야 한다는 것을 뜻한다. 이를 위해 명확한 기준과 절차를 마련하고, 이를 공개적으로 운영해야 한다. 포용적인 평생 교육과정은 다양한 배경을 가진 학습자들이 공평하게 참여할 수 있도록 구성되어야 한다. 교육 내용과 교수법은 학습자의 다양한 요구와 수준을 반영하고, 모든 학습자가 학습 목표를 달성할 수 있도록 지원해야 한다.

절차 공정성은 교육과정과 평가에서 매우 중요한 요소로, 이는 평생 교육에서도 예외가 아니다. 평생 교육은 모든 사람에게 교육 기회를 제공해야 하며, 공정한 절차를 통해 이를 보장할 수 있어야 한다. 여기서는 서울특별시의 평생 교육 프로그램을 중심으로, 공정한 평가, 투명한 절차, 포용적인 교육과정을 어떻게 구현하고 있는지 구체적으로 살펴볼 수 있다.

서울특별시는 평생 교육 프로그램에서 학습자의 성취를 객관적으로 평가하기 위해 다양하고 공정한 평가 방식을 도입하고 있다. 서울시민대학은 평생 교육을 제공하는 주요 기관 중 하나로, 다양한 주제의 강의를 통해 성인 학습자들에게 교육 기회를 제공하고 있다. 여기서의 평가는 강좌의 특성과 학습자의 필요에 맞게 다양한 방식을 채택하고 있다.

예를 들어, '재취업 준비' 강좌에서는 이론적인 지식뿐만 아니라 실습과 프로젝트를 통해 학습자의 역량을 종합적으로 평가한다. 학습자들은 모의 면접, 포트폴리오 작성 등을 통해 실질적인 능력을 평가받는데, 이는 투명하고 객관적인 평가 시스템을 통해 공정하게 이루어진다. 평가 결과는 학습자에게 피드백으로 제공되어 자신의 강점과 보완할 점을 명확히 인식할 수 있게 한다.

평생 교육 프로그램의 입학 및 선발 절차는 투명하고 공정하게 진행되어야 한다. 서울시는 이를 위해 명확한 기준과 절차를 마련하고 공개적으로 운영하고 있다. 서울시 평생학습포털은 다양한 평생 교육 강좌의 신청과 선발을 투명하게 운영한다. 모든 과정은 온라인 플랫폼을 통해 공개되며, 각 강좌의 신청 조건, 선발 기준, 일정 등이 명확히 명시되어 있다. 학습자들은 이를 통해 자신에게 적합한 강좌를 선택하고, 공정한 절차에 따라 신청할 수 있다. 예를 들어, 인기 있는 강좌의 경우 선발 과정에서 추첨 방식을 도입하거나, 특정 기준에 따라 선발하는 경우도 있다. 모든 선발 과정은 투명하게 진행되며, 결과는 학습자에게 공지되어 불필요한 오해나 불공정성을 최소화하고 있다.

3) 평생 교육과 상호작용 공정성

상호작용 공정성은 교육의 과정에서 발생하는 모든 상호작용이 공정하고 존중되는 것을 의미한다. 평생 교육에서도 교육자와 학습자 간의 상호작용이 공정하고 존중되어야 한다. 교사는 학습자를 차별하지 않고, 모든 학습자에게 동등하게 대해야 한다. 평생 교육 프로그램에서는 학습자 간의 상호작용이 공정하고 존중받아야 한다. 이와 같은 평생 교육 프로그램을 통해 협력적이고 포용적인 학습 환경이 조성될 수 있다. 지원 시스템은 평생 교육에서 학습자의 다양한 요구를 공정하게 지원하는 시스템을 말한다. 이는 학습지원, 상담, 멘토링 등을 포함하며 이것은 모든 학습자가 학습 과정에서 겪는 어려움을 극복할 수 있도록 도와준다.

　서울특별시는 평생 교육에서 교사와 학습자 간의 상호작용이 공정하고 존중받을 수 있도록 다양한 정책과 프로그램을 운영하고 있다. 이를 통해 교사는 모든 학습자를 차별 없이 동등하게 대하며, 학습자 개개인의 필요와 특성에 맞추어 교육을 제공한다. 서울시민대학에서는 교사들이 공정하고 존중받는 상호작용을 실천할 수 있도록 정기적인 교사 교육 프로그램을 운영하고 있다. 이러한 노력은 모든 학습자가 동등한 학습 기회를 누리고, 자신의 역량을 최대한 발휘할 수 있는 환경을 제공함으로써, 사회적 평등과 개인의 발전을 도모하는 데 큰 기여를 하고 있다. 다른 지역에서도 서울특별시의 이러한 사례를 벤치마킹하여 평생 교육의 공정성과 포용성을 높이는 데 활용할 수 있을 것이다.

4. 평생 교육과 공정성 연계

　평생 교육은 공정성을 지속적으로 유지하고 강화하는 데 중요한 역할을 한다. 이는 개인의 지속적인 성장을 지원하고, 사회적 평등을 실현하는 데 기여한다.

1) 개인의 지속적 성장 지원

평생 교육은 개인이 일생 동안 계속해서 학습하고 성장할 수 있도록 지원한다. 이는 직업적 역량을 강화하고, 개인의 자아실현을 돕는 데 중요한 역할을 한다. 급변하는 노동 시장에 대응하기 위해 평생 교육은 직업 교육과 재교육 기회를 제공한다. 이는 실업자, 은퇴자, 직업 전환을 원하는 사람들에게 새로운 기회를 제공한다. 평생 교육은 직업 교육뿐만 아니라 개인의 자기 개발과 취미 활동을 위한 교육 프로그램도 제공한다. 이는 개인의 삶의 질을 높이고, 다양한 분야에서 자기 개발을 할 수 있는 기회를 제공한다.

경상북도는 지역 주민의 학습과 성장을 위해 다양한 평생 교육 프로그램을 운영하고 있다. 이는 모든 주민에게 평등한 학습 기회를 제공하고, 개인의 직업적 역량 강화와 자아실현을 지원하는 데 중점을 둔다. 경상북도의 평생교육 정책은 직업 교육과 재교육, 자기 개발과 취미 교육으로 나눌 수 있다. 직업교육훈련센터는 실업자와 경력 전환을 원하는 사람들을 위해 CNC 기계 가공, 용접, 전기 기술 등 다양한 기술 교육 프로그램을 제공하며, 김천시의 경북산업직업전문학교는 최신 기술 장비를 활용한 실습 중심 교육을 통해 현장에 투입될 인재를 양성하고 있다. IT와 디지털 기술 교육도 강화하여 청년 실업 문제를 해결하고자 한다(국비지원교육정보센터, 2024).

경상북도는 직업 교육뿐만 아니라 개인의 자기 개발과 취미 활동을 위한 교육 프로그램도 제공하고 있다. 안동문화예술의전당은 도자기 만들기, 서예, 회화 등 다양한 미술 및 공예 강좌를 운영하여 주민들이 창의력을 발휘하고 스트레스를 해소할 기회를 제공한다. 음악 강좌, 합창단, 오케스트라 등도 운영되어 주민들의 문화 참여를 높이고 공동체 의식을 강화한다. 건강 및 체육 교육 프로그램으로 요가, 필라테스, 에어로빅 등 다양한 운동 강좌를 제공하여 주민들의 건강 증진에도 기여하고 있다(안동문화예술의 전당, 2024).

또한, 다문화 가정과 장애인을 위한 맞춤형 교육 프로그램도 운영된다. 경산시의 가족지원센터는 한국어 교육과 한국 문화 체험 프로그램을 제공하며, 장애인복지관은 장애인을 위한 직업 교육과 생활 기술 교육을 통해 자립을 돕고 있다. 경상북도는 지역 내 대학, 기업, 공공기관과 협력하여 교육의 질을 높이고, 주민들이 보다 쉽게 교육에 접근할 수 있도록 지원한다. 구미전자정보기술원은 전자 및 IT 분야 인턴십 프로그램을 운영하여 학생들이 현장 경험을 쌓을 수 있도록 돕는다.

경상북도는 지속 가능한 평생 교육을 위해 온라인 교육 플랫폼을 확대하고, 디지털 교육을 강화하여 모든 주민들이 현대 사회에 적응할 수 있도록 지원할 계획이다. 평생 교육 프로그램을 통해 개인의 지속적 성장을 지원하고, 공정한 교육 기회를 제공함으로써 지역 사회의 발전과 통합에 기여하고 있다. 이러한 노력은 앞으로도 지속적으로 강화될 것이며, 다른 지역에서도 벤치마킹할 수 있는 모델이 될 것이다.

2) 사회적 평등 실현

평생 교육은 경제적, 사회적 이유로 교육 기회를 갖지 못한 소외 계층에게 학습 기회를 제공하여 사회적 참여를 촉진하고 사회적 격차를 줄이는 데 기여한다. 강원특별자치도는 다양한 평생 교육 프로그램을 통해 이러한 목표를 실현하고 있다. 강원도는 자연환경과 인구 밀도로 인해 교육 접근성이 떨어질 수 있는 조건을 극복하기 위해 다양한 프로그램을 운영하고 있다. 특히 소외 계층을 위한 노력을 중심으로 한 평생 교육은 장애인, 다문화 가정, 저소득층 등 사회적 약자들이 자립할 수 있는 기회를 제공한다.

강원인재육성평생교육진흥원은 지역의 장애인 평생 교육 지원을 위해 시·도 평생교육진흥원을 장애인 평생 교육 거점 기관으로 지정·운영한다. 이를 위해 '장애인 평생학습도시'는 지역에 기반한 장애인의 역량 개발 지원 및 지역 중심 장애인 평생 교육 활성화 기반 조성을 위해 국가가 시·군 및 자치구를 대상으로 '장애인 평생학습도시'를 지정하여 장애 유형 및 정도에 따른 다양한 평생 교육 프로그램을 제공하고, 이에 대한 접근성 향상을 위해 이동·편의 사항을 지원하고 있다(강원인재평생교육진흥원, 2024). 또한 다문화 가정을 위한 한국어 및 한국 문화 교육, 저소득층을 위한 장학금과 무료 교육 프로그램 등을 운영하고 있다. 그밖에 원주시가족센터에서는 결혼이민자 정착단계별 지원패키지 프로그램 '한국 생활 정착하기'를 통해 직업탐색, 한국생활, 취업 고민 및 미래설계를 위한 멘토링활동 1, 2와 이미지메이킹 및 커뮤니케이션 실습 등이 이루어지고 있다(원주시가족센터, 2024).

노인들을 위한 평생 교육 프로그램도 강화하여 건강 교육과 여가 프로그램, 자원봉사 교육 등을 제공함으로써 노인들의 활기찬 삶과 사회적 역할 수행을 지원한다. 예를 들어, 동해시는 '노인 건강 아카데미'를 통해 운동, 영양 관리, 정신 건강 교육을 제공하고 있다.

강원특별자치도는 공정한 교육 기회를 제공하기 위해 경제적 상황, 연령, 성별에 따른 차별 없이 다양한 정책을 시행하고 있다. 경제적 어려움을 겪는 주민들을 위해 장학금과 교육 지원금을 제공하고, 농어촌 지역과 도심 지역의 교육 자원을 균형 있게 배분하여 이동 학습관과 온라인 교육 플랫폼을 통해 원격지 주민들도 동일한 교육 기회를 누릴 수 있도록 하고 있다. 또한, 다문화 가정과 장애인을 위한 장애인 평생 교육 거점기관을 운영하여 포용적인 학습 환경을 조성하고 있다.

강원특별자치도의 평생 교육 프로그램은 소외 계층 지원과 지역 사회 발전을 중심으로 사회적 평등을 실현하고 있다. 자발적 평생학습 모임 활성화, 시민참여교육 활성화, 강원형 특별자치 도민대학 운영기반을 조성하여 지역–대학 상생협력 및 대학의 평생 교육 역할 강화, 도민대학을 중장기 과제로 추진하여 지역 평생 교육 성장 지원, 평생학습 마을 지원, 읍 · 면 · 동 평생학습센터 활성화 지원, 성인 진로교육 지원 기반 조성, 온라인 교육 플랫폼을 확대하여 모든 주민이 평등하게 교육에 접근할 수 있도록 하고, 지속 가능한 사회적 평등과 지역 발전을 실현해 나가고 있다(강원인재육성평생교육진흥원, 2024). 요컨대 평생 교육은 개인과 사회의 발전을 위한 중요한 요소로, 공정한 교육 환경을 통해 모든 학생이 동등한 기회를 가지고 성장할 수 있도록 지원해야 한다.

3) 평생 교육에서 교육 공정성의 한계와 방안

평생 교육에서 교육 공정성의 한계는 크게 네 가지로 나뉜다. 첫째, 접근성의 차이로 인해 도시와 농촌, 계층 간 교육 기회에 불평등이 생긴다. 둘째, 많은 사람이 평생 교육의 필요성과 기회를 충분히 알지 못해 정보 부족 문제가 발생한다. 셋째, 제공되는 교육 프로그램의 질이 고르지 않아 교육 품질에 차이가 난다. 넷째, 평생 교육 관련 법과 제도의 미비로 인해 체계적인 지원이 어려워 제도적 한계가 존재한다.

이러한 한계를 해결하기 위한 방안은 다음과 같다. 접근성 개선을 위해 온라인 교육 플랫폼을 확대하고, 이동식 교육 시설이나 지역 학습센터를 통해 교육 접근성을 높인다. 정보 제공 강화를 위해 평생 교육에 대한 홍보와 캠페인을 통해 국민의 인식을 제고하고, 평생 교육 관련 정보를 쉽게 접할 수 있는 통합 포털 사이트를 구축한다. 교육 프로그램의 품질 향상을 위해 교육 프로그램 인증제를 도입하고, 교육자 훈련과 평가를 통해 교수법을 개선한다. 제도적 지원을 확대하기 위해 평생 교육 관련 법률과 정책을 강화하고, 정부와 지자체의 협력을 통해 다양한 평생 교육 프로그램을 개발 및 지원한다. 마지막으로 경제적 지원을 통해 저소득층을 위한 교육비 지원 제도를 마련하고, 교육 참여를 위한 장학금 및 보조금을 제공한다.

참고 문헌

강경애(2022). 역사적 제도주의 관점에서 평생교육정책과 평생교육프로그램 변화분석. **평생학습사회**, 18(4), 1-28.

고영상(2008). 평생학습도시 조성사업 성과분석 연구. 교육과학기술부.

교육부, 국가평생교육진흥원(2020). 2019 평생교육백서. 국가평생교육진흥원.

교육부(2023). 제5차 평생교육진흥 기본계획(2023~20237년). 교육부.

권대봉(2007). 공공정책으로서 평생학습-한국 평생교육정책의 변화와 특징 분석. **평생교육학연구**, 13(4), 149-172.

이경아, 채재은, 박경호, 이세정(2009). 고등 교육기관 성인학습자 재교육 활성화를 위한 재정 지원 방안. 교육과학기술부.

이병호, 최은수(2009) 한국의 평생교육정책 과정 추이(推移) 분석에 관한 연구-지역사회 발전 평생교육정책 사례들을 중심으로. **평생교육 · HRD연구**, 5(3), 221-246.

이재은, 조영아(2021). 키워드 네트워크 분석을 활용한 평생교육정책 주요 시기별 「평생교육학연구」 연구동향 분석. **평생교육학연구**, 27(4), 43-72.

이희수, 김영경, 이소연, 박지영, 조윤정(2013). 해방 후 평생학습의 전개 과정 분석: 신사회운동 관점에서. **한국평생교육**, 1(1), 1-43.

장성환(2024). 국가 평생교육진흥기본계획 탐색-제1차에서 제5차를 중심으로-. 대진대학교 교육대학원 석사학위논문.

정기오(2015). 인적자원정책의 기초 개념과 준거틀. **교육정책연구**, 2(-), 1-32.

최돈민(2012). 한국 평생교육정책 평가. **평생교육학연구**, 18(4), 119-142.

최은수(2012). **평생교육정책론**. 학지사.

한상훈(2003). 성인학습자의 교육 참여 동기와 자기 주도 학습의 관계. **평생교육학 연구**, 9(3), 225-246.

한승희, 이은정(2016). 고등 교육 보편화와 체제적 복잡화-고등 교육과 평생학습의 화학적 결합. 평생학습사회, 12(1), 1-31.

한숭희(2015). 포괄적 고등평생학습체제 구축을 위한 정책기조 분석.

홍숙희(2011). 지역거버넌스에 의한 부천 지역평생교육 체제 형성과정 연구. 중앙대학교 대학원 박사학위논문.

Faure, E., Herrera, F., Kaddoura, A., Lopes, H., Petrovsky A. V., Rahnema, M., Ward, F. C. (1972). Learning to be: The world of education today and tomorrow. Paris: UNESCO.

강원인재육성평생교육진흥원(2024). https://injae.gwd.go.kr/injae/lifelongEdu/online/e-edu

국비지원교육정보센터(2024). https://www.gukbi.com/Academy/View.asp?idx=255&category=

서울시평생교육진흥원 설립·운영(2024). https://news.seoul.go.kr/welfare/archives/354522

안동문화예술의 전당(2024), https://www.andong.go.kr/arts/contents.do?mId=0300000000

원주시가족센터(2024). https://wonju.familynet.or.kr/center/lay1/program/S295T322C451/recruitReceipt/view.do?seq=157841

제**14**장

다문화 교육에서 교육 공정성

서재복 교수(전주대학교)

1. 다문화 사회와 교육 공정성

1) 다문화 사회에서 공정한 교육

다문화 사회란 다양한 문화적 배경을 가진 사람들이 함께 살아가는 환경으로, 인종, 민족, 종교, 언어, 관습 등 다양한 차이를 포괄하며 서로 다른 문화적 특성을 가진 사람들이 공존하고 상호작용하는 것을 의미한다. 세계화와 이주 현상의 증가로 다문화 사회는 점점 보편화되고 있으며, 문화적 다양성을 존중하고 차이를 수용하며, 모든 사람이 평등하게 대우받는 것을 목표로 한다.

다문화 사회는 다양한 문화적 표현의 공존을 통해 사회를 풍부하게 만들고, 문화 간 이해와 교류를 촉진하는 것이 특징이다. 서로 다른 배경을 가진 사람들이 상호이해와 협력을 통해 사회적 통합을 이루고 갈등을 줄이며 공동체 의식을 강화한다. 이 사회는 모든 문화적 배경을 가진 사람들이 차별 없이 평등한 권리를 누릴 수 있도록 포용성과 평등을 중시하며, 이를 통해 공평한 기회를 제공한다.

다문화 사회는 글로벌 시민의식을 함양하는 데 기여하며, 다양한 문화를 접하고 이해함으로써 사람들은 더 넓은 시각에서 세계를 바라보고 글로벌 이슈에 관심을 갖게 된다. 이는 국제적 협력과 평화에 기여한다. 이처럼 다문화 사회는 문화적 다양성을 존중하고 다양한 배경의 사람들이 평등하게 살아가는 사회를 지향한다. 이러한 사회는 문화적, 경제적, 사회적 측면에서 풍부하고 발전된 환경을 제공하지만, 문화적 차이로 인한 도전을 극복하기 위한 지속적인 노력이 필요하다. 다문화 사회를 성공적으로 운영하기 위해서는 포용성과 평등을 바탕으로 한 정책과 교육이 중요하다.

2) 다문화 가정 학생의 교육 공정성

다문화 가정 학생에게 교육 공정성이 더욱 필요한 이유는 이들이 언어, 문화적 차이, 사회적 편견 등으로 인해 교육 기회에서 불이익을 당할 가능성이 높기 때문이다. 다문화 가정 학생들은 종종 부모의 언어와 한국어를 모두 배우는 과정에서 언어적 어려움을 겪으며, 이는 학업 성취도에 직접적인 영향을 미친다. 언어장벽은 수업 참여와 이해를 방해하고, 결과적으로 학습 의욕을 저하시킬 수 있다. 따라서 이들에게는 맞춤형 언어 지원 프로그램이 필요하며, 이를 통해 학업 성취도를 높이고 학습 격차를 줄일 수 있다.

또한, 다문화 가정 학생들은 문화적 차이로 인해 학교생활에서 소외되거나 차별을 경험할 수 있다. 다른 학생들과의 문화적 차이로 인해 친구를 사귀는 데 어려움을 겪고, 이는 정서적 안정감과 자존감에 부정적인 영향을 미칠 수 있다. 교육 공정성은 이러한 문제를 해결하기 위해 다문화 교육프로그램을 도입하고, 모든 학생이 서로의 문화를 존중하고 이해할 수 있는 환경을 조성하는 것을 포함한다. 이를 통해 다문화 가정 학생들은 소속감을 느끼고, 자신감을 가질 수 있게 된다.

사회적 편견과 차별도 다문화 가정 학생들이 직면하는 문제다. 일부 학생들은 자신의 다문화 배경으로 인해 편견에 시달리며, 이는 학업 및 사회적 성취에 부정적인 영향을 미칠 수 있다. 교육 공정성은 교사와 학생 모두가 다양한 문화적 배경을 이해하고 포용할 수 있도록 돕는 교육을 강조한다. 이를 통해 편견과 차별을 줄이고, 다문화 가정 학생들이 평등하게 대우받을 수 있는 환경을 조성하는 것이 중요하다.

다문화 가정 학생들은 경제적 어려움을 겪을 가능성이 높다. 부모의 이민 신분이나 직업 안정성 등의 문제로 인해 경제적 지원이 부족한 경우가 많으며, 이는 교육 자원 접근에 제약을 초래한다. 교육 공정성은 이러한 경제적 배경을 고려하여 장학금, 학용품 지원, 무료 급식 등의 다양한 지원프로그램을 통해 다문화 가정 학생들이 경제적 어려움 없이 학업에 전념할 수 있도록 돕는 것을 목표로 한다. 다문화 가정 자녀의 취학률은 대한민국 전체 평균에 비해 낮고, 특히 대학교 이상의 취학률 격차는 30% 이상이다. 4년제 대학을 희망하는 비율도 다문화 청소년이 더 낮다.

여성가족부의 '2021 전국 다문화가족 실태조사'에 따르면, 다문화 청소년의 취학률은 초등학교 95.3%, 중학교 95.7%, 고등학교 94.5%로, 전체 국민의 취학률인 초등학교 98.4%, 중학교 97.9%, 고등학교 96.1%보다 낮다. 특히 고등교육기관 취학률은 전체 국민이 71.5%인 반면, 다문화 청소년은 40.5%로 31%포인트의 격차가 있다.

이러한 격차를 해소하기 위해 여성가족부는 2023년 다문화 아동·청소년 맞춤형 지원을 강화하여, 기초학습 지원을 위한 가족센터를 138개소로 확대하고, 이중언어 능력 개발을 위한 도우미를 210명으로 늘리는 등 다양한 노력을 기울이고 있다.

또한, 한국교육개발원의 2023년 교육통계에 따르면, 다문화 학생 수는 181,178명으로 2013년 대비 약 3배 증가하였으며, 이는 전체 학생 수의 약 3.5%에 해당한다. 이러한 증가 추세는 다문화 교육의 중요성을 더욱 부각시키고 있다.

다문화 청소년의 교육 격차를 해소하고, 이들의 학업 및 진로 지원을 강화하기 위해서는 지속적인 정책적 관심과 지원이 필요하다.

이처럼 다문화 가정 학생들에게 교육 공정성은 언어적, 문화적, 사회적, 경제적 장애물을 극복하고 동등한 교육 기회를 제공하는 데 필수적이다. 이를 통해 이들이 자기 잠재력을 최대한 발휘할 수 있도록 지원하고, 더 나아가 사회적 통합과 평등을 촉진하는 데 기여할 수 있다. 다문화 가정 학생들이 공정한 교육을 받을 수 있도록 지원하는 것은 단지 그들의 학업 성취를 돕는 것에 그치지 않고, 장기적으로 사회 전체의 발전과 조화를 도모하는 중요한 과제다.

2. 교육 공정성으로서 다문화 교육

1) 다문화 교육의 의미

다문화는 한 나라 안에 여러 문화가 공존하는 것을 의미하며, 이는 다양한 민족이 어우러져 여러 문화가 함께 존재하는 것을 뜻한다. 우리 사회가 다문화 사회로 진입하고 있지만, 준비가 부족했던 것도 사실이다. 다문화 사회에서는 세계의 모든 사람과 더불어 살아갈 수 있는 새로운 가치관, 태도, 사고방식, 행동양식이 필요하다. 이를 위해서는 무엇보다도 다문화에 대한 이해교육이 선행되어야 한다.

오늘날 다문화 교육은 시대적 흐름이며, 국제결혼가정, 외국인 근로자, 북한이탈주민뿐만 아니라 모든 국민이 함께해야 하는 교육이다(서종남, 2009). 다문화 교육은 한 국가의 문화권 내에 존재하는 다양한 집단을 위한 교육 기회균등과 타문화에 대한 배려에 중점을 두어야 한다. 다문화 교육을 통해 인종과 문화의 다양성을 인정하고 사회의 편견이나 고정관념에서 벗어나 모두가 함께할 수 있어야 한다(서재복, 2019).

다문화 교육은 인권적, 사회적, 그리고 문화적 측면에서 필요하다. 인권적 측면에서는 다문화적 배경을 가진 학생 개개인에게 교육권과 학습권을 보장하여 민주적 가치관과 태도를 길러 주어야 한다. 사회적 측면에서는 사회적 갈등 해소와 사회통합에 기여할 수 있는 방안을 제시해야한다. 문화적 측면에서는 한국 사회에 다양한 문화적 배경들이 섞여 보다 건강하고 새로운 문화 창조를 위한 기회를 제공할 수 있다.

다문화 사회의 진입에 따라 사회적으로 긍정적 영향과 부정적인 영향이 발생하게 된다. 긍정적인 요인은 강화하면 문제가 없지만, 부정적 요인에 대해서는 해결 방안이 제시되어야 한다. 다문화 사회의 문제로는 사회적 갈등의 심화, 언어장벽, 사회적 편견, 문화적 차이, 경제적 문제, 자녀교육 문제 등이 다양하다.

다문화 교육은 다양한 문화집단에 속해 있는 서로 다른 사람들의 상호이해와 평등관계를 중시하고, 민족 · 사회적 지원, 성별, 종교, 이념 등서로 다른 집단의 문화를 동등하게 가치 있는 것으로 인식하여, 학생들이 자신이 속해 있지 않은 다른 문화에 대한 편견을 줄이고 다양한 문화를 올바로 이해하기 위한 지식, 태도, 가치교육을 제공하는 것이다(장인실, 2006: 최종임, 2016). 이 점에서 다문화 교육은 민주시민교육과 공통적인 요소를 포함하고 있다.

다문화 교육에 대한 인식은 국가마다 차이가 있다. 이는 우리 사회가 다문화 사회로 되어가는 배경이 외국과 다르고, 다문화 교육을 전개해야 하는 필요성 및 상황, 정책에 대한 이해도 다르기 때문이다(서재복, 2019). 대한민국에서의 다문화 교육은 다음과 같은 차원에서 고려되어야 한다.

첫째, 다문화 학생들을 위한 교육으로, 주로 이들을 위한 한국어, 생활지도, 학습지도, 상담, 진로지도 등이 포함된다. 최근 다문화 학생의 유형이 다양화되면서 교육 내용도 차별적으로 접근할 필요성이 제기되고 있다.

둘째, 다문화 학생과 비다문화 학생을 포함하지만 실제로는 비다문화 학생을 대상으로 하는 다문화 교육으로 인식되기도 한다. 이 경우 다문화 교육의 범위는 사회 구성원 집단 간의 다양한 문제보다는 인종으로 제한하여 타인종, 타민족에 대한 편견과 차별, 인권의 문제를 다루며, 이를 위해 타문화 이해, 문화 다양성, 문화 감수성의 교육을 포함한다. 이 경우에는 다문화 이해교육이라는 용어를 쓰기도 한다.

셋째, 다문화 교육의 광의의 개념으로, 편견, 차별, 인권, 문화적 다양성 그리고 구성원 안에 내재된 성, 세대, 지역, 계층 간의 문제까지 포함한다. 이 경우 인종과 민족의 차원을 포함하여 요소 간의 반편견, 반차별, 평등 등의 문제를 다룬다.

이처럼 다문화 교육에 대한 개념은 처음부터 미리 확정된 것이 아니다. 국가나 사회가 다문화 교육을 도입하고 수행할 때, 그 배경과 당면한 교육 문제의 양상, 여러 집단의 요구, 현실적 문제에 대응하는 과정에서 다문화 교육의 개념을 다양한 방식으로 재해석하기 때문이다(박윤경, 2008). 따라서 다문화 교육의 개념은 인종, 민족, 언어, 계층, 성, 장애 등

사회의 다양한 영역과 연관된 문제를 모두 포함하는 포괄적 개념으로 정의된다(구정화 외, 2018).

2) 다문화 교육의 필요와 목표

다문화 교육은 왜 필요한가? 그것은 다문화 교육이 교육 환경의 변화와 밀접한 관계를 맺고 있기 때문이다(서재복, 2019). 다문화 사회에 있어서 다문화 교육은 학교 교육과 교육과정에 중요하며 점차 그 비중이 확대되고 있다. 모경환(2010)은 다문화 교육의 필요성에 대하여 교육 소외층에 대한 배려와 민주시민의 양성으로 제시하였다.

다문화 사회는 다양한 가치와 문화, 정체성, 생활양식이 공존하는 사회로 민족적, 인종적, 종교적 다양성 등에 대한 인정을 전제로 한다. 이에 따라 우리 사회 구성원에게는 다문화 사회로 변화하면서 먼저 다양한 민족, 인종에 대한 편견, 선입견, 갈등의 문제를 극복하는 것이 필요하다(서재복, 2019). 그러나 궁극적으로 다문화 사회를 살아가는 구성원들에게는 민족과 인종의 차이에서 비롯되는 문제뿐만 아니라, 언어, 종교, 계층, 성별, 장애, 성적 지향성, 세대, 지역 등에 의해 발생하는 편견과 갈등 문제를 해결하는 노력이 필요하다(서재복, 2019). 즉, 다양한 문제들에 대해 적극적으로 대처하는 능력, 다양한 문화를 이해하는 능력, 문화적 가치를 존중하는 태도 및 문화적 감수성의 향상 등이 필요하므로, 이에 관한 관심과 교육적 노력을 기울일 필요가 있다. 이를 위해 다문화 사회를 살아가는 우리 국민의 인식이 개선하는 다문화 교육이 필요하다.

다문화 교육의 필요성은 여러 측면에서 중요하다. 첫째, 사회통합과 성숙한 다문화 사회를 대비하기 위해 필수적이다. 외국인 주민과 다문화 가정의 급격한 증가로 사회구성원의 다양성이 증가하고 있어, 이에 따른 여러 과제를 해결하기 위한 중요한 방법적 접근이 필요하다. 둘째, 글로벌 사회를 살아가는 역량을 증진하기 위해서도 다문화 교육이 중요하다. 미래 사회에서는 열린 생각과 창의성을 바탕으로 다양한 사람들과 소통하고 협력할 수 있는 능력이 요구된다. 따라서 학생들에게 다른 문화와 인종에 대한 이해와 수용, 차이를 창조의 자산으로 활용하는 역량과 시민의식을 교육해야 한다. 우리 사회의 다문화 수용성은 점차 개선되고 있으나, 여전히 다른 문화와 인종에 대한 관용도는 낮은 편이다. 셋째, 글로벌 인재를 양성하기 위해서도 다문화 교육이 필요하다. 이주 배경을 가진 다문화 학생들이 소외되지 않고 자신이 가진 언어적, 문화적 역량을 충분히 발휘하여 사회의 인재로 성장할 수 있도록 도와야 한다. 이를 위해 적응을 위한 교육과 필요한 지원을 제공하는 교육이 필요하다. 다문화 교육은 이러한 다양한 필요성을 충족시키는 중요한 역할을 한다.

다문화 교육의 목표는 다문화 교육의 중요한 지침이다. Banks(2008)의 주장을 바탕으로 이형하 등(2015)은 다문화 교육 목표를 다음과 같이 제시하였다. 첫째, 다문화 교육은 각 개인에게 다른 문화의 관점에서 자신을 바라보게 하여 자기 이해를 깊게 하는 것을 목표로 한다. 이를 통해 개인은 역사와 문화에 대한 다양한 시각을 자각하고, 자신이 속한 집단의 문화와 주류 사회의 문화, 다른 문화를 이해하며, 그 속에서 효과적으로 기능하고 살아가는 방법을 배우게 된다. 둘째, 다문화 교육은 학생들에게 다른 문화와의 관계, 이해, 존중을 전제로 문화적, 종족적, 언어적 대안을 제시하는 것을 목표로 한다. 셋째, 다문화 교육은 특정 민족이나 인종 집단의 구성원들이 신체적, 문화적 특징으로 인해 경험하는 고통과 차별을 줄이는 것을 목표로 한다. 넷째, 다문화 교육은 다양한 집단의 구성원들이 자신의 공동체에서 제 역할을 하는 데 필요한 지식과 기능을 가르치는 것을 목표로 한다. 예를 들어, 글로벌 테크놀로지 세계에서 상호 소통하며 살아가는 데 필요한 읽기, 쓰기 기능과 수리적 능력을 습득하도록 한다. 다섯째, 다문화 교육은 다양한 인종, 문화, 언어, 종교 집단의 학생들이 자신이 속한 문화공동체, 국가 시민공동체, 지역 문화, 전 지구 공동체에서의 역할 수행에 필요한 지식과 기능, 가치와 태도를 습득하는 것을 목표로 한다. 이처럼 다문화 교육은 개인의 자기 이해, 다양한 대안의 제시, 고통과 차별의 감소, 상호 소통 그리고 필요한 지식과 기능, 가치와 태도의 습득 등을 목표로 한다.

학교에서 다문화 교육의 필요성에 대해 모두가 공감하는 것은 긍정적이다. 그런데 교과와 비교과, 창의적 체험활동 등을 통해서 다문화 교육을 해야 한다는 인식이 자리 잡혔음에도 불구하고 무엇을, 어떻게, 누가 가르쳐야 하는 부분에 있어서는 이견이 있다. Banks(2008)는 다문화 교육의 차원을 다문화 교육의 내용 통합, 지식 구성 과정, 공평한 교수법, 편견 감소, 그리고 학생의 역량을 강화하는 학교 문화와 조직으로 제시하였다(남부현 외, 2016).

3) 다문화 교육 내용 구성

(1) 내용 통합

다문화 내용 통합은 교사들이 자신의 교과나 학문 영역에 등장하는 주요 개념, 원칙, 일반화, 이론을 설명하는 것을 의미한다(추병완, 2009). 좋은 의미의 다문화 교육 개념을 구성하며, 다문화 교육이라고 할 때 일반적으로 생각하는 개념이다. 교과 내용 통합은 과목마다 차이가 있을 수 있으나 수학, 물리, 과학 등의 교과에서는 문화적인 요소에 대한 차이가 작다. 내용 통합에 있어서는 다양한 문화와 집단의 사례와 내용을 활용하는 것을 말한다. 이 경우에는 더욱 쉽게 생활에 적용할 수 있다.

(2) 지식 구성 과정

다문화 교육을 위해 특정 학문 영역에 내재하는 문화적 가정, 준거들, 관점, 편견 등이 해당 학문 영역에서의 지식이 형성되는 과정에 어떤 영향을 미치는지를 학생들이 이해하고, 조사하고, 판단할 수 있도록 교사가 도와야 한다. 학생들에게 지식이 어떻게 만들어지고, 배운 지식이 개인과 집단의 인종, 민족, 성, 사회계층과 같은 지위에 의해서 어떠한 영향을 받는지에 대해서 이해할 수 있도록 도움을 주어야 한다. 다문화 교육은 학생들이 단순한 지식의 소비자로 머무르는 것이 아니라 지식의 생산자가 될 수 있어야 한다.

(3) 편견 감소

편견 감소는 학생들이 인종적 특징에 대한 태도나 편견이 교수법이나 교재에 의해 어떻게 변화될 수 있는가에 중점을 두는 것이다(나달숙, 2009). 이를 위해서 다양한 민족과 인종 집단의 긍정적이며 현실적인 이미지를 자연스럽게 교육과정에 포함할 수 있다. 영화, 비디오, 아동 분고, 기록물, 사진 등을 활용하여 다양한 인종, 민족, 문화집단의 구성원들에 대한 간접적인 경험을 확대할 수 있다. 또한 생활의 경험을 바탕으로 내용을 제시하거나 역할 놀이를 통해서 편견을 감소할 수 있다.

(4) 공평한 교수법

교사는 다양한 인종, 민족, 사회계층 집단에서 온 학생들의 학업 성취도를 향상하기 위하여 다양한 수업 방법을 실시해야 한다(추병완, 2008).

학생의 행동에 스며들어 있는 인종, 민족 집단의 문화적 행동과 배경을 수업에 활용하면 해당 학생들의 학업 성취에 도움이 될 것이다. 여러 문화적, 인종적 집단 내에 존재하는 독특한 학습양식에 부합하는 다양한 교수법을 사용하여 더 쉽게 내용을 이해할 수 있어야 한다(나달숙, 2009). 즉, 자신이 경험한 내용이 수업의 예로 제시되는 것은 더욱 쉽게 이해하고 적용할 수 있기 때문이다.

(5) 학생의 역량을 강화하는 학교문화와 조직

다문화 교육에 있어서 무엇보다 중요한 것은 학습자의 역량을 강화하는 것이다. 이를 위해서 학교문화와 조직은 중요한 역할을 담당한다. 학생의 역량을 강화하는 학교문화와 조직은 다양한 인종, 민족, 사회계층 집단에서 온 학생들이 평등한 성공의 기회를 갖도록 학교의 문화와 조직을 재구성하는 과정을 의미한다. 기존 학교의 문화에서는 집단을 구분하거나 차별적인 요소들이 있었다. 다문화 교육은 특정 분야에 국한되는 개념이 아니라 교육과정, 교수방법, 교육 내용, 교육체계, 교육주체 등 대부분의 교육 분야에 대한 통합적인 개념이다(남부현 외, 2016).

이 외에도 다양한 내용이 있지만 학교 교육에 있어서 다문화 교육이 이루어지기 위해서는 기본적으로 내용 통합을 위한 노력, 지식 구성 과정의 노력, 편견 감소를 위한 노력, 공평한 교수법 실시 그리고 학생의 역량을 강화하는 학교문화와 조직을 위한 노력이 요구된다.

4) 교육 공정성을 위한 다문화 교육의 내용 요소

다문화 교육의 목표를 달성하기 위해서는 먼저 무엇을 가르쳐야 하는가, 즉, 어떠한 내용과 요소들이 엄선되고 체계적으로 구조화되어야 하는가를 살펴보아야 한다. 여러 학자는 다문화 교육의 내용을 다양하게 제시하고 있으며 다문화 교육을 가장 광의의 개념으로 파악하고 있다.

　이들이 제시하는 다문화 교육 내용 요소는 다양하다. 예를 들면 다문화, 주류문화, 소문화, 인종, 민족성, 성, 사회경제적 지위, 연령, 언어, 지리적 지역, 무능력, 고정관념, 사회적 계층, 종교, 예외성, 국적, 종족, 문화, 다양성, 평등성, 협력, 편견, 정체성 형성, 집단의 이름, 문제해결력, 민족과 인종, 불평등, 지식, 기술, 태도, 능력, 외모, 가족 구성, 성적 관심, 인과관계, 수정, 충동, 힘, 사회적 조절, 문화적 변화, 전통, 가치, 상호의존 등이 있다.

〈표 14-1〉 다문화 교육의 내용 요소와 개념

요소	개념
문화 이해	• 한 사회의 개인이나 인간 집단이 자연을 변화시켜 온 물질적 정신적 과정의 산물을 이해하는 것 • 문화 간 유사점 차이점 알기, 문화에 대한 이해, 긍정적 태도, 존중심 기르기
협력 공존	• 힘을 합하여 서로 돕거나, 서로 도와서 함께 존재하는 것 • 다양한 사람과 상호작용 및 협동 능력 증진하기
반 편견	• 인종, 민족, 능력, 장애 등에 상관없이 모든 사람을 존중하는 것 • 편견 고정관념에 비판적 사고 형성하기, 상황 대처 능력 기르기
정체성	• 상당 기간 비교적 일관되게 유지되는 고유한 실체로서, 한 개인이 부모나 가족으로부터 차별화되고 사회에서 취득하는 과정을 발전시키게 되는 '자아'의 의미를 말함 • 긍정적 자아개념 기르기, 정체감 및 집단 정체감 형성하기 • 복수 정체성 인정하기(학생, 아들, 남자, 한국인 등)
평등성	• 여러 사람을 차별하지 아니하고 같이 다루는 특성 • 인간이 평등하다는 가치 형성
다양성	• 언어, 전통, 사회를 형성하는 방법, 도덕과 종교 관념, 주변과의 상호작용 등 사람들 사이의 문화적 차이를 포괄하는 것 • 다양한 개인과 집단의 존재를 인정하고 존중하는 마음 갖기

출처: 전남교육청(2016)

전남교육청(2016)은 다문화 교육의 내용으로 문화 이해, 협력 공존, 반편견, 정체성, 평등성, 다양성을 제시하였다.

학교 현장에서는 교과 또는 비교과 활동 등을 통해 다문화 교육을 수행할 수 있다. 현재 다문화 교육의 주요 내용으로는 반편견, 문화 다양성, 인권, 문화감수성 등이 다루어지고 있다. 이들 내용에 제시하면 다음과 같다.

(1) 문화 이해 교육

문화 이해 교육은 다문화 수업에서 중요한 구성 요소로, 학생들이 다양한 문화적 배경을 이해하고 존중하는 능력을 키우는 교육이다(장인실 외, 2016). 이 교육의 핵심 목표는 학생들이 자신과 다른 문화에 대해 편견 없이 수용할 수 있도록 돕는 데 있다. 이를 위해 문화 이해 교육은 다양한 국가와 민족의 역사, 전통, 관습, 생활양식 등을 소개하며, 학생들이 이를 직접 경험하고 느낄 기회를 제공한다. 예를 들어, 다문화 축제나 국제 음식 체험, 전통 놀이 등을 통해 학생들이 다양한 문화를 체험하고 배우는 활동을 포함할 수 있다. 또한, 타 문화의 시각에서 생각해 보고 문제를 해결하는 과정을 통해 비판적 사고와 공감 능력을 기르는 데 중점을 둔다. 이러한 교육은 학생들이 글로벌 시민으로 성장하는 데 필요한 열린 마음과 포용력을 길러 주며, 나아가 다문화 사회의 통합과 조화에 기여할 수 있는 토대를 마련해 준다. 따라서 문화 이해 교육은 학생들이 다문화적 환경에서 서로 다른 문화를 이해하고 존중하는 태도를 가지게 하는 중요한 교육과정이다.

(2) 협력과 공존 교육

협력과 공존은 다문화 교육의 핵심 요소로, 다양한 문화적 배경을 가진 학생들이 상호 존중과 협력을 통해 함께 살아가는 능력을 키우는 것을 목표로 한다. 이 교육은 학생들이 서로 다른 문화를 이해하고 수용하는 것을 넘어서, 공동의 목표를 위해 협력하고 조화를 이루는 방법을 배우도록 돕는다. 이를 위해 다양한 협동 학습 활동과 프로젝트 기반 학습을 도입할 수 있다(장인실 외, 2016). 예를 들어, 다문화 팀 프로젝트나 공동의 문제 해결 과제를 통해 학생들이 서로의 강점을 인식하고 존중하며, 협력하는 과정을 경험하게 한다. 또한, 갈등 상황에서 타협과 조정을 통해 문제를 해결하는 법을 배우게 함으로써, 사회적 갈등 해소와 평화로운 공존을 추구하는 능력을 기른다. 이러한 교육은 학생들이 다양한 배경을 가진 사람들과 협력할 수 있는 역량을 키우며, 서로의 차이를 이해하고 존중하는 태도를 형성하게 한다. 결국, 협력과 공존 교육은 학생들이 다문화 사회에서 평화롭고 생산적으로 살아갈 수 있는 토대를 마련해 주며, 사회통합과 화합을 촉진하는 데 기여한다.

(3) 반 편견 교육

편견은 어떤 사물이나 현상에 대해 사실상의 근거 없이 지닌 완고한 의견을 말한다. 편견은 자주적이며 이성적인 사고가 발달하기 이전 단계, 즉 어린 시절에 개인이 속한 집단으로부터 개인에게 주입된다. 편견이 일단 형성, 고착되면 이후 올바른 정보를 줘도 편견을 강화하는 정보만을 선택적으로 받아들이며, 더욱 완고하고 자기방어적인 논리로 정교해진다. 따라서 일부러 편견을 가진 문제를 다루거나 편견의 의식과 태도를 보이지 않도록 하는 교육적 접근을 반 편견 교육이라고 한다(장인실 외, 2016).

반 편견 교육에서는, 첫째, 성이나 인종, 장애, 외모, 사회계층에 대한 편견과 정형화, 선입견 등에 도전하고 이를 극복하여 모든 인간을 편견 없이 인정하고 지원하며 존중할 수 있는 교육이어야 한다. 둘째, 편견 문제에 대한 개방성과 인간 존중의 감수성을 높여 주고, 실천적 태도를 형성할 수 있도록 하는 교육이 필요하다. 셋째, 고정관념이나 편견에 따라 끊임없이 이뤄지고 있는 불평등 사회에 대항하고 그 사회를 변화시킬 수 있도록 준비시키는 교육이 필요하다.

반 편견 교육의 목표는, 첫째, 모든 학생이 다양성을 수용하고, 폭넓고 긍정적인 자아정체성을 형성하도록 해야 한다. 둘째, 불공평한 상황에 직면할 때 그에 맞설 수 있는 비판적 사고와 기능을 발달시키도록 해야 한다. 셋째, 고정관념을 없애고 차이와 다양성 및 그 가치를 인정할 수 있는 능력을 길러야 한다. 넷째, 다양한 사람들과 자연스럽고 편안하게 공감적 상호작용을 할 수 있는 능력을 발달시켜야 한다.

반 편견 교육의 내용으로는 타문화에 대한 편견 및 부정적인 이미지, 다문화 가정에 대한 편견 및 부정적인 이미지, 인종주의적 편견과 차별 없애기, 이질적 외모에 대한 거부감 및 편견 해소하기와 성, 장애, 종교 등 다양한 집단에 대한 편견 없애기 등을 들 수 있다(최종임, 2016).

(4) 정체성 교육

정체성 교육은 학생들이 자신과 타인의 문화적 정체성을 이해하고 존중하는 능력을 기르는 것을 목표로 한다. 정체성은 개인이 속한 문화, 언어, 종교, 인종, 성별 등 다양한 요소들로 구성되며, 이는 자아 인식과 자부심 형성에 중요한 역할을 한다. 다문화 교육은 학생들이 자신의 문화적 뿌리와 정체성을 긍정적으로 인식하고, 동시에 다른 문화적 배경을 가진 사람들의 정체성도 존중할 수 있도록 돕는다(장인실 외, 2016).

이를 위해 교실에서는 다양한 문화와 역사, 전통에 대한 학습을 통해 학생들이 서로 다른 정체성에 대한 이해를 넓히고, 자신의 문화적 배경을 표현하고 공유할 기회를 제공한다. 예를 들어, 문화 발표회나 전통 예술 체험활동을 통해 학생들은 자신의 문화를 자랑스럽게 여기고, 다른 문화에 대한 호기심과 존중심을 키울 수 있다. 또한, 다문화 교육은 정체성 혼란을 겪을 수 있는 학생들을 지원하는 역할도 한다. 여러 문화적 배경을 가진 학생들이 자신의 정체성을 찾고 확립하는 과정을 돕기 위해 심리적 지원과 상담 프로그램을 제공할 수 있다. 이는 학생들이 다문화적 배경에서 오는 갈등이나 혼란을 극복하고, 건강한 자아정체성을 확립하는 데 중요한 역할을 한다.

이처럼 다문화 교육에서 정체성 교육은 학생들이 자신과 타인의 문화적 정체성을 존중하고 이해하며, 이를 통해 더 나은 사회적 통합과 개인의 자아실현을 도모하는 데 이바지한다.

(5) 평등성 교육

다문화 교육에서 평등성은 모든 학생이 문화적 배경에 상관없이 동등한 교육 기회를 누리고 존중받는 것을 목표로 한다. 평등성은 학생들이 자신의 문화적 정체성을 유지하면서도 차별 없이 학습하고 성장할 수 있는 환경을 제공하는 데 중점을 둔다. 이를 위해 다문화 교육은 여러 문화적 배경을 가진 학생들이 교육과정에서 동등하게 참여할 수 있도록 다양한 접근 방법을 채택한다(장인실 외, 2016).

첫째, 교육 내용과 방법의 다양화를 통해 모든 학생이 자신의 배경에 맞는 교육을 받을 수 있도록 한다. 예를 들어, 다문화 교육 자료를 활용해 다양한 문화의 역사를 배우고, 다언어 교육 프로그램을 통해 학생들이 모국어와 한국어를 모두 잘 활용할 수 있도록 지원한다. 이는 학생들이 자신의 문화적 뿌리를 존중받으면서도 새로운 사회에 잘 적응할 수 있도록 돕는다.

둘째, 교육 기회의 평등을 보장하기 위해 다양한 지원 프로그램을 제공한다. 경제적, 사회적 배경이 다른 학생들이 교육에서 소외되지 않도록 장학금, 멘토링 프로그램, 학습 지원 등을 통해 평등한 학습 환경을 조성한다. 특히, 다문화 가정의 학생들이 겪을 수 있는 언어적, 문화적 장벽을 극복할 수 있도록 학교 내에서 추가적인 지원을 제공하는 것이 중요하다.

셋째, 교사와 학생 모두에게 다문화 교육과 관련된 민감성 훈련을 시행하여 편견과 차별을 줄인다. 이를 통해 교사들은 다양한 문화적 배경을 가진 학생들을 공정하게 대할 수 있게 되고, 학생들 간의 상호 이해와 존중을 촉진할 수 있다.

다문화 교육에서 평등성은 모든 학생이 문화적 차이로 인해 차별받지 않고 동등한 교육 기회를 누릴 수 있도록 하는 것이다. 이를 통해 학생들은 상호 존중과 이해를 바탕으로 조화로운 다문화 사회를 형성해 나갈 수 있다.

(6) 문화 다양성 교육

문화 다양성이란 자연적 조건, 인문적 조건(역사, 종교, 언어, 신념, 인종, 민족, 계층, 성 등)의 차이에 따라 집단과 사회의 문화가 표현되는 다양한 방식과 양상을 의미한다. 개인과 집단의 특수한 환경에서 나타나는 삶의

양식으로서의 문화는 본래 다양성을 전제로 한다. 문화는 나름의 타당
성과 합리성이 내재되어 있다는 점에서 어떠한 특정 기준에 의해 문화적
우열이나 좋고 나쁨을 평가할 수 없다. 이를 문화 상대주의라고 한다. 그
러므로 문화 다양성 교육은 차이 및 다양성의 양상과 가치에 대한 이해
를 바탕으로 서로 다른 생활양식에 대한 감수성을 획득하고 타 집단이나
사회와의 대화와 소통에 참여할 수 있는 능력을 기르는 교육이다(설규주,
2013). 다문화 교육이 다양한 문화 속에서 조화로운 공존을 강조한다면,
문화 다양성 교육은 사회통합 이전에 문화의 본질, 상대적 가치 등을 강
조하며, 각기 다른 문화의 가치를 상호 인정하는 것을 중시한다.

　문화 다양성 교육은 문화나 문화 다양성의 의미를 이해하고 이를 바탕
으로 다양성이 증가하는 원인과 양상을 파악하는 교육이다. 다양한 문
화에 대한 감수성과 존중하는 태도를 길러 문화 다양성의 보호와 공존을
위하여 실천하는 것을 목표로 한다.

　문화 다양성과 관련된 교육 내용은 다양하다. 다문화 교육을 실천하고
있는 학교들을 대상으로 조사한 결과에 의하면 다음과 같다.

　첫째, 다양성을 인정하는 교육이다. 문화(인종, 사회계층, 성, 종교, 이념,
장애 등)의 다양성 이해하기, 세계에는 자신들과는 다른 여러 다양한 문
화가 존재함을 이해하기, 다양한 배경을 가진 사람들에 대한 긍정적 태
도 형성하기, 문화적 다양성에 대한 긍정적 사고 증진하기, 한국 사회 내
부의 문화적 다양성 이해하기 등이 있다(박병관, 2017).

　둘째, 자민족 중심주의 탈피이다. 주요 내용으로는 자민족 중심주의적
사고 및 행동 파악하기, 자민족 중심주의의 문제점 인식하기, 타문화를
인정하고 수용하기, 상반된 세계관 인정하기 등이다(박종대, 2017).

　셋째, 다양한 관점의 습득을 위한 내용이다. 즉, 사건, 주제, 문제를 다

양한 시각에서 이해하기, 타문화의 관점에서 자기 문화 조망하기, 소수 집단의 관점으로 국내문제 바라보기, 문화상대주의적인 관점으로 타문화 바라보기, 지역사회나 국내에서 일어나는 사건을 다양한 시각에서 이해하기 등이다(박병관, 2017). 다문화 교육은 다양한 문화적 배경을 가진 사람들이 공존하며 상호 이해와 협력을 이루기 위해 필요한 교육이다. 이는 편견과 차별을 줄이고 평등한 교육 기회를 제공하며, 학생들이 다양한 문화를 이해하고 존중하도록 돕는다.

다문화 교육의 주요 목표는 문화적 다양성을 인정하고, 갈등을 해소하며 사회적 통합을 이루는 것이다. 이를 위해 협동 학습, 문화 체험 활동, 편견 감소 프로그램 등 다양한 방법이 활용된다.

다문화 교육은 다문화 가정 학생뿐만 아니라 모든 학생들이 글로벌 시민으로 성장하고, 차이를 이해하며 협력할 수 있는 역량을 기르도록 지원한다. 궁극적으로 다문화 사회에서 평화롭고 조화로운 공존을 실현하는 데 기여한다.

3. 교육 공정성 실천을 위한 과제

다문화 교육에서 교육 공정성을 실천하기 위한 과제는 여러 가지가 있다. 첫째, 교육과정의 다양성 확보가 필요하다. 이는 학생들이 다양한 문화와 역사를 배우고 이해할 수 있도록 교육과정을 구성하는 것을 의미한다. 다양한 문화적 배경을 반영한 교재와 교육 자료를 사용하여 학생들이 자신의 문화와 다른 문화를 이해하고 존중하는 태도를 기를 수 있게 해야 한다. 둘째, 교사의 다문화 역량 강화가 필요하다. 교사들은 다문화 교육에 대한 이해와 역량을 갖추어야 하며, 이를 위해 정기적인 연수와 교육 프로그램이 필요하다. 교사들이 다문화 학생들을 공정하게 대하고 그들의 배경을 이해하며 지도를 할 수 있도록 지원해야 한다.

셋째, 다문화 가정과의 소통 강화도 중요한 과제이다. 학교는 다문화 가정과의 적극적인 소통을 통해 학생들이 학교생활에 잘 적응하고 학습 성과를 높일 수 있도록 도와야 한다. 이를 위해 학교와 가정 간의 소통 채널을 다양화하고, 다문화 가정의 부모들이 학교 행사와 교육과정에 참여할 수 있도록 지원하는 방안이 필요하다.

넷째, 다문화 학생들을 위한 맞춤형 지원 프로그램이 필요하다. 다문화 학생들이 언어적, 문화적 차이로 인해 학습에서 소외되지 않도록 개별 맞춤형 지원프로그램을 마련해야 한다. 예를 들어, 언어 지원프로그램, 멘토링 프로그램, 심리적 지원프로그램 등을 통해 다문화 학생들이 학습에서 겪는 어려움을 극복할 수 있도록 해야 한다.

다섯째, 다문화 교육의 평가와 피드백 시스템을 구축해야 한다. 다문화 교육의 효과를 지속적으로 평가하고 개선할 수 있는 체계적인 평가 시스템이 필요하다. 이를 통해 교육의 질을 높이고, 다문화 학생들이 공정한 교육 기회를 받을 수 있도록 해야 한다.

여섯째, 다문화 이해와 존중을 촉진하는 학교 문화 조성이 필요하다. 학교는 학생들이 서로의 문화를 이해하고 존중하는 분위기를 조성해야 한다. 이를 위해 문화 다양성 축제, 다문화 체험 학습 등 다양한 활동을 통해 학생들이 자연스럽게 다양한 문화를 접할 수 있도록 해야 한다.

일곱째, 정책적 지원과 재정적 투자가 필요하다. 다문화 교육을 효과적으로 실천하기 위해서는 국가와 지역사회 차원의 정책적 지원이 필수적이다. 이를 위해 다문화 교육을 위한 재정적 투자와 함께, 법적·제도적 지원 방안이 마련되어야 한다. 이러한 과제들을 통해 교육 공정성을 실천하고, 다문화 사회의 조화로운 발전을 도모할 수 있을 것이다.

이처럼 다문화 교육에서 교육 공정성을 실천하기 위해 다양한 노력이 필요하다. 먼저 교육과정의 다양성을 확보하여 학생들이 다양한 문화와 역사를 이해하고 존중할 수 있도록 해야 한다. 이를 위해 다문화적 교재와 자료를 활용하며, 교사들의 다문화 교육 역량 강화를 위한 정기적인 연수와 지원이 필요하다.

학교와 다문화 가정 간의 소통을 강화하여 학생들의 적응과 학습 성과를 높이고, 맞춤형 언어 지원, 멘토링, 심리 지원 프로그램을 통해 학습 격차를 줄여야 한다. 또한, 체계적인 평가와 피드백 시스템을 구축하여 다문화 교육의 효과를 지속적으로 개선해야 한다.

학생들이 서로의 문화를 이해하고 존중하는 학교 문화를 조성하고, 문화 체험 활동을 통해 다문화 감수성을 키우는 것도 중요하다. 마지막으로, 국가와 지역 차원의 정책적 지원과 재정적 투자를 통해 다문화 교육의 기반을 강화해야 한다. 이러한 노력은 다문화 학생들에게 공정한 교육 기회를 제공하고, 사회적 통합과 발전에 기여할 것이다.

참고 문헌

구정화, 박윤경, 설규주(2018). 다문화 교육의 이해와 실천. 정민사.

권순희, 박상준, 이경한, 정윤경, 천호성(2010). 다문화 사회와 다문화 교육. 교육
　　과학사. 11–38.

김판희, 이춘옥(2009), 유아용 다문화에 대한 인식 척도의 신뢰도 및 타당도 분
　　석. 아동교육, 18(4). 131–142.

나달숙(2009). 다문화 교육과 법령의 현황 및 개선 방안 연구. 법학논총, 33(2).
　　371–392.

남부현, 오영훈, 한용택, 전영숙, 이미정, 천정웅(2016). 다문화 사회교육론. 양서원.

모경환, 이혜진, 임정수(2010). 다문화 교사교육과정의 실태와 개선 방안. 다문
　　화 교육, 1(1). 21–35.

모경환, 황혜은(2007). 경기도 초·중등교사들의 다문화효능감에 대한 조사연구.
　　시민교육연구, 29(4). 163–182.

박병관(2017). 다문화 정책학교 가이드. 교육부자료.

박윤경, 성경희, 조영달(2008). 초·중등교사의 문화다양성과 다문화가정 학생에
　　대한 태도. 시민교육연구, 40(3). 1–28.

서재복(2019a). PBL 활용 다문화 동화 교육프로그램이 초등학생 다문화 감수
　　성에 관한 효과. 교육논총, 39(3). 107–125.

서재복(2019b). 영화를 활용한 다문화 교육프로그램 중학생의 다문화 인식 효
　　과 연구. 교육종합연구, 17(4). 43–60.

서재복, 임명희(2018). 다문화 교육의 이해와 실천. 공감플러스.

서종남(2009). 지역사회 통합을 위한 다문화 교육의 역할과 과제. 교육문화연구,
　　15(20). 75–104.

설규주(2012). 초·중고 사회 교과서의 다문화 관련 내용 분석: 2007 개정 사회

과 교육과정의 '사회·문화' 관련 단원을 중심으로. 다문화 교육연구, 5(1). 1-28.

원진숙(2008). 다문화 시대의 초등학교 국어과 교육: 다문화 가정 자녀를 위한 한국어 교육 지원 방안을 중심으로. 국어교육학연구, 32. 269-303.

이범용(2012). 초등학교에서 도덕과와 사회과의 정치교육 내용의 비교에 관한 연구, 초등도덕교육연구, 38. 101-133.

이형하, 박상희, 송선화, 김정오, 김훈희, 권충훈, 최희철(2015). 다문화 사회와 다문화 교육의 이해. 공동체.

장인실 외 15인(2016). 다문화 교육의 이해와 실천. 학지사.

전라남도교육청(2016). 2016 다문화 교육 지원 계획. 전라남도교육청.

천호성(2009). 다문화 교육을 위한 사회과 교수-학습 전략: 인권을 중심으로. 교육종합연구, 7(2). 26-44.

추병완(2008). 다문화적 시민성 함양을 위한 도덕과 교육 방안. 초등도덕교육, 27. 25-60.

추병완(2009). 초등 도덕과에서 다문화 교육의 실천 방안. 초등도덕교육, 31. 179-198.

최종임, 박인옥(2016). 초등 다문화 교육 중점학교의 운영 프로그램 분석. 교육문화연구, 22(3). 179-201.

최종임(2016). 초등 다문화 중점학교 프로그램의 참여자 경험에 관한 사례연구. 강원대학교 대학원 박사학위논문.

Banks, J. J. (2008). *An Introduction to Multicultural Education Picture Books for Children 3~5*. Upper Saddle River, Prentice Hall.

Campbell, S. (2010). Windows and mirrors: A case for more multiculticultural children's books on Illinois Children's Choice Award Lists. *Illinois Reading Council Journal 38*(4). 33-38.

Parekh, B. (2006). *Rethinking Multiculturalism: Cultural Diversity and Political Theory*. Red Globe Press.

제6부

교육정책 공정성

제**15**장

교육발전특구와 공정성

김용 교수(한국교원대학교)

1. 들어가며

공정성이 교육발전특구의 논의 주제가 될 수 있는가? 일반적으로 '특구'는 일정 지역을 대상으로 규제를 완화 또는 해제하거나 재정지원이나 세제 혜택 등을 제공하여 지역 발전을 꾀하는 정책 수단이다(김용, 2010). 특구가 일정 지역에 대한 '특별한' 배려를 의미하기 때문에, 특구는 일견 공정성에 반하는 정책이라고 할 수 있다. 그런데 '공정으로서의 정의(justice as fairness)' 관념을 염두에 두고 상대적으로 열악한 지역을 특별히 배려하고자 하는 정책으로 특구 정책을 이해한다면 약자에 대한 우선적 지원이라는 관점에서 공정성에 부합하는 정책으로 평가할 수도 있을 것이다. 이렇게 본다면, 특구 정책과 공정성 문제는 금방 답할 수 있는 성격의 문제가 아닐 수 있다.

특구정책과 특구 관련 연구 및 논의 사이에는 비대칭성이 존재한다. 한편으로 특구는 점점 선호되는 정책수단으로 자리를 잡아 가고 있다.

노무현 정부는 지역 균형 발전을 위한 핵심 정책으로 지역 특구 정책을 시행했다. '특구'라는 명칭을 붙이지는 않더라도 일정 지역을 규제 해제 (또는 완화) 대상으로 지정하여 지역 발전을 도모하는 정책이 활성화한 시점도 이 무렵이다. 「경제자유구역의 지정 및 운영에 관한 특별법」이 제정된 해가 2002년이고, 같은 해 기존 「제주도개발특별법」이 「제주국제자유도시특별법」으로 전면 개정되었다. 이런 흐름의 연장선에서 윤석열 정부 들어 특구 전성시대가 열렸다고 할 만큼 특구가 널리 활용되고 있다. 교육발전특구 외에 기회발전특구, 도시융합특구, 문화특구 등 윤석열 정부에서는 '지역정책=특구' 도식이 성립 가능하다.

다른 한편, 특구 관련 논의와 연구는 매우 제한적 주제에 여전히 국한되어 있다. 그동안 특구에 관한 언론 보도는 사실 보도 외에 막연한 기대를 조장하거나[1] 문제점을 지적하는 내용[2]이 대다수를 이루고 있다. 정책 효과성에 논의가 모아지고 있는 셈이다. 특구에 관한 연구는 그다지 활발하지도 않고, 대부분 특구 운영의 문제를 지적하거나 정책 효과성을 평가하는 내용으로 구성되어 있다(국회예산정책처, 2010; 박남기, 황윤한, 박선형, 2006; 이진화, 김기택, 2016). 다만, 특구가 법률 적용과 관련되어 있다는 점에서 특구 정책의 법적 쟁점을 검토한 연구(김용, 2009; 2010)가 수행되었을 뿐이다. 그런데, "사상 체계의 제1덕목을 진리라고 한다

---

1 예컨대, "농촌소멸 고위험 지역에 '농촌형 기회발전특구' 도입해 규제 풀 것"(이코노믹리뷰, 2024. 3. 28.), "도시 명운 걸린 기회발전특구, 선점효과 놓쳐선 안 돼"(경상일보, 2024. 3. 27.), "'어촌형 발전특구' 도입으로 어촌 소멸 위기 막는다"(국제신문, 2024.3.25.).
2 예컨대, "전국이 특구, 혁신 · 기업도시 경제성보다 나눠먹기식 선정…'황금알서 오리알 신세' 되나"(세계일보, 2009.11.16.), "지역특구 부실화 왜?…당국, 경제성 검증도 없이 남발"(문화일보, 2010. 2. 3.).

면 정의는 사회 제도의 제1덕목"(Rawls, 황경식 역, 2003: 136)이라는 경구를 떠올리면, 교육발전특구에 대해서 공정성 논의를 시도할 필요가 있고, 특히 앞에서 소개한 논의와 연구의 현상을 염두에 두면, '특구정책과 공정성'이라는 주제는 논의를 심화하는 차원에서 시도해 봄직하다.

그런데 교육발전특구의 공정성을 논의하고자 할 때, 곧바로 직면하는 과제는 '공정성'을 어떤 개념으로 상정할 것인가라는 점이다. 몇 해 전 대학 입학 전형의 공정성 논란이 심각했는데, 당시 모두가 '공정성'을 말하면서도 그 내용은 동일하지 않았다. 누군가는 절차의 공정성을, 다른 누군가는 결과의 공정성을 주장했으며, 누군가는 하이트(Haidt, 2012)가 말하는 비례의 원칙에 따른 공평성을, 또 다른 누군가는 보편의 원칙에 따른 공평성을 공정성이라고 말했다(양성관, 2019). 공정성 개념이 하나가 아닌 셈이다.

사실 공정성이 가장 많이 문제가 되는 맥락은 조직 내에서 구성원 간 비교가 이루어질 때이다. 이런 공정성을 조직 공정성으로 개념화하는데, 조직 공정성 개념도 하나가 아니다. 가장 많이 논의되는 것은 분배 공정성인데, 이는 기여와 이에 비례한 보상에 관한 개념이다. 또, 결과를 결정하는 과정이나 절차의 공정성이 문제가 되는 경우도 있는데, 이것을 절차 공정성이라고 한다. 절차 공정성은 일관성, 편파 억제, 정확성, 수정 가능성, 대표성, 윤리성 등 여섯 가지를 중시한다(박효민, 김석호, 2015). 마지막으로, 분배 결과가 그 결정에 이르는 과정이 아니라 조직 구성원 간의 상호작용의 공정성이 문제가 되는 경우도 있다. 이것은 상호작용 공정성으로 개념화하는데, 정보 공정성과 예절과 존중 등 대인 공정성을 핵심으로 삼는다(Bies and Moag, 1986. 양성관, 2019에서 재인용).

이 글에서는 왈처(M. Walzer, 1983)와 센(A.Sen, 2009)의 정의론을 중심

으로 교육발전특구의 공정성 문제를 검토하고자 한다. 교육발전특구가 사회제도이며, 사회제도를 개선하는 관점에서 정의를 논하는 전통이 롤즈(J. Rawls)에서 시작하여 왈처와 센으로 이어지기 때문이다. 공정성이 곧 정의는 아니라는 입장이 있지만, 공정성은 정의의 핵심이라는 점에서 둘을 같은 것으로 이해하고 논지를 전개한다. 왈처(1983)는 공동체주의에 입각하여 롤즈의 정의론을 비판하고, 다양한 사회적 가치를 존중하기 위하여 다원주의적 정의론을 발전시키고자 했다. 센(2009)은 정의를 어떻게 개선할 것인가라는 문제의식을 중심으로 배분된 기본재를 역량으로 전환하여 자유를 제고하는 방향에서 논의를 전개했다. 교육발전특구가 지역 발전의 일환으로 제기되고, 특히 윤석열 정부에서는 기회발전특구 전략의 하위 요소로 위치를 설정하고 있는 점에서(김용, 2023) 정의의 영역을 검토할 필요가 있고, 교육발전특구가 갓 시행되는 시점에서 어떻게 정책을 설계하고 시행하는 편이 바람직한가라는 실용적 관점에서 논의를 전개하는 편이 유용하다고 판단하기 때문이다. 다만, 글 말미에 교육발전특구를 분배 공정성과 절차 공정성 그리고 상호작용 공정성 등 조직 공정성 관점에서 논의할 수 있는 점이 있는지 간략히 검토한다.

제2절에서는 왈처와 센의 정의론을 개관하고, 제3절에서는 특구의 개념과 한국에서 교육특구 정책의 전개 과정을 검토한 후 교육발전특구와 관련하여 근래 진행되는 상황을 소개한다. 제4절에서 교육발전특구의 공정성을 검토한다.

2. 왈처와 센의 정의론

1) 롤즈 정의론의 구조와 내용

이 글은 왈처와 센의 정의론을 중심으로 논지를 펴고자 하지만, 이들의 정의론은 롤즈를 토대로 삼고 있다. 왈처는 "나의 기획은 롤즈의 기획과 다르며 상이한 학문 분야에 의존한다. 그러나 롤즈의 저술이 없었다면 내 기획은 지금과 같은 형태를 이루지 못했을 것이다. 어쩌면 영원히 그 모습을 드러내지 못했을 것이다"(SJ: xⅷ)라고 말한 일이 있다. 센은 자신의 저서를 롤즈에게 헌정할 정도였다. 이 절에서는 롤즈의 논의를 간략히 정리한다.

롤즈는 비록 완전히 합의할 수는 없더라도 사람들이 각자 나름대로의 정의 관념을 가지고 있다고 본다. 현실에서는 권리와 의무를 배분하고, 공동체에서 만들어진 이익을 나누는 과정에서 종종 갈등이 빚어지는데, 사람들이 가지고 있는 정의 관념 위에 순수한 절차적 정의(pure procedure justice)를 통해서 갈등을 해결하고자 했다. 공정한 절차를 보장하면 실질적으로도 정의로운 결과를 만들 수 있다고 믿었다(Rawls, 황경식 역, 2003: 135).

현실에서 순수한 절차적 정의를 구안하기는 거의 불가능에 가까운데, 롤즈는 특정한 조건을 창조하고 그 조건 위에서 일종의 사고실험을 통하여 절차적 정의를 확립하고자 했다. 그는 "거기에서 도달된 기본적 합의가 공정하다는 것을 보장해 주는 최초의 원상"(pp. 52-53)을 의미하는 원초적 입장(original position)을 고안하는데, 이 입장에서는 참여자들이 무지의 베일(veil of ignorance)에 쌓여 자신에 대한 정보를 전혀 알지 못하고 서로에 대해서는 무관심하며 오로지 자신에게 유리하게 결정하고자 노력한다. 무지의 베일은 모든 사람들이 자신의 고유한 위치를 알지 못한 채 선택해야 하는 상황으로서, 공정성 혹은 객관성을 보장하기 위한 장치로 도입된 것이다.

사람들이 원초적 입장에서 합리적으로 선택해야 한다면, 어떻게 선택할 것인가? 다음 두 가지 생각에 어렵지 않게 동의할 수 있다. 첫째, 불평등한 분배의 결과 모든 사람에게 이익이 돌아가는 상황을 제외하면, 모든 사회적 기본 가치는 평등하게 분배되어야 한다. 둘째, 불평등은 최소 수혜자 집단의 장기적 기대치를 극대화하거나 적어도 그에 기여하는 경우 허용할 수 있다. 요컨대, 롤즈는 무지의 베일 속에서 합리적으로 선택하는 사람들은 평균 효용(average utility)을 고려하면서 최소 수혜자에게 이익이 되는 방향으로 행동한다고 말한다. 이런 맥락에서 원초적 입장에 있는 합리적 행위자들이 사회의 기본 원칙, 또는 분배의 기본 원칙으로 합의할 수 있는 두 개의 원칙을 제시한다.

> • 제1원칙: 각 개인은 다른 사람들의 유사한 자유와 양립할 수 있는 가장 광범위한 기본적 자유에 대해 동등한 권리를 가진다. (평등한 자유 원칙)
> • 제2원칙: 사회적 · 경제적 불평등은 다음과 같은 두 가지 조건을 만족시키도록,
>   (a) 최소 수혜자에게 최대 이익이 되고, (차등 원칙)
>   (b) 공정한 기회균등의 조건 아래 모든 사람들에게 개방된 직책과 직위가 결부되게끔 (공정한 기회 원칙) 편성되어야 한다.

여기서 특별히 주목할 것이 차등 원칙이다. 원초적 입장에 놓인 합리적 개인은 자신이 가장 불리한 처지에 처할 경우를 상정하여 자신이 더 많은 혜택을 입을 수 있는 원칙에 합의할 것이다. 즉, 여러 대안을 검토한 후, 어떤 대안의 최악의 결과(최소)가 다른 대안들이 갖는 최악의 결과

에 비해 가장 우월할 경우(극대화)에 그 대안을 채택하게 된다. 이를 최소 극대화 규칙(maximum rule)이라고 한다.

2) 왈처의 정의론

왈처가 롤즈와 생각을 달리하는 핵심적인 지점은 자아와 자아 개념의 연장선에 있는 자유주의를 이해하는 입장이다. 롤즈는 자아를 주어진 것 (the given)으로 간주하고, 자아의 통일성(the unity of the self)을 전제한다. 롤즈가 사회적 가치의 분배 문제에서 중요한 전제로 삼는 '합리적 선택 자'는 그의 자아관을 잘 보여 준다. 반면, 왈처는 개인은 진공 상태에서 존재하지 않고, 자신을 둘러싸고 있는 공동체를 통해서, 그리고 그 공동 체 안에서 형성된다고 본다. 또, 그는 자아의 통일성을 부정하고 '분화된 자아(divided self)' 개념을 지지한다. 즉, 모든 사람은 관심과 역할, 사회 적 관계에서의 위치, 소속된 집단의 특성에 따라 자아가 분화된다. 철수 는 한국인이고 아버지이며, 남성이고, 테니스를 즐기는 보수주의자이다. 이처럼 자아가 분화되는 것이다. 분화된 자아들은 서로 조화를 이룰 수 도 있지만, 때로 갈등할 수도 있다.

왈처는 개인을 사회적 존재, 즉 공동체 안에서 자신을 형성하는 존재 로 상정한 점에서 공동체주의(communitarianism)를 취하고 있다. 동시 에 그는 자유주의자인데, 그의 자유주의는 그의 자아관과 유기적으로 결합되어 있다. 즉, 자아가 다양하게 분리되어 있는 만큼 사회 역시 다 양한 영역으로 분리되어 있고, 서로 다른 제도와 관행, 관계를 분리하 여 제도적 순수성(institutional integrity)을 보장하는 '분리의 기예(the art of seperation)'를 발전시켜 온 것이 자유주의의 공헌이라고 본다(임의영, 2009: 4-5).

한편, 가치(goods)에 관해서도 두 사람 사이에는 차이가 있다. 롤즈는 '합리적인 사람이라면 누구가 갖고자 원하는 것'이 존재한다고 생각하며, 이것들을 '사회적 기본 가치(social primary goods)'라고 부른다. 예를 들면, 권리와 자유, 소득과 재산 같은 것들이다. 이에 비하여, 왈처는 가치는 공동체 의존적이라고 본다. 즉, 공동체가 '가치롭다'고 의미를 부여하고 공유하는 것들이 '가치'가 된다. 이 점에서 가치는 '사회적'일 수밖에 없는 것이다.

롤즈가 정의에 관한 보편적이고 추상적인 거대 이론을 개발하고자 한 데 비하여, 왈처는 '동일한 문화를 공유하며 살아가고 있는 사람들이 일상에서 무엇을 선택할 것인가?'라는 질문을 중심으로 현실적이고 특수주의적이며 국지적인 정의론을 구축하고자 했다. 그가 '특수주의적 (particularistic)' 접근을 했다는 사실에서 이미 그의 답변이 다양성을 핵심으로 삼을 것임을 예정하고 있음을 짐작할 수 있다. 그의 정의관을 '다원주의적 정의관'이라 부르는데, 다음과 같은 그의 말 속에서 문제의식을 찾을 수 있다.

> 정의의 원칙들은 다원주의적(pluralistic) 형식을 취한다. 상이한 사회적 가치들은 서로 다른 근거들과 서로 다른 절차에 따라 상이한 주체들에 의해 분배되어야 한다. 그리고 이러한 모든 차이들은 반드시 역사적이고 문화적인 산물일 수밖에 없는 사회적 가치들에 대한 서로 다른 이해 때문에 발생한다(SJ: 6).

다원주의적 정의관은 분화된 자아와 공동체에 의존하는 사회적 가치 개념을 중심으로 구성된다. 분배의 대상이 되는 모든 가치는 사회적 가치들인데, 사회가 다양한 만큼 가치 역시 다양하다. 사람들은 사회적 가치를 매개로 다른 사람들과 관계를 맺고 자신을 형성한다. 사회적 가치의 의미에 따라 가치를 배분할 때 정당화되며(정당화의 원칙), 가치의 의미가 뚜렷이 구분된다면 분배의 자율성을 확보하여야 한다. 만약 분배 영역의 자율성이 손상되면, 부정의하다(비판원칙).

왈처는 여러 개의 사회적 가치를 열거하고, 대표적인 분배 원칙인 자유 교환(free exchange), 응분의 몫(desert), 필요(need)를 활용하여 사회적 가치의 분배 원칙을 간략하게 정리하였다. 성원권(membership)은 성원들의 합의에 따라서, 사회적 안전과 의료는 필요에 따라, 공직은 응분의 몫에 의해, 돈은 자유 교환으로, 힘든 노동은 엄격한 평등 원칙에 따라, 여가는 자유관과 필요에 따라, 기본 교육은 엄격한 평등, 고등 교육은 시장과 응분의 몫에 의해, 가족과 사랑은 이타주의, 종교적 은총은 자유로운 추구와 헌신, 사회적 인정은 자유로운 교환에 의해, 정치 권력은 설득력과 민주주의에 의해 분배되어야 한다.

왈처의 정의론에서 중요한 두 개의 포인트가 있다. 그는 분배되어야할 가치 중 가장 본원적 가치는 '공동체' 자체라고 본다(임의영, 2009: 7). 다른 모든 가치는 공동체 안에서 의미를 지닌다. 따라서 공동체를 보호하는 일이 중요하다. 또 하나는 다양한 사회적 삶의 영역이 존재하며, 이들을 구분하는 경계가 있을 텐데, 그 경계를 안정적으로 보호하는 일이 중요하다. 예컨대, 정치권력이나 돈이 다른 사회적 영역의 가치 배분에 개입하는 것은 정의롭지 않다. 그런데, 다양한 삶의 영역을 보호하고자 하면 정치권력에 의존할 수밖에 없는데, 정치권력에 대해서는 시민사회가 잘 감시해야 한다. 다원주의적 시민사회를 형성하는 일이 다원적 가치를 보호하고 다원적 정의를 구현하는 일에 긴요하다.

3) 센의 정의론

센은 롤즈가 정의론을 전개하는 방식을 '선험적 제도주의(transcendental institutionalism)'라고 부른다. 선험적 제도주의는 완벽한 정의를 기획하는 데 초점을 두며, 정의로운 제도를 보여 주는 데 관심을 둘 뿐, 궁극적으로 나타날 실제 사회의 모습을 보여 주지는 않는다. 사회는 정의로운 제도 외에도 다양한 사람의 행동과 상호작용 등 비제도적 특성에 영향을 받는다는 사실을 간과하는 셈이다(김대근, 2011: 183).

센은 사회적 기본재를 분배하는 원칙을 정립하거나 정의로운 제도와 사회를 기획하는 일보다 기본재를 활용하여 각 개인이 스스로 목표를 달성할 수 있는 가능성과 자유에 초점을 둔다. 센은 각 개인의 역량(capability)이 다를 수밖에 없는 현실을 인식하고, 현실적인 부정의를 제거하는 일에 관심을 둔다.

센은 비교(상대적) 접근법을 활용하여 어떻게 정의를 개선할 것인가라는 문제의식을 강조한다. 비교의 방법을 택하고, 제도나 법이 아닌 실제 현실에 주목한다. 롤즈가 자유롭고 평등하며, 독립적인 존재로서의 인간을 전제로 삼았다면, 현실 속의 인간 중에는 타인에게 의존적이며 돌봄을 받아야 하는 경우도 있다. 원초적 입장과 무지의 베일이라는 가정 역시 비현실적이라고 본다. 사람들은 실현 가능한 대안들 중에서 어느 하나를 선택할 뿐이며, 따라서 다양한 선택을 비교할 수 있는 분석틀이 필요하다.

롤즈가 인간을 동질적 존재로 본 데 비하여, 센은 인간을 이질적 존재로 본다. 행위 동기나 능력 면에서 사람은 다양하고 이질적이며, 가치롭다고 생각하는 것을 스스로 추구할 수 있는 존재이다. 개인이 가지고 있는 기본재뿐만 아니라 자신의 목표를 달성하기 위한 능력으로써 기본재를 전환할 수 있는 개인적 특성도 고려해야 한다.

정의론은 인간의 다양성을 전제로 해야 하기 때문에, 획일적인 분배를 통해서 평등을 이룰 수 있다는 주장은 잘못되었다고 비판한다, 또 하나 중요한 점은 인간의 능력이나 그를 둘러싼 환경의 다양성 탓에 동일한 재화가 동일한 기능을 수행하지는 못하는 경우가 많다는 사실이다. 롤즈는 기본재를 평등하게 분배하면 된다고 생각했지만, 센은 롤즈가 기본재를 '전환(conversion)'하는 역량에 대해서는 무관심하다고 비판한다(Sen, 2009: 65-66). 센은 기본재를 가치로운 삶을 위해 전환하는 역량이 정의론의 중심 주제가 되어야 한다고 주장한다.

한편, 센의 정의론에서 중요한 개념은 '자유'이다. 자유가 많을수록 가치로운 것들을 추구할 기회가 확장되며, 자유롭게 선택하는 과정에서 역량을 신장하고 성장할 수 있다. 자유는 발전의 수단이 되며, 자신을 적극적으로 실현할 수 있는, 다시 말하여 자신의 정의를 실현할 수 있는 기제가 된다. 자유의 정도가 높아질수록 더 정의로워진다.

그런데 자유와 긴밀하게 연관된 개념이 역량이다. 자유의 정도를 높이기 위해서는 역량이 필요하며, 역량을 개발한다는 것은 궁극적으로 자유를 높이는 결과를 낳는다. 역량은 각 개인이 가치롭게 생각하는 목표를 추구할 수 있는 기회를 확대한다는 점에서 성취할 수 있는 자유와 직접 관련된다(Sen, 2009: 295-298).

롤즈가 기본재를 누구에게 어떻게 배분할 것인가라는 문제에 집중했다면, 센은 개인의 역량을 강화하여 실질적 자유를 확대하는 것이 정의로운 일이라는 주장을 하며 정의론을 확장하였다. 요컨대, 센은 교육 기회를 확대하고 빈곤을 제거하여 각 개인이 재화를 향수할 수 있는 역량을 신장하고, 이를 통하여 자유를 확대하는 일을 정의로 본다. 이렇게 보면, 어떻게 개인의 역량을 강화할 것인가라는 질문이 중요하게 제기된다. 센은 이 질문에 대하여 교육을 확대하고 빈곤을 제거하는 일을 중요하게 제안한다(Sen, 2009: 248). 이런 답변은 역량을 강화하기 위한 사회적 제도를 어떻게 구상할 것인가, 즉 롤즈와 같은 논증을 다시 요구하는 것이라는 비판도 제기된다(김대근, 2011).

3. 특구 정책과 교육발전특구

1) 특구 정책의 전개

특구는 일정한 지역을 대상으로 규제를 완화하거나 전면 해제하고, 때로는 세제 혜택을 부여하거나 재정을 지원하여 지역 발전을 도모하고자 하는 정책 수단이다.[3] 특구 내에서는 법률에 대한 특별한 예외(특례)를 인정하여 다양한 시도를 장려하고, 그 결과가 성공적이면 정책과 입법에 반영하여 전국으로 확산하는, 일종의 '사회적 실험'이 이루어진다. 특구 내에서의 실험 → 전국화라는 선순환 구조의 형성을 기대하는 사업이다. 특구는 중국을 필두로 일본과 한국 등 동아시아 국가에서 정책 실험의 일환으로 종종 활용되고 있다.

중국은 1979년 광동성 선전 등 네 개 지역을 경제특구로 지정하였고, 이후 중국의 일부 지역은 상전벽해(桑田碧海)라고 부를 수 있을 정도로 크게 발전했다(윤종석, 2020). 중국의 경제특구를 눈여겨본 국가 중 하나가 일본이다. 일본은 고이즈미 정부가 분권 개혁을 추진하는 과정에서

3　이 절은 교육트랜드 2024 집필팀, 『교육트랜드 2024』(에듀니티, 2023)에 실은 필자의 원고 '교육자유특구, 과연 특별할까'의 내용을 수정한 것임.

특구를 분권 정책의 수단으로 도입한다. 당시 정책을 설계하는 데 기여한 핵심 인물인 야시로 나오히로(八代 尚宏, 2002)는 특구 제도를 도입한 취지를 다음과 같이 설명한 일이 있다.

> 미국과 같은 연방국가에서는 연방법에서 정하는 것 이외에는 각 주가 독자 법을 정하는 것이 가능하며, 다른 사회 제도 간의 비용과 편익이 명확하다. 그 결과 국내에서 '제도 간 경쟁'이 항상 발생하고, 주마다 서로 좋은 제도를 도입하고자 하여 중단 없는 제도 개혁이 가능해진다. 이것을 중앙 집권적인 일본에도 부분적으로 적용하여, 지역 특성에 부합하는 제도를 일정 범위 내에서 주도적으로 정할 수 있게 한다면, 지방자치체 간의 제도적 경쟁이 촉진되고 지방 분권적인 진전에도 공헌할 수 있다. 그 결과 새로운 제도의 사회적 효과에 관한 '실험'이 수월해지고, 그 플러스와 마이너스가 명확해진다.

일본은 2002년 「구조개혁특별개혁법」을 제정하고, 이를 근거로 「구조개혁특별구역제도」를 시행해 오고 있다. 일본은 특구 제도를 활용하여 규제개혁과 지역 균형 발전 그리고 지방 분권을 심화하고자 했다. 구조개혁특구는 산업, 농업, 항만 물류, 그린 투어리즘 등 다양한 부문에서 지정되었는데, 교육특구도 지정 유형 중 하나였다(이청훈, 나영찬, 2008). 제도 도입 이후 십여 년 동안 1,100여 개가 넘는 특구 지역이 지정되었고, 그 가운데 120여 개의 교육특구가 포함되어 있었다. 특구에서는 법률 적용을 완화하거나 배제하여 새로운 정책 실험이 가능했고, 지방자치단체는 바로 그 사실에 주목하여 특구 지정에 적극적이었다. 일례로, 일본의 교육특구 안에서는 지방자치단체가 복선형 학제 시행이나 학교 선택제 도입을 결정할 수도 있을 만큼 상당한 제도 탄력성을 누릴 수 있었다.

앞에서 일본의 교육특구 내에서는 학제 운영 방식을 바꾸는 등 큰 폭의 변화가 가능하다는 사실을 지적했지만, 120여 개가 넘는 교육특구 중 교육제도 운영의 골간을 바꿀 만큼 대담한 개혁을 추진한 사례는 없었다. 교육과정 탄력화, 부등교, 소인수 학급, 통신제·광역제, 종합적 학습, 직업교육, 특수교육, 유보 연계·일체화 교육, 유학생 교육 등 아홉 개 분야의 교육특구가 출현했는데, 이 가운데 가장 널리 활용된 것은 교육과정 탄력화였다. 등교를 거부하는 아이들을 대상으로 하는 학교를 설치하거나, 학교 밖에서 이루어진 학습의 인정 가능 단위 수를 확대하는 사업 등이 이루어졌다(김용, 2009).

한편, 노무현 정부는 국가 균형 발전을 강조하였는데, 일본의 구조개혁특구를 채택하여 지역 발전을 도모하고자 했다. 노무현 정부는 수도권 집중의 부작용을 해소하고 지방을 균형 있게 발전시키며, 궁극적으로 국가 경쟁력을 강화하는 것을 목적으로 국가 균형 발전 7대 과제 중 하나로 지역특구제도를 도입했다(진미윤 외, 2004). 2004년에는 「지역특화발전특구에 대한 규제특별법(지역특화발전법)」을 제정하였고, 이 법률 시행을 기점으로 2009년 12월까지 총 129개의 지역특구를 선정하였다. 고추장으로 유명한 전북 순창군이 장류 산업특구로 지정되는 등의 향토 자원 진흥, 유통·물류, 관광레포츠, 산업·연구 개발, 의료·사회복지 등 부문에서 특구를 지정했다.

교육특구 역시 지역특구의 한 부문으로 선정되었다. 지역특화발전법에는 시·군·구와 같은 기초지방자치단체가 공립학교를 설립할 수 있도록 하고, 이 공립학교의 시설 기준은 국가 법령이 아니라 조례로 정할 수 있도록 했다. 또, 학교 설립자인 기초지방자치단체의 장이 교원을 임용할 수 있도록 하고, 채용된 교원에게는 지방공무원 신분을 부여하도록 했다. 다만, 교원의 자격과 임용, 보수와 연수 그리고 신분 보장과 징계 및 소청에 관해서는 「교육공무원법」을 따르도록 하여 다른 공립학교 교원과의 신분 및 처우상 차이를 없애고자 했다.

 이처럼 지역특화발전특구를 도입하고 비교적 여러 지역에서 특색 있는 사업을 전개하고자 했지만, 제도 도입 후 십여 년이 경과한 시점부터는 특구 제도에 대한 비판적인 평가가 제기된다. 순창군이 장류 산업특구로 지정되었지만, 그 후 순창군에 큰 변화가 일어났다는 소식이 들려오지 않은 것처럼 말이다. 오히려 무분별한 특구 지정의 문제를 지적하고 부작용을 우려하는 목소리가 높아졌다.

> 지역특화발전특구(지역특구)가 실효성을 거두지 못하고 있는 것은 경제성에 대한 철저한 검증 및 승인 절차 없이 지역별로 '나눠주기식' 배분이 이루어졌기 때문으로 보인다. 이미 몇 개 우수 사례를 제외하고는 대부분 특구들이 '무늬만 특구', '말뿐인 특구'란 지적을 받고 있는 실정이다.[4]

> 지역 산업의 발전을 위한 **특구** 지정이나 기업도시 건설 등은 지역 간 형평이란 정치적 고려도 중요하지만 입지의 타당성, 기업 투자 가능성 등 경제적 판단을 먼저 염두에 둬야 한다. 이런 경제적 요인이 무시되면 부실 개발이 뒤따르고, 그럴 경우 그 피해는 고스란히 국민에게 돌아갈 수밖에 없다. (⋯) 정치적 판단에 따라 지역특구, 혁신도시, 기업도시, 경제자유구역 등 각종 국책사업이 지역별로 안배됐다. 그러다 보니 너무 많은 지역이 지정을 받아 여기저기서 동시에 사업을 진행하면서 중복 개발과 예산 낭비, 도시 공동화 등 각종 부작용이 우려되는 실정이다.[5]

---

4 문화일보(2010. 2. 3). "지역특구 부실화 왜? ⋯ 당국, 경제성 검증도 없이 남".
5 세계일보(2009. 11. 16.). "전국이 특구, 혁신·기업도시 경제성보다 나눠먹기식 선정 ⋯ '황금알서 오리알 신세' 되나".

교육특구 역시 이런 비판에서 자유롭지 않았다. 교육특구가 120개를 넘었고 특구 명칭은 제각각이었지만, 대다수 초·중등학교의 영어교육을 강화하기 위하여 지방자치단체가 자체 재원으로 외국인 교·강사를 임용하여 학교에 파견하는 사업을 전개했다. 그러나 교육특구 내에서 의미 있는 정책 실험이 이루어진 사례는 찾아보기 어려웠다(박남기, 황윤한, 박선형, 2006; 김용, 2010).

이런 비판이 잇따르자, 국회예산정책처가 지역특구 사업을 평가하였는데, 특구 내에서 적용되는 규제 특례 효과가 크지 않고, 규제 활용도가 낮다는 사실을 확인했다. 특히 교육, 의료, 복지 특구에서는 특례 활용이 대단히 소극적이었다는 사실을 지적했다(국회예산정책처, 2010).

이렇게 보면, 그동안 이루어진 특구 정책이 사회적 실험을 촉발했다고 말하기 어렵다. 교육특구나 교육국제화특구의 경우도 대개는 영어 수업 확대의 수단으로 활용되었을 뿐, 학교 교육을 의미 있게 변화시키는 계기가 된 것은 아니다.

2) 교육발전특구

지역 균형 발전은 윤석열 정부의 중요한 국정과제이다. 사실 지역 균형 발전은 노무현 정부 이후 역대 정부가 지속적으로 추구했던 목표이다. 현 정부는 지역을 고르게 발전시키기 위하여 두 가지 핵심 정책을 추진하고 있다. 하나는 기회발전특구이고, 또 하나가 교육발전특구이다.

기회발전특구는 '지역이 원하는 업종을 육성하면서, 지역이 원하는 교육 시스템을 도입하고 규제를 풀어 주는' 지역이다(오문성, 이상호, 2022). 기회발전특구가 기존 지역특구와 다른 점은 규제완화 외에 조세 혜택을 부여하는 것이다. 예컨대, 기회발전특구 내에서 어떤 기업체를 만들고 사업하는 과정에서 법인세 등을 다양한 방식으로 인하하는 것이다. 조세 혜택을 활용하여 기업을 유치하고, 기업 활동을 통하여 지역을 발전시키고자 하는 것이 특구 정책의 취지이다.

　교육발전특구 역시 지역 균형 발전을 위한 정책인데, 위의 정의에서 확인할 수 있는 것처럼, 기회발전특구는 지역의 '교육문제'를 상당히 강조하고 있다. 노무현 정부에서 혁신도시를 만드는 등 여러 가지 정책을 추진했지만, 혁신도시의 정주율이 개선되지 않는 가장 중요한 요소로 '교육'을 지목하고 있다. 윤석열 정부는 기회발전특구의 하위 요소로 교육발전특구를 추진하고 있다. 다음 진술은 두 개의 특구 간의 관계를 잘 보여 준다.

> 소비력이 있는 개인과 법인을 수도권이 아닌 지역으로 유인하려면 인센티브를 제공해야 한다. 첫 번째로 고려해야 할 요소는 세제 요인이다. (…) 세금 이외에 결정적인 요소는 또 있다. 교육 시스템이 바로 그것이다. 개인이 이동할 때 개인의 자녀들이 그 지역에서 양질의 교육을 받을 수 있느냐가 중요한 판단 요소로 작용한다. 부모가 직장 문제로 지역을 옮길 때 새로운 장소에서도 자녀가 양질의 교육을 받을 수 있다면 부모들은 선뜻 자녀들과 함께 이동할 수 있다.
>
> 출처: 오문성, 이상호, 2022: 35–36쪽)

　윤석열 정부 초기에는 학생의 선택권과 학교의 다양성을 강조하는 '교육자유특구'라는 명칭의 사업을 전개하고자 했지만, 이 구상의 실효성에 대한 의문과 엘리트 학교 남설을 부추겨서 교육 생태계를 교란할 것이라는 문제 제기가 이어지자(김용, 2023), 교육발전특구로 명칭을 바꾸고 공교육 혁신과 지역 인재 선순환 체제 구축을 강조하는 방향으로 수정하였다.

　교육발전특구는 수도권이 아닌 지역에서 기초 또는 광역지방자치단체와 교육청이 공공기관, 기업, 대학 등과 함께 지역 협력체를 구성하여 교육발전특구 협약안과 시범지역 운영 기획서를 작성하여 신청하며, 시범지역으로 선정되면 3년간 일정한 재정 지원을 받고 규제특례가 필요한 경우 특례를 요청할 수 있다(교육부, 2023).

교육부는 교육발전특구의 방향을 1) 지역인재 생태계 조성, 2) 공교육 경쟁력 제고, 3) 지자체의 지원 확대, 4) 규제 합리화 등 네 가지로 설정하고 있다. 아울러 현 정부 교육개혁과제와 연계하여 지역 교육의 경쟁력을 제고하는 방향을 유도하고 있는데, 늘봄학교, 유보통합, 교육의 디지털 전환, 학교시설 복합화 등을 강조하고 있다(교육부, 2023).

2024년 2월 28일 교육부는 교육발전특구 시범지역 1차 지정 결과를 발표하였다. 강원도 춘천시와 충청남도 서산군 등 20곳의 기초지방자치단체, 부산광역시와 제주특별자치도 등 6곳의 광역지방자치단체, 그리고 경상북도가 지정한 안동시와 예천군, 전라북도가 지정한 익산시, 남원시, 완주군, 무주군, 부안군 등 5곳의 광역지방자치단체가 지정한 기초지방자치단체가 시범지역으로 지정되었다.[6]

1차 시범지역으로 선정된 지역에서는 대체로 ① 아이 키우기 좋은 환경 조성, ② 공교육 혁신을 위한 교육력 제고, ③ 지역 초·중·고–대학 간 연계 강화, ④ 교육을 통한 지역 인재 양성 및 산업 경쟁력 강화를 위한 다양한 사업을 구상하여 제안했다.[7] 그 내용을 구체적으로 살펴보면 다음과 같다.

---

6 교육부(2024.2.28.). 윤석열 정부의 지역주도 교육개혁 본격 시장 교육발전특구 시범지역 1차 지정 결과 발표.
7 상동

1. 아이 키우기 좋은 환경 조성
   • 늘봄학교 확대, 유보통합 바우처 등
2. 공교육 혁신을 통한 교육력 제고
   • 자율형 공립고 지정 · 운영, IB 프로그램 도입 운영, 디지털 교육혁신, 에듀테크 생태계 조성, 통합학교 모델 운영, 학교 간 공동 · 연계 교육
3. 지역 초 · 중 · 고-대학 간 연계 강화
   • 대학과 연계한 맞춤형 교육과정 운영, 의학계열 등 인기학과 지역 인재 전형 확대
4. 교육을 통한 지역 인재 양성 및 산업 경쟁력 강화
   • 지역 산업 인재 양성을 위한 협약형 특성화고 운영, 특성화고-대학-지역기업 연계 교육과정, 학과 신설, 우수 유학생 유치와 산업인력 양성

교육발전특구 시범지역으로 선정된 지역에는 지방자치단체와 교육청이 부담하는 사업비만큼을 특별 교부금으로 지원할 예정이다.

4. 교육발전특구와 공정성

앞에서 왈처와 센의 정의론을 소개하였는데, 요점을 정리하면 다음과 같다. 왈처는 다양한 삶의 영역이 존재하며, 어느 한 영역을 지배하는 원리가 다른 영역을 침범하여 그 영역의 자율을 제약하지 않아야 한다는 사실, 그리고 공동체야말로 가장 중요하며 존중해야 하는 사회적 가치라는 사실을 힘주어 주장했다. 센은 기본재의 배분을 전환할 수 있는 역량에 차이가 있음을 환기하며, 정의 논의에서 역량 개발을 강조했다. 이와 같은 정의 주장을 염두에 두고 교육발전특구의 공정성 문제를 검토해 보

고자 한다.

1) 특구 사업 구조와 공정성

교육발전특구는 지방자치단체와 교육청이 협력하여 스스로 해당 지역과 지역교육을 발전시킬 수 있는 방안을 수립하도록 요구한다. 이런 사업 구조는 과정과 결과라는 두 가지 측면에서 역량을 배양할 수 있는 가능성을 열어 준다.

첫째, 이미 구체적으로 설계된 사업에 참여하는 방안과 비교하여 지역 스스로 발전 계획을 수립하도록 한 점은, 그 과정에서 지역교육 역량을 배양할 수 있는 가능성을 열어 준 점에서 긍정적으로 평가할 수 있다. 지방자치단체와 교육청, 기업과 대학이 머리를 맞대고 지역 실정을 진단하고 발전 방향을 모색하는 과정 자체가 지역교육 역량을 제고하는 과정일 수 있다. 왈처는 한 집단의 구성원들은 참여하는 과정에서 자신을 형성하고, 공동체의 일원이 될 수 있다는 사실을 말했고, 센은 자유롭게 선택하는 과정에서 역량이 길러진다는 사실에 주목했다.

둘째, 과정이 결과의 타당성 제고로 연결될 수 있다. 지역사회의 주체들은 해당 지역의 실정과 교육 요구를 잘 알고 있고, 바로 이 점에서 지역 밖에서 발전 과제를 부과받는 방식에 비하여 더 타당한 계획을 수립할 수 있다. 센은 기본재를 역량으로 전환하는 능력에 주목했는데, 어떤 지역이 특구로 지정되어 특별한 재정 지원을 받게 될 때, 그 재정을 효과적으로 활용하여 지역 주민들의 역량을 신장할 수 있다.

한편, 현재의 사업 구조가 공정성을 해칠 가능성도 존재한다.

첫째, 교육발전특구는 '지역 스스로' 발전 계획을 수립하고 추진하도록 요구한다. 일견 타당한 주장이지만, 이 사업 구조에는 국가의 역할이 생략되어 있으며 국가의 위치가 변한다는 사실은 주목할 필요가 있다. 그린(Green, 1888. Olson, Codd & O'Neill, 김용 역. 2015에서 재인용)은 한 사람의 자유를 방해하는 요인이 반드시 외부의 개입만은 아니며, 오히려 내적인 장애로 인하여 자유롭지 못한 경우가 많다는 사실을 일깨워 주었다. 그는 국가의 주된 역할은 모든 사람이 자신의 힘이나 역량을 실현할 조건을 만들어 주는 것이며, 이 점에서 국가는 자유의 선결 요건이며, 국가에 의존할 때 자유를 구가할 수 있다고 주장한다. 센이 주목하는 역량 역시 온전히 개인에 달린 문제가 아니다. 오히려 왈처가 주목하는 공동체의 지지와 지원에 의존한다. 즉, 지역의 발전 또는 지역의 자유는 국가라는 더 큰 공동체에 의존하는 면이 있다. 그런데, 현재의 사업구조에서 국가는 지원자의 역할을 수행하면서도 심판자의 위치에 서게 된다. 이런 사업구조는 경우에 따라 지역 발전, 때로는 발전 실패의 모든 책임을 지역에 지우게 될 수 있다.

실제로 이미 지역의 여건은 매우 다르다. 기업과 대학이 많고, 다양한 사업을 구상할 수 있는 지역이 있는가 하면 초·중등학교 외에 이렇다 할 교육 자원이나 산업을 가지지 못한 지역도 있다. 이 둘 간의 경쟁이나 두 지역의 발전에 국가가 어떤 역할을 해야 하는지는 말하지 않는다.

이 문제는 사업비 지원과도 관련된다. 현재의 사업 구조는 지역에서 발전특구 사업에 투자하는 금액만큼을 지원하는 방식으로 설계되어 있다. 예컨대, 각종 사업에 30억 원을 투자하는 지역에는 30억 원을, 100억 원을 투자하는 지역에는 100억 원을 지원하는 방식이다.[8] 지역에 따라 재정 자립도에 차이가 있고, 재정이 열악한 지역은 사업 투자 여력이 충

---

8 애초 방침은 지자체 투자액만큼 지원하는 것이었으나, 방침을 변경하여 모든 특구에 30억 원을 일괄적으로 배분할 수도 있다는 이야기도 들려온다.

분하지 않다. 결과적으로 지역 간 차이가 확대될 가능성이 있다.

2) 특구 사업 내용과 공정성

교육부는 교육발전특구의 방향을 지역인재 생태계 조성과 공교육 경쟁력 제고, 지자체의 지원 확대와 규제 합리화 등 네 가지로 설정하고, 늘봄학교와 유보통합, 교육의 디지털 전환과 학교시설 복합화 등 교육개혁 과제와 연결하도록 유도하고 있다. 이런 방향은 과거, 특히 이명박 정부에서의 교육특구 경험을 비판적으로 성찰하고 개선하고자 노력한 결과로 보인다.

과거 「지역특구발전법」에 근거한 교육특구는 국회의원 선거 그리고 지방선거와 결합하여 '명문고 유치' 기제로 활용되는 사례가 많았다(김용, 2023). 그러나, 교육발전특구는 사업의 다각화를 유도하였고, 실제로 1차 시범지역으로 선정된 지역의 사업기획서를 살펴보면 굳이 명문고 유치에 매달리지 않고 다양한 사업을 구상한 사실을 알 수 있다.

그런데, 교육발전특구가 기회발전특구의 하위 사업으로 구상되었다는 사실은 공정성 문제를 초래할 가능성이 있다. 왈처는 다양한 삶의 영역이 존재함을 주장하며, 한 영역의 지배 원리가 다른 영역을 규제하는 것은 정의롭지 않은 것으로 평가한다. 이 점에서 본다면 교육발전특구는 지역 인재의 정주에 최우선 목표를 두면서 학교 교육을 통한 산업인력 양성을 강조하고 있다. 이렇다 보니 여러 지역에서 학생들의 취업 가능성 제고를 지향하는 사업 개발에 주력하고 있는데, 이는 아동 청소년의 고른 발달에 도움이 되지 않거나, 오히려 이를 저해할 가능성마저 있다. 아이들의 다양한 성장의 영역, 그리고 학교가 수행해야 하는 복합적 기능을 산업인력 양성 등으로 축소하는 일은, 센이 말하는 역량 개발이라는 관점에서도 바람직하지 않다.

한편, 과거 교육특구는 고등학교 서열화를 심화하는 기제로 작동했고 이를 통해서 사회 분리가 심화되었다. 교육특구 사업이 공동체를 해친 셈이다. 그런데, 왈처는 공동체야말로 가장 중요한 사회적 가치이며, 공동체를 발전시키는 일이 정의로운 일임을 주장한다. 이 점에서 보면, 몇몇 지역에서 자율형 공립고등학교나 국제학교 등을 매개로 고등학교를 위계화하려는 사업을 전개하고 있는 사실에 주목할 필요가 있다. 나아가 교육발전특구 사업을 기화로 평준화 체제 자체를 무력화하고자 시도하는 지역도 있다. 이런 사업은 공동체를 손상할 수 있다는 점에서 정의롭지 않을 수 있다.

3) 조직 공정성과 교육발전특구

교육발전특구는 경쟁 방식을 취하면서도 최종 선정 특구의 수를 미리 결정하고 있지 않다. 지방 교육재정교부금 중 특별 교부금을 재원으로 삼고 있고, 교부금 한도 내에서 특구의 수를 제한하겠지만, 그럼에도 불구하고 정부는 가능한 많은 지역을 교육발전특구로 선정하고자 하는 것으로 보인다. 1차 시범지역 선정 당시 탈락한 10여 개 지자체에 대하여 2년 차에 다시 신청할 수 있도록 지원한 일이 이런 방침을 잘 보여 준다. 따라서 엄밀한 비교에 따라 한정된 재화를 배분하는 상황과는 차이가 있고, 이 점에서 조직 공정성을 논의하기에는 어려움이 있다. 그럼에도 불구하고 분배 공정성과 절차 공정성, 그리고 상호작용 공정성 면에서 논의할 점을 생각해 본다.

우선 분배 공정성 면을 검토한다. 분배 공정성은 어떤 지방자치단체를 특구로 선정하는가라는 문제와 관련이 깊다. 어떤 지자체를 교육발전특구로 선정할 것인가에 대해서는 다음과 같은 관점이 성립할 수 있다. 첫째, 교육발전특구를 가장 잘 활용하여 가장 큰 성과를 낼 수 있는 지방자치단체를 선정하는 것이 바람직하다. 둘째, 상대적으로 열악한 지자체를 특구로 선정하여, 특구 사업을 계기로 다른 지자체와 비슷한 수준의 생활 환경을 갖추도록 할 수도 있다. 셋째, 교육발전특구로 지정받기 위하여 더 많이 노력한 지자체를 특구로 선정할 수도 있다. 노력에 대한 보상은 분배 공정성의 기본이다.

현재 진행되는 교육발전특구는 최종 선정 지자체 수를 미리 정하지 않고 가능한 많은 지자체를 선정하고자 한다. 이 과정에서 첫 번째와 세 번째 관점이 상대적으로 널리 채택되는 것처럼 보이고, 두 번째 관점은 빈약하다. 일단 지자체 상황이 아무리 열악하더라도 스스로 준비하고 신청해야 특구에 선정될 수 있기 때문에 지자체의 상황, 더 적확하게는 열악한 상황을 중시한다고 볼 수는 없다. 반면, 지자체가 사업기획서를 작성하기 위하여 노력한 정도와 사업기획서에 서술된 사업의 타당성과 기대효과가 중요한 심사 기준이 된다는 점에서 노력에 대응한 보상과 기대효과를 분배 공정성 면에서 중시한다고 할 수 있다.

절차 공정성은 결정이 이루어지는 과정 또는 절차에 관심을 기울인다. 그런데 교육발전특구가 법적 근거를 갖추지 못하고 있으며, 사업 진행 과정에서 교육부가 입장을 바꾸고 있다는 사실은 중요하다. 근래에는 선정된 특구에 대한 교부액을 줄인다고 하여 지자체가 반발하는 일도 있었다(강원도민일보, 2024. 3. 19.). 절차 공정성에서 중요한 요소 중 하나가 일관성이다. 그런데, 교육발전특구는 일관성 면에서 심각한 문제를 가지고 있다. 특히 법적 근거를 갖추지 못했기 때문에 언제든 사업이 종료될 수 있다는 사실은 교육발전특구가 매우 취약한 구조를 지닌 사업임을 보여 준다.

또, 교육발전특구는 '상향식 특례 제안'이라는 문제의식에서 지자체가 특례를 제안하면, 정부가 이를 수용하여 법적 근거를 갖춘다는 형식을 띠고 있다. 그런데, 지자체가 제안한 특례 가운데 입법으로 이어지지 못하는 경우도 나타날 수 있다. 이 경우에는 지자체가 특례가 수용될 것을 예견하고 사업을 기획하고 전개하지만, 입법으로 연결되지 않는 경우에는 결과적으로 위법한 행정행위를 하게 될 가능성이 있다. 이 점 역시 절차 공정성 면에서 문제가 있음을 보여준다.

상호작용 공정성은 특구 사업을 주관하는 주체와 특구를 신청하는 주체 간 관계 면을 검토하는 것이다. 이와 관련하여 교육발전특구 사업 관련 정보를 비교적 투명하게 공개하고 있고, 가능한 많은 지자체가 특구로 선정될 수 있도록 정부가 적극적으로 지원하는 것이 현실임을 생각해 보면, 상호작용 공정성 면에서 특별한 문제는 보이지 않는다.

5. 맺으며

교육발전특구는 진행 중인, 더 적확하게는 이제 곧 시작하는 사업이다. 교육발전특구는 여백이 있는 사업이다. 일정한 틀이 형성되어 있지만, 지역 스스로 채워야 하는 내용이 상당하다. 특구 사업의 틀 자체에는 공정성의 요소도 포함되어 있고, 그렇지 않은 요소도 있다. 지역이 개발하는 사업은 정의를 신장할 수도 있고, 그렇지 않을 수도 있다. 따라서 교육발전특구 사업 자체를 공정하다거나 그렇지 않다고 일도양단 식으로 평가하기는 어렵다. 이제 시작하는 사업이라는 관점에서 교육발전특구를 더 정의로운 사업으로 만들기 위한 세 가지 제안으로 글을 맺고자 한다.

첫째, 특구 사업에서 가장 존중하고 앙양해야 하는 가치가 '공동체' 그 자체라는 사실에 특별히 주의해야 한다. 현재 진행되는 양상을 살펴보면, 지역 간 그리고 지역 내에서도 상대적으로 좋은 자원을 선취하려는 경쟁이 과열되고 있다. 과거 정부에서 진행된 특구 또는 개발 정책이 사회의 분리 또는 지역의 분리를 초래한 사례가 적지 않았음에 유의할 필요가 있다. 공동체를 해체하는 것이 아니라, 공동체를 튼튼하게 형성해 주는 방향에서 특구 사업을 준비하고, 사업 내용을 개발할 필요가 있다. 왈처와 센의 방식으로 표현해 보자면, 정의가 현실을 살아가는 사람들의 역량을 개발하고, 이를 통하여 자유로운 삶을 살 수 있도록 하는 일 그리고 다양한 삶의 영역의 자율성을 존중하고 공동체를 발전시키는 일과 관련된다는 사실을 염두에 두고 사업을 구상하고 전개할 필요가 있다.

둘째, 지역 발전은 온전히 지역의 몫이라는 생각은 잘못된 것이다. 같은 맥락에서 국가의 지역 발전 정책을 특구 정책과 등치하는 것은 바람직하지 않다. 특구 정책 외에 불균형을 시정하고 균형 발전을 촉진할 국가의 역할이 존재한다. 국가 역할을 적극화하는 전제 위에서 특구 정책을 보완적으로 추진하는 편이 바람직하다. 그 반대는 옳지 않다.

마지막으로, 교육 발전 특구를 안정적으로 추진하기 위해서는 법적 근거를 갖추는 일이 시급하고 중요하다. 아울러, '상향식 특례 제안'은 특구 사업의 위험 요소이다. 시범 지역으로 선정된 지역에서 제안한 특례를 검토하여 입법에 반영해야 위법한 행정 행위 가능성을 예방할 수 있다. 이것은 절차 공정성 면에서 중요한 과제이다.

참고 문헌

교육부(2024.2.28.). 윤석열 정부의 지역주도 교육개혁 본격 시장 교육발전특구 시범지역 1차 지정결과 발표.

교육부(20323.12.6). 교육발전특구 시범지역 지정 추진계획.

국회예산정책처(2010). 지역특화발전특구사업 평가.

김대근(2011). Amartya Sen의 정의론의 방법과 구조. 법철학연구, 14(1). 179-212.

김용(2009). 한국과 일본의 교육특구 비교 분석-교육법상 '특례'의 활용과 쟁점을 중심으로-. 교육행정학연구, 27(3). 229-252.

김용(2010). 교육규제완화의 헌법적 통제. 박사학위논문. 충북대학교.

김용(2023). 교육자유특구: 지역 맞춤형 공교육을 선도할까? 교육생태계를 교란할까? 교육비평, 51호. 8-36.

박남기, 황윤한, 박선형(2006). 지역특화 발전을 위한 교육특구: 현황 분석과 발전을 위한 실천 제언 탐색. 교육재정·경제연구, 15(2). 247-273.

박효민, 김석호(2015). 공정성 이론의 다차원성. 사회와 이론, 21. 219-260.

양성관(2019). 대입제도 개편을 위한 공론화 과정의 '대입전형 공정성' 재검토. 교육행정학연구, 37(4). 23-57.

오문성, 이상호(2022). 윤석열 정부 지역균형발전 철학과 기회발전특구(ODZ). 월간 KIET 산업경제, 286. 34-45.

윤종석(2020). 중국 선전 경제특구 초기의 체제 전환과 북한에의 함의: '예외 공간'의 형성과 사회적 (재)구성을 중심으로. 탐라문화(제주대학교 탐라문화연구소), 63호. 269-304.

이진화, 김기택(2016). 교육국제화특구 자율시범학교 외국어교육 프로그램 실태 및 교사 인식 조사. 학습자중심교과교육연구, 16(12). 387-409.

이청훈, 나영찬(편역)(2008). 일본의 구조개혁 특별구역 제도. MJ미디어.

임의영(2009). 사회적 형평성의 정의론적 논거 모색: M. Walzer의 '다원주의적 정의론'을 중심으로. 한국행정학보, 43(2). 1-18.

진미윤 외(2004). 지역특화발전특구제도의 도입과 정착 방안. 도시정보, 272.

八代 尚宏(2002). 規制改革の現狀と課題-構造改革特区を中心に. ジュリスト, 1236. 2-5.

강원도민일보(2024.3.19.). 교육발전특구 '속 빈 강정' 전략 불만.

경상일보(2024. 3. 27.). "도시 명운 걸린 기회발전특구, 선점효과 놓쳐선 안 돼".

국제신문(2024. 3. 25.). "'어촌형 발전특구' 도입으로 어촌 소멸 위기 막는다".

문화일보(2010. 2. 3). "지역특구 부실화 왜? … 당국, 경제성 검증도 없이 남발.

세계일보(2009. 11. 16.). "전국이 특구, 혁신·기업도시 경제성보다 나눠먹기식 선정 … '황금알서 오리알 신세' 되나.

이코노믹리뷰(2024. 3. 28.). "농촌소멸 고위험 지역에 '농촌형 기회발전특구' 도입해 규제 풀 것".

Haidt, J. (2014). 바른마음: 나의 옳음과 그들의 옳음은 왜 다른가. 왕수민 역. 웅진지식하우스. (원본 출판 2012년)

Olsen, M., Codd, J., and O'Neill, A-M.(2002). 신자유주의 교육정책: 계보와 그 너머. 김용 역. 학이시습. (원본 출판 2004년)

Rawls, J.(2003). 정의론. 황경식 역. 이학사. (원본 출판 1971년)

Sen, A.(2019) 정의의 아이디어. 이규원 역. 지식의 날개. (원본 출판 2009년)

Walzer, M.(1999). 정의와 다원적 평등: 정의의 영역들. 정원섭 외 역. 철학과 현실사. (원본 출판 1983년)

제**16**장
학교·학급 규모와 교육 공정성

안병훈 교수(선문대학교)

1. 서론

1) 학교 규모와 공정성 논의 배경 및 목적

21세기 들어 교육 공정성에 대한 관심이 갈수록 커지고 있다. 교육은 사회적 평등을 이루는 중요한 도구로 간주되며, 이를 통해 모든 학생들이 자신의 잠재력을 최대한 발휘할 수 있도록 하는 것이 목표이다. 그러나 한국 사회에서 교육 공정성은 여전히 많은 도전과 과제를 안고 있다. 특히 학령인구 감소에 따른 소규모 학교의 증가, 택지 개발에 따른 지역 쏠림과 양극화가 발생하면서 학교 규모와 학급 규모, 지역 간 교육 격차는 교육 공정성 문제에 영향을 주고 있다.

지난 2023년 EBS에서 교육 격차 실태를 다룬 〈다큐멘터리 K〉에 따르면, 한국의 교육 격차는 코로나19 이후 더욱 심화되었고, 교육 자원의 불균형이 공정성을 저해한다는 점을 강조하며, 이는 규모와 지역에 따른 공정성 주제와 밀접하게 연결된다. 이 다큐멘터리는 교육 격차가 언제부터 시작되고, 어떻게 고착되는지를 학생, 교사, 학부모 등의 증언과 빅데이터 분석을 통해 심층적으로 다루고 있다. 특히 이 다큐멘터리는 교육 격차가 개인의 노력만으로 극복할 수 없는 현실을 조명하며, 이러한 격차가 공정한 교육 기회를 제공하는 데 큰 장벽이 되고 있음을 보여 준다.

학교 규모와 학급 규모가 교육적 결과에 미치는 영향은 다수의 연구에서 다루어져 왔다(김영철, 한유경, 2004; 민부자, 홍후조, 2011; 우명숙, 2017; 이승민, 2022; 이재림, 양형모 2015; 장수명, 2004). 한국교육개발원 연구(이재림, 양형모, 2015)에 따르면, 적정한 학급 규모는 학생들의 학업 성취도와 만족도에 긍정적인 영향을 미치며, 과밀 학급은 교육의 질을 저하시킨다. 또한, 소규모 학교는 학생 개개인에 대한 맞춤형 교육이 가능하다는 장점이 있으나, 교사와 학생의 수가 부족하여 다양한 교육 프로그램을 운영하는 데 한계가 있다는 문제도 제기된다.

적정 규모의 학교와 학급이 학생들의 학습에 미치는 영향은 다양한 연구를 통해 확인되었다. 예를 들어, 박인우와 장재홍(2021)의 연구에 따르면, 학급 규모가 클수록 학생 개별화 교육이 어려워지고, 이는 학생들의 학업 성취도와 만족도에 부정적인 영향을 미친다. 이는 학교와 학급 규모에 따른 교육 격차가 발생하고, 결과적으로 교육의 공정성을 저해한다는 점을 시사한다.

이 장에서는 학교 및 학급 규모, 지역 간 교육 격차 문제가 교육 공정성과 어떤 관련이 있는지 검토하고자 한다. 이를 통해 교육 공정성을 높이기 위한 정책적 대안을 제시하는 것을 목표로 한다. 구체적으로, 적정 규모의 학교와 학급을 제안하고 교육 자원 배분의 불균형을 해소할 수 있는 방안을 모색하고자 한다.

2) 논의의 중요성 및 필요성

교육 공정성은 단순히 자원의 평등한 배분을 넘어 학생들이 공정한 교육 기회를 누리고, 공정한 평가와 대우를 받는 것을 의미한다. 이는 학생들의 학업 성취도와 장기적인 사회적 이동성에 중요한 영향을 미치며, 궁극적으로 사회 전체의 평등과 통합을 촉진하는 역할을 한다. 따라서 교육 공정성을 확보하는 것은 교육정책의 주된 과제가 되어야 한다.

오찬호(2013)는 현대 한국 사회에서 차별이 어떻게 정당화되고 있는지를 비판적으로 고찰하면서, 특히 대학생들이 차별을 찬성하게 된 이유를 능력주의의 영향에서 찾는다. 그는 능력주의가 개인의 성취를 지나치게 강조하면서 교육의 불평등을 정당화하는 도구로 사용되고 있다고 지적한다. 이는 학교 규모나 학급 규모, 그리고 지역 간 격차 문제에도 적용해 볼 수 있다. 예를 들어 능력주의는 대규모 학교와 학급에서 발생하는 경쟁을 당연시하며, 자원이 부족한 지역 학교의 문제를 개인의 노력 부족으로 돌리는 경향이 있다. 대규모 학교와 학급은 학생 개별화 교육을 어렵게 만들고, 이는 공정한 교육 기회를 저해한다. 반면, 소규모 학교는 자원이 부족하여 다양한 교육 프로그램을 운영하는 데 어려움을 겪는다. 또한, 지역 간 교육 자원의 불균형은 특정 지역 학생들이 공정한 교육 기회를 누리지 못하게 하며, 이는 교육의 불평등을 심화시키는 요인이 된다.

2. 이론적 배경

1) 교육 공정성의 정의와 개념

교육 공정성은 모든 학생이 공평하게 교육 기회를 제공받고, 개인의

배경이나 외부 요인에 의해 교육 기회가 제한되지 않도록 하는 것을 목
표로 한다. 이는 단순히 자원의 균등한 배분을 의미하는 것이 아니라, 학
생들이 필요로 하는 지원과 기회를 공평하게 제공받는 것을 포함한다.
즉, 교육 공정성은 교육의 질적 향상과 학생 개개인의 잠재력을 최대한
발휘할 수 있도록 하는 교육 환경을 조성하는 데 중점을 둔다.

2) 교육 공정성의 세 가지 주요 측면

마이클 센델(2020)에 따르면, 공정성은 사회적 정의와 도덕적 가치의
핵심이다. 교육 공정성의 세 가지 주요 측면은 그의 철학과 밀접하게 연
계된다.

(1) 분배 공정성(Distributive Justice)

분배 공정성은 교육 자원과 기회의 공정한 분배를 의미한다. 센델은
분배적 정의가 단순히 자원의 평등한 분배를 넘어, 각 개인이 필요로 하
는 바를 고려해야 한다고 주장한다. 예를 들어, 학교 간 예산, 교사 수,
교육 시설 등의 자원을 균등하게 배분하여 교육 기회가 불평등하지 않도
록 해야 한다는 점에서 분배 공정성이 중요하다.

(2) 절차 공정성(Procedural Justice)

절차 공정성은 교육과정과 의사결정이 공정하게 이루어져야 함을 의
미한다. 센델은 절차적 정의를 강조하며, 공정한 절차를 통해 공정한 결
과를 도출해야 한다고 주장한다. 이는 입시제도, 성적평가, 진로 지도 등
의 과정에서 공정성을 확보하는 것을 포함한다.

(3) 상호작용 공정성(Interactional Justice)

상호작용 공정성은 교육 현장에서의 상호작용에서 공정성을 의미한다. 센델은 주로 분배적 정의와 절차적 정의에 초점을 맞추어 논의해 왔지만, 그의 정의론과 도덕철학에서 상호작용의 측면이 완전히 배제된 것은 아니다. 센델의 공동체주의 관점에서는 개인 간의 관계와 사회적 맥락을 중시하기 때문에, 간접적으로 상호작용 공정성과 관련된 논의를 포함하고 있다고 볼 수 있다. 이는 교사와 학생, 학생과 학생 간의 상호작용에서 공정하고 존중받는 관계를 형성하는 측면에서 중요하다.

3) 한국 사회에서의 교육 공정성 이슈

한국 사회에서 교육 공정성은 다양한 도전과 과제에 직면해 있다. 교육 격차는 최근 학급 규모, 학교 규모, 지역 간 차이로 인해 발생하며, 이는 교육의 질과 학생들의 학업 성취도에 영향을 미칠 수 있다. 예를 들어, 과밀 학급은 교사 1인당 학생 수가 많아져 개별 학생에게 충분한 관심을 기울이기 어려워 맞춤형 교육의 질을 담보할 수 없다. 반면, 소규모 학급은 학생 개개인에 대한 맞춤형 교육이 가능하지만, 교사와 강사 및 지역 인프라가 부족해 다양한 교육 프로그램을 운영하는 데 한계가 있다 (권순형 외, 2021).

학교 규모 역시 교육 공정성에 큰 영향을 미친다. 대규모 학교는 다양한 프로그램과 자원을 제공할 수 있고 소규모 학교는 학생 개개인에 대한 세심한 관리를 할 수 있다. 그러나 소규모 학교는 규모의 경제가 나타나기 어려워 시설 이용, 교사 투입 등에 제한이 있어 극단적으로는 복식학급이 운영되거나 상치교사가 활동하게 되기도 한다. 이러한 차이는 학생들의 학업 성취도와 교육 만족도에 영향을 미치며, 궁극적으로는 교육 기회의 불평등을 초래할 수 있다.

또한, 지역 간 교육 격차도 중요한 문제이다. 도시와 농어촌 도서산간 지역 간의 교육 인프라 차이는 교육의 질에 큰 영향을 미친다. 도시 지역의 학교는 학교 주변에 상대적으로 더 나은 시설과 자원을 갖추고 있는 반면, 농어촌 도서산간 지역의 학교는 인적자원과 인프라적 한계로 인해 교육 기회가 제한될 수 있다. 이는 학생들의 학업 성취도뿐만 아니라, 장기적인 사회적 이동성에도 영향을 미친다.

이와 같은 문제들은 교육 공정성을 확보하기 위한 정책적 노력이 필요함을 시사한다. 예를 들어, 과밀 학급 문제를 해결하기 위해 학급 규모를 적정 수준으로 유지하는 정책, 소규모 학교에 대한 재정적 지원 강화, 농어촌 도서산간 지역 학교의 교육 인프라 개선 등이 필요하다. 이러한 정책적 접근은 모든 학생이 공정한 교육 기회를 누릴 수 있도록 하며, 교육의 질을 향상시키는 데 기여할 수 있다.

4) 학교 규모와 학급 규모의 의미

학급 규모는 교육의 질과 공정성에 직접적인 영향을 미치는 중요한 요소다. 학교 규모는 일반적으로 학교에 재학 중인 학생 수를 기준으로 대규모, 중규모, 소규모로 구분된다. 학급 규모는 한 교실에서 교육을 받는 학생 수를 말하며, 학급당 학생 수가 적을수록 교사는 학생 개개인에게 더 많은 관심을 기울일 수 있다.

학교 규모와 학급 규모는 학생들의 학업 성취도, 교육 만족도, 사회적 상호작용 등 다양한 측면에서 중요한 영향을 미친다. 예를 들어, 소규모 학교와 학급은 학생들이 보다 개인화된 교육을 받을 수 있도록 돕고, 교사와 학생 간의 관계가 보다 긴밀하게 형성될 수 있는 환경을 제공한다

(성추심 외, 2023).

(1) 학교 규모와 교육 공정성

학교 규모는 교육 공정성에 중요한 역할을 한다. 대규모 학교는 다양한 프로그램과 풍부한 자원을 제공할 수 있는 장점이 있으나, 학생 개개인에게 맞춤형 지도를 제공하기 어려울 수 있다. 반면, 소규모 학교는 개별 학생에 대한 세심한 관리와 지도를 제공할 수 있으나, 교원과 강사 투입의 제한으로 인해 교육 프로그램의 다양성이 부족할 수 있다.

① 학업 성취도: 소규모 학교는 학생들의 학업 성취도에 긍정적인 영향을 미친다. 학생 개개인에 대한 맞춤형 지도가 가능하기 때문이다.

② 교사와 학생 간의 관계: 소규모 학교는 교사와 학생 간의 긴밀한 관계 형성을 돕는다. 이는 학생들이 학교생활에 더 잘 적응하고, 학습 동기를 높이는 데 도움이 된다.

③ 교육 자원의 배분: 대규모 학교는 다양한 교육 프로그램과 풍부한 자원을 제공할 수 있으나, 이는 모든 학생에게 균등하게 배분되기 어려운 경우가 많다. 소규모 학교는 제한된 자원을 효율적으로 활용하여 학생 개개인에게 더 나은 교육 기회를 제공할 수 있다.

5) 학급 규모와 교육 공정성

학급 규모 역시 교육 공정성에 중요한 영향을 미친다. 적정한 학급 규모는 학생들의 학업 성취도와 만족도에 긍정적인 영향을 미치며, 과밀 학급은 교육의 질을 저하시킬 수 있다. 학급 규모가 작을 경우 학생들은 팀별 활동과 경쟁 체육 활동 등을 경험하지 못하기도 하며 극단적인 경우 복식학급으로 편성되어 다른 학년과 교육과정 시수를 공유하게 한다.

① 학생 개별화 교육: 소규모 학급은 교사가 학생 개개인에게 더 많은 시간을 할애할 수 있어, 학생들의 학업 성취도와 만족도를 높일 수 있다.

② 교사의 교육 방식: 소규모 학급에서는 교사가 다양한 교육 방식을 시도하고, 학생들의 다양한 학습 스타일에 맞춘 지도를 제공할 수 있다.

③ 학습 환경과 학생 참여도: 소규모 학급은 학생들이 보다 적극적으로 수업에 참여하고, 학습 환경이 보다 긍정적으로 조성될 수 있는 장점을 가진다. 이는 학생들의 학업 성취도와 학교생활 만족도에 긍정적인 영향을 미친다.

6) 지역에 따른 교육 격차와 불평등

지역 간 교육 격차는 한국 사회에서 큰 문제로 대두되고 있다. 도시와 농어촌 도서산간 지역 간, 또한 도시 내 원도심과 신규 개발 도심 간의 교육 인프라와 자원의 차이는 학생들의 학업 성취도와 교육 기회에 큰 영향을 미친다. 도시 지역의 학교는 상대적으로 더 나은 시설과 자원을 갖추고 있는 반면, 격차 발생 지역의 학교는 인적, 인프라적 한계로 인해 교육 기회가 제한될 수 있다.

① 교육 시설: 도시 지역의 학교는 건물 노후화에 따른 교육 시설과 인적 접근성으로 다양한 교육 프로그램을 제공할 수 있는 반면, 농어촌 도서산간 지역의 학교는 열악한 교육 환경에서 학생들을 교육해

야 하는 경우가 많다.

② 교사 배치: 농어촌 도서산간 지역의 학교는 교사들이 소규모학교에 근무를 회피하여 우수한 교사를 유치하기 어려운 경우가 많아, 교육의 질이 낮아질 수 있다. 이는 학생들의 학업 성취도에 부정적인 영향을 미칠 수 있다.

③ 교육 프로그램: 도시 지역의 학교는 다양한 교육 프로그램을 운영할 수 있는 반면, 농어촌 도서산간 지역의 학교는 제한된 자원으로 인해 프로그램의 다양성이 부족할 수 있다.

지역과 학교, 학급 규모는 서로 연관되어 있으며 정주를 결정짓는 사회경제적 배경과도 깊은 연관이 있어 각 영역별 교집합이 있기 마련이다. 농어촌 도서산간 지역의 경우 재정 지원이 많아도 인적 지원의 부족으로 인한 학교 운영 문제가 발생하여 재정 투입만이 격차 해소의 만병통치가 아님을 고려할 필요가 있다.

3. 학교 규모와 교육 공정성

1) 학교 규모의 정의 및 분류

학교 규모는 학생 수, 교사 수, 학급 수 그리고 시설의 크기와 범위로 정의된다. 학교는 일반적으로 대규모, 중규모, 소규모로 분류되며, 이 분류는 교육 자원의 접근성 및 제공 방식에 영향을 준다. 교육부 및 교육청에서는 주로 학생 수를 기준으로 규모를 유형화하며, 교육부는 2016년 이후 학교 규모 기준 설정 권한을 각 교육감의 권한으로 위임하였다. 이로 인해 교육청마다 규모의 기준이 다르게 설정되어 있다.

2) 대규모 학교와 소규모 학교의 장단점

대규모 학교는 더 많은 학급과 광범위한 시설을 갖추고 있어 다양한 교육 프로그램과 활동을 제공할 수 있는 능력이 크다는 장점이 있다. 예를 들어, 특별활동, 첨단 실험실, 다양한 선택과목 등이 풍부하며, 대규모 교육 시설로 인해 더 많은 전문화된 교사와 자원을 활용할 수 있다. 하지만 이러한 규모는 학생 개개인에 대한 관심이 상대적으로 감소할 수 있으며, 교사와 학생 간의 개인적인 관계 형성이 어려울 수 있다는 단점도 있다.

반면, 소규모 학교는 교사와 학생 간 밀접한 상호작용이 가능하여 개별 학생에 대한 주의와 지원이 더욱 강화된다는 장점이 있다. 이는 학생들이 더 많은 개인적 관심과 맞춤형 교육을 받을 수 있게 해 주며, 교육과정과 평가에서 개별 학생의 필요와 성취도를 더 잘 반영할 수 있다. 하지만 소규모 학교는 자원과 교육 프로그램의 선택이 제한적일 수 있으며, 때로는 필요한 전문 교사나 시설이 부족하여 학생들의 다양한 교육기회가 제한될 수 있다는 단점도 있다.

3) 학교 규모와 분배 공정성

마이클 센델의 분배적 정의 관점에서, 학교 규모가 클 경우 교육 자원과 기회의 접근성이 향상될 수 있다. 대규모 학교는 다양한 교육 프로그램과 시설을 제공할 수 있는 능력이 더 크지만, 이러한 자원이 모든 학생에게 균등하게 분배되는지에 대한 미묘한 차이가 있을 수 있다. 각 학생의 필요와 상황을 고려하여 자원을 분배하는 것이 중요하며, 이는 크기가 다른 학교 간에도 동일하게 적용되어야 한다고 본다.

4) 학교 규모와 절차 공정성

절차 공정성은 교육과정과 관련 의사결정 과정에서의 공정성을 다룬
다. 대규모 학교는 표준화된 절차를 통해 일관성을 유지할 수 있는 장점
이 있으나, 때로는 이러한 절차가 모든 학생의 특수한 요구를 충족시키
지 못할 수 있다. 샌델의 접근 방식에 따르면, 공정한 결과를 보장하기
위해 모든 학생이 절차에 대해 충분히 정보를 얻고 이해할 수 있어야 한
다. 이는 특히 성적 평가 및 진학 과정에서 중요하다. 대규모 학교에서는
교육과정의 선택과 평가 방법, 진로 지도에서 학생들에게 일관되고 공정
한 기회를 제공하는 데 장애가 될 수 있는 복잡한 운영 구조가 존재할 수
있다. 반면, 소규모 학교는 더 적은 학생 수로 인해 개별 학생에게 맞춤
형 교육을 제공하고 교육과정과 평가 과정에서의 공정성을 보다 쉽게 관
리할 수 있는 이점이 있다.

5) 학교 규모와 상호작용 공정성

상호작용 공정성은 교육 현장에서의 인간관계, 즉 교사와 학생, 학생
들 간의 상호작용에 초점을 맞춘다. 소규모 학교는 개별 학생에게 더 많
은 주목을 할 수 있는 기회를 제공하며, 이는 학생들 간 및 교사와 학생
간의 상호작용에서 더 공정하고 존중받는 관계를 형성하는 데 도움이 된
다. 샌델의 공동체주의적 관점에서 보면, 학교가 클수록 이러한 개인적
관계 형성이 어려울 수 있으며, 이는 교육과정에서 개인이 경험하는 공
정성에 영향을 줄 수 있다.

4. 학급 규모와 교육 공정성

1) 학급 규모의 정의, 분류와 특징

학급 규모는 한 학급에 포함된 학생 수를 기준으로 한다. 학급은 일반적으로 대규모, 중규모, 소규모로 분류된다. 이 분류는 학생 개별화 교육, 교사의 교육 방식, 학습 환경과 학생 참여도에 큰 영향을 미친다.

대규모 학급은 자원 활용과 비용 효율성에서 이점을 가지고 있지만, 학생 개별화 교육과 교사의 개별적 관심 제공에 한계가 있다. 반면 소규모 학급은 각 학생에게 더 많은 주목과 지원을 제공할 수 있어 교육의 질을 향상시킬 수 있지만, 운영 비용이 높고 제한된 자원으로 인해 프로그램의 다양성이 부족할 수 있다.

2) 학급 규모와 분배 공정성

학급 규모가 작을수록 학생 한 명 한 명에게 더 많은 교육 자원과 주의를 기울일 수 있다. 이는 센델이 강조하는 각 개인의 필요를 고려한 자원 분배와 일치한다. 소규모 학급에서는 개별 학생의 학습 스타일과 필요에 맞춰 더 특화된 교육을 제공할 수 있으며, 이는 교육 기회의 불평등을 줄이는 데 기여할 수 있다.

3) 학급 규모와 절차 공정성

절차 공정성은 교육과정의 설계와 실행에서의 공정성을 의미한다. 소규모 학급은 교사가 학생들의 반응을 더 잘 관찰하고 적절히 대응할 수 있어, 교육과정과 평가에서 개별화된 접근을 가능하게 한다. 이는 센델이 주장하는 공정한 절차를 통해 공정한 결과를 도출하는 데 기여하며,

학생 개개인에게 맞춤형 교육을 보장한다.

4) 학급 규모와 상호작용 공정성

학급 규모가 작을수록 교사와 학생 간, 그리고 학생들 사이의 상호작용이 더 밀접하게 이루어진다. 이는 센델이 강조하는 공동체주의 관점에서 중요한 요소로, 교육 현장에서 모든 구성원이 존중받고 공정하게 대우받는 환경을 조성하는 데 기여한다. 소규모 학급에서는 개인적인 상호작용이 증가하고, 이는 학습 환경의 질을 향상시키며 학생 참여도를 높이는 데 도움이 된다.

학교 규모는 교육 자원의 양과 다양성에 중점을 둔다. 이는 학교 전체의 구조와 운영에 영향을 미치며, 학교가 제공할 수 있는 프로그램의 범위와 교육의 질에 직접적인 영향을 준다. 학급 규모는 교육의 질과 직접적인 학생 참여에 더 큰 영향을 미친다. 학급 내 개별 학생의 경험과 교사와의 상호작용에 초점을 맞추며, 학생 개별화 교육의 질을 결정하는 중요한 요소다. 학교 규모를 학생 수에 따른 학급 수로 설정할 때, 학급 수는 교사의 수와 직접 연결되어 학교 교육과정 운영에 영향을 미친다. 단위학교당 학교 교육과정 운영을 위한 과업의 개수가 어느 정도 고정적인 것을 감안하면 교사의 수가 적은 학교는 교사당 교육과정 운영과 행정 업무량이 교사의 수가 많은 학교보다 많게 된다(권순형 외, 2021). 이는 앞서 소규모 학교의 장점으로 제시된 학생 한 명 한 명에 대한 맞춤형 지원과 보다 높은 상호작용에 부적 영향을 줄 가능성이 높다.

5. 지역별 교육 공정성

1) 지역에 따른 학교 인프라의 차이

한국 사회에서는 도시와 농어촌 도서산간 지역 간의 학교 인프라 차이가 교육의 질에 큰 영향을 미친다. 도시 지역의 학교들은 종종 최신 시설과 기술을 갖추고 있어 학생들에게 다양한 학습 기회를 제공한다. 반면, 농어촌 도서산간 지역의 학교들은 자원이 부족하고 주변 인프라가 오래되어 이러한 혜택을 누리기 어려울 수 있다. 도시와 농어촌 도서산간 지역 사이의 교육 격차는 학업 성취도와 교육 기회에도 영향을 미친다. 도시 지역의 학생들은 더 많은 학습 자원과 진로 개발 기회를 갖는 반면, 농어촌 도서산간 지역의 학생들은 이러한 기회가 제한적이다.

도시와 농어촌 도서산간 지역의 교육 격차는 다양한 면에서 나타나며, 흔히 도시 지역의 교육 자원과 기회가 더 우수할 것으로 간주되지만, 농촌 지역에서도 독특한 이점이 존재한다. 특히, 농촌 지역에서는 학생당 경비 보조금이 상대적으로 높게 지원되어 신규 시설 이용과 다양한 교육 프로그램에 대한 접근 기회가 도시 지역의 과밀학급에 비해 상대적으로 더 많을 수 있다. 이는 농촌 지역 학생들이 품질 높은 교육 환경을 경험할 수 있는 가능성을 시사한다.

2) 교육 시설, 교사 배치, 교육 프로그램

교육 시설, 교사 배치 그리고 교육 프로그램은 지역별 교육 격차를 해소하기 위한 주요 요소이다. 특히 교사 배치는 교육의 질을 결정하는 중요한 요인으로, 농촌 지역에서는 교사 수가 부족할 수 있지만, 보조금 지원으로 신규 시설과 프로그램이 도입되면서 교육의 질을 개선할 기회가 마련된다. 반면, 도시 지역에서는 다양한 교육 프로그램이 제공되지만 과밀화로 인해 학생 개개인에 대한 주의가 분산될 수 있다.

3) 지역별 공정성의 세 가지 측면

분배 공정성 관점에서 보면, 교육 자원의 공평한 분배는 모든 지역의 학생들에게 동일한 학습 기회를 제공해야 한다는 것을 의미한다. 지역 간 교육 자원의 고른 분배는 학생들의 성취도 차이를 줄이는 데 중요하다.

절차 공정성은 교육과정의 설계와 실행 과정에서 모든 학생에게 공평하게 접근할 수 있도록 하는 것을 의미한다. 지역별로 다양한 교육과정에 접근할 수 있는 기회의 불균형은 절차 공정성의 원칙에 위배된다.

지역별 상호작용 공정성은 학교 내외의 인간관계에서의 공정성을 강조한다. 도시와 농촌 지역 간에 교사와 학생, 학생들 사이의 상호작용의 질에서 차이가 나타날 수 있다. 예를 들어, 교사 배치의 어려움으로 인해 농촌 지역의 학교에서는 교사와 학생 간의 밀접한 관계 형성이 도전이 될 수 있으며, 이는 학생들의 학습 참여도와 교육 경험에 부정적인 영향을 미칠 수 있다. 이와 반대로 도시 지역에서는 더 많은 교육 자원과 함께 교사의 지원을 받아 학생들 간의 건강한 상호작용이 장려될 수 있다.

4) 학교 규모의 '국지적 양극화(Local Polarization)'

대도시에서는 학교 규모의 양극화가 심각한 문제로 대두되고 있다. 이른바 학교 규모의 '국지적 양극화(Local Polarization)'는 학부모(학생)의 선택(인구 이동)에 따라 인접지에 위치하고 있는 학교 간 규모의 편차가 증폭(학교 규모 양극화)되어 나타나는 현상으로 초등학교에서 확연하게 나타나고 있다. 이는 전국적인 현상으로 서울, 경기 고양, 파주, 김포, 부천, 충남 천안, 아산, 부산, 경남 김해, 전남 순천, 광양, 나주 등 지역을 가리지 않고 나타나고 있다. 하나의 지자체 내에서 뿐 아니라 통학구역 내에서 과대·과밀 학교와 소규모 학교가 공존하면서, 교육 자원의 불균형과 교육 기회의 격차가 발생하고 있다. 이러한 양극화 문제는 학습결손의 중요한 원인 중 하나로 작용하고 있다. 과대·과밀 학교에서는 학생 수가 많아 교사들이 개별 지도를 하기 어렵고, 학습결손이 발생할 가능성이 높다. 반면, 소규모 학교에서는 학생 수가 적어 교육 프로그램의 다양성이 부족하고, 학생들 간의 상호작용 기회가 제한된다. 따라서, 학교 규모의 양극화를 해소하고, 모든 학생들에게 균등한 교육 기회를 제공하는 것이 중요하다.

6. 제언 및 정책 제안[1]

학교 규모와 학급 규모에 관한 정책은 분배, 절차, 상호작용 공정성의 세 가지 주요 측면에서 고려되어야 한다. 분배 공정성의 관점에서는 학교와 학급의 크기에 따라 교육 자원과 기회가 균등하게 배분될 수 있도록 조정하는 것이 중요하다. 예를 들어, 크기가 다른 학교 간 또는 학급 간에 교육 자원이 공평하게 분배되어 모든 학생이 동등한 교육 기회를 누릴 수 있도록 해야 한다.

절차 공정성은 교육과정의 설계와 실행에서 공정하게 이루어지는 것을 의미한다. 모든 학생이 교육과정에 적극적으로 참여하고, 평가 과정

---

1 규모 탐색 모형과 결과, 단계별 정책대응 방안은 안병훈 외(2023). 학습결손 방지를 위한 「서울형 학급편성 기준」에 관한 연구에서 발췌하였음.

에서 공정하게 대우받을 수 있도록 교육 시스템 내에서 투명한 절차가 마련되어야 한다. 이는 특히 교육 평가 및 입학 과정에서 중요하며, 이를 통해 학생 개개인이 자신의 능력을 최대한 발휘할 수 있는 환경을 조성하는 데 기여한다.

상호작용 공정성은 학교 내외의 인간 관계, 즉 교사와 학생, 학생들 간의 상호작용에서 공정하고 존중받는 관계를 유지하는 것을 포함한다. 소규모 학교나 학급에서는 교사가 학생 개개인에게 더 많은 주의를 기울이고, 개별 학생의 요구에 더 잘 응답할 수 있는 기회가 많아 상호작용에서의 공정성이 강화될 수 있다. 이러한 상호작용을 통해 학생들은 서로 존중하고 지지하는 학습 환경에서 성장할 수 있다.

공정성의 3가지 측면을 고려한 일반적인 제언에 대하여 궁극적으로 학급편성 기준이 학교 운영 수혜자에 이르는 공정성에 영향을 미치는 것을 전제하고 학급편성 기준 설정을 위한 4가지 모형을 제안하고 지역별 공정성 확보를 위한 학교 규모에 관한 정책대응 방안을 3가지 제안한다.

1) 학습결손 방지를 위한 학급편성 기준 탐색: 4가지 모형 제안

국내의 학교 규모와 적정학급 수에 관한 연구는 주로 학교 운영의 효율화 측면 및 교육재정 측면에서 적정한 규모를 탐색하기 위한 노력을 기울여 왔다. 즉, 학교 규모가 어느 정도일 때 학생의 교육적 성장이나 학업 성취도가 극대화될 수 있는가에 초점을 둔 것이 아니라 학교 운영 또는 경영 관점에서 효율적인 운영이 가능한 규모가 어느 정도인가에 초점을 두었다. 재정적 효율화 관점이 아닌 학습결손 방지를 위한 학교 교육과정 운영 맥락이 고려된 학급편성 기준을 탐색하는 다양한 접근 방식을 통해 학급편성 기준의 편향성을 보완하고, 학교의 원활한 교육과정 운영과 교육력 제고 측면에서 도움이 되는 학급편성 기준을 제안한다.

첫째, 전문가 판단 모형은 교육 전문가들의 판단을 기반으로 학급편성 기준을 설정하는 모형이다. 전문가들은 학생들의 학습 효과, 교사의 교육 여건, 학교의 물리적 여건 등을 종합적으로 고려하여 학급 규모를 조정한다. 전문가 판단 모형은 주관적인 요소가 포함될 수 있지만, 교육 현장의 실제 상황을 반영할 수 있다는 장점이 있다.

둘째, 우수학교 모형은 우수학교의 학급편성 사례를 기반으로 학급 규모를 설정하는 모형이다. 우수학교의 성공적인 학급편성 사례를 벤치마킹하여, 다른 학교에서도 유사한 학급편성 기준을 적용할 수 있도록 한다. 이 모형은 검증된 사례를 바탕으로 하기 때문에 신뢰성이 높다.

셋째, 데이터 분석 모형은 학급 규모와 학습 성취도 간의 상관관계를 분석하여 학급편성 기준을 설정하는 모형이다. 데이터를 활용하여 학생들의 학습 성취도, 학급당 학생 수, 교사의 교육 여건 등을 분석하고, 최적의 학급 규모를 도출한다. 데이터 분석 모형은 객관적인 데이터를 기반으로 하기 때문에 신뢰성이 높고, 과학적인 접근이 가능하다. 3가지 모형은 관내 교원으로부터 수집된 자료 및 한국교육학술정보원의 EDSS 데이터와 같은 숫자로 양화된 자료를 활용하여 분석한다.

넷째, 교육과정 운영 맥락 모형은 질적 분석을 통해 학교 교육과정 운영 맥락을 반영하여 학급편성 기준을 설정하는 모형이다. 학교 교육과정이 운영되는 맥락을 고려한 분석에서는 숫자로 양화된 자료보다 실제 교육과정을 기획하고, 편성하고 운영한 경험을 갖춘 전문가l 대상으로 교육과정이 운영되는 여러 맥락(학교의 교육과정, 교사의 교육 스타일, 학생들의 학습 특성 등)에 대한 고려 아래 학급 규모를 조정한다. 학교급별로 맥락적 기준은 A기준(안정적인 학교 교육과정 운영)과 B기준(학교 교육과정 운영을 위한 필요 최소한 기준)으로 구분한다.

학급편성 기준은 지역적 특수성이 고려된 학급편성 기준을 의미한다. 학교 규모는 정적인(static)이 속성보다 지역 및 학교가 위치한 환경적 여건에 따라 학교 규모가 달라지는 유동적인 속성을 지니고 있다. 또한, 이와 같은 특징은 초등학교에서 보다 강하게 나타나며, 중학교와 고등학교로 올라갈수록 지역과 학교가 위치한 환경적 여건에 따른 영향은 상대적으로 적게 나타난다. 이상 4가지 모형을 통해 〈표 16-1〉과 같이 학교급별 규모의 기준(예시)을 도출해 볼 수 있다. 학급 규모에 대한 검토에 앞서 고민해야 할 지점은 학급 규모에 대한 '기준' 설정이라 할 수 있으며 위에서 언급한 것처럼 학급 규모는 교육과정 및 수업과의 관련성으로 인하여 절대적인 기준을 설정하는 것은 사실상 불가능에 가깝다. 기준(안)은 어디까지나 학교 교육과정 운영이라는 관점에서 과연 어느 정도 규모가 되어야 하는가에 대한 참고는 될 수 있어도 예시하는 기준이 '절대적'인 기준은 아니며, 향후 각 지역교육청이 학교 규모 및 학생배치에 대한 정책을 수립함에 있어 참고가 될 수 있는 상대적인 기준이라는 점이다.

2) 정책대응방안 3가지

지역별로 학교 규모와 학급편성에 관한 기준 도출 이후 지역청 수준의 정책적인 대응 방안을 제안하고자 한다.

첫째. 학교 및 학급 규모에 관한 진단 및 모니터링 체제 구축이 요구된다. 학령인구 감소와 학생 이동으로 인한 학교 및 학급 규모 문제를 해결하기 위해서는 학교 및 학급 규모의 변화를 지속적으로 모니터링할 필요가 있다. 이를 위해 데이터 기반의 교육행정 시스템을 구축하여, 모든 학교를 대상으로 학교 및 학급 규모의 변화를 주기적으로 파악하고 분석할 수 있도록 해야 한다. 이를 통해 위험군, 주의군으로 분류된 학교들을 선별하고, 맞춤형 정책 지원을 제공할 수 있다.

둘째, 학교 및 학급 규모 변화를 파악하기 위한 '지표' 개발이 필요하다. 학교 및 학급 규모 변화를 모니터링하는 과정에서 분석하고자 하는 영역과 분석에 활용할 지표에 관한 고민이 필요하다. 즉, 학교 및 학급 규모를 모니터링하기 위해서는 어떤 부분에 초점을 맞춰서 모니터링하고 현황을 진단할 것인지를 명확하게 구체화할 필요가 있다. 단순히 학생 수, 학교 수, 학교당 학생 수, 학급당 학생 수의 현황이나 변화 추이만

〈표 16-1〉 지역교육청 학급편성 기준 모형 결과(예시)

구분	전문가 판단 모형		우수학교 모형		데이터 분석 모형		학교 교육과정 운영 맥락 모형[2]			
	학급 수	학급당 학생 수	학급 수	학급당 학생 수	학급 수	학급당 학생 수	학급 수		학급당 학생 수	
							A기준	B기준	A기준	B기준
초등 학교	18학급 ~ 31학급	14명 ~ 20명	21학급 ~ 44학급	17명 ~ 25명	–	25명 ~ 29명	24학급 ~ 30학급	12학급 ~ 18학급	16명 ~ 20명	12명
중학교	11학급 ~ 17학급	16명 ~ 20명	14학급 ~ 32학급	20명 ~ 29명	–	–	21학급 ~ 30학급	18학급	20명 ~ 24명	16명
고등 학교	13학급 ~ 20학급	15명 ~ 20명	22학급 ~ 39학급	20명 ~ 27명	38학급 ~ 39학급	33명 내외	24학급 ~ 27학급	21학급	20명 ~ 24명	16명

주: '-' 는 통계적 유의성을 확보하지 못하여 특이 값을 보이거나 적정 규모 추정이 어려운 경우를 나타냄

---

2 A기준(안정적인 학교 교육과정 운영)은 단위학교에서 교육과정을 운영하는 데 있어 교원들이 수업과 교육과정에 집중할 수 있는 기준이다. 앞서 언급한 것처럼 학교 교육과정의 안정적인 운영에는 교원 정원과 밀접한 관련을 맺고 있기 때문에 안정적인 교육과정 기준은 B기준보다 다소 높은 특징을 보이고 있다. 다음으로 B기준(학교 교육과정 운영을 위한 필요 최소한 기준)은 학교가 교육과정 운영에 있어 필요 최소한의 기준으로 이 기준 미만인 경우 정상적인 학교 교육과정 운영과 수업에 영향을 미칠 수 있는 기준이다.

을 살펴보는 것으로는 정책적 시사점을 도출하기 어렵다. 실효성이 있는 원인 진단과 정책 과제 도출을 위해서는 투입, 과정, 결과 측면에서 교육 여건, 인적자원, 시설 환경, 교육재정투자, 교수–학습 과정, 구성원 간 관계, 학교 운영 참여, 교육 이수, 교육 만족도, 교육 성과, 사회적 성과 등을 종합적으로 모니터링하는 과정이 필요하다.

셋째, 학교 규모의 변화와 규모 감소의 원인을 고려한 단계적인 정책적 접근이 필요하다. 본 연구는 안정적인 학교 교육과정 운영을 위한 맥락적 기준을 반영한 학교 규모와 학교 교육과정 운영에 필요한 최소한의 맥락적 기준을 반영해서 학교 규모를 각각 제시하였다. 해당 값들을 놓고 볼 때, 학교 규모가 감소하는 상황은 ① 학급 수가 적정 규모 이내에 있지만 적정 규모의 하한 값으로 줄어드는 경우 → ② 학급 수가 적정 규모의 하한 값에서 최저 규모로 변화하는 경우 → ③ 학급 수가 최저 규모에 해당하는 경우 → ④ 학급 수가 최저 규모의 이하로 떨어지는 경우 등으로 나누어 볼 수 있다. 각각의 경우에 학교가 처한 상황과 대응할 수 있는 방안이 달라질 수 있다는 점을 고려해서 학교 규모 변화에 따른 정책 방안을 구분하여 학교 규모 변화에 따른 대응 매뉴얼을 수립할 필요가 있다.

참고 문헌

권순형, 정미경, 이강주, 허주, 민윤경, 정혜주, 박균열, 정규열, 이호준, 안병
훈. (2021). 학령인구 감소에 따른 소규모학교 지원체제 구축 및 운영 방안
(RR2021-01).

김영철, 한유경(2004). 학급 규모의 교육효과 분석. **한국교육재정경제학회,** 13(2).

민부자, 홍후조(2011). 교육과정의 효과적인 운영을 위한 학급 및 학교 규모에
관한 시론적 연구(12-2-01).

박인우, 장재홍(2021). 수업방식 다양화에 따른 학급 규모 분석 (수탁연구 CR
2021-14). 한국교육개발원.

성추심, 안병훈, 강대식, 전미영(2023). 경기도 소규모학교 실태분석 및 지원 방
향. 경기도교육연구원.

오찬호(2013). 우리는 차별에 찬성합니다. 개마고원.

우명숙(2017). 학교 규모와 학급 규모가 학생과 교사의 교육활동에 미치는 영
향. **한국교육재정경제학회,** 26(4).

이승민(2022). 학생의 교육 성과에 대한 학급 규모의 조절효과 분석: 수업방식
과 교사와의 관계 변화를 중심으로. **한국교육재정경제학회,** 31(2).

이재림, 양형모(2015). 적정규모학교 시설활용의 지속화 방안(CP-03-3).

장수명(2004). 학급 규모가 교사의 수업태도와 교수-학습방법의 활용에 미친
영향. **한국교육,** 31(4).

Sandel, M. J. (2020). 공정하다는 착각. 함규진 역. 와이즈베리. (원본 출판 2020년)

제17장
교육재정의 공정성[1]

이호준 교수(청주교육대학교) / **정설미** 박사(한국교육개발원)

학교 교육에서의 공정성은 '학교 교육의 맥락에서 학생들이 그들에게 주어진(또는 그들이 경험하고 있는) 교육의 배경, 기회, 과정(절차), 결과가 공정한지에 대한 인식 정도'를 의미한다. 앞서 살펴본 바와 같이 공정성은 다시 분배 공정성, 절차 공정성, 상호작용 공정성 등으로 나뉜다. 이러한 공정성은 '국가·사회의 공익사업인 교육 활동을 지원하기 위하여 국가나 공공단체가 필요한 재원을 확보·배분·지출·평가하는 일련의 경제활동(윤정일 외, 2015: 46)'을 의미하는 교육재정에서도 중요하다. 교육재정의 공정성 논의가 학생에게 교육받을 기회를 균등하게 보장하고 동시에 지역 간 교육 여건의 불균형을 해소하는 데 도움이 되기 때문이다. 여기서는 교육재정 분야를 중심으로 왜 공정성이 중요한지, 공정성을 어떻게 바라볼 것인지, 공정성을 보장하는 제도적 장치는 무엇인지, 공정성 강화를 위해 필요한 연구주제는 무엇인지 등을 살펴본다.

---

1 이 원고는 정설미와 이호준(2023)의 「균등한 교육기회 의미 재탐색과 정책적 함의 연구」의 내용을 요약 및 정리한 글임을 밝힙니다.

1. 교육재정에서 공정성의 의미

공정성은 분배 공정성, 절차 공정성, 상호작용 공정성 등 세 가지 관점으로 구분할 수 있다.[2] 분배 공정성은 '특정 규범(norms)이나 원칙에 기초한 자원의 분배'를 의미하며, 형평성(equity), 평등(equality), 필요(need)를 포함한 다양한 분배 원칙을 따른다. 절차 공정성은 '보상과 결과와 관련된 의사결정에서 일관성, 정확성, 편견 억제, 수정 가능성, 목소리의 대표성, 윤리성 등의 원리가 반영된 공정성'을 뜻하고, 상호작용 공정성은 '학교 교육에서 개별 학생이 존중받고 인정받으며, 적절한 정보를 차별 없이 제공받고 있다는 인식'을 의미한다(김규태 외, 2024: 240).

세 가지 유형의 공정성 중 분배 공정성은 교육재정과 관련이 깊다. 교육재정은 국가나 공공단체가 공적인 교육 활동을 지원하는 데 필요한 재원을 확보하고 배분하며 지출한 후 평가하는 일련의 활동을 의미하는데, 형평성이나 평등과 같은 분배 원칙에 따르는 분배 공정성은 학생과 학교의 상황과 여건을 고려해서 한정된 교육재원을 나누는 배분의 준거가 된다. 실제로 연구들은 공평성, 형평성, 적정성 등과 같은 배분 준거의 개념을 구체화하고 해당 준거를 중심으로 우리나라 교육재정의 현황과 실태를 분석해 왔다(남수경, 2007; 우명숙, 2007; 윤홍주, 2003; 2004; 정동욱 외, 2011 등).

분배 공정성의 준거와 관련해서 교육재정 분야에서 더 많은 관심을 가져왔던 배분 준거는 재정적 중립성, 수평적 형평성, 수직적 형평성, 적정성 등이었다(윤홍주, 2004). 먼저 재정적 중립성(fiscal neutrality)은 교육비

---

2 공정성에 관한 구체적인 내용은 1장의 '교육 공정성 개념과 특성'을 참고 바랍니다.

의 규모가 학부모나 지역의 재정 능력에 의해 결정되지 않아야 함을 의미한다. 그렇기에 가정의 사회경제적 여건에 따라 학교에서 제공받는 교육기회가 달라지지 않도록 학부모의 재정 능력과 관계 없이 교육적 필요에 의해 교육비 규모가 결정되어야 한다는 점을 강조한다. 예컨대, 국가가 사회경제적 여건이 좋은 학교에 더 많은 교육비를 지원하고 사회경제적 여건이 좋지 못한 학교에는 상대적으로 적은 교육비를 교부한다면, 교육비가 재학 중인 학생들의 사회경제적 여건에 영향을 받는 상황이 된다. 이는 교육재정 배분에서 재정적 중립성이 제대로 지켜지지 못하는 상황이라고 볼 수 있다.

다음으로, 수평적 형평성은 '동일한 대상에게 동일한 처우(equal treatment of equals)'를 의미한다. 동일한 거주 지역이나 학교급에서 동일한 교육과정을 이수하는 학생들에게 동일한 규모의 교육비를 배분한다면 이는 수평적 형평성 측면에서 공정하다고 볼 수 있다. 수평적 형평성은 동일한 대상을 같게 처우하는 것이 공정하다고 바라보는 준거이다. 여기서 어떤 관점에 따라 동일한 대상을 선정할 것인지가 쟁점이 될 수 있다. 예컨대 학교급을 기준으로 같은 학교급에 재학 중인 학생을 동일한 대상으로 바라볼 수 있다. 혹은 동일한 학년에 있는 학생들을 동일한 대상으로 간주할 수 있다. 즉, '동일함'을 바라보는 관점에 따라 수평적 형평성을 논의하는 대상이 달라진다.

수평적 형평성과 달리, 수직적 형평성은 '다른 대상에게 다른 처우(unequal treatment of unequals)'를 뜻한다. 학생들을 동일한 대상으로 간주하기 어려울 경우 그 다름을 인정하고 다름의 정도를 고려해서 다르게 처우하는 것이 공정하다는 관점이다. 여기서는 어떤 차이를 다름으로 바라볼 것인지가 쟁점이 된다. 신체적·정신적 장애로 인해 교육 활동에 참여하기 어렵다면 그런 차이를 다르게 처우할 '다름'으로 볼 수 있다. 또한, 기초학력이 부족한 학생도 학력 부족으로 정상적인 교육 활동 참여가 어렵다면 다르게 처우할 '다름'의 대상이 될 수 있다. 다문화 학생도 마찬가지다. 다문화 학생들도 문화적 차이로 인한 학교 적응이나 교육 활동 참여에 어려움이 있다면 '다름'의 대상이라고 볼 수 있다. 수직적 형평성의 관점에서 바라보았을 때 이처럼 학교가 제공하는 교육 활동에 참여함에 있어 도움과 배려가 필요한 배려대상 학생들은 그들의 상황에 맞게 추가적인 지원이 필요한 대상이다.

수직적 형평성과 관련해서 다름의 대상에 관한 고민과 함께 얼마만큼 다르게 처우할 것인지도 중요한 쟁점이 된다. 예컨대 특수교육대상 학생에게 더 많은 교육비를 지원할 경우 추가로 얼마만큼을 지원하는 것이 적절한지를 살펴볼 필요가 있다. 초등학교 6학년 학생에게 평균적으로 연간 500만 원을 지원하는 상황을 가정해 보자. 초등학교 6학년에 재학 중인 특수교육대상 학생에게는 과연 얼마를 더 지원하는 것이 바람직한가? 관점에 따라서 100만 원, 200만 원 등 다양한 의견이 가능하겠지만, 과학적이고 객관적인 증거(evidence)를 바탕으로 어느 정도로 다르게 처우하는 것이 타당한지를 밝힐 필요가 있다. 이런 문제는 특수교육대상 학생뿐만 아니라 다문화 학생, 저소득층 및 차상위계층에게도 동일하게 적용된다.

교육재정 분야에서 최근 논의되는 준거가 적정성(adequacy)이다. 적정성은 '교육목표 달성에 충분한 처우(sufficient treatment to achieve goals)'를 의미한다(정설미, 이호준, 2023). 일정 수준의 교육목표에 도달하는 데 필요한 교육비를 지원하여 목표치 달성에 부족한 부분을 타파하는 것이 공정하다고 바라보는 관점이다. 앞서 살펴본 형평성이 집단 간의 상대적 차이를 해소하는 데 목적을 둔다면, 적정성은 교육목표에 도달하는 데 필요한 처우를 충분히 제공하는 데 관심이 있다. 예컨대, 기초학력 미달 학생 비율 5% 경감이라는 교육목표를 설정하였다면, 기초학력 미달 학생 비율을 줄이는 데 필요한 교육비를 산정하여 지원함으로써 적정성을 실현할 수 있다.

수평적 형평성, 수직적 형평성과 마찬가지로 적정성의 개념을 구체화하는 과정에서 몇 가지 고려해야 할 쟁점이 있다. 우선 교육을 통해 달성하고자 하는 교육목표를 무엇으로 설정할 것인가 하는 점이다. 학교 교육을 통해 실현하고자 하는 교육목표를 분명하게 설정해야 적정성을 논의할 수 있다. 「교육기본법」 제2조에 명시한 인격 도야, 자주적 생활능력 함양, 민주시민으로서 자질 함양 등을 실현하기 위해 학교 교육이 지향해야 할 교육목표를 구체화한다면 그런 목표에 비추어 현재 교육비가 적정한지를 가늠할 수 있다. 교육목표 설정과 관련해서 국가나 교육청이 모든 학생들이 도달해야 할 최소한의 성취 수준을 교육목표로 설정하는 방식이 적절할지 혹은 학생 개개인이 자신의 흥미와 관심에 맞춰 도달하고자 하는 교육목표를 스스로 설정하는 방식이 적절할지도 함께 고려될 필요가 있다.

다음으로 교육목표를 달성하는 데 필요한 교육비의 규모도 중요하게 고려해야 할 쟁점이다. 수직적 형평성이 집단 간 상대적 차이를 완화하는 데 필요한 교육비의 규모에 관심이 있다면, 적정성의 경우 절대적 수준의 교육목표에 도달함에 있어 개인에게 나타나는 부족분을 채워 주는 데 필요한 교육비의 규모가 중요하다. 예컨대 핵심 역량 함양을 교육목표로 설정할 경우, 현재 나타나는 학생의 핵심 역량 수준에 관한 진단과 핵심 역량 향상에 필요한 단위비용 분석 등을 통해 교육목표 달성에 필요한 교육비의 규모를 추산하는 과정이 요구된다.

지금까지 교육재정에 있어 공정성의 주요 준거라고 할 수 있는 수평적 형평성, 수직적 형평성, 적정성 등을 살펴보았다. 세 가지 준거 간의 개념적 관계를 그림으로 정리하면 [그림 17-1]과 같다. 먼저 수평적 형평성은 B 학습자와 C 학습자를 통해 그 의미를 구체화할 수 있다. [그림 17-1]에 따르면 수평적 형평성은 동일한 생득적 능력과 환경적 여건을 가진 두 학습자를 동일한 대상으로 간주하고 동일하게 처우하는 것이 공정하다고 본다. 다음으로 수직적 형평성은 생득적 능력이나 환경적 여건에서 차이를 보이는 A 학습자와 B 학습자를 다른 대상으로 간주하고 두 집단에서 나타나는 생득적 능력과 환경적 여건의 차이를 보완해 줄 수 있는 정책적 개입을 통해 다르게 처우해야 한다고 보는 관점이다. 이처럼 수평적 형평성과 수직적 형평성은 '같음'과 '다름'에 관심을 둔다.

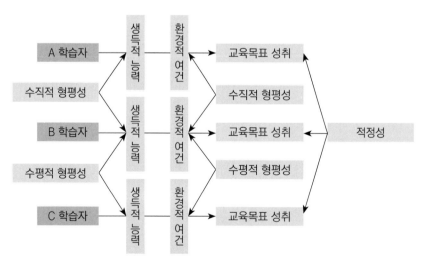

[그림 17-1] 적정성에 기반한 균등한 교육 기회의 개념도

출처: 정설미, 이호준(2023: 465)에서 인용

반면 적정성은 기존의 수평적 형평성과 수직적 형평성과 달리 학습자가 도달하고자 하는 교육목표나 성취 수준에 대한 지향성을 강조한다. 특히 교육목표에 도달하는 데 고려되어야 할 개인의 상황과 여건에 주목한다. [그림 17–1]에서 적정성은 학습자마다 태생적으로 갖게 된 생득적 능력이 다르고 개개인이 처한 환경적 여건도 다를 수 있지만, 이런 상황과 여건의 차이로 인해 교육목표에 도달할 가능성이 저해되지 않도록 충분한 처우가 이루어져야 한다는 점을 강조한다. 따라서 적정성의 관점에서는 A 학습자, B 학습자, C 학습자 모두가 자신의 교육목표에 도달할 수 있도록 충분한 교육비를 지원하는 것이 공정하다고 볼 수 있다.

2. 왜 공정성인가

다음으로 교육재정에서 공정성이 중요한 이유가 무엇인지 간단히 살펴보고자 한다. 교육재정은 크게 내국세의 20.79%와 교육세, 국고지원금이나 지방자치단체의 전입금 등으로 재원을 확보한다. 이런 재원들 모두 국민이 납부한 세금이다. 즉, 우리나라는 국가 운영에 필요한 비용을 마련하기 위해 강제성을 동원하여 국가 공동체의 구성원인 국민이 나누어 분담한 공동 경비를 통해 교육 재원을 확보해 왔다. 그렇기에 세금을 통해 마련된 교육 재원을 어떻게 분배할 것인지는 사회적 합의를 바탕으로 한 원칙에 준해 결정될 필요가 있다. 이때 공정성은 사회 구성원이 공감 가능한 교육재정 배분의 주요한 원칙이 된다는 점에서 그 중요성이 크다고 볼 수 있다.

공정성을 토대로 한 교육재정은 '균등한 교육 기회'의 실질적 보장을 추동한다는 점에서 의의가 있다. 헌법 제31조에 명시된 '균등한 교육 기회'의 보장은 인간의 존엄성을 보장하기 위한 실질적 평등을 구현하는 규정이면서 개인이 지적 유산을 물려받음으로써 성숙한 인간으로 성장하는 데 제약이 되는 조건을 없애 주는 원리라고 볼 수 있다(김광석, 주동범, 2016). 헌법 제31조를 기반으로 교육행정의 주요 원리를 제시한 이종재 외(2012)의 연구도 '균등한 교육 기회'의 보장을 교육권 보장을 위한 방법적 원리로 설명한 바 있다. 공정한 교육재정은 수평적 형평성과 수직적 형평성을 실현함으로써 균등한 교육 기회를 통해 교육권을 보장하는 데 실질적으로 기여할 수 있다. 즉, 공정한 교육재정은 동일한 대상에게 동일한 규모의 교육비를 지원하고 신체적·사회적·경제적·문화적으로 소외를 경험하는 학생에게는 양질의 교육을 받을 수 있도록 추가 지원함으로써 균등한 교육 기회를 실질적으로 보장하는 기제가 된다.

또한 교육재정에서의 공정성 실현은 '적정성에 기반한 균등한 교육 기회'를 보장하는 데 기여할 수 있다. '적정성에 기반한 균등한 교육 기회'는 '학습자별로 도달해야 하는 교육목표를 성취하고 전인적 성장을 이루는 데 개인의 생득적 능력과 환경적 여건의 차이를 고려하여 교육의 기회, 과정, 결과 측면에서 충분한 처우가 이루어진 상태'를 의미한다(정설미, 이호준, 2023: 466). 요컨대 '적정성에 기반한 균등한 교육 기회'는 모든 학습자가 균등한 교육 기회와 과정을 누리는 것뿐만 아니라 교육 결과로 일정 수준의 교육목표에 도달하는 데 초점을 둔다. 이때 공정한 교육재정은 모든 학생이 일정 수준의 교육목표를 성취하도록 충분한 처우를 제공함으로써 결과적 측면에서 교육 기회 보장을 실현하는 데 기여할 수 있다.

결국 공정성을 토대로 한 교육재정은 사회정의 원리와 맞닿아 있다. 예컨대 소외를 경험하는 학생에게 더 많은 교육재정을 배분하는 것은 가

장 불리한 위치에 있는 사람에게 최대의 혜택이 돌아가도록 하는 존 롤
스의 '공정으로서의 정의'와 같은 취지이며, 각 학생이 능력과 필요에 따
라 충분한 처우를 제공받아 일정 수준의 교육목표를 성취하고 자기실현
을 할 수 있도록 하는 것은 플라톤이 강조하는 '각 개인이 제 역할을 다하
는 정의로운 사회'와 같은 맥락이라 할 수 있다(BenDavid-Hadar, 2016).
따라서 공정한 교육재정은 모든 학생에게 양질의 교육을 제공하고 교육
격차를 해소함으로써 장기적으로 사회정의를 제고하는 제도적 기반이
될 수 있다.

아울러 공정한 교육재정은 다양한 사회경제적 배경을 가진 학생들이
통합된 교육 환경에서 함께 어울려 교육받을 기회를 확대함으로써, 학생
들이 민주적 사회의 구성원으로서 시민성을 함양하는 데 기여할 수 있
다(Satz, 2007). 예컨대 교육재정의 공정한 배분을 통해 다양한 배경과 계
층의 학생들이 양질의, 더 높은 단계의 교육에 접근할 수 있도록 함으로
써 이들이 함께 어울려 다채로운 가치관과 문화를 교류·경험하는 기회
를 제공할 수 있다. 이를 통해 학생들은 다양한 구성원과 서로 조화롭게
생활하는 능력을 함양하며, 협력과 연대가 활발하게 이루어지는 사회적
응집력(social cohesion)이 높은 공동체의 구성원으로서의 역량을 기를 수
있을 것이다.

3. 교육재정에서 공정성 보장 사례

공정성 실현과 관련한 교육재정의 대표적 예로 지방교육재정교부금
제도를 들 수 있다. 여기서는 지방교육재정교부금 제도를 중심으로 교육

재정에서의 공정성 사례를 살펴보고자 한다. 지방교육재정교부금제도의 법적 근거는 「지방교육재정교부금법」이다. 1972년에 제정된 「지방교육재정교부금법」은 교육의 균형 있는 발전을 도모하는 데 목적이 있다. 동법 제1조는 '지방자치단체가 교육기관 및 교육행정기관을 설치·경영하는 데 필요한 재원의 전부 또는 일부를 국가가 교부하여 교육의 균형 있는 발전을 도모'하는 데 법령 제정의 목적이 있다.

「지방교육재정교부금법」은 지방 교육재정의 확보와 관련해서 내국세 교부금과 교육세 교부금으로 재원을 확보한다는 점을 규정한다. 이에 따르면, 지방교육재정교부금은 첫째, 목적세 및 종합부동산세, 담배에 부과하는 개별소비세 총액의 100분의 45와 다른 법률에 따라 특별회계의 재원으로 사용되는 세목의 해당 금액을 제외한 해당 연도 내국세 총액의 20.27%, 둘째, 해당 연도 「교육세법」에 따른 교육세 세입액 중 「유아교육지원특별회계법」 제5조 제1항에서 정하는 금액과 「고등·평생 교육지원특별회계법」 제6조 제1항에서 정하는 금액을 제외한 나머지 금액을 재원으로 한다. 이에 따라 교육세 세입 예산액 중 「유아교육지원특별회계법」 제5조 제1항에서 정하는 금액을 제외한 금액에서 100분의 50에 해당하는 금액이 고등·평생 교육지원특별회계로 전입된다.

지방교육재정교부금은 크게 보통교부금과 특별교부금으로 구분할 수 있는데, 지방교육재정 배분과 관련해서 보통교부금을 중심으로 교육재정의 공정성을 논의하고자 한다. 보통교부금은 「지방교육재정교부금법」 제5조 제1항에 근거하여 기준재정수요액과 기준재정수입액의 차액을 총액으로 교육청에 교부된다. 여기서 기준재정수요는 지방 교육 및 행정 운영에 관한 재정수요를 의미하는데, 재정수요를 고려해서 측정항목을 선정하고 각 측정항목별로 측정 단위에 단위비용을 곱하여 얻은 금액이

다. 기준재정수요에 활용하는 측정항목, 측정 단위, 단위비용 등은 「지방
교육재정교부금법 시행령」과 「지방교육재정교부금법 시행규칙」에 규정
된 바에 따른다. 〈표 17-1〉과 같이 기준재정수요를 산정하는 과정에서
학교 수, 학생 수, 학급 수, 건축 연면적, 토지 면적 등 다양한 측정 단위
가 활용된다. 한편, 기준재정수입은 「지방교육재정교부금법」 제7조에 근
거하여 교육·학예에 관한 지방자치단체 교육비특별회계의 수입 예상액
으로 한다. 「지방교육재정교부금법 시행령」 제5조에 따라 지방세를 재원
으로 하는 수입은 전전년도 지방세 세입결산액에 최근 3년간의 평균 증
감률을 적용하여 산출한 값과 학교용지부담금, 고교 무상교육 증액교부
금, 고교 무상교육 전입금, 자체수입 등을 헤아려 그 규모를 결정한다.

　여기서는 기준재정수요 산정 방식 중심으로 수평적 형평성 측면에서
교육재정의 공정성을 살펴보고자 한다. 〈표 17-1〉에 따르면, 기준재정
수요액의 측정항목은 교직원 인건비, 학교 운영비, 교육 행정비, 교육복
지 지원비, 교육기관 등 시설비, 유아교육비, 방과후학교 사업비, 고교
무상교육 지원, 재정결함 보전 등 9가지 항목으로 나누어진다. 각 측정
항목별로 서로 다른 측정 단위를 활용하는데, 학교 운영비는 학교 수, 학
급 수, 학생 수 등을, 교육기관 등 시설비는 건축 연면적, 토지면적, 증설
교실 수 등을, 방과후학교 사업비의 경우 학급 수, 수급자 수 등을 각각
측정 단위로 활용한다. 이와 같은 산정 방식은 교육부가 확보한 지방교
육재정을 시도교육청으로 교부할 때 측정항목별로 동일한 측정 단위와
단위비용을 적용하기 위함이다. 예컨대 보통교부금의 기준재정수요를
산정하는 항목 중 유아교육비를 생각해 볼 수 있다. 유아교육비의 세부
산정 항목인 '유아교육비·보육료 지원'과 관련해서 교육청에 관계없이
모든 유아를 동일한 대상으로 간주하여 똑같은 단위비용을 적용해서 각

〈표 17-1〉 기준재정수요액 측정항목 및 측정 단위

측정항목		측정 단위
1. 교직원 인건비		교원 수, 교육전문직원 수 등
2. 학교 운영비	가. 학교 경비	학교 수
	나. 학급 경비	학급 수
	다. 학생 경비	학생 수
	라. 교과교실 운영비	학교 수, 증설 교과교실 수 등
3. 교육 행정비	가. 기관 운영비	학교 수, 학생 수 및 기준 교직원 수
	나. 지방선거 경비	지방선거 경비
4. 교육복지 지원비	가. 지역 간 균형교육비	학교 수, 소재 행정구역 면적, 도서 · 벽지 소재 학교의 학생 수
	나. 계층 간 균형교육비	학생 수, 수급자 수, 한부모 가족 보호 대상 학생 수, 차상위계층 학생 수 등
5. 교육기관 등 시설비	가. 학교 교육 환경 개선비	건축, 연면적
	나. 공립학교 신설 · 이전 · 증설비	토지면적, 건축 연면적, 증설 교실 수
	다. 공립 통합 · 운영학교 신설 · 이전비	토지면적, 건축 연면적
	라. 공립 유치원 신설 · 증설비	토지면적, 건축 연면적, 공유재산 전환형 건축 연면적, 증설 교실 수 등
	마. 학교 통폐합 신설 · 이전 · 개축 · 증설 · 대수선비	토지면적, 건축 연면적
	바. 사립학교 이전 · 증설비	건축 연면적, 증설 교실 수
	사. 청사 신설 · 이전비	토지면적, 건축 연면적
6. 유아 교육비	가. 유아교육비 · 보육료 지원	유아 수
	나. 유치원 교원 인건비 보조	교원 수
	다. 유치원 교육역량 지원비	유치원 수 및 원아 수
7. 방과후학교 사업비	가. 방과후학교 사업 지원	학급 수
	나. 자유 수강권 지원	수급자 수
	다. 초등 돌봄 지원	학급 수, 교실 수
8. 고교 무상 교육 지원	가. 입학금 · 수업료	학생 수
	나. 학교운영 지원비	학생 수
	다. 교과용 도서 구입비	학생 수
9. 재정결함 보전	가. 지방채 상환	원리금 상환액
	나. 민자사업 지급금	임대형 민자사업 임대료
	다. 재정안정화 지원	지원액

출처: 정설미, 이호준(2023: 468)에서 인용

교육청으로 교부해야 할 교육비 규모를 결정한다. 모든 유아를 대상으로 유아가 살고 있는 지역에 관계없이 동일한 교육비를 지원하는 접근 방식은 동일한 대상을 동일하게 처우한다는 수평적 형평성에 근거한다고 볼 수 있다.

다음으로 지방교육재정교부금제도에는 수직적 형평성을 보장하기 위한 기제가 존재한다. 대표적인 예가 '4. 교육복지 지원비'의 '나. 계층 간 균형교육비'이다. 해당 항목은 경제적·사회적·문화적·신체적으로 소외를 경험하여 배려가 필요한 교육급여 수급 학생, 한부모가족 지원 대상 학생, 차상위계층 학생, 다문화 가정 학생, 북한이탈주민 가정 학생, 특수교육 대상 학생 등에게 추가적인 교육비를 지원하는 항목이다. 이는 일반 학생 수가 아닌 교육청 내 교육급여 수급자 수, 한부모가족 보호 대상 학생 수, 차상위계층 학생 수, 다문화 가정 및 북한이탈주민 가정 학생 수 등을 측정 단위로 활용해서 추가로 필요한 교육적 수요를 반영한다는 점에서 주목할 만하다. 일반학생과 배려대상 학생 간의 차이를 다름으로 인정하고 그런 차이를 고려한 교육비를 추가로 교부하여 상대적 차이를 해소하기 위해 마련된 측정항목이라고 볼 수 있다. 이런 이유에서 '4. 교육복지 지원비'의 '나. 계층 간 균형교육비' 항목은 다른 대상을 다르게 처우하는 수직적 형평성이 반영된 부분이라고 볼 수 있다.

또한, 수평적 형평성과 수직적 형평성을 동시에 고려하는 측정항목도 존재한다. 이와 관련한 측정항목으로 학교 운영비를 들 수 있다. 보통교부금의 기준재정수요 항목 중 학교 운영비 항목이 있는데, 학교 운영비는 학교 경비, 학급 경비, 학생 경비로 구분한다. 학교 운영비의 학교 경비는 시·도 교육청의 상황과 여건에 관계없이 동일한 측정 단위와 단위 비용을 적용한다는 점에서 동일한 대상을 동일하게 처우하는 수평적 형평성을 고려한 항목이다. 동시에 단위비용을 산정함에 있어 학교급 간 차이, 학교 규모에 따른 차이 등을 고려하여 단위비용의 차이를 용인함으로써 다른 대상을 다르게 처우하는 수직적 형평성을 반영한 항목이라고 간주할 수 있다. 〈표 17-2〉에서 볼 수 있듯이 학교 운영비에서 학교 경비는 3학급, 6학급, 12학급 등 학교 규모에 따라서 단위비용이 다르다. 예컨대, 초등학교 3학급일 경우 학교 단위 경비는 3억 4,285만 원이고, 12학급일 경우 4억 4,988만 원으로 약 1억 원 정도 차이를 보인다. 또한 같은 학교 규모일지라도 초등학교, 중학교, 특수학교 등 학교급에 따라서 학교 단위비용에 차이가 존재한다. 3학급의 규모에서 초등학교의 단위비용은 3억 4,285만 원이지만, 중학교는 이보다 1억 원이 더 많은 4억 4,838만 원이고 특수학교는 5억 4,200만 원으로 초등학교보다 학교 단위비용이 더 컸다. 이는 교육과정 및 학교를 운영함에 있어 학교급에 따른 차이를 '다름'으로 간주하고 배분 과정에서 이런 차이를 반영함으로써 교육재정의 공정성을 제고하기 위해 노력해 왔음을 보여 준다.

4. 추후 연구과제

지금까지 살펴본 바와 같이 현행 보통 교부금의 기준재정수요 산정 방식은 수평적 형평성과 수직적 형평성과 같은 교육재정의 공정성을 강화하기 위한 장치를 마련하였다. 여기서는 이상의 논의를 토대로 교육재정의 공정성을 강화하기 위해 필요한 후속 연구과제를 제언한다.

첫째, 교육재정에서 공정성의 개념을 정교화하는 연구가 필요하다. 앞서 살펴본 바와 같이 교육재정의 공정성과 관련하여 수평적 형평성, 수

〈표 17-2〉 주요 학교급별 기준재정수요액 단위비용

(단위: 천원)

구분	유치원		초등학교	중학교	일반고등학교	특성화고등학교 및 산업수요 맞춤형 고등학교	특수학교
	단설	병설	본교	본교			
3학급	162,093	53,816	342,859	448,381	448,430	728,703	542,002
5학급	177,453	65,583	–	–	–	–	–
6학급	185,636	74,171	387,573	490,410	496,698	846,745	584,000
7학급	193,131	–	–	–	–	–	–
8학급	202,755	–	–	–	–	–	–
12학급	242,475	–	449,883	558,283	594,497	1,316,433	671,877
18학급	–	–	510,976	642,296	662,901	1,804,109	758,741
24학급	–	–	567,322	688,030	719,098	1,939,273	817,111
30학급	–	–	650,924	739,410	767,497	2,441,934	864,050
36학급	–	–	703,149	799,520	856,790	2,740,815	901,286
42학급	–	–	752,377	876,211	925,797	3,127,713	936,472
48학급	–	–	802,478	921,766	970,767	3,239,796	980,633
54학급	–	–	843,517	956,649	1,008,000	3,589,394	1,017,838
60학급	–	–	898,950				–

출처: 정설미, 이호준(2023:469)에서 인용

직적 형평성, 적정성과 같은 배분 준거를 논의해 왔다. 각각의 준거가 무엇을 의미하는지 구체적으로 설명한 점은 의의가 있으나, 개념을 정교화하는 과정에서 드러나는 다양한 쟁점을 진단하고 심층적인 논의를 이끌어 내는 노력은 부족하였다. 예를 들어, 수평적 형평성을 논의하는 과정에서 '동일한 대상에게 동일한 처우'를 해야 한다는 점은 분명히 하였지만, '동일한 대상'을 분류하는 데 우선적으로 고려하여야 할 원칙이 무엇인지는 명확하지 않다. 교육비 지원의 대상과 관련해서 동일함을 판단하는 기준과 원칙에 관한 학술적 논의가 필요한 대목이다. 또한 '동일한 처우'의 내용과 범위 역시 모호하다. 동일한 규모의 교육비를 지원한다면 '동일한 처우'가 제대로 이루어진 것으로 간주한다. '동일한 처우'의 개념을 정교화하기 위해서는 처우의 범위와 처우의 동일함을 판단하는 준거가 마련될 필요가 있다.

이와 같은 개념의 정교화 문제는 수직적 형평성에도 동일하게 적용된다. '다른 대상을 다르게 처우한다'는 수직적 형평성을 둘러싸고 몇 가지 개념적 쟁점이 존재한다. 우선 다른 대상을 분류하는 과정에서 '다름'을 판단하는 기준과 원칙은 무엇인지 구체화할 필요가 있다. 현행 보통교부금의 기준재정수요 산정방식은 교육급여 수급 학생, 한부모가족 지원 대상 학생, 차상위계층 학생, 다문화 가정 학생, 북한이탈주민 가정 학생, 특수교육 대상 학생 등을 '다른 대상'으로 간주하고 교육비를 추가로 지원한다. 경계선 지능을 갖고 있는 학생, 대안교육이 필요한 학생, 기초학력이 부족한 학생 등은 '다른 대상'에 포함될 수 없는 것인지, 그렇다면 어떤 기준과 원칙이 작용해서 이 학생들을 다른 대상으로 분류할 수 없는 것인지가 모호하다. 그렇기에 '다른 대상'을 구분하는 기준과 원칙이 개념적으로 정립될 필요가 있다. 또한 다른 대상을 다르게 처우할 경우 얼마만큼 다르게 처우하는 것이 정당한지에 관한 논리 역시 필요하다.

둘째, 현행 보통교부금의 기준재정수요를 산정하는 과정에서 크게 고려하지 못하였던 적정성에 관한 관심이 필요하다. 교육재정의 공정성을 논의함에 있어 적정성은 기존의 수평적 형평성과 수직적 형평성이 다루지 못하는 영역, 즉 '교육목표 달성에 필요한 충분한 처우'로 관심의 영역을 확장시킨다는 점에서 패러다임 전환을 가져올 것이다. 적정성 측면에서 교육재정의 공정성 논의를 확장하기 위해서는 다음과 같은 연구과제에 대해 관심을 기울일 필요가 있다.

우선 보통교부금의 기준재정수요액 산정 과정에서 교육목표를 달성하는 데 충분한 적정 교육비를 반영할 필요가 있다. 기준재정수요액 산정 과정에서 활용하는 단위비용과 관련해서 교육목표를 달성하는 데 충분한 적정 교육비의 규모를 산정하고 이를 통해 단위비용을 산출하는 접근 방식이 요구된다. 현재 기준재정수요액 산정 과정에서 활용하는 단위비용은 표준교육비에 근거하여 산출된 단가이다. 표준교육비는 '일정 규모의 단위학교가 교육과정상의 교육 목적 달성을 위해 필수적으로 요구되는 인적 · 물적 조건 즉, 표준교육조건을 확보한 상태에서 정상적인 교육활동 수행에 직 · 간접적으로 소요되는 필수적 기준 운영비'를 의미한다(김용남 외, 2021). 표준교육비는 교육 목적 달성에 요구되는 교육조건이 확보된 상태를 전제한 상태에서 교육 활동 수행에 직 · 간접적으로 소요되는 필수 운영비를 산출한다는 점에서 의의가 있다. 그렇지만 표준교육비 산출 방식은 표준교육조건을 확보한 상태를 전제로 하기 때문에 교육 목적 달성에 필요한 비용을 직접적으로 고려하지 않는다. 이런 이유에서 교육과정 및 학교 운영에 소요되는 교육비는 표준교육조건을 확보한 상태에서의 기준 운영비인 표준교육비에 근거하여 교부하더라도, 교육목표를 달성하는 데 충분한 적정 교육비 규모를 산출하고 기준재정수요 산정에서 이를 함께 반영하는 방안을 검토해 볼 필요가 있다. 이를 위해서는 무엇을 위한 적정성인지, 즉 교육재정의 적정성 실현으로 도달하고자 하는 교육목표와 성과목표 등을 구체화할 필요가 있다. 특히 지식, 역량, 시민성 등과 같은 다양한 교육목표를 동시에 달성하기 위해 필요한 교육비 규모를 산출하는 접근 방식에 관한 고민이 요구된다.

 다음으로 적정성을 논의하는 과정에서 도달해야 할 교육목표와 함께 학교의 상황과 여건 차이를 반영하는 방안을 탐구할 필요가 있다. 학교가 처한 상황과 여건의 차이로 인해 교육목표를 달성하는 데 충분한 교육비가 학교마다 다를 수 있음을 고려해야 한다. 현재 기준재정수요의 측정항목 중 학교 운영비는 학교 경비, 학급 경비, 학생 경비를 활용해서 교육비 규모를 산정하는데, 〈표 17-2〉에 제시된 단위비용에 따라 학교급이나 학급 규모가 동일한 학교들은 모두 같은 단위비용을 적용받는다. 그렇지만 학생 및 학교 특성이나 학교가 소재한 지역 특성에 따라서 실제로 필요한 교육비는 다를 수 있다. 이런 이유에서 학교 경비, 학급 경비, 학생 경비 등을 산정할 때 학생 및 학교 특성과 지역 특성의 차이를 반영하려는 노력이 요구된다. 학생 특성과 관련해서 교육급여 수급자 수, 한부모가족 보호 대상 학생 수, 차상위계층 학생 수, 다문화 가정 및 북한이탈주민 가정 학생 수 등에 더해 기초학력 미달 학생 수, 특수교육 대상 학생 수 등과 같은 특성을 고려해 볼 수 있다. 또한, 학교 및 학급 규모, 기간제 교원 비율 등과 같은 학교 특성이나 학교 소재 지역(시, 읍·면·특수지역 등), 지역의 사회적·경제적·문화적 인프라 등 지역 특성을 반영해서 적정 수준의 교육비 규모를 산출하려는 노력이 요구된다.

아울러 교육재정의 배분 과정에서 수평적 형평성, 수직적 형평성, 적정성의 균형 있는 접근이 요구된다. 현재의 지방교육재정교부금 제도가 동등성과 형평성에 초점을 맞춰 왔다면 향후에는 적정성까지도 포함한 접근이 필요하다. 향후 학생 맞춤형 교육, 학생 맞춤 통합지원, 고교학점제 등이 본격화될 것으로 예상되는 바, 학생의 다양한 교육적 요구와 관심에 대응하고 엘리트주의적 수월성이 아닌 학생 개개인의 수월성(excellence)을 제고하기 위한 방안을 선제적으로 마련할 필요가 있다. 이때 적정성은 이러한 개개인의 수월성을 달성하는 기회를 균등하게 보장하는 교육체제가 지향해야 할 준거가 된다.[3] 가령 2025년부터 고교학점제가 전면 시행된다면 고등학교에서 개설·운영하는 교과목이 더욱 다양해질 것으로 예상된다. 적정성에 기반한 균등한 교육 기회를 보장하기 위해서는 학생의 다양한 관심과 흥미에 맞는 다양한 교과목 개설과 교육활동 제공이 필수적이다. 이때 학생이 자신의 교육목표를 성취하는 데 필요한 충분한 재정적 지원이 이루어질 필요가 있다. 이를 고려할 때 지방교육재정교부금의 기준재정수요액을 산정하는 과정에서 고등학교에서 개설하는 교과의 특성과 차이를 고려한 측정항목을 추가하는 방안도 검토할 필요가 있다.

---

3 이에 관한 탐색적 연구로 정설미와 이호준(2023)의 『균등한 교육기회 의미 재탐색과 정책적 함의 연구』를 참고하길 바랍니다. 이 연구는 적정성에 대한 개념 탐색을 토대로 균등한 교육 기회의 의미를 재탐색하였습니다. 이 연구가 적정성의 개념을 탐색하는 연구였다는 점에서 향후 적정성 개념을 정교화하려는 노력이 더욱 활발하게 이루어질 필요가 있습니다.

참고 문헌

김광석, 주동범(2016). 헌법과 교육기본법에 나타난 교육권 분석. 한국자치행정학보, 30(4), 139-161.

김규태, 이석열, 서재복, 정성수, 김훈호(2024). 중등학교 교육 공정성 진단도구 개발 및 타당화. 교육종합연구, 22(1), 237-258.

김용남, 김효정, 김중환, 노선옥, 안재영, 우명숙, 윤홍주, 이호준, 최은영, 최상준(2021). 2020년 유 · 초 · 중 · 고 특수학교 표준교육비 산출 연구. 한국교육개발원.

남수경(2007). 지방교육재정 교부금제도의 형평성 평가. 교육재정경제연구, 16(1), 31-56.

우명숙(2007). 시도교육청 수준에서의 교육재정 형평성 분석. 교육행정학연구, 25(4), 263-284.

윤정일, 송기창, 김병주, 나민주(2015). 신교육재정학. 서울: 학지사.

윤홍주(2003). 교육재정 적정성의 논의 및 공평성과의 관련성 탐색. 교육행정학연구, 21(3), 147-168.

윤홍주(2004). 우리나라 교육재정의 공평성 분석. 교육행정학연구, 22(2), 307-326.

이종재, 이차영, 김용, 송경오(2012). 한국교육행정론. 교육과학사.

정동욱, 김영식, 우윤미, 한유경(2011). 지역교육지원청 내 단위학교 간 교육자원 배분과 학업성취 간의 관계 분석. 교육재정경제연구, 20(4), 189-215.

정설미, 이호준(2023). 균등한 교육기회 의미 재탐색과 정책적 함의 연구. 교육행정학연구. 41(4), 447-478.

BenDavid–Hadar, I. (2016). School finance policy and social justice. *International Journal of Educational Development, 46*, 166-174.

Satz, D. (2007). Equality, adequacy, and education for citizenship. *Ethics, 117*(4), 623–648.

제**18**장

교원 정책에서의 공정성

이쌍철 박사(한국교육개발원)

1. 들어가며

학교 조직은 교원 정책에서의 '공정성' 담보 측면에서 취약한 구조를 지닌다. 분배 공정성 측면에서 교원의 직무수행 능력과 전문성 평가를 기반으로 운영되는 교원 정책(교원성과급제, 교원능력개발평가, 근무성적평정 등)은 언제나 공정성 논쟁에서 자유롭지 못했다. 교실이라는 독립된 공간에서 혼자 직무를 수행하는 교사 업무의 특성상 교사의 직무수행 정도를 관찰하는 것은 매우 어렵다. 더욱이 학생의 학업 능력의 차이와 특성에 따라 효과적으로 적용할 수 있는 교수–학습 방법에 관한 합의된 전문적 기술은 부재하다. 교사가 가르친 결과가 학생에게 어떠한 영향을 주었는지 불확실하고 예측하기도 어렵다. 이러한 교직의 특성은 교원의 수업과 생활지도 전문성을 객관적 지표로 평가할 수 있는가(평가 가능성), 누가 평가해야 하는가(평가자의 전문성), 얼마나 자주 교사의 직무수행을 관찰할 수 있는가(평가 실행 가능성) 등의 쟁점을 내포하고 있다. 이는 교직이 가진 특수성에 기인한 현상으로 이해할 수 있다. 그러나 인사, 보수, 전문성 개발과 연결된 평가 기준이 모호하다는 것은 분배의 기준 점을 설정하기가 쉽지 않다는 것을 의미하며 분배 공정성 측면에서 평가 결과에 대한 교원의 수용도가 그리 높지 않을 것임을 쉽게 짐작할 수 있다.

절차 공정성 측면에서 조직화된 무질서 조직(Organized Anarchy)의 속성을 지닌(윤정일 외: 161) 학교조직 구조는 의사결정 과정에서의 대표성, 일관성, 정확성 등을 담보하는 데 한계가 있다. 순환 전보제로 인해 매년 학교의 교사, 교장, 교감의 구성은 변화한다. 학생, 학부모 역시 졸업과 입학으로 인해 변화한다. 매년 학교 구성원이 변화한다는 것은 학교가 설정해 놓은 기준과 절차는 현재 구성원의 의견이 반영된 결과가 아니라는 것을 의미한다. 더불어 교장의 리더십 스타일에 따라 또는 업무 담당자의 재량에 따라 업무처리 방식의 변화는 빈번하게 발생한다. 그 결과 작년에는 그렇게 하지 않았는데 올해는 왜 이렇게 하느냐, A 학교에서는 이렇게 하지 않았는데 이 학교에서는 왜 이렇게 하느냐 등 매년 학교 업무 배분, 교원 성과상여금 평정 기준의 설정 등에 있어 크고 작은 갈등이 발생한다.

상호작용 공정성 측면에서 구성원 간 느슨하게 결합된 이완조직(loosely coupled system)으로서의 특징(Wick, 1976)과 개인주의 교직 문화, 시간 부족은 상호작용 공정성 담보에 부정적 영향을 준다. Lortie가 학교 조직 구조를 계란판에 비유하였듯이(진동섭 역, 2000), 교실이라는 독립된 공간에서 직무를 수행하는 교사 업무의 특성상 동료 교사와 일상적인 상호작용과 의견 교환의 기회는 그리 많지 않으며, 더불어 상호 간에 간섭을 최소화한다. 이에 더해 만성적인 시간 부족에 시달리는 교사의 업무 여건상 학교 운영에 필요한 정보는 메신저를 통해 문서화된 정보가 공유될

뿐 토론과 조정 절차를 거치는 경우는 흔치 않다. 학교에서 결정된 사안에 대해 누가 이런 결정을 내렸는지, 왜 이런 결정을 내렸는지 수용하지 못하는 사례들이 학교 현장에서 종종 발생한다. 교원 정책에서의 공정성 문제가 오랜 기간 드러났지만, 때로는 학교조직이 지닌 고유한 특성으로 이해되거나 때로는 그것이 사회 문제화되지 않도록 적절히 조정하는 차원에서 다루어져 왔다.

MZ 세대의 등장 역시 교원 정책에서의 공정성 문제에 귀 기울일 필요성을 제기하고 있다. MZ 세대는 직장 내 수평적 소통을 중시하고 투명한 정보공개, 업무 상황에서의 절차 공정성과 분배 공정성을 중요시 여긴다(유정균, 2022). MZ 세대 교사 특성에 대한 연구들은 공통적으로 이들 세대는 '공정성'을 매우 중요하게 인식하고 있음을 밝히고 있다(구하라, 김종훈, 이승현, 2022; 심재연, 2024; 정수영 외, 2021). 학년 배정, 업무분장에 있어 연공서열에 따르지 않고 규정과 민주적 절차에 따라 공평하게 적용되어야 한다고 생각하고 실제로 이를 위해 적극적으로 의견을 제시한다(구하라, 김종훈, 이승현, 2021). 분배 공정성 측면에서 경력이나 성별에 구애받지 않고 동등하게 일을 나누고, 더 일한 만큼 보상을 받아야 한다고 생각한다. 절차 공정성 측면에서 구성원 간 합의해 도출한 명확한 규정에 따라야 하며, 상호작용 공정성 측면에서 나이와 경력을 불문하고 1대 1의 사람으로 존중받아야 한다고 생각한다(정수영 외, 2021).

다음으로 공정성 이슈가 학교 내에 어떻게 발생하고 있으며, 향후 어떠한 관점에서 공정성을 다루어야 할지 학교 업무 배분과 교원 성과급 정책 사례를 통해 살펴본다.

2. 학교 내 업무 갈등과 공정성

1) 학교 내 직종 간 업무 갈등 현황

학교 안에는 다양한 직종(교사, 일반직, 교육공무직)과 직렬(행정, 시설, 전산, 건축 등) 그리고 고용형태(정규직, 무기계약직, 계약직)의 직원이 함께 일하고 있다. 학교에서 이루어지는 대부분의 교육 활동과 학교경영 활동은 교원, 일반직, 교육공무직이 상호 연관되어 있다. 교사의 수업 역시 표면적으로는 교사가 교실에서 독립적으로 직무를 수행하는 것처럼 보이지만, 교과서의 구매, 수업 교구와 물품의 구매, 과학 실험 준비, 학생들의 체험활동을 위한 준비 등 교육 활동 전반에 걸쳐 교사, 일반직, 교육공무직이 역할을 분담하고 있다. 특히 전통적으로 교사의 역할로 간주하여 온 교실에서의 교과 수업을 벗어난 교육 활동의 경우 직종 간 업무 분담에 있어 상호 의존성은 더욱 증대된다.

최근 학교 내 업무 배분을 둘러싼 직종 간 갈등이 점차 증가하고 있다. 2000년 이후 5년 단위로 언론에 보도된 직종 간 갈등 빈도를 분석한 김혜진 외(2023)의 연구에 따르면 2010년 5건에 불과했던 직종 간 업무 갈등 보도 빈도는 2018년 220건으로 꾸준히 증가하고 있음을 알 수 있다. 공기 질 관리, CCTV 관리, 정수기 관리, 현장 체험학습 시 버스 운전자의 음주 측정을 누가 해야 하느냐 등 학교 내 업무분장의 과정에서 각 직종의 의견이 제대로 전달되지 않거나, 업무분장 과정에서의 부분적 참여 등으로 인해 업무 분배 결과와 절차가 불공정하다 느낀다(김혜진 외, 2003).

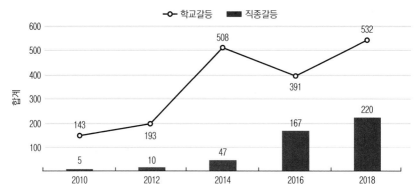

[그림 18-1] 학교 갈등과 구성원 직종 갈등의 빈도수 비교(5년 단위)

출처: 김혜진 외(2023), 『학교 업무를 둘러싼 구성원 갈등 분석과 지원 방안』, 75쪽

2) 배경

학교 내 직종 간 업무 갈등이 증가하고 있는 1차적인 이유는 학교의 기능 확대와 전문화에 따른 업무량 증가에 기인한다. 학교급식, 방과후학교, 돌봄, 기초학력 보장, 안전, 과정 중심 평가 등 새로운 정책이 학교에 도입되었다. 업무처리 방식도 전문성과 책무성을 요구하는 형태로 세분화, 규정화되어 교직원의 업무 부담이 늘어났다.

이에 반해 직종 간 업무 배분에 관한 명확한 규정은 마련되어 있지 않다. 1949년 「교육법」 제정 당시 교사의 역할은 '교장의 명을 받아 학생을 교육'(제75조)하는 것으로 규정되어 있었다. 이는 학교장에게 업무 배분 권한을 부여함으로써 학교 운영의 융통성을 확보하기 위한 것으로 이해된다. 1997년 「초·중등교육법」이 제정되며, 교사의 역할은 제20조(교직원의 임무)로 이동하였다. 현행법에는 '교사는 법령에서 정하는 바에 따라 학생을 교육한다'라고 규정하여 '학교장의 명'이 '법령에서 정하는 바'

〈표 18-1〉 학교 내 업무 배분에 관한 법률

「교육법」 제75조 [법률 제86호, 1949. 12. 31., 제정]	「초·중등 교육법」 제20조 (교직원의 임무) [법률 제18993호, 2022. 10. 18., 일부개정]
1. 교사는 **교장의 명**을 받아 학생을 교육한다. 5. 사무직원은 총장, 학장, 교장 또는 원장의 명을 받아 서무를 담당한다.	④ 교사는 **법령에서 정하는 바**에 따라 학생을 교육한다. ⑤ 행정 직원 등 직원은 법령에서 정하는 바에 따라 학교의 행정사무와 그 밖의 사무를 담당한다.

로 변경되었다. 사무직원의 직무 역시 1949년 교육법 제정 당시 학교장의 명을 받아 서무를 담당한다는 표현이 2012년 법령에서 정하는 바에 따라 '법령에 정하는 바에 따라 행정사무와 그 밖의 사무를 담당한다'로 변경된 이후 현재에 이르고 있다.

현행 법령에는 교사와 직원의 사무를 법령으로 정하도록 하고 있지만, 각 직종의 업무 범위를 명확히 규정한 법령은 부재하다. 학교 현장에서는 학교의 맥락과 상황에 따라 업무 배분이 이루어지고, 교장이 최종 결정 권한을 가진다. 이렇듯 직종 간 업무 배분 기준을 명확히 설정하지 않은 이유는 학교 간 인적 구조의 차이와 밀접한 관계가 있는 것으로 보인다.

한국교육개발원 교육통계에 의하면 1965년 전국에는 5,125개의 초등학교가 있었으며, 학교당 평균 1.5명의 직원[1], 15.4명의 교원이 배치되어 있었다. 학교당 평균 1.5명의 직원이 의미하는 것은 모든 학교에 직원이 배치되었다는 뜻이 아니다. 열악한 교육재정으로 인해 1980년대 초까지

---

1 초등학교와 달리 고등학교의 경우 1965년 학교당 평균 직원 수는 5.5명이었다. 이는 당시 고등학교가 소수 학생만이 갈 수 있는 교육기관으로 위상을 지녔다는 점을 생각해 볼 때, 고등학교급에 초등학교보다 많은 자원을 투자한 것으로 추측해 볼 수 있다.

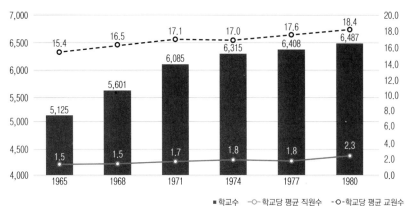

[그림 18-2] 초등학교당 평균 직원 수 변화(1965~1980년)

출처: 교육통계서비스(https://kess.kedi.re.kr/시계열통계/초등학교) 재구성

24학급 이상 초등학교에도 행정실이 없는 학교가 부지기수였으며, 2000년대 초·중반이 되어서야 6학급 이하 초등학교까지 행정 직원이 배치되었다.

행정 직원이 배치된 학교와 그렇지 않은 학교, 상대적으로 많은 행정 직원이 배치된 고등학교와 초등학교가 공존하는 상황에서 행정 직원과 교사의 업무를 획일적 규정으로 규정하기는 어려웠을 것이며 이러한 관행이 현재에 이르고 있다.

3) 공정성 관점에서의 검토

직종 간 업무 배분 방식의 한계를 공정성 차원에서 검토해 보면 다음과 같다.

먼저 분배 공정성 차원에서 교사, 행정직, 교육공무직 모두 업무 배분 결과가 공정하다고 느끼지 않는다. 형평성 차원에서 교사, 행정직, 교육

공무직은 다른 학교의 사례, 이전 연도의 사례를 들어 업무 배분 결과를 평가한다. A 학교에서는 내가 하지 않은 일을 B 학교에서는 왜 해야 하는가? 작년에는 하지 않은 일을 올해는 왜 해야 하는가 등이 그 예일 것이다. 그러나 앞서 설명하였듯 상대적으로 학교 규모가 크고 행정 직원이 많이 배치된 고등학교와 초등학교의 업무 배분 방식과 내용은 큰 차이가 있으며, 연구학교를 하는 학교와 그렇지 않은 학교 등 학교 내 업무 배분 범위는 매년 변화한다. 업무 범위와 내용이 매년 변화하는 상황 속에 합의된 업무 배분 기준이 없는 현실은 구성원 간 업무 갈등을 유발한다.

절차 공정성 측면에서 학교 구성원들은 업무분장 과정에 부분적으로 참여하는 구조적 한계가 있다. 학교는 새로운 학년도가 시작하기 전 학교 교육계획을 반영하여 교직원 업무분장을 실시한다. 개별 구성원의 희망 사항을 조사하기도 하고, 교감과 행정실장 간 협의를 통해 교무부서와 행정부서 간 업무 배분이 이루어진다. 학년 초에 어느 정도 업무분장이 확정되었다 할지라도 모든 업무를 세분화하여 담당자를 지정하기는 현실적으로 어렵다. 업무분장은 어디까지나 과거에 수행했던 일을 기준으로 하므로 새롭게 시행하는 정책사업과 담당자까지 예측해서 정하기는 쉽지 않다. 그 결과 중간중간 새롭게 유입되는 경계가 모호한 업무는 갈등을 촉발하는 기제로 작용한다. 표준화된 절차가 부재한 상황에서 누구도 원하지 않는 업무를 담당하게 되었을 때 해당 직원은 그 절차와 결과가 공정하다 인식하지 않는다.

상호작용 공정성 측면에서 직종 간 존재하는 암묵적인 위계와 서로 간 이해의 부족은 업무 배분에 있어 갈등과 불공정성에 대한 인식을 키운다. 김혜진 외(2023)의 연구에 따르면 교사, 행정직, 교육공무직 모두 자신들이 '을'의 상황에 있다고 생각한다. 일반직과 교육공무직 입장에서 교원은 수적으로 많을 뿐만 아니라, 관리·감독 권한이 있는 교장, 교감이 있다는 점에서 교사가 타 직종과 비교해 힘의 우위에 있다 인식한다. 반면, 교사 입장에서 행정실은 절차나 규칙을 근거로 교사의 행정처리 과정과 결과를 감리 감독하고 있다 느낀다. 이에 더해 타 직종이 거부하는 일은 결국 교사가 맡아서 처리해야 하므로 오히려 하급자의 위치에 있다 인식한다. 직종 간 상호작용 과정에서의 불공정성 인식은 직종 간 갈등을 심화시킨다.

3. 교원 성과상여금과 공정성

1) 정책 현황

교원 성과급제는 1995년 중앙인사위원회에서 '능력과 실적을 반영한 승진·보수 체계' 마련을 발표하면서 도입이 논의되기 시작했다. 2001년 공무원 수당규정 개정을 통해 성과상여금 지급 대상 인원을 정원의 70%까지 확대하면서 본격적으로 도입되었다. 도입 첫해에는 교원단체의 반발로 교원복지 차원에서 성과급을 지급하기로 하였으나 이후 성과급의 차등 지급 폭은 점차 커졌다. 2001년에는 90%는 균등 지급하고, 10%

〈표 18-2〉 교원 성과상여금 지급금액: 차등지급률(50%)

대상	총지급액			차액 (S—B)
	S	A	B	
교사, 장학사, 교육연구사	4,978,520	4,169,010	3,561,870	1,416,650

출처: 강원특별자치도교육청(2014). 18쪽

를 차등 지급하는 형태로 변화하였으며 이후 2006년에는 차등 지급률이
20%, 2008년에는 30%, 2009년에는 30~50%로 확대되었고, 차등 지급률
은 학교장이 결정하도록 하였다. 2010년 이후에는 차등 지급률이 50~
100%로 확대되어 현재에 이르고 있다(곽경련. 이쌍철, 2014). 2024년 기
준 차등 지급률을 50%로 적용하였을 시 S등급은 4,978,520원, B등급은
3,561,870원으로 차액은 1,416,650원이다.

　교원 성과상여금 지급을 위한 평가 절차와 방법의 결정은 시ㆍ도교육
청별 미세한 차이는 있으나 대체로 유사한 기준과 방법에 따라 평가가
이루어진다. 강원특별자치도교육청(2024)의 교원 성과상여금 지급 지침
을 기준으로 방법과 절차를 살펴보면, 교원 성과상여금 지급을 위한 평
가는 정량평가와 정성평가로 이루어지며, 평가 지표의 설정은 단위학교
별 보수성과심의위원회를 구성하여 교사들의 논의를 바탕으로 이루어진
다. 이는 학교 상황에 따라 교원들이 꺼리는 업무 또는 업무량이 많은 업
무가 상이할 수 있다는 점을 고려한 결과이다. 위원회는 '정량 및 정성평
가 지표 설정에 대한 교원 의견수렴 → 위원회 심의 → 학교장 최종 결정
→ 평가 지표 공개 → 다면 평가 실시' 과정을 거쳐 평가를 실시한다.

　정량평가의 반영비율은 80~100%, 정성평가 반영비율은 0~20% 사이
에서 학교에서 자율적으로 정하도록 하고 있다. 정량평가는 학습지도,
생활지도, 전문성 개발, 담당업무 영역에 있어 업무량과 업무 곤란도에
따라 평가가 이루어진다. 예를 들어, 학습지도 영역에서 다 교과, 다 학
년 지도 여부, 수업 시수, 수업 공개 여부 등에 따라 점수가 차등적으로
부여되는 형태를 가진다(〈표 18-2〉 참고). 정성평가는 교사가 작성한 자
기실적 보고서 내용을 바탕으로 보수성과심의위원회 위원이 평정한다.

〈표 18-3〉 교원 성과상여금 정량 평가 기준(예시)

평가 요소	평가내용	세부사항 및 배점
학습 지도 (30점)	1. 주당 수업 시수	• 21시간 이상(20점) • 19~20시간(19점) • 19시간 미만(18점)
	2. 수업공개 횟수	• 2회 이상(10점) • 1회 이하(9점)
생활 지도 (30점)	1. 학생 생활지도	• 담임, 학교폭력 담당(15점) • 비담임(13점) • 특수교육대상자 1인당(1점) • 생활지도 특별학년(3학년)(4점)
	2. 학생, 학부모 상담 실적	• 담임, 상담 업무 담당 (10점) • 비담임(9점)
전문성 개발 (10점)	1. 직무연수	• 60시간 이상(9점) • 31~59시간 (8점) • 30시간 이하(7점)
	2. 교육연구활동 및 교육자료 개발 참여 활동	• 교육청 외 직속기관(TF팀, 컨설팅 수료, 요원교사, 연구교사, 선도교사 교과서 및 학생교육 콘텐츠 개발)(1점) • 자격증 취득(1점) • 미활동(0.5점)
담당업무 (30점)	1. 업무 곤란도	• 교무부장(20점) • 연구부장, 방과후부장(19점) • 일반교사(18점)
	2. 업무 근태상황	• 무단 결근 1회당(1점 감점) • 무단(지각, 조퇴, 외출) 1회당(0.5점 감점)
	3. 아동지도 수상실적	• 전국대회 입상(1점) • 교육감 이하 입상(0.5점) • 최종참여 미입상(0.3점)
	4. 대외업무활동	• 보도자료 5회 이상(1점) • 보도자료 1회당(0.2점)

출처: ○○초등학교(2024). 교원성과상여금 평가 기준

2) 주요 쟁점

교사의 성과를 측정하는 것이 가능한 것인가에 관한 문제 제기는 성과상여금 도입 초기부터 제기되어 왔다. 현재의 성과급 평가는 직무수행 과정과 결과를 평가하기보다 투입 차원의 업무량과 곤란도를 객관적 지표로 평가함으로써 성과 측정의 문제를 피해 가고 있다. 더 많은 일, 더 힘든 일을 한 교사에게 금전적으로 보상하는 것은 공정성 측면 타당한 면이 있다(곽경련, 이쌍철, 2014). 그러나 2003년부터 2018년까지 교원성과급제의 공정성을 주제로 발표된 논문이 27편(오창환, 김훈호, 2022)에 이르는 등 성과상여금 지급과 관련한 공정성 논쟁은 현재 진행형이다.

현재의 평가 방식이 업무량과 곤란도를 중심으로 한 객관적 평가 방식을 취하고 있기는 하지만, '성과상여금'에서의 '성과'에 대한 명확한 정의는 부재하다. 수업, 생활지도, 전문성 개발, 행정업무 등에 대해 측정 가능한 정량지표로 다루다 보니 그 의미와 해석에 개인차가 크다. 이는 성과금 배분과 관련한 갈등과 불공정을 유발한다. 더불어 객관적 지표를 활용한 성과 측정 방법은 공정성 확보에 적합할 수 있지만, 교육의 의미를 좁게 만든다는 한계를 가지고 있다(Sanders & Horn, 1994). 학생 개개인에게 관심을 가지고 많은 시간과 노력을 기울여 수업을 준비한 교사보다 학교 운영과 관련한 업무에 더 많은 시간을 투자한 교사가 높은 등급의 성과평가를 받는 것이 공정하냐에 대한 문제도 제기된다. 학교별 0~20%를 부여하는 정성평가 역시 성과 의미에는 모호하다. 그 결과 평가 결과를 받아들이는 교사의 관점에서 평정 결과를 쉽게 수용하기 어렵다.

3) 공정성 관점에서의 검토

교원 성과상여금 평가는 정량평가 중심의 평가 지표로 이루어지기 때

[그림 18-3] 성과상여금 결정 과정에서 성과-평가-결과의 관계 메트릭스

출처: 정형수·양정호(2021). 383쪽

문에 평가 지표가 확정되고 난 이후 평가 결과에 대한 논쟁은 크지 않다. 대신 평가 지표 구성 과정에 공정성 이슈와 갈등이 표면화된다. 교사들은 평가 지표 구성 시 인간 관계와 등급 사이에서의 갈등을 겪게 된다. 동료교사와의 관계가 불편하더라도 적극적으로 자신의 의견을 제시해 자신의 등급을 올릴지, 자신에게 다소 불리한 방향으로 평가 지표가 구성되더라도 수용할지 고민한다(정형수·양정호, 2021).

특히 보건, 영양, 사서 교사의 경우 교과 교사와는 다른 업무적 특성을 가진 관계로 수업 시수, 담임여부, 전문적 학습공동체 참여 등에 현재의 평가 지표 구성이 불공정하다고 여기는 경향이 강하다. 자신의 업무 성과는 높다고 생각하지만, 직무수행에 대한 자신의 평가와 타 교사의 평가 간 불일치를 자주 경험하게 되며 이는 평가의 불공정성에 대한 인식과 갈등으로 표출된다([그림 18-3]의 II 영역).

평가 결과 공개 여부 역시 학교 구성원들의 의견을 수렴하여 결정하도록 하고 있어, 공개하지 않는 학교와 S등급을 받은 사람만 공개하는 학교 등 공개 범위는 상이하다. 다만 성과에 대한 개인의 판단이 상이하고, 정성평가 기준이 모호한 상황에서 결정된 성과급 등급 결과를 쉽게 수용하는 교사는 많지 않다. 낮은 등급을 받은 교사의 관점에선 더욱더 그러하다. 일관성 측면에서 매년 변화하는 지급 기준은 절차 공정성 문제를 초래한다. 한쪽에서는 변화한 학교 업무 특성과 환경 변화를 반영하는 과정으로 인식하기도 하고 또 다른 한쪽에선 누군가 자신이 유리한 평가 등급을 받기 위해 평가 지표를 변경했다 여긴다.

4. 나아가며

교직 사회는 변화의 물결 속에 있다. MZ 세대의 등장, 저출생으로 인한 소규모 학교의 증가, 학교 업무의 전문화와 다양화에 따른 직종 간 업무 갈등 증가 등 과거에는 일부 학교에서의 학교 내 문제로 인식되었던 교원 정책에서의 공정성 문제가 점점 교직 사회 이슈로 커지고 있다. 과거의 관행에서 벗어나 '공정성' 확보를 중심에 둔 새로운 제도 마련을 고민할 필요가 있다. 예를 들어 직종 간 업무 배분의 공정성을 담보하기 위해서는 어렵더라도 교육청 차원에서 학교급, 학교 규모의 차이를 고려한 직종 간 업무 범위를 설정하는 노력이 필요하다. 더불어 새로운 직종이 생겨나거나 새로운 업무가 학교로 유입될 때 이 업무를 누가 할 것인가에 대해 직종 간 협의에 바탕을 둔 교육청 차원의 업무 배분 기준을 설정해 줄 필요가 있다. 교원 성과상여금 역시 성과급의 의미가 '능력이 우수한 교사'에서 '많은 일을 한 교사'로 변화했다는 점을 고려하여 평가 방법과 절차를 개선할 필요가 있다. 학교 운영 방식 역시 효율성을 추구하기

보다 절차 공정성과 상호작용 공정성을 담보하기 위한 학교장의 리더십
이 필요하다. 양적 성장기에 만들어졌던 학교 운영 방식과 교원인사 정
책의 변화가 필요한 시점이다.

참고 문헌

오창환, 김훈호(2022). 교원성과급제 공정성 인식 관련 연구 동향 분석. 한국교육 행정학회 학술연구발표회논문집.

강원특별자치도교육청(2014). 2024년도 강원특별자치도교육감 소속 교육공무 원 및 사립교원 성과상여금 지급 지침.

유정균(2022). MZ 세대를 들여다보다. 경기연구원.

윤정일, 송기창, 조동섭, 김병주(2007). 교육행정학원론(4판). 학지사

구하라, 김종훈, 이승현(2022). ‘MZ 세대’ 교사의 특성 연구. 경기도교육연구원.

정수영 외(2021). 밀레니얼 세대 초등교사가 인식하는 조직공정성의 의미와 영 향 요인에 대한 연구. 교육행정학연구, 39(4), 341–372.

김혜진 외(2023). 학교업무를 둘러싼 구성원 갈등 분석과 지원 방안. 한국교육개발원.

곽경련, 이쌍철(2014). 교원 성과상여금 평가 특징 분석. 한국교원교육연구, 31(1). 267–292.

정형수, 양정호(2021). 초등학교 교원 성과상여금 시행 과정에서의 갈등 사례 연구. 교육문화연구, 27(1). 365–389.

Lortie, D. C. (1975). Schoolteacher: A Sociological Study, Lortie. 진동섭 역 (2000). 교직사회–교직과 교사의 삶. 양서원.

Sander, W, J., & Horn, S. P. (1994). The Tennessee Value–Added Assessment System(TVAAS): Mixed–model methology in educational assessment. *Journal of Personnel Evaluation in Education, 8*(3), 299–311.

Weick. K. E. (1976). Educational Organizations as Loosely Coupled Systems. *Administrative Science Quarterly, 21*(March), 1–19.

찾아 보기

저자 소개

김규태(Kim Kyu Tae)
The University of Texas at Austin(Ph.D)
(교육정책 및 기획 전공)
현 계명대학교 교육학과 교수
gtkim424@kmu.ac.kr

이석열(Lee Suk Yeol)
충남대학교 대학원 교육학박사
(교육행정 전공)
현 남서울대학교 교양대학 교수
edupro@hanmail.net

서재복(Seo Jae Bok)
충남대학교 대학원 교육학박사
(교육철학 및 교육사 전 공)
현 전주대학교 교육학과 교수
kuk4@jj.ac.kr

정성수(Jung Sung Soo)
서울대학교 대학원 교육학박사
(교육행정 전공)
현 대구교육대학교 교육학과 교수
ssjung@dnue.ac.kr

김훈호(Kim Hoon Ho)
서울대학교 대학원 교육학박사
(교육행정 전공)
현 국립공주대학교 교육학과 교수
hoono78@gmail.com.

박수정(Park Soo Jung)
서울대학교 대학원 교육학박사
(교육행정 전공)
현 충남대학교 교육학과 교수
edupark37@gmail.com

최경민(Choi Kyoung Min)
계명대학교 대학원 교육학박사
(교육행정 전공)
현 의성교육지원청 장학사
rudals1226@gmail.com

백선희(Paik Sun hee)
Michigan State University(Ph. D)
(Curriculum, Teaching, and Educational
Policy 전공)
현 경인교육대학교 교육학과 교수
spaik@ginue.ac.kr

안영은(An Young Eun)
서울대학교 대학원 교육학박사
(교육행정 전공)
현 한국교육개발원 부연구위원
youngeun53@snu.ac.kr

한은정(Han Eun Jung)
서울대학교 대학원 교육학박사
(교육행정 전공)
현 인천대학교 체육교육과 교수
ejhan@inu.ac.kr

박대권(Park Dae Kwon)
Columbia University(Ph. D)
(교육정치학 전공)
현 한국학중앙연구원 한국학대학원
사회과학부 교수
topgun@aks.ac.kr

최상훈(Choi Sang Hoon)
고려대학교 대학원 교육학박사
(교육행정 및 고등교육 전공)
현 고려대학교 강사
zeitgeist19843@gmai.com

이인서(Lee In Seo)
연세대학교 대학원 교육학박사
(교육행정 및 고등교육 전공)
현 한라대학교 운곡교양교육원 교수
inseol373@gmail.com

차성현(Cha Sung Hyun)
Florida State University(Ph. D)
(교육정책 전공)
현 전남대학교 사범대학 교육학과 교수
shcha@jnu.ac.kr

임명희(Im Myoung Hee)
전북대학교 대학원 교육학박사
(평생교육 전공)
현 전주대학교 교육대학원 교수
impact@jj.ac.kr

김용(Kim Yong)
서울대학교 대학원 교육학박사
(교육행정 전공)
현 한국교원대학교 교육정책학과 교수
kyong@knue.ac.kr

안병훈(Ann Byung Hun)
한국교원대학교 교육학박사
(교육정책 전공)
현 선문대학교 교양학부 교수
schoolary@gmail.com

이호준(Lee Ho Jun)
서울대학교 대학원 교육학 박사
(교육행정 전공)
현 청주교육대학교 교육학과 교수
hojunlee@cje.ac.kr

정설미(Jeong Seol Mi)
서울대학교 대학원 교육학 박사
(교육행정 전공)
현 한국교육개발원 부연구위원
smjeong@kedi.re.kr

이쌍철(Lee Ssang Cheol)
부산대학교 대학원 교육학박사
(교육행정 및 교육사회 전공)
현 한국교육개발원 선임연구위원
ssclee@kedi.re.kr

교육 공정성
Educational Fairness

2025년 1월 15일 1판 1쇄 인쇄
2025년 1월 20일 1판 1쇄 발행

지은이 • 김규태, 이석열, 서재복, 정성수, 김훈호, 박수정, 최경민, 백선희, 안영은,
한은정, 박대권, 최상훈, 이인서, 차성현, 임명희, 김용, 안병훈, 이호준,
정설미, 이쌍철

펴낸이 • 김진환

펴낸곳 • (주) **학지사**

04031 서울특별시 마포구 양화로 15길 20 마인드월드빌딩

대표전화 • 02)330-5114   팩스 • 02)324-2345

등록번호 • 제313-2006-000265호

홈페이지 • http://www.hakjisa.co.kr

인스타그램 • https://www.instagram.com/hakjisabook

ISBN 978-89-997-3304-8 93370

정가 17,000원

출판미디어기업 **학지사**

간호보건의학출판 **학지사메디컬** www.hakjisamd.co.kr
심리검사연구소 **인싸이트** www.inpsyt.co.kr
학술논문서비스 **뉴논문** www.newnonmun.com
교육연수원 **카운피아** www.counpia.com
대학교재전자책플랫폼 **캠퍼스북** www.campusbook.co.kr